Mark Schroeder

# Reasons First

# 理由至上

[美] 马克·施罗德 著
张鑫毅 译

上海人民出版社

教育部人文社科基金项目（ZZYJC720022）、北京高校中国特色社会主义理论研究协同创新中心（中国政法大学）阶段性成果

# 中文版序言

《理由至上》是一本关于规范性理论（尤其是认识论）的解释结构的专著。它试图展现这种做法的优越之处：通过诉诸某种从不同方向牵引我们的竞争性因素之间的权衡关系，对理性、知识以及其他规范属性进行解释。在英语中，这种竞争性因素有个非常自然的称呼，那就是“reason”。

如今，我围绕理由这一主题从事思考和撰述差不多已有 25 年之久。最初开始投身理由问题的研究时，我观察到一个让我极为感兴趣的现象：讨论理由的不同哲学家对于理由所持的假设固然因人而异，但这些假设都可视为是关于“reason”一词的语法的某种假设。这样的进路对我产生了莫大的吸引力，而且在我看来，其中一些假设比另外的假设更站得住脚；因此，我曾一度期望，更仔细地审视“reason”在英语中的语法，可以让我们不断取得进展，从而最终解决那些关于规范性理论的解释结构的重要哲学问题。我在理由问题上发表的许多早期论文，包括《激情的奴隶》（*Slaves of Passions*）一书的部分内容，都是这种“语言乐观主义”的反映。

不过，我对规范性理论的解释结构的思虑愈深入，这种乐观主义立场就愈动摇，直至彻底放弃——尤其当我见识到更多的不同思路和不同语言之后。在各种各样的语言中，用于谈论理由的话语差异极大；企图通过考察英语语法来增进对理由的理解，不啻是一种妄想。

在本书思想的发展过程中，最为关键的一步是，我意识到，运用我所认为的*最低限度*（*minimal*）的理由概念，即在理由的解释性角色方面，我们能够达成共识的、很大程度上独立于其他理由假设的一组重要假设，便可对我想要探究的那些核心问题进行阐述。本书第 2 章给出了这种最低限度的理由概念，根据这样的概念，理由是竞争项（*competitors*），它们具有我所说的行为导向性（*act-oriented*），并且可被据以行动（*acted on*）。

上海人民出版社推出的这个中文版是本书的第一个外文译本，感谢张鑫毅博士承担艰巨的翻译工作。我也希望，这个译本的读者能对以下几点做出评判：上述最低限度的理由概念是否如我所愿那样不受语言影响；就完成本书的论证任务而言，这种概念是否成功起到了支持作用；鉴于写作时遵循英语思维，我是否无意识地“夹带”了其他假设。我热切地期待你们的回应。

马克·施罗德

2024 年 9 月 12 日

# 序　言



过去半个世纪以来，伦理学和相关领域中的哲学研究越来越关注理由。理由俨然成了一种“通用货币”，可以用于阐述各种充满争议的规范性论题，比如政治哲学中的均等主义（egalitarianism）和认识论中的证据主义（evidentialism）。关于其他诸多话题的争论也可以并且已经被归结为更基本的关于理由的争论，促使人们使用理由话语，来表述那些支持规范性论题和元规范性（meta-normative）论题的重要论证。有些哲学家如此认真地对待“理由”话语的核心地位，以至于提出了这样的半约定性，甚或实质性的主张：凡是哲学上有意思的规范性，都是理由的规范性。一个常见的例子是，当一个哲学家对某人“应当如何行事”感兴趣，她会解释称，“应当”是“最有理由”的意思，或者她感兴趣的是“理由的规范性”。

本书的任务即探讨理由在规范性研究中的核心地位，特别是要捍卫如此之强的一种观点：在某种重要的意义上，理由能够而且应该是第一位的——或者至少是非常靠前的。全书各章将论证，诉诸理由可以让我们有效地解释，诸如责任（obligation）、价值（value）、理性（rationality）和知识（knowledge）等规范性概念，何以呈现出那种无法一般化，却又能以某种方式预测的复杂特性。这些解释的效力源于理由相互竞争（*compete*）的方式，通过权衡（*balance*）的比喻性说法，可以帮助我们理解这种方式。如本书的英文版封面插图所显示的，伦理学和认识论之间许多最为重要的差异，是由竞争性选项的数量差异所导致的。

但与此同时，我们也将看到，理由可以居于首位的观点面临特殊的（而且并非无足轻重的）障碍。要克服这些障碍，必须接受一些非常特殊的承诺。由于我认为，付出这般代价掩盖不了前述观点的吸引力，所以在我看来，这恰恰证明，这些非常特殊的承诺确实为真。而如果本书的任务取得成功，便可帮助我们更清楚地看到，各种零散的见解需要统合起来，即便对那些不愿接受我的整体观点的人来说也是如此。

本书的结构安排和主题取舍所基于的信条是，理由在认识论中的作用，特别有利于展示理由居于首位的假说的优势与困境。由此，本书围绕一组我眼中最重要的传统认识论问题而展开论述，其
vi 背后更一般的观念则是，这样的视角可以让认识论研究受益：规范性足以涵盖众多学科，认识论仅仅是其中之一。

考虑到我本人先前出版的著作更多地集中于伦理学而非认识论，有人或许容易将本书视为是在践行一种哲学扩张主义（philosophical imperialism）。在消极的意义上，哲学工作是扩张主义式的，当完全产自某个领域内部的论题或观念加以必要修改（*mutatis mutandis*）之后，便借助类比应用于其他某个领域。希望本书可以表明，我的观点不是如此，而是认为，通过把握伦理学和认识论的主题所具有的共同特征，我们对两者的理解可以而且应该得到深刻的重塑。虽说读者握有评判之权，我希望我们可以将视角放宽，纵览那个由众多子学科组成的广阔疆域，而不是囿于一隅之见。这么想的人自然早已有之，而自从二十多年前我开始并列看待认识论和伦理学，已经有越来越多的人成为同道，这让我感到无比欣喜。这种视角带来了丰硕的成果，本书的目的不过是增添一个例证而已。

当我讨论任何重要的认识论话题——事实上当我讨论任何话题时，绝不会宣称对它们的讨论是全面的，而只是通过表明，将本书所探讨的那些关于理由的核心主张纳入考量后，可以如何看待它

们，从某个侧面对它们进行阐明。希望至少在某些情况下，这种考量可以触发新的见解，哪怕没有新的见解，至少也可以让我们比先前更清楚地把握旧有的问题。

*****

尽管本书中的思想是在一个颇为漫长的时期缓慢形成的，我相信它们不仅重要，而且值得仔细审视，但所幸我已不再像年轻时那般盲目自信，也还没有年老到固执己见。我的年龄与经验足以让我有先见之明：我在书中所说的一些东西乃至许多东西，都将被证明是错的，并且我将乐于承认这一点（至少在某些情况下）。我在撰写这本书时所秉持的精神是，希望它对那场历久弥新的伟大对话有所贡献——能够参与其中是我莫大的荣幸，并希望，在我出错的地方，也能错得给人带来启示，就像我最尊崇的那些哲学家所犯的错误一样。[1]

当我正式投身这本书的写作，差不多正好迎来我生命中的重要时刻，即成为一名父亲，这让我前所未有地意识到，我的成长、教 vii
育以及经受学术影响的境遇是何其幸运。我的父亲总是坚持对世人认可的观点作批判性思考；我小时候喜欢满屋子跟着我的母亲，喋喋不休地讲述想法和论证，而我的母亲总是耐心聆听——如果不是他们言传身教，我绝不可能成为今天的样子。命运垂青，让我在卡尔顿学院（Carleton College）这般多姿多彩的环境中探索哲学，与众多以研究哲学为志业的学子相伴，在研讨风气浓厚的氛围中受教，我很早就有充分的机会与他人一道思考碰到的问题，并有充分的机会去试错。

1999 年 1 月初，加里·伊斯明格（Gary Iseminger）开启了我

[1] 不必说，在我“坚持”犯错的地方，希望我的坚持可以有效地激发纠正性的回应——哲学家们所坚持的错误正是最让我受益之处。

的第一堂认识论课，他带着埃德蒙德·盖梯尔（Edmund Gettier）于1963年发表的文章《得到证成的真信念是知识吗？》（Is Justified True Belief Knowledge？）的复印件，发给我们当堂阅读和讨论。那年春天晚些时候，基思·莱勒（Keith Lehrer）作为考林客座教授（Cowling Visiting Professor）访问卡尔顿学院，并讲授为期10周的知识理论研讨课。莱勒经常把他开设的其他课程的学生称为“本科生”，其格赖斯式含义（Gricean implicature）帮助我树立信心，在我真正进入研究生院后支撑我度过那段时光。这本书不啻是这两门课迟交的学期论文。它也是2002年我参加普林斯顿大学以“行动与信念的理由”（Reasons for Action and for Belief）为题的普通考试所预期的成果。它是2004年春天，我跟好友布雷特·舍曼（Brett Sherman）夸口将在博士论文之后很快完成的那本书。它还于2014—2015学年获得了美国国家人文基金会的慷慨资助。因此，这本书的问世过程实可谓漫长，缓慢的写作速度对它的塑造，不亚于任何其他因素的影响。

鉴于我对本书的诸话题已有多年的研究，其大部分内容都是吸收、依据或者在某些情况下直接概括旧作中更为详尽地引介或阐述的思想。例如，本书第3、4和5章发展和推进的论题来自《拥有理由》（Having Reasons）、《什么是“拥有”一个理由的条件？》（What Does it Take to ‘Have’ a Reason？）、《知识不是最一般的事实性状态态度》（Knowledge is Not the Most General Factive Stative Attitude）、《知觉理由与废止》（Perceptual Reasons and Defeat）、《理由的统一性》（The Unity of Reasons）和《认识客观理由》（Getting Perspective on Objective Reasons）等文章。第6到8章吸收、提取并试图以某种方式推进的论题来自《风险、保留与知识的主体敏感性》（Stakes, Withholding, and the Subject-Sensitivity of Knowledge）、《状态供给理由的普遍性》（The Ubiquity of State-Given Reasons）、《状态供给理由：即使不普遍也很常见》（State-

Given Reasons: Prevalent if not Ubiquitous）、《什么使得理由充足？》（What Makes Reasons Sufficient？）、《当信念出错》（When Beliefs Wrong）、《思想之罪》（Sins of Thought）、《实用入侵下的理性稳定性》（Rational Stability under Pragmatic Encroachment）、《信念诬指》（Doxastic Wrongs，与里马·巴苏［Rima Basu］合写）和《信念、信任与实用入侵》（Belief, Credence, and Pragmatic Encroachment，与杰克·罗斯［Jake Ross］合写）等文章。第 9 到 11 章则依赖于《知识是有充足（客观和主观）理由的信念》（Knowledge is Belief for Sufficient（Objective and Subjective）Reason）、《知识具有规范性吗？》（Is Knowledge Normative？）、《捍卫康德式解释》（In Defense of the Kantian Account）、《整体论、分量与削弱》（Holism, Weight, and Undercutting）、《恰当地相信》（Believing Well）和《支持理由基础主义的基础性理由》（The Fundamental Reason for Reasons Fundamentalism）等文章。虽然本书没有直接挪用以上任何一篇文章中的材料，我要衷心感谢它们的出版方，让我不断有机会取得重要进展，本书中的一些思想正是这样一步一步发展而来的。

作为多年积累得到的成果，本书诸话题的研究受益于数年来与 viii
众多不同听众的讨论。其中包括我在如下场合所作报告的听众：本古里安大学、波士顿大学、加州州立大学北岭分校、美国哲学协会中部分会会议、加拉帕戈斯举行的认识论会议、洪堡大学、英国皇家哲学研究所、肯特大学、岭南大学、隆德大学、纽约大学阿布扎比分校“规范性与推理”（Normativity and Reasoning）工作坊、西北大学（两次）、牛津大学、宾夕法尼亚大学举行的“理由与认识论基础”（PeRFECt）会议、萨拉·麦格拉思（Sarah McGrath）在普林斯顿大学举办的研究生研讨班、秘鲁天主教大学（两次）、莱斯大学、山东大学、谢菲尔德大学、南安普顿大学、南加州认识论工作坊、斯坦福大学（两次）、威廉与玛丽学院有神论伦理学工作坊、亚利桑那大学、伯明翰大学、北卡罗来纳大学教堂山分校、南加州大学博士论文研讨班、南加州大学哲学俱乐部、南加州大学/加州大学洛杉矶分校研究生会议、得克萨斯大学（两次）和约克大学。

能与同道交流与本书相关的思想，让我不胜欣幸，请原谅我不能一一列出所有人的名字：玛丽亚·阿尔瓦雷斯（Maria Alvarez）、尤瓦尔·阿夫纳（Yuval Avnur）、阿丽莎白·艾尔斯（Alisabeth Ayers）、里马·巴苏、哈吉特·本巴吉（Hagit Benbaji）、塞利姆·伯克（Selim Berker）、斯文·贝内克（Sven Bernecker）、布鲁斯·布劳尔（Bruce Brower）、斯图尔特·科恩（Stewart Cohen）、肯尼·伊斯瓦伦（Kenny Easwaran）、杰里米·范特尔（Jeremy Fantl）、简·格特肯（Jan Gertken）、埃莉诺·戈登–史密斯（Eleanor Gordon-Smith）、约翰·霍索恩（John Hawthorne）、蒂姆·亨宁（Tim Henning）、乌尔里克·霍耶尔（Ulrike Heuer）、杰夫·霍尔蒂（Jeff Horty）、本杰明·基塞韦特（Benjamin Kiesewetter）、阿列克斯·诺克斯（Aleks Knoks）、珍妮弗·拉基（Jennifer Lackey）、巴里·拉姆（Barry Lam）、马克·兰格（Marc Lange）、本·伦纳茨（Ben Lennertz）、珍妮特·莱文（Janet Levin）、劳伦·莱登–哈迪（Lauren Leydon-Hardy）、阿莉达·利伯曼（Alida Liberman）、克莱顿·利特尔约翰（Clayton Littlejohn）、埃罗尔·洛德（Errol Lord）、马修·麦格拉思（Matthew McGrath）、萨拉·麦格拉思、苏姗妮·曼特尔（Susanne Mantel）、萨拉·莫斯（Sarah Moss）、马克·墨菲（Mark Murphy）、希亚姆·奈尔（Shyam Nair）、拉姆·内塔（Ram Neta）、凯特·诺尔菲（Kate Nolfi）、卡尔文·诺莫尔（Calvin Normore）、大卫·欧文斯（David Owens）、希勒·帕库奈宁（Hille Paakunainen）、阿贝拉德·波德戈尔斯基（Abelard Podgorski）、凯瑟琳·波金（Kathryn Pogin）、刘易斯·鲍威尔（Lewis Powell）、吉姆·普赖尔（Jim Pryor）、巴伦·里德（Baron Reed）、吉迪恩·罗森（Gideon Rosen）、杰克·罗斯（Jake Ross）、

杰夫·罗素（Jeff Russell）、卡尔·谢弗（Karl Schafer）、凯文·沙普（Kevin Scharp）、苏珊娜·舍伦贝格（Susanna Schellenberg）、蒂姆·施罗德（Tim Schroeder）、纳特·沙拉丁（Nate Sharadin）、吉拉·谢尔（Gila Sher）、尼科·西林斯（Nico Silins）、德克兰·史密瑟斯（Declan Smithies）、贾斯廷·斯内德加（Justin Snedegar）、斯科特·索姆斯（Scott Soames）、贾森·斯坦利（Jason Stanley）、库尔特·西尔万（Kurt Sylvan）、吉姆·范·克利夫（Jim Van Cleve）、瑞安·沃尔什（Ryan Walsh）、乔纳森·韦（Jonathan Way）、布赖恩·韦瑟逊（Brian Weatherson）、蒂莫西·威廉姆森（Timothy Williamson）和山田昌弘（Masahiro Yamada）。

本书的部分或全部书稿因为内森·霍华德（Nathan Howard）、本杰明·基塞韦特、本·伦纳茨、希亚姆·奈尔、因德雷克·赖兰（Indrek Reiland）的评论，特别是丹尼尔·怀廷（Daniel Whiting）、马修·麦格拉思、丹尼尔·斯塔尔（Daniel Star）的评论而改进良多，还有两位审稿人意见详赡，却隐去了姓名。这里我想对审稿人 C 说，你曾向我坦言，就着一勺糖可让药容易下咽。但愿这本书体现了这句话的教益——你知道我说的是谁。

2011 年初，我不无草率地决定，在 2012 年春季研究生研讨班上讲授本书的大部分材料——实际上是除了第 5、9 和 10 章外的全部材料。我没有如我所希望的那样为研讨班做好准备，不过随着在那次研讨班上呈现自己的思想，我从参与者们那里学到了 ix
非常多的东西，在那个学期到访研讨班的人中，尤其值得一提的是格雷格·安蒂尔（Greg Antill）、斯蒂芬·贝罗（Stephen Bero）、贾斯廷·多尔曼（Justin Dallmann）、迈克尔·哈彻（Michael Hatcher）、珍妮特·莱文、希亚姆·奈尔、阿贝拉德·波德戈尔斯基、贾斯廷·斯内德加、阿伦·维克（Aaron Veek）和瑞安·沃尔什，此外还有格雷格·阿克曼（Greg Ackerman）、阿拉·阿斯里安（Ara Astourian）、里马·巴苏、埃里克·恩卡纳西翁（Erik

Encarnacion)、基思·霍尔(Keith Hall)、尼克·拉斯科夫斯基(Nick Laskowski)、本·伦纳茨、珍·利德斯(Jen Liderth)、马特·卢茨(Matt Lutz)、迈克尔·米洛内(Michael Milona)、因德雷克·赖兰、劳伦·谢弗(Lauren Schaeffer)、肯尼思·西尔弗(Kenneth Silver)和朱利安·斯通-克朗伯格(Julian Stone-Kronberg)。

在过去的几年里，我的很大一部分时间，都花在与一群研习哲学的后起之秀相处，我很荣幸能够担任这些博士生的指导教师。由此，本书是我第一本应该向自己的学生表达深切感激之情的专著。特别感谢里马·巴苏、斯蒂芬·贝罗、乔舒亚·克拉比尔(Joshua Crabill)、贾斯廷·多尔曼、迈克尔·哈彻、内森·霍华德、本·伦纳茨、阿莉达·利伯曼、迈克尔·米洛内、希亚姆·奈尔、凯莱布·珀尔(Caleb Perl)、阿贝拉德·波德戈尔斯基、因德雷克·赖兰、萨姆·什帕尔(Sam Shpall)、贾斯廷·斯内德加、瑞安·沃尔什和谢恩·沃德(Shane Ward)，他们同我进行富有启发的对话，向我提出强有力的批评，我从不以自己借用他们的想法为羞。这里尤其要单独提到里马·巴苏，因为在处理信念是否及如何能够出错的问题上，是她激发和影响了我的观点，并最终发展为本书的完整一章，那一章有几个部分更是基于我们两人的合作论文写就的。

我的幸运还在于，南加州大学的同事们组成了一个非凡的专业团体，通过直接参与彼此的工作，以及在博士生学位论文委员会的协同工作，他们不断磨砺和扶助我。珍妮特·莱文全程参加了2012年春我讲授本书材料的研究生研讨班，正是与她的讨论，帮助我发现和把握第5章所维护的显表事实性态度观点。约翰·霍索恩在2016年秋跟我合开了一门讨论理由的研究生研讨课，大大增进了我对我现在所称的“支持理由至上论题的基础论证”的思考。我和史蒂夫·芬利(Steve Finlay)担任同一个博士论文委员会成员的次数，多到我们两人都数不过来，他的理由怀疑论和他对哲学体系构建（philosophical system-building）的价值的确信，都从各自的面向推动了本书的写作计划，与他为友是我之幸。

拉尔夫·韦奇伍德（Ralph Wedgwood）一直是我最亲密的学术同伴之一，我们总是对相同的问题感兴趣，而采取的不同进路往往又把我们导向不同的结论。很可惜，我就他对理由至上论题的挑战而给出的回应，由于篇幅过大且牵涉过多，不适合放进本书，转而由《伦理学》(*Ethics*) 杂志刊出，即《认识客观理由》一文。我对杰克·罗斯同样背负了学术债务，本书第三部分便是明证：我们在南加州大学共事的头两年，常常在用餐时交谈，这些谈话的若干内容，转化为我们的合作论文《信念、信任与实用入侵》，还有大量内容则被本书第三部分所吸纳和发展。杰克当然无需为文中的任
何错误负责，但愿他不会认为，我入迷途而不知返——我实在太偏 x
爱理由了。

十年来，玛丽亚·纳尔逊（Maria Nelson）与我执手偕行，这是上天对我的眷顾。没有她的支持和鼓励，一切皆无可能。她对哲学了解甚少，尽管如此，也正因为如此，她是本书一些核心思想的来源，特别是第 8 章所描述的二元信念的本质与角色。

最后，谨以此书献给亲爱的卡罗琳·玛丽亚·施罗德（Caroline Maria Schroeder）和威廉·纳尔逊·施罗德（William Nelson Schroeder）——他们让我的人生步入一个更美好的阶段。祝愿他们过一种理性的生活，并找到属于自己的平衡。

# 目 录

# 图表

# 第一部分　问题

太初有理（Reason［λόγος］）。

——《约翰福音》1：1

第1章

# 绪　论



## 1.1　何谓理由至上

阿比有一个重大的决定要做。她即将大学毕业，必须决定是前往硅谷的一家创业公司工作，还是考取研究生院念哲学。两条路的未来都不确定，但公司职员的薪酬是哲学教师的好几倍，以后还会有优厚的经济回报。另一方面，自从初次读到笛卡尔的著作，她就梦想有朝一日能够讲授哲学。她喜欢在公司看到的团队合作，而担心这一事实：博士论文和大多数哲学论文都是单人独撰。但她又觉得，公司对手机照片共享技术进行微小改良，远不如关于真理、知识和正义的哲学问题更有意义、更能触动她。不过经验告诉她，对公司她可以切实贡献一份力量，而对于那些将几千年来世上众多伟大思想家难倒的问题，她着实怀疑自己能有什么真正的贡献。当然，这种看法或许是错的。毕竟，对如今的创业公司来说，最佳的赚钱途径是被 Google、Facebook 或者 Apple 出于抑制竞争的目的而收购，如果真的出现这样的情况，她通过努力便可坐拥一笔巨额财产。那么，这就做到了任何哲学家都做不到的事。

阿比知道，对于她所面临的这类决定，从道德哲学家们那里可以获得建议。她尝试将康德的定言命令（Categorical Imperative）应用于她的选择，但越考虑，她越确信那是不相干的。首先，两种职业似乎都能通过定言命令的测试，纵然不是如此，定言命令看起来也与她的决定所涉及的大部分重要因素无关。比如，她不明白薪酬与团队合作机会跟定言命令有何关联，但两者在她眼中都非常重要，可以帮助她确定应该怎么做。她也尝试将功利主义原则应用于她的决定，但同样无济于事，她不清楚哪种职业可以让她本人更幸福，更不必说他人。即便她确定如何选择可以达到总体净幸福量的最大平衡，这看起来不过是多了一个需要考虑的相关因素，其他因素还包括晋升机会、工作时间的弹性和退休福利等。

随着阿比全面考量她内心两个选项的相关特点，她在现象层面
4 感到，它们分别支持两个选项中的一个或另一个。这就是为什么她发现，当她在这些特点之间摇摆不定时，觉得它们指向或偏向不同一方，可以很自然地用“但是”和“另一方面”之类的词来表达。这种现象——即选择情境中不同考量指向或偏向不同一方的现象，便是理由现象。

依据当代伦理理论中越来越广为接受的一个简单而自然的假设，当阿比慎重思考应该怎么做，之所以如此自然地感受到不同理由往不同方向牵引的现象，原因就在于，使得她应该做一件事而非另一件事的，无非是那件事最能得到她的理由的支持。按照这一图景，当阿比考虑把她往不同方向牵引的各种因素，她并不仅仅只关注，影响她应该如何行事的诸多证据来源中的某一个；毋宁说，她获得了某种洞见，可以帮助她理解为什么她应该那么做。

根据这种观点，理由可以解释你应该如何行事不仅是指，无论你应该怎么做，对于你为什么应该那么做的解释，都可视为你做那件事的一个“理由”；它还有另外一层含义：关于你的理由是什么和它们指向哪方的事实，先于并能解释你应该怎么做。某件事可以算作你应该去做的事，是依据这一事实：它是你的理由经过权衡所支持的那件事，而这便是它何以能成为你应该去做的事。对于你应该如何行事的问题，这种观点认为，理由（更谨慎的说法是理由关系）既有分析优先性（*analytic priority*），又有解释优先性

（*explanatory priority*）。[1]

在许多当代道德哲学家看来，理由的优先性不仅涉及我们应该如何行事，还涉及伦理学或实践哲学所特有的多数乃至全部概念，即好（*good*）、更好（*better*）、值得钦佩（*admirable*）、公正（*just*）、邪恶（*wicked*）、不可容忍（*outrageous*）、混球（*jerk*）、不公（*unfair*）、得到证成（*justified*）、正确（*correct*）之类的概念。正如阿比应该怎么做，可以看成是她的理由最能支持什么的问题，这些哲学家声称，前述这些概念也需要基于理由来理解和解释。这些哲学家赋予理由一种很大范围的优先性，优先于一系列重要的伦理、评价范畴与概念，或者更一般地说是规范性范畴与概念。[2]

诚然，不是每个喜欢在著作中谈论理由的道德哲学家都认为， 5
理由能有这种解释上的中心地位，但那些确实这般认为的人则会利用理由的这种中心地位，说明在道德哲学领域，为什么总是可以用理由话语阐明各种纠缠不清、争议不断的论题。例如，乔纳森·阿德勒（Jonathan Adler）将认识论中的证据主义论题表述为这样的观点："一个人需要充足的理由才能（完全）相信 *p*"（Adler，2002：9）。类似地，德里克·帕菲特（Derek Parfit）指出，一种重要形式的均等主义观点是"只要我们能够，就总是有理由阻止或减少不平等"（Parfit，1997：209）。阿德勒和帕菲特并非仅有的例子，在认识论以及道德和政治哲学中，用理由话语阐述有意思的论题已

[1] 当然，理由关系可以有解释优先性而无分析优先性。第 2 和 12 章会对这个问题进行讨论。

[2] 哲学家们常常在概念与属性和关系之间作区分，前者是思想的成分或属性，后两者是实在的相应特征。谈论属性和关系时令人尴尬的一点是，没有一个词可以妥善涵盖一元属性和多元关系。所以，我在发表一些非正式的意见时，会较为随意地使用"概念"或"范畴"之类的术语，这里亦复如此。但本书更感兴趣的是实在的特征，而不是我们的思想。当我提出关于分析优先性的主张时，意在提出关于实在特征的主张，而无关我们的思想。至于我所讨论的具有分析优先性的任何特征是否对应我们思想的相应特征，我把它留作一个开放问题。

经成为通行的做法。

本书不仅认为，理由在伦理学中具有解释上的中心地位，更对这种观点的最强版本感兴趣。根据这一版本，理由所优先和可以解释的不仅是我们应该如何行事，不仅是多数伦理或评价属性和关系，而且是每一种规范属性和关系。由此，理由不只用于提供表述各种论题的中立词项，不只优先于某些有趣或重要的概念，而是绝对第一位的，至少就规范性概念而言是如此。在规范属性和关系中，理由最为基础。我把这种主张称为理由至上（*Reasons First*）论题。

在道德哲学中，“规范性”一词有时用来跟“评价性”（evaluative）对举，由此，“规范性”包括“错”“必须”（must）“应当”（ought）和“公正”，但不包括“好”或者“美妙”（swell）。[1] 还有些人区分理由的“真正”规范性与规则的“准”（pseudo）规范性。[2] 我不想以这些方式对“规范性”一词的用法进行限制。理由至上论题的应用范围，旨在囊括所有不同于“实证性”（positive）意义上的“规范性”属性或关系，并尽可能宽泛地指向标准元伦理学理论所关注和适用的一切话题。除了一些特殊情况，我不会出于任何立场，去说明哪些属性和关系属于“规范性”的类别——例如，“友好”（nice）是否表达了一种我们恰好赞成人们拥有的属性，
6 抑或以某种方式内在地包含评价性的因素。[3] 我所需要的仅仅是，无论何种属性和关系，只要你认为与“应当”“好”“正确”之类的

[1] 参见 Tappolet（2013）。

[2] 参见 Parfit（2011：144—145）。

[3] 按照另外一种观点，友好是一种规范性属性。或许就是能够恰当地产生移情反应这一属性。还有一种不那么可信的观点认为，或许是能够产生移情反应并且那是好的这一属性。这种观点之所以不那么可信，是因为它带有一个争议性的承诺，即友好这样的厚概念（thick concepts），可以分解成相互独立的描述性部分和规范性部分。关于厚概念在无法这般分解的情况下，如何能凭借薄的规范性概念进行分析，可参见 Hurka and Elstein（2009）的讨论；Gibbard（2003）第 8 章提供了一种精致的表达主义处理方案，Väyrynen（2013）详细探讨了厚语言（thick language）的可信解释模型。

典型例子足够相似，你就能相应地理解理由至上论题的范围。

正如有必要解释我所说的“规范性”是什么意思，这里也有必要澄清我用“理由”意指什么，以便人们能更准确地把握理由至上论题。对于可用“理由”一词提出的众多主张，哲学家们常常将它们分为不同种类。第 2 章会更具体地说明，我如何在相关意义上理解理由是什么。眼下只需指出，处于第一位的理由是某种规范性意义上的“理由”。比如，论证每种规范属性或关系必须依据解释（explanation）来理解，即依据对“为什么”的问题的回答，换言之，依据为什么会出现某种情况的理由，这不足以给理由至上论题提供辩护。这样的观点使得所谓的“解释性”理由比任何规范性属性或关系更基础，但它本身并非主张，理由在规范属性和关系当中是第一位的。

除了理由至上论题，还有其他各种优先性论题。在另外的时期，道德哲学家们习惯于认为伦理学的主题就是善（the good）这一主题，或者是应当怎样（what ought to be）这一主题。[1] 这些观点通常附带对这一点的承诺（摩尔那里尤其明显）：哪种规范属性或关系是第一位的。理由至上论题与这些观点都认为，有某种规范属性或关系是首要的，只不过对于那种属性或关系是什么给出了不同回答。

过去半个世纪以来，跟我所说的理由至上论题非常相似的观点，在道德哲学领域达到了颇为惊人的接受程度。虽然还远远谈不上被一致接受——尤其是我这里提出的强版本，这种观点至少已经被当作一个标准乃至默认的选项，其他观点可以通过参照它而得到定位。粗略地说，本书试图究明这样的发展是否构成一种进步。

[1] 对照摩尔的说法：“那么这就是我们的问题：什么是好？什么是坏？对这个（或这些）问题的讨论，我便称为伦理学，因为这门科学无论如何都必须包含这种讨论。”（Moore，1903：55）与此相对的观点则认为，正确性（rightness）或适宜性（fittingness）才是基本的规范属性，相关讨论可参见 Hurka（2015）。

## 1.2 认识论作为一门规范性学科

尽管许多哲学家的论述表明，理由至上论题在道德哲学领域已
7 经有普遍被接受之势，但道德哲学不是规范性研究的唯一分支。在理由至上论题所指的那种宽泛的“规范性”意义上，认识论也是一门规范性学科。[1] 认识论关注诸如此类的问题：什么情况下可以理性地相信明天银行会营业，以及为什么？什么时候可以合理地相信，共和党人比民主党人更可能当选？认识论还会追问，你在作出决定之前需要掌握多少证据？当你发现，依据相同的证据，同样明智的人得出了不同的结论，这是否应该削弱你对自己观点的信心？因此，认识论至少在一定程度上属于规范性学科。

不过，即便认识论如我所说那样是规范性学科，主张理由在规范属性和关系中居于首位，也不同于主张理由在认识论所探究的所有概念当中居于首位。认识论的相当一部分重要工作，大概或者能够被理解为是探讨理由的特殊心理特征，或者信念“具有”（possessing）理由[2] 的条件——本书第二部分的许多内容，或许很好地体现了这一点。就此而言，认识论中有不少解释性理论是位于理由之先的。类似地，主张理由在所有规范属性和关系中居于首位，并不意味着道德哲学所研究的东西没有先于理由的——只是先于理由的那些东西本身缺乏规范性。但为了简单起见，我常常用“理由在认识论中居于首位”的说法指代这一观点：理由在认识论处理的规范属性和关系中居于首位。伦理学中的情况也是如此。

比如，关于你“理性地应该”相信什么的问题，当然只是认识论中的一类问题。认识论者们还非常重视证成（*justification*）的

---

[1] 伯克指出：“像这样理解这门学科，认识论中最基本的问题就是‘我应该相信什么？’……以我提议的那种方式看待认识论的好处是，可以凸显这门学科的规范性特质。”（Berker，2013：338—339）

[2] 后面会对“具有”理由作更多讨论。

概念，过去五十多年来更是如此。我相信，在与“实证性”相对的“规范性”意义上，证成显然也是一个规范性概念。所以，就认识论关注证成而言，它也是一门规范性学科。

诚然，根据传统观念，认识论是关于知识的理论。而我们可以合理地追问，知识本身是否是规范性的。知识无疑是重要的，但这跟知识本身是一种规范性关系不同。用我的话来说，许多属性和关系并非本身有规范内容，但仍然是规范相关的。例如，关于快乐、痛苦和死亡的事实可以对我们有理由做什么产生直接影响，因 8
而是高度规范相关的，但它们本身不是规范性的。[1] 我在前面提到，可能有某些像友好这样的属性，我们不清楚它们究竟是有规范内容，还是仅仅明显地规范相关。如果知识跟快乐、痛苦和死亡一样，明显地规范相关但缺乏规范内容，那么认识论的核心部分可能就是非规范性的。

然而，认识论里另一种重要且影响深远的传统观念认为，知道本身在某种程度上意味着满足某种规范性条件。例如，根据艾耶尔的观点，[2] 在某种程度上，知道 P 就是有权确信 P 为真。[3] 至于

[1] 我认为，死亡是一种生物学属性。这跟如下主张相一致：死亡的界限是模糊的；当我们的兴趣随着时间变化，或者医疗手段随着时间改善，我们对死亡的看法也会改变；在人工呼吸机这样的现代生命维持技术出现之前，绝不可能对一系列与死亡密切相关的概念做出重要区分。可对照 Engelhardt（1975）和 Walton（1979）的讨论。

[2] 参见 Ayer（1956：34）。

[3] 这里要做点学院派式的注解。在本书中，我用大写字母（“P”“Q” 等）表示的图式字母在阅读时可以用语句代入，并且包含这些字母的主张应被理解为表达了这样一种意愿：以其他方式填充图式字母也可提出类似的主张。有时这会让人难以确定我所希望提出的那些主张的确切含义，正因此，过去我在有些情况下会避免采用这种言说方式，但我相信这么做还是比不这么做要好一些。根据某种哲学共识，信念和欲望是命题态度，很多哲学家用 “*p*” 表示变元，说 “相信 *p*” 而不说 “相信 P”。在讨论他人观点的地方，我在必要时会以这种方式使用小写的斜体字母（“*p*”“*q*” 等），但我更倾向于不要这样。尽管我同意，信念和欲望可以让主体跟命题相联系，但 “believes” 和 “desires” 这（转下页）

何种规范性条件构成知识的本质要素，这一传统中的不同成员提出了不同主张。有的说是证成或理性，有的说是资格（entitlement）或保证（warrant）。但不管是什么，这些观点的共识是，有某种规范性条件是知识的本质要素。我在本书中将这一点视为当然成立：在相关的意义上，如果某事物的部分本质是规范性的，那么该事物本身就可算作是规范性的。因此我认为，根据这些观点，知识是规范性的。

即便知识不是规范性的，我所理解的理由至上论题，也不难与知识在认识论里的终极优先性相调和。这种调和的可能性诉诸这一观念：知识可以发挥一种跟理由相关的解释性作用。但本书最终将论证，知识不仅如刚刚提到的传统观念所坚称的那样是规范性的，实际上还是理由的分析与解释优先性的最佳例证之一。

9 更何况，即便抛开知识不谈，认识论领域还有很多值得关注的规范性概念。过去几十年以来，除了我们熟悉的理性和证成之类的范畴，认识论者们还强调权利（*rights*）、义务（*duties*）、责任（*responsibilities*）和德性（*virtue*）等概念的重要性。由此，使认识论区别于伦理学的，很大程度上不是使用哪些规范性概念，而是这些概念应用于什么——即认识论的特定主题。在认识论中，我们提出的许多问题——包括什么是理性的、什么是得到证成的、什么是得到理由支持的，都跟我们有时在规范性研究的其他分支中提出的相似问题同属一类。它们使用看起来相同的规范性概念，只不过将这些概念应用于另一个领域——即对信念、怀疑和信任之类的认知

---

（接上页）两个英文动词在语法上可以搭配名词，而当它们确实以名词作宾语，它们并不总是表达与命题的关系。所以，虽然哲学论著中的通行做法是说“相信 *p*”，其中 *p* 表示以命题为值域的变元，这已经要求“相信”有一种特殊的、带有哲学限制的用法（“欲望”在这点上就更明显了）。我相信更明智的做法是，让我们的讨论落脚在非技术性的、理论无涉的语言之上，书中出现的字母虽然给人技术化的印象，但这很容易被消除：只要阅读时把你喜欢的例子代入“P”即可。

态度进行评价。而且哪怕我们在认识论中使用的概念，并不明显与规范性研究的其他分支所关注的概念同属一类时——比如当我们提出关于知识的主张时，我们看起来也对什么是理性的担负了某些承诺。

由于信念、怀疑和信任在许多方面都不同于行动、意图和情感，那么如果认识论中出现一些特别重要的真理或挑战，仅仅通过考虑规范性研究的其他领域，这些真理或挑战无法被预见到，也就不足为奇了。而且由于认识论问题对许多哲学研究来说，都有方法论上的重要意义，那么如果它们有时与规范性研究的其他分支中的类似问题相分离，而被孤立地处理，我们也不必对此感到惊讶。但同样不必惊讶的是，由于认识论使用许多（其实是充斥着）与规范性研究的其他分支相同的规范性概念，如果探究特殊的认识论问题时忽略这一点，有时难免就会导致问题。

本书的*核心假设*（*Core Hypothesis*）是，对传统认识论的几乎每一个核心话题来说，通过与规范性研究的其他分支相比较，有时确实会带来改变——实际上是重要的改变。或者也可以把这一核心假设反过来表述为，由于没有参照认识论之外的规范性研究中的类似问题，没有考虑回答那些问题时所产生的承诺，我们失去了可以由此得到的视角，而这种视角的缺乏，使我们对传统认识论的核心话题产生了歪曲的见解。

认识论者给出有问题的承诺的一个原因是，他们的分析方案所包含的视角是狭隘的。如果信念和行动都可以是理性的，而认识论者试图对信念如何以相关方式变得理性提供一种分析，这种分析却因为缺乏正确种类的结构而不适用于行动，那么这种分析看起来显然太过狭隘。一种更好的分析应该帮助我们理解，信念和行动如何都能以是否理性来进行评价，以及由于信念和行动之间的差异，为 10
什么行动的理性最终不同于信念的理性。

让我举两个例子来对此说明。根据*主观贝叶斯理论*，仅当一种置信状态（即所谓信任）在概率层面与主体的其他置信状态相融贯时，这种置信状态才是理性的。倘若我们忽略理性适用于信任之外的事物这一事实，接受主观贝叶斯主义论题就可能导致我们认为，该论题可以充分解释信任的理性是指什么，而不仅仅只解释信任的理性需要什么条件。然而这是一种误解。由于行动、意图和情感也可以是理性或非理性的，但行动、意图和情感无法在概率层面相互融贯或者与信任相融贯，所以它们不可能在这种意义上是理性的。因此，即便主观贝叶斯主义正确解释了信任的理性需要什么条件，它也需要基于更一般地解释某样东西是理性的指什么，以及关于信任的本质有哪些重要事实。

再来看第二个例子，在回应盖梯尔问题（the Gettier problem）的历史中，一项重要成果是发展出关于知识的所谓“决定性理由”（conclusive reasons）理论。[1] 根据这样的理论，知道 P 要求有决定性理由相信 P。有决定性理由相信 P 则是指，具有某个理由 R 去相信 P，使得除非出现情况 P，否则不会出现情况 R。如果信念是我们关心是否有确凿理由的唯一事物，这在直觉上就是对“决定性理由”的妥善定义。但我们也可以有决定性理由采取行动、形成意图或者产生某种情感。这些事物获得决定性理由所需的条件显然是不同的。因此，对于有决定性理由相信 P 的充分解释，应该视为基于更一般地解释有决定性理由去做某件事是指什么，以及有哪些关于信念的特殊事实。

虽然只有两个例子，但它们表明，对满足某种条件是指什么进行分析或者我所说的构成性（*constitutive*）解释时，最有益的办法是注重总体情况。值得一提的是，有时一位哲学家给出了一种从这种角度来看显得太过狭隘的分析，但对其目的而言，那究竟是一

[1] Dretske（1971）是提出这种观点的经典之作。但我认为，认识论中其他众多外在主义观点也立足于类似的见解，包括 Goldman（1979）中对证成问题给出的很有影响的可靠主义处理方案。

种真正的分析，还是仅仅对例如什么条件下可以有信念的确凿理由提供了一种正确的刻画，其实并不重要。我跟这样的哲学家没有任何原则上的争论。有些情况下，哲学家们确实可以独立地证明这一点：任何充分的构成性解释应该预见他们的观点属于特殊情形。比 11
如，主观贝叶斯主义者可以诉诸各种广为人知的独立论证，证明其观点中的“仅当”关系是成立的。鉴于有独立证据支持她的这部分观点，对于如何一般地解释理性，她的观点很可能构成限制，而不是相反，即对理性的一般解释让我们得出这样的结论：信任无需在概率层面相融贯就可以是理性的。

但有时候，支持某种认识论观点的独立证据非常薄弱。比如，在以决定性理由对知识进行分析的例子中，没有多少文献提出了许多独立的论证，每个都得出结论说，有决定性理由 R 去相信 P，仅当除非出现情况 P，否则不会出现情况 R。相反，之所以认为，这时 R 构成决定性理由，一定程度上是基于这一事实：我们很难找到另外的方式，用涉及反事实关系、真理之类概念的简单非规范性词项，来界定决定性理由。认识论中出现这样的状况时，采取某种更开阔的视角就有很大的意义。本书的目标便是通过具体的讨论来印证这一点。

为了揭示认识论与其他规范性学科之间的连续性所具有的重要性，我们以理由至上论题作为一项主要的专题研究。前面提到，理由至上论题在道德哲学领域显然已被普遍接受。我还论证，考虑到该论题所指向的范围，它可以应用于认识论的许多核心概念，至少包括理性和证成的概念。我最终将在第 11 章证明，它同样适用于知识的概念。由此似乎便可得出，不仅许多道德哲学家承诺了理由至上论题，在认识论所处理的规范概念中，理由也是第一位的。但在我看来，在认识论中，理由至上的观念并不像在伦理学中那样受人青睐。由此，本书最重要的讨论主题之一是，认识论领域的情况究竟表明理由至上的观念卓有成效，还是表明这种观念乏善可陈。

## 1.3 理由与证据

要明白我们为什么认为，理由在认识论中扮演某种重要的解释性角色，最好是从关于证据的解释性角色的一些重要观察入手。我将不加论证地假定，证据的概念在认识论中发挥着一种重要且核心的解释性作用——对于你知道什么和你可以理性地相信什么，极为关键的一点是你有什么证据。与此相对，关于证据的本质或结构，我在本书中不会提出任何实质性的假设。比如，我不会假定，增加
12 P 的概率对成为 P 的证据来说是必要或充分的，而是假定，相同概率的命题可以得到数量悬殊的证据的支持。毋宁说，我认为，对证据的任何理论解释，都应符合我们期望证据能在认识论中扮演的角色，所以我在讨论时，将始终抱持一种直觉性的证据观念。

不过，这里有必要区分所谓的*客观*与*主观*证据。设想克里斯蒂娜在笑。这是她快乐的证据。但如果没有人发现她在笑，这便不是任何人所拥有的证据。即使没人发现也能成为证据的事实，就是我所说的*客观*证据。当我们寻找与某个问题相关的证据，找的就是这类证据。当我们看到克里斯蒂娜在笑，从而拥有相关的证据，这便是我所说的*主观*证据。就我们可以理性地相信什么而言，重要的是主观证据。倘若克里斯蒂娜在笑，但我对此一无所知，那么对于我是否可以理性地相信她是快乐的，这一事实不会产生任何影响。而如果我相信克里斯蒂娜在笑，这确实有助于我理性地相信她是快乐的。

如果我看到克里斯蒂娜在笑，但她的朋友跟我说她不快乐，那么对于她是快乐的这一结论，我既有正面的证据，又有反面的证据。这种情况下，我的证据处于竞争中，对我来说相信什么最为明智，就取决于哪方的证据更有说服力，至少一定程度上是如此。所以，证据相互竞争。在这种竞争中，需要区分证据可被废止（defeated）的两种方式。如果我有更好的证据表明，克里斯蒂娜快

乐而非不快乐，我们就可以说，我表明克里斯蒂娜不快乐的证据被抵消（*countervailed*）或压倒（*outweighed*）了——它被更有说服力的反面证据所拒斥。但有时证据之所以被废止，不是因为有更好的反面证据，而是因为它被削弱（*undercut*）了。比如，设想我发现，克里斯蒂娜的朋友从昨天起就没跟她说过话。这不能证明克里斯蒂娜是快乐的，但确实让这个朋友说克里斯蒂娜不快乐的证言说服力大减。

最后，有些情况下，不仅要考虑有什么证据支持某个结论，以及我有什么证据支持那个结论，还需考虑我基于什么证据相信那个结论。比如，设想我看到克里斯蒂娜在笑，并且听她向我兴高采烈地讲述今天是多么美好的一天，但我仍然对此怀有一种非理性的怀疑，我之所以相信她快乐，只是因为我所信任的一个朋友上周跟她聊过，并告诉我是如此。在这种情形中，尽管我相信被我的证据所支持的东西，但我的信念并未基于所有那些证据，而只是基于其中一部分，并且是最无价值的那部分。信念的基础是重要的。当我将信念基于经过选择的证据，我的信念可能是非理性的，虽然我所相信的东西很好地为我的证据所支持。因此，我们可以将信念基于证据，这时将它们基于什么证据就很重要了。

我们刚刚看到，证据可以有客观与主观之分，证据相互竞争， 13
证据可以被抵消和削弱，以及我们的信念可以基于证据。所有这些观察也都适用于理由——不管是信念的理由，还是行动的理由。前面的例子同样可以拿来说明信念的理由。如果克里斯蒂娜在笑，那就是相信她快乐的理由。但如果没有人发现她在笑，这便不是任何人所拥有的理由。由此可以区分客观 / 主观的信念理由。类似地，如果聚会上有跳舞环节，这是前往参加的一个理由（对喜欢跳舞的人来说）。但只有知道聚会上跳舞的人才有这个理由，聚会上跳舞也只会让知道这一点的人前往参加是理性的。

我们已经了解，理由是相互竞争的，偏向同一问题的一方或另一方，所以证据在这方面也跟理由相似。类似地，理由既可以被抵消，也可以被削弱。克里斯蒂娜在笑这一事实，是相信她快乐的一个理由，但是，她目睹自己母亲去世这一事实，是相信她不快乐的更好理由。类似地，如果她正在表演，那么她在笑这一事实，就完全不是相信她快乐的良好理由——这个理由被削弱了。行动的理由同样适用这几点。你知道你的朋友在地下室这一事实，是不跟敲门的人说她不在镇上的一个理由，但与康德的观点相反，它可以被下述事实所压倒（抵消）：敲门的人是一个暴徒。类似地，如果你在玩《强权外交》（Diplomacy）这款游戏，某句话是谎言这一事实作为理由，就不像原来那样有分量了——它受到了削弱。

最后，行动或信念可以基于理由，并且在许多情况下，它们基于什么理由很重要。当你看到克里斯蒂娜在笑，可能由此断定她是快乐的，从而将你的信念基于这一理由。换言之，我们可以说，你相信她快乐的理由是她在笑。行动也是如此。虽然你可以有许多理由去购买人寿保险，但你依据其中一些而非另一些去行动。而依据哪些理由去行动，可以对你的行动有多合理造成影响。朱莉娅·马尔科维茨（Julia Markovits）甚至令人信服地论证，这会对行动的道德价值产生非常重要的影响（Markovits，2010）。[1]

因此，跟证据一样，理由可以有客观 / 主观之分，可以相互
14 竞争，可以被抵消或削弱，还可以形成基于关系。[2] 鉴于证据和

[1] 可与 Arpaly and Schroeder（2014）的观点相比较。

[2] 事实上，对证据的谈论和对理由的谈论之间还有更深层的平行关系。比如，我们将在 4.2 节讲到，主观证据和主观理由的归与对这一点敏感：归与者是否认为主体的信念为真，根据许多人的观点，它们是否是知识。举个例子，如果你认为威廉知道克里斯蒂娜在笑，那么你可以说，他有一条证据证明她快乐，或者说她有一个理由相信这一点，这条证据或这个理由便是她在笑。但如果你认为她并非真的在笑，那么即便你知道威廉理性地相信她在笑，也不会给出这两种说法。我们将在第 4 章讨论这个问题。

理由之间存在这样四个显著的相似点，可以提出两个非常自然的解释性假说。其一是斯蒂芬·卡恩斯（Stephen Kearns）和丹尼尔·斯塔尔（Daniel Star）在一系列论文中所维护的理由作为证据（*Reasons as Evidence*）假说。根据这一假说，理由和证据之间具有这么多共同点的原因在于，理由就是支持某样东西的证据。[1] 特别是，根据卡恩斯和斯塔尔的观点，成为某人去 $\varphi$ 的理由就是成为她应该去 $\varphi$ 的证据。[2] 所以，成为某人相信 P 的理由，就是成为她应该相信 P 的证据。

**理由作为证据**　R 之成为 X 去 $\varphi$ 的理由，就是 R 之成为 X 应该去 $\varphi$ 的证据。[3]

出于以下几点理由，我认为理由作为证据假说是一种没有前途的观

[1] 尤其参见 Kearns and Star（2008，2009）。理由和证据之间的平行关系并不是卡恩斯和斯塔尔提出他们的论题的主要动机，但他们确实指出，证据和理由都有分量，两者也都可以有客观 / 主观之分，并且以此佐证他们的观点。注意，在很多地方，卡恩斯和斯塔尔明确维护的理由作为证据假说只是一种必然双条件关系，而不是对理由的一种分析。我将忽略这一限定条件，依据有二：其一，双条件关系无法完成同样的解释性工作（两人承认这一点，参见 Kearns and Star，2008：219）；其二，不管怎么说，我的反驳就是针对这种双条件关系的。

[2] 再做一点学院派式的注解。道德哲学中通常用“$\varphi$”代表动词短语。在先前的著作中，我避免采用这种言说方式，转而用“做 A”这一表达，其中“A”以行动的名称为取值范围，因此这个变量位置可以进行量化。不过，在秉持只使用具有前理论意义的语言这一原则的同时，本书将大写字母作为表示语句的图式字母，将希腊字母“$\varphi$”和“$\psi$”作为表示任何种类的动词短语的图式字母，包括“相信 P”形式的动词短语。

[3] 在某种非常重要的意义上，卡恩斯和斯塔尔的观点比维护如下主张所要求的东西更强：我们之所以能看到证据和理由之间的平行关系，是因为理由是证据的一个特例。但我认为，他们的观点是目前为止这类观点中最为自然的。这是因为，任何这样的观点都必须补充解释这一点：某样东西要成为去 $\varphi$ 的理由，它必须是支持什么的证据。而卡恩斯和斯塔尔的回答是最简单且最一般的。我相信，我在本书中针对他们的观点给出的大多数反驳也可以一般化。

点。首先，最明显但在我看来也最重要的是，该假说弄错了解释方向。因为如我将要在第 2 章论证的，理由可以解释你应该做什么。但一般而言，你应该做什么的证据不能解释你应该做什么。其次，该假说预示了过多的理由。比如，倘若屋子里的大多数人都应该去 $\varphi$，并且你也在屋子里，那么这是你应该去 $\varphi$ 的证据。但直觉上，这不是你应该去 $\varphi$ 的一个理由。类似地，你有证据表明你（主观上）应该相信 P 的一种情况是，当你相信缺乏～P 的证据。[1] 然而，缺乏～P 的证据不一定可以自动成为相信 P 的一个理由（因为可能同样没有 P 的证据）。[2]

卡恩斯和斯塔尔并非没有意识到这一事实：很容易找到一些你应该去 $\varphi$ 的证据，但它们直觉上不是你去 $\varphi$ 的理由。两人喜欢举关于证言（testimony）的例子，这样的例子跟他们的观点更切合一些。报纸上说非洲民众在挨饿。这是非洲民众在挨饿的证据，从而是你应该给乐施会捐款的证据。问题同样在于，尽管非洲民众真的在挨饿这一事实是捐款的一个理由，报纸上这么说这一事实却不是。按照他们支持理由作为证据假说的两个论证所运用的推理思路，卡恩斯和斯塔尔拒斥前述主张。他们坚称，关于报纸的事实确实是给乐施会捐款的一个理由，其依据是，在恰当的推理中诉诸那种事实，可以支持给乐施会捐款的行为。

我想说，这种回应的问题在于，它将支持一个信念的推理，和基于那个信念的实践推理混为一谈。[3] 要明白这一区分的重要性，一种很自然的检验方式是，设想斯蒂芬问丹尼尔为什么他要给乐

[1] 最后一点学院派式的注解。“～P”应理解为可以代入“P”所表示的语句的否定，只要这种否定符合句法。用这样的符号可以让许多东西更易于表述。

[2] 这两个例子中的第一个来自 Dancy（2004），后一个借用自 Brunero（2009），布鲁内罗将它也归于丹西。根据另一个不那么有力的丹西式例子，Fletcher（2013）论证，卡恩斯和斯塔尔对证据的解释蕴涵着，给定“应该”蕴涵“能够”这一论题，你能够做 A 这一事实是你应该做 A 的证据。

[3] 对比 McNaughton and Rawling（2010）。

施会捐款。丹尼尔说：“因为报纸报道说有人在挨饿。”斯蒂芬说：“那些挨饿的人能得到你的帮助，这是好事。”丹尼尔回复：“什么挨饿的人？我不相信报道；我只是没有任何好的理由不去捐款，所以报纸的报道对我来说是一个足够好的理由。”这听起来很怪，而我认为，这表明报纸的报道根本不会直接支持给乐施会捐款。它的作用其实在于支持非洲民众真的在挨饿这一信念，而后者支持捐款。[1]我们举的其他例子也适用这样的检验：比如，设想斯蒂芬所在的屋子里大多是 40 岁以上的女性，因此他相信，屋子里的大多数人都应该去做乳腺 X 光检查。于是他就去做了一个乳腺 X 光检查，尽管他不相信自己应该这么做，但由于他没有更好的办法打发时间，所以前述理由已经足够好了。

由此可见，理由作为证据论题面临明显的反例，要排除这些反例，就只能将上面所说的两种推理相混同，我们已经对其后果做了检验。但这一论题还有其他问题。我要说的第三点是，我提供的所有关于证据的例子，看起来同样也很好地符合对信念理由的观察。这不是巧合；P 的任何证据都可以自然地描述为相信 P 的理由，能
够成为相信 P 的理由的东西，很难认为它不是 P 的证据。事实上， 16
卡恩斯和斯塔尔似乎认为，他们的解释就信念理由而言显然是外延上正确的，以至于根本无需对此进行讨论——我不大清楚他们为什么会这么想，除非在信念的情形中，将理由和证据之间的某种关系视为当然。

但是，卡恩斯和斯塔尔的观点并未将相信 P 的理由等同于 P 的证据，而是将相信 P 的理由等同于主体*应该*相信 P 的证据。这意味着，如果他们想得出这样的一般性结论：相信 P 的理由都是

[1] 它还支持非洲民众很可能在挨饿这一结论，该结论也是去捐款的一个理由，这一点会让情况变得更复杂，但本书不拟对此进行讨论，可参照 Schroeder（2018a）。

并且仅仅是 P 的证据，就必须假定，P 的证据都是并且仅仅是主体应该相信 P 的证据。然而在我看来，后面这个一般性结论是错的。[1] 关于一个主体相信什么东西的事实，或者关于她的理性先验信息（rational priors）的事实，可以在它们本身不是 P 的证据的情况下，成为她应该相信 P 的证据。实际上，即便你只有在 P 情况下才应该相信 P，也无法由此得出，P 的证据都是并且仅仅是你应该相信 P 的证据，因为这种等价关系本身是可以得到证据支持或反对的东西。[2]

就理由可以通过证据进行分析而言，卡恩斯和斯塔尔提出的理由作为证据假说，并不是唯一可能的进路，但考虑到可以为理由所支持的东西的多样性（行动、信念以及其他态度），他们的观点是很自然的，并且我认为也是具有代表性的。因此我相信，理由作为证据假说的失败促使我们转向另一种解释：证据在认识论中之所以重要，是因为 P 的证据是相信 P 的理由。我把这称为*证据作为理由*（*Evidence as Reasons*）假说。在我看来，对于理由和证据为什么展现出这么多的相似属性，证据作为理由假说可以提供目前来说最有希望的解释。所以，倘若证据在认识论中重要是因为证据是相信的理由，那么如果证据在认识论中扮演某种解释性角色，那种解释性角色也可以为理由所承担。

**证据作为理由**　证据在认识论中之所以重要，是因为如果某样

[1] 卡恩斯和斯塔尔对于这一结论可能是错的明确持开放态度，并且把这当作他们观点的一个优点，因为这给信念的实用理由的可能性留下了余地（2008：217）。但这里我的意思是，即便没有信念的实用理由，这种结论也是错的。

[2] 卡恩斯和斯塔尔提出的理由作为证据论题，同时适用于客观和主观理由。如果相信 P 的客观理由是你客观上应该相信 P 的证据，并且你只有在 P 情况下才客观上应该相信 P，那么这一点就是可信的：你客观上应该相信 P 的证据同样也是 P 的证据。但要说你只有在 P 情况下才主观上应该相信 P，则是完全不可信的。所以这种等价关系不适用于主观理由。

东西是 P 的证据，那么，它就是相信 P 的一个理由。[1]

这给了我们一个附带条件的论证，可以表明理由在认识论中扮演一 17
种重要的解释性角色。如果我们再加上一个背景性假设，说明理由可以提供何种特殊的解释，比如，那是一种非因果解释，从而属于一种构成性解释，就像图形有三条边这一事实可以解释它为什么是三角形，那么关于理由在认识论中扮演何种角色，我们便可得出更强的结论。[2] 在证成和知识至少在某种程度上可以由证据来解释的前提下，这也许有助于支持这一论题：理由相对于证成和知识具有分析及解释优先性。

## 1.4　两个困难

至此我已经解释了理由至上论题，并论证指出，由于认识论是一门规范性学科，该论题如果为真，必定就对认识论中处理的核心规范概念为真，我还提供了一个间接的证据来源，可以证明理由确

[1] 对于这里所表述的证据作为理由假说，一个自然的反驳是，一张彩票是一次尚未举行的公平抽奖中仅有的 100 张彩票中的一张这一事实，是它不会中奖的证据，却不是相信它不会中奖的一个理由（因为直觉上，由此可以得出的是，关于它会不会中奖，会或不会的信念你都不应该形成）。正如我已经提到的，我并未假定，任何提升 P 的先验概率的东西都必须算作 P 的证据，所以对于前述事实是否真的是那张彩票不会中奖的证据，我持中立态度。这个反例所依据的后半部分的推理也是失败的——比如我们可以说，前述事实是相信那张彩票不会中奖的一个理由，只不过它还担保存在一个反对相信这一点的更强理由。但如果你信服这样的例子，那么我可以退回到这样的表述：当证据在认识论中是重要的，它是通过成为理由而重要——特别是，当它对于完全信念（outright belief）的认识论来说是重要的，它是通过成为理由而重要。对于是否 P 的所有证据都是相信 P 的理由，这个更弱的论题是中立的。

[2] 对构成性解释的更多讨论，参见 Schroeder（2014）中重印的《卡德沃思与规范性解释》(Cudworth and Normative Explanations）一文。

实在认识论中扮演核心的解释性角色——因为证据扮演这样一种核心的解释性角色，而证据在认识论中之所以重要，原因仅仅在于证据就是相信的理由。所有这些对理由至上论题来说都是有利的。但不幸的是，要看到理由如何在相关意义上可以是第一位的，至少面临两个非常直接的、充满认识论色彩的困难。

第一个困难是我所称的未经证成的信念问题（*the problem of unjustified belief*），顾名思义，这个问题源自未经证成的信念的情形。[1] 该问题是指，在无需依次诉诸知识、证成或理性信念的情况下，如何能够成功地刻画可用于解释知识、证成和理性信念的各种理由。由此，这一问题直接挑战了理由在认识论中居于首位的观
18 念，因为它挑战了这一点：理由如何可能是第一位的——因为要成功解释知识、证成或者理性信念，它们需要依次由它们当中的一个来解释。[2] 第二个困难则是指，信念借助理由得到证成或变得理性，但如果不诉诸关于需要借助多少理由的先在事实，理由就会太过贫乏，从而完全解释不了知识、证成或理性信念。我在充分讨论未经证成的信念问题之后，很快会转向这一问题。

刚刚已经说了什么是未经证成的信念问题，即如何避免让未经

---

[1] 这里简单解释一下“得到证成”（justified）和“理性”（rational）这两个词。盖梯尔引入“得到证成”一词指谓对知识的分析当中的一个要素，该要素类同于 Ayer（1956）所说的“确信的权利”（right to be sure）和 Chisholm（1966）所说的“充分证据”（adequate evidence）。对证成的分析由此开启了独立的历程。跟许多内在主义者一样，我认为，最有意思的证成概念可以归结为在理性方面对信念的评价，因此就本书的目的而言，我在大多数情况下都把这两个词当作可以互换使用的词。我承认这会引起争议，并且许多理论家在坚持对证成采取外在主义解释的同时，容许对理性进行更具内在主义色彩的解释。但我感兴趣的其实是那些涉及知识和信念的理性的问题，所以我乐于见到人们将这本书解读为对证成问题保持沉默——虽然我称呼这里的困难时用到了这个词。

[2] 回想一下，我还没有论证知识本身是规范性的。我将在第 11 章论证这一点。只有当预设理由必定优先于和可以解释知识，未得证成的信念问题对理由至上论题来说才是一个问题。

证成的信念提供理由的问题。在正常情况下，某个人所相信的东西可以对她理性相信的其他东西产生影响。当你看到克里斯蒂娜并发现她在笑，在没有废止性因素需要考虑的情况下，这给你提供了相信她快乐的理由，并使得你可以理性地相信她是快乐的。但如果你所具有的克里斯蒂娜在笑这一信念是未经证成的，那么情况就出现了异常，你的信念也就无助于让你可以理性地相信克里斯蒂娜是快乐的。比如，你不是亲眼看到克里斯蒂娜在笑，而仅仅是没什么根据地感觉她可能在笑，并由此浮想联翩，相信她的确在笑，这就不能使你可以理性地相信她是快乐的，哪怕无需考虑任何废止性的因素。类似地，虽说知识要求证据，而你可以通过相信克里斯蒂娜在笑，获得证明她快乐的证据，但如果你所具有的她在笑这一信念本身是未经证成的，那么它就不能算作你支撑知识所需的证据。

由上述观察可以得出，无论信念对于知识有何种贡献，或者通过充当信念的主观理由，对于进一步产生的信念有何种贡献，在信念未经证成或者非理性的情况下，就不可能做出这样的贡献。对此，最常见也最自然的回应是，[1] 主观理由的概念必须内在地满足某种条件，将未经证成的情形排除在外。例如，根据理查德·费尔德曼（Richard Feldman，1988）的观点，一个信念必须得到证成才能成为某人的理由。而根据威廉姆森的观点（Williamson，2007），一个信念必须是知识才能成为某人的理由。

但如果我们需要诉诸证成或知识条件来分析主观理由，那么主观理由不可能优先于并且可以解释证成和知识。它们不可能分析地优先于两者，因为对它们的分析包含知识或证成的因素。它们也不可能解释地优先，因为只有首先依据某种关于证成或知识的事实，
它们才成其为主观理由。然而，如果我们要依据任何一种理由来理 19

[1] 注意，我没有说这是唯一可能的回应——我将在第 3 和 4 章提出另外一种回应。一旦我们认为这是自然或正确的回应，未经证成的信念问题就显现出来了。

解知识或理性信念，主观理由（我们把握范围内的理由）当然应该是这种解释的一部分。因此，对于理解理由如何能够优先于并且可以解释证成和知识，以及对于理由如何能够居于首位，未经证成的信念问题构成了一个非常具有一般性的障碍——当然，除非表明知识不是规范性的。[1]

注意，未经证成的信念问题并不完全专属于认识论。只考虑行动理由也可以得到该问题的一个较弱版本。一般而言，你相信什么会影响到你可以理性地做什么，但你的信念非理性时就不可能如此。所以，由类似的推理可以得出这样的结论：支持行动的主观理由所基于的信念必须本身是理性的——所以最终的结论是，主观理由不可能优先于理性。不过，如果我们仅仅把这视为一个关于如何使用理由去理解行动理性的问题，那么它说不上非常有力。比如，相比主张非理性信念可以让进一步的信念变得理性，主张非理性信念可以让行动变得理性要可信得多。况且很容易得出这样的看法：信念的理性有别于行动的理性——也许信念的理性优先于行动的主观理由，但行动的主观理由优先于行动的理性。如果是这样，依据理由来理解行动理性就没有什么问题了。

相反，如果我们志在扩展理由至上论题的适用范围，试图依据理由来解释知识和信念的理性，未经证成的信念问题就会愈加尖锐。我想这意味着，这个问题的存在可以很好地解释这一点为什么颇为合理：在认识论领域中，理由至上论题看起来尤其缺乏吸引力。

理由至上论题在认识论中面临的第二个困难，是我所称的*充足性问题*（*the problem of sufficiency*）。充足性问题源自这一事实：当支持行动的理由和反对它们的理由至少一样好时，行动可以是理性

[1] 在我所说的未经证成的信念问题方面，要了解对核心问题的另一种不同看法，可参见 Sosa and Sylvan（2018）。

的，然而当证据势均力敌时，信念绝不可能是理性的。如果证据势均力敌，唯一理性的做法是，不要产生对任何一方的信念。所以，对行动来说，我们也许简单地衡量各方面的理由即可，但就信念而言，由于只有证据才能充当认知理由，我们不可能只是简单地对各方面的理由进行比较。相反，我们必须对这一点给出某种*独立*的刻画：证据必须有多好才称得上*充足*。

鉴于关乎信念理性与否的理由，看起来都是并且仅仅是可以影 20
响信念内容的证据，这个问题尤为紧迫。毕竟，不是所有对形成某个信念有助益的东西，都跟可以理性地相信什么或者你知道与否相关。例如，倘若有人出钱让你相信 P，这一般不会让你对 P 的信念变得更理性，除非有特殊情况，比如命题 P 就是有人给你钱这一命题。因此，并非所有东西都可以纳入与信念理性相关的正确种类的考量中。

所以，在一些哲学家看来，这表明，尽管给钱之类的因素可以成为支持行动的理由，却不是可以成为支持信念的理由的那种东西。[1] 而根据另外一些哲学家的观点，这只是表明，有些支持信念的理由——即所谓*非认知*（*non-epistemic*）理由，无助于使信念变得理性。[2] 这两种观点的分歧在于，这样的非认知理由是否真的是理由。它们都认同的是，能够算作有助于信念的理性的那些考量，必须是信念的*认知*（*epistemic*）理由——给钱不满足这一条件。

把影响信念的理性的理由称为“认知”理由，这还远远没有告诉我们，成为认知理由需要什么条件。但我们的确知道一件事：给钱一般来说不是信念的认知理由。相比之下，认知理由的典型例子，都是那些看起来可以使信念*内容*更可能*为真*的考量。也就是说，信念的认知理由的典型例子都是支持信念内容的*证据*。所以，

[1] 参见 Pink（1996）、Parfit（2001）、Kelly（2002）、Hieronymi（2005）、Shah（2006）、Skorupski（2010）和 Way（2012）。

[2] 参见 Schroeder（2010）。

人们广泛持有如下看法也就不奇怪了：不仅证据确实是信念的认知理由——正如证据作为理由假说所主张的，而且只有证据能够成为支持或反对信念的认知理由。

由此问题就凸显出来了。倘若依据理由来刻画信念理性，意味着要依据证据来刻画信念理性，那么当我们说，证据必须多好才算得上充足，我们是什么意思？我们的意思当然是，对诸如理性或者证成之类来说是充足的。然而，我们想做的事情是，通过诉诸某个人的理由，来说明她对某样东西的信念是基于什么才变得理性。但如果这么做需要诉诸关于理性的先在事实——即对理性来说多少理由才算充足，那么，理由充其量只是相对于特殊情形的理性信念具有解释优先性，而不具有相对于理性的分析优先性。

21 不难发现，如同未经证成的信念问题，这一困难从认识论的视角来看尤其严峻。就行动而言，这一点完全不明显：使得理由对理性来说具有充足性的东西，不仅仅只涉及它们至少跟任何竞争性的理由一样好。但在认识论中，由于只有认知理由才是重要的，并且认知理由被认为只包括证据，这样的观点就很难站得住脚：无需诉诸关于证成、理性或知识的先在事实，我们就能理解理由的充足性。所以，这是理由至上论题在认识论领域遭遇的特殊困难，由此也自然可以认为，这很好地解释了如下看法为什么确实是合理的：相比从伦理学的视角来看，理由至上论题从认识论的视角来看缺乏吸引力。而且这个问题更为一般。未经证成的信念问题的力量来自知识具有规范性这一假设，但充足性问题不依赖于我们如何判定知识的规范性。

## 1.5 思路预览

上一节论证，理由至上论题在认识论中碰到两个严重的困难，即未经证成的信念问题和充足性问题。对理由至上即理由优先于其他一切规范属性和关系的论题来说，充足性问题是直接面临的问题，未经证成的信念问题则以这一假设为前提条件：知识本身是规范性的——我将在第 11 章论证这一点。此外，由于这两个问题是认识论所特有的，它们有助于解释，这为什么不是单纯的社会学现象：伦理学和认识论中对理由至上论题的接受程度如此大相径庭。最后，这给本书的主要论证任务设定了背景。

在本书的余下部分，我将论证四个核心观念。第一个是，对于未经证成的信念问题，认识论中有*独立*的理由去寻找另外的解决方案——与理由至上论题相一致的解决方案。我得出这一结论的推理是，未经证成的信念问题背后的推论扮演了一种不可接受的角色，它限制了我们理解知觉如何能够成为证据来源时所能选择的解释方式。因此，通过拒斥这种推论，我们便可容纳关于基本的知觉证成的更好观点。这将是本书第二部分即第 3 至 5 章的论证任务。

我要论证的第二个观念是，对于充足性问题，认识论中也有重
要的独立理由去寻找另外的解决方案——与理由至上论题相一致的 22
解决方案。我得出这一结论的推理是，就证据如何有助于解释得到证成的或理性的信念而言，我们很难独立地理解它的许多特征，而一旦我们接受证据作为理由论题，就能允许某些反对信念的认知理由可以不是证据。表明这会解决哪些问题和如何解决，并为这种可能性开辟逻辑空间，然后设法论证这一点确实为真，将是本书第三部分即第 6 至 9 章的课题。

以上两个观念如果是对的，合在一起便可表明，不仅理由至上论题在认识论中遇到的障碍能够被克服，这么做还有利于我们理解一些完全属于认识论的问题。我要论证的第三个核心观念是，这些有利条件实际上更为深刻：一旦我们获得这些有利条件，就可以更好地理解知识如何是可分析的。构成本书第四部分主体的第 10 和 11 章，将致力于完成这项任务：依据理由建立和完成对知识的一

种分析。

最后，我要论证的贯穿全书的最重大观念是，通过采取一种更开阔的视角，我们可以改变对许多问题的看法。在本章中，我已经开始解释，我们为什么可以期待出现这种情况。不过，这种策略的优越性只有通过它取得的成果来证明。

这便是本书的思路。但首先，在我们着手处理这些观念之前，有必要再做一点澄清工作。接下去的第 2 章将更具体地说明，出于本书所要达到的目的，我是如何看待理由的，以及人们为什么可以认为，理由在解释层面与分析层面都优先于其他规范性属性和关系。

第2章

# 理由是竞争项



## 2.1 为什么是理由?

第 1 章引入了理由至上论题，即这一观念：理由是最基本的规范性概念，其他概念都是凭借它才具有规范性。我还论证，在该论题所诉诸的意义上，认识论的核心概念是规范性的，所以，如果理由至上论题为真，理由必定优先于和可以解释知识与证成。[1] 接着，通过提出证据作为理由论题，即认为证据对认识论的重要性在于它可以成为信念的理由，我间接地论证，理由确实优先于和可以解释知识与证成。由证据作为理由论题可以得出，如果证据优先于和可以解释知识与证成，那么理由也是如此。但是，我们看到，对于理由如何能够优先于和可以解释证成与知识，存在着两个重大的难题，这给本书的任务拉开了序幕。

第 1 章的论证是间接的，因为它不加论证地假定，在认识论中，或者在对知识与得到证成的信念的解释中，证据扮演着一种基础性的解释角色。在我本人看来，这样的假设即便未经论证也极为可信，所以我觉得那个间接论证是颇有启发的。不过，提出某种更为直接的论证是有助益的。在本章中，我会对理由的解释性角色提供更直接的证据。由此，通过考察理由为什么初看起来

[1] 第 1 章最后两句话当然也适用同样的限定条件。

就是重要的，我首先强调它们的显著特征，以及这些显著特征如何可以支持理由至上论题。我们将看到，理由最重要的显著特征是，它们是*竞争项*（*competitors*）。这一特征是使得这一点可信的核心因素：理由优先于和可以解释我们应该如何行事；而理由至上论题的动机在于这一观念：相同的推理可以扩展到其他的核心规范性概念，包括好。我将在第 11 章论证，*知识*的概念也同样适用这些考量。

当第 1 章对理由进行初步介绍时，我的做法是揭示我所说的理由现象——即对于某个重要的决定，我们可以经验到不同考量往不同方向牵引，或者在一个范围内偏向不同一端。在阿比的选择中，
24 团队合作的机会促使她接受创业公司的工作，工作的意义则往相反的方向牵引——促使她考取研究生院学习哲学。我相信，过去七十多年以来，理由之所以在道德哲学中扮演了如此重要的角色，首要原因就在于理由具有这种相互竞争的特征。我把这称为理由至上论题的*经典*（*classical*）动机。

要领会理由的竞争特征的重要性，以及促使人们将理由视为规范性始基的推动力，有必要回顾 150 年来规范伦理理论中处于最重要之列的一项发展。就其最具哲学抱负的形态而言，规范伦理理论试图找到一些一般原则，这些原则涉及在最大可能范围的环境中，我们这样的道德能动者（moral agents）应该如何行事。按照一种观点，这类理论的目标在于，解释某件事成为你应该做的事*是指什么*。按照另一种观点，道德理论的目标是列出一系列基本责任——即每个人无论什么情况都应该做的事，所有其他责任都可以由基本责任派生出来。[1] 根据以上两种观点，相关目标的实现要求能够确立高度一般的原则，这些原则表述了某件事可以成为某人应该做的事的充分条件——这些原则只要足够多，便可涵盖人们在能够身

[1] 对比 Schroeder（2014）的绪论部分。

处的一切情境中，所应该做的一切事情。

由此产生的问题是，这样的一般条件非常难以寻找，而最有望具备一般性的那些条件又过于狭隘，无法涵盖整个道德领域。例如，考虑撒谎的情形，很多人认为撒谎本质上就是恶劣的，每个人始终都应该不撒谎，无论他们处境如何。比如，塞缪尔·克拉克（Samuel Clarke，1738）在第 108 篇布道文《论撒谎的本质》（On the Nature of Lying）中写道："每个人都要跟他的邻人说真话，这句话要求背负的义务为处于任何状况中的人所承认，成了我们的一项必然且不可逃避的义务。"康德曾因类似的观点遭到本杰明·贡斯当（Benjamin Constant）的责难。但生活是千头万绪的，一些包含复杂情形的例子让前述原则受到质疑。设想有个谋杀犯在敲门，向你询问你朋友的行踪，而你的朋友正藏身屋内，这时你真的有义务说真话吗？[1] 在《伦理学方法》（*The Methods of Ethics*）中，西季威克担心另一类更为复杂的例子（Sidgwick，1907），比如意义随着时间改变的情形——跟"病弱者"（invalids）说善意的谎言，给孩子讲故事，以及断言可以自然地推出不实之词的真话。倘若我们限制我们的一般原则，忽略这些复杂情形，它便无法囊括欺骗真正错误的全部情形，我们就得补充某些附加条件。而不管我们怎样进行限制，这些原则面对那些例子中的情况很难不沦为空话：表明撒谎错误的所有其他因素都具备了，唯独说真话会直接导致完全可预 25
见的灾难性后果，或者会陷入与其他更难推脱的义务的冲突当中，比如对朋友信守诺言的义务。

我们应该如何行事的问题，也许不过是将无数条错综复杂的原则拼合起来，这些原则已经先行包含在哲学家们所能想象的任何一种可能的例外情形中。如果是这样，在任何有意思的一般性层面，都不会有某种基础性和解释性的道德理论。如果是这样，我们就不

[1] 这个著名例子由 Constant（1797）提出，Kant（1798）做了回应。

清楚，是否真的知道任何这样极为明确的原则，以及我们是否受到它们的引导。也许情况就是如此。还有一种可能的情况是，根本不存在伦理原则，特殊主义者如乔纳森·丹西（Jonathan Dancy）便持有这样的观点。[1] 然而，通过使某些非常可信的义务（比如不撒谎的义务）与其他明显的义务（比如信守诺言的义务，或者不给无辜者造成巨大伤害的义务）陷入紧张关系，关于义务的一般原则为什么会面临压力，对于这一问题，罗斯在《正当与善》（*The Right and the Good*）中提供了一种更好、更自然的回答（Ross, 1930）。这是因为，这些义务的确处于紧张关系，在这样的情况下，要确定我们总体上应该如何行事，我们必须关注哪些义务更为重要。

根据罗斯的观点，我们应该如何行事，是由他所说的初始义务（*prima facie* duties）决定的。他提出，我们的初始义务可以比作道德力量，而我们应该如何行事就像道德力量作用于我们所产生的合力效应。类似于物理力量，这些道德力量有时会相互冲突，出现这种情况时，我们应该如何行事就总是取决于这些义务之间的竞争结果。实际上，即便我们的义务没有陷入冲突时，我们应该如何行事也涉及义务之间的竞争，只不过在这种情况下，竞争最终是空洞的。正因为有些义务很少引发冲突，或者通常会在发生冲突时胜出，这一点看起来就是可信的：这些义务支持存在关于我们应该如何行事的一般原则，而一旦我们弄清楚它们如何产生冲突，就可以消除一般原则所面临的压力。

因此，罗斯的核心思想开启了这种可能性：就任何能动者应该如何行事而言，存在坚实的一般原则，适用于每一种可能的境况。无论每个能动者应该做的事是什么，它都是能动者的理由之间相竞

[1] 尤其参见 Dancy（2004）。

争的产物——即能动者最有理由去做的事。对每个人应该如何行事的这一结构性的概述，的确给出了充满吸引力的承诺，让我们不仅可以把握每个人应该如何行事的必要和充分条件，还能解释某人应该如何行事是指什么。按照这样的观点，对于为什么每个能动者应该去做她的理由经过权衡所支持去做的事，我们无需给出任何进一步的解释，因为那恰恰就是她应该怎么做所指的意思。

而且令人吃惊的是，这种观点可以跟很多关于能动者在可能情境中应该如何行事的具体观点相容，只要给那些观点附加关于那些情境适用什么理由的相应观点——而当任何人就能动者应该如何行 26
事持有相应的观点，将这种关于理由的假设归到他们身上，是非常自然的。例如，有的人相信有绝对禁止做的事——比如虐待婴儿，不管什么情况下，做这种事都是错的。[1] 我们可以合理地认为，在坚持这种看法的人眼中，有某些理由是如此有力，以至于它们不可能在跟其他理由的竞争中落败，不虐待婴儿的理由就在其中。

这种关于我们应该如何行事的本质的罗斯式观点，还有助于我们理解，为什么在现实的处境中，决定我们应该怎么做时，很多东西看起来都是重要的。根据这种观点，当阿比考虑是去创业公司工作，还是去研究生院读哲学，她之所以感到自己被什么力量拉往不同方向，是因为确实有相互竞争的考量在往不同方向牵引。所以，她在考虑是否接受那份工作时所经验到的理由现象，与使得她应该或者不应该接受那份工作的世界特征的结构相适配。当她感到被拉往不同方向，她正处于良好的状况。[2]

人类慎思的结构与（根据罗斯式观点）应该做一件事而非另一件事的决定因素的结构之间的适配关系所带来的一个结果是，我们至少可以解释，在许多哲学家看来，你自己考虑应该怎么做而非依

[1] 参照 Nozick（1974）对边际约束（side-constraints）的讨论。

[2] 依据 Howard（ms）的说法，她正在道德上“进入”良好的状况。

赖他人的证言之所以重要，其中的一个关键原因是什么。[1] 自己考虑之所以重要，是因为在自己考虑的过程中，你不仅注意到间接的证据，还能注意到，某种行为是凭借哪些特征才成为你应该采取的行为。这意味着，通过自己考虑，并得到理想的结果，带给你的不仅仅是知识，还有理解。既然每个人都有思虑能力，那么至少原则上，每个人都可以获得道德理解（moral understanding）。[2]

罗斯之后的几十年里，道德哲学家们只限于把“初始义务”一词用于谈论罗斯本人的观点，同时否认他的其他许多承诺。但罗斯
27 的核心思想是 20 世纪伦理理论的一项重大发展成果，即我们应该如何行事，这是往不同方向牵引的道德“力量”之间进行竞争的结果。我们由此可以解释，为什么先前哲学家们提出高度一般的道德理论的尝试走错了路，从而在混合各种道德相关因素的复杂情形中会碰到例外。这些理论抓住了道德上诸多重要特征中的某一个，但却错失了完整的图景。我们还看到，已经有个现成的词（至少在英语中）可以用来称呼这些竞争性的因素，那就是理由。

所以，理由的重要性体现在，它们可以相互产生竞争，我们由此可以依据这种竞争的结果，来解释我们应该如何行事。而且不难发现，由这一主张可以得出，理由或者至少是关于何种理由支持某事的事实，优先于和可以解释我们应该如何行事。它们的价值在于，凭借它们，我们可以对我们应该如何行事提出更好和更一般的解释，而且如果我提出的那种罗斯式观点是对的，这些解释就是构成性解释——某人应该做的事就是指某人的行动理由之间相竞争的

[1] 我并不是说，依赖他人的证言有什么坏处；当你知道别人对相关情境的非道德特征有更好的把握——比如，他们知道左边的门后面是一位女性还是一只老虎，这种情况下，通盘考虑后的最佳做法便是依赖于他们的证言。但是，如果仅仅只依赖他人的证言，看起来确实有问题，在另外一些情况下，我们最好采取别的做法，而不是依赖他人的证言。

[2] 对比 McGrath（2011），特别是 Hills（2009）。Sliwa（2012）对道德证言的作用提供了很好的辩护。我们将在第 10 章回到这一话题。

结果。按照这样的图景，就解释我们应该如何行事而言，理由不仅仅只发挥某种作用，而是起到一种构成性的作用。所以，它们不仅在解释顺序上优先于应当，还在分析顺序上优先于应当。[1] 如果罗斯的观点是正确的，理由就有一种局部的基础性或者相对的优先性。

理由至上论题是说，理由相对于所有其他规范概念具有解释和分析优先性。它将理由相对于我们应该如何行事具有解释和分析优先性这一论题，直接扩展为一个全局的、绝对的论题。理由至上论题也有一些直接的理论动机。但最强的动机都是这类动机——它们从理由相对于其他某些概念的局部优先性入手，然后将相似的推理向外扩展，本书考虑的也是这样的动机。第 2.5 节会进一步讨论，关于我们应该如何行事的说法同样可以扩展到其他的核心规范概念。但首先，我要在第 2.2 节说明，罗斯对西季威克担心的问题给出的解决方案，为什么优于西季威克本人的解决方案，并在第 2.3 和 2.4 节指出，本书用“理由”意指什么。

## 2.2　理由与价值

前面已经提到，对于如何表述关于人们应该如何行事的一般原
则的问题，西季威克《伦理学方法》第 3 卷（1907 年）做了非常 28
深入的讨论。在我看来，西季威克所考察的许多复杂例子具有某种共同的结构，即它们都引入了相互竞争的理由，当追问如何表述关

[1] 这里的论述致力于呈现基于理由（reason-based）的解释在其最有说服力的形态下所具有的吸引力，但我的意思并不蕴含着，就如何区分各种道义概念（不仅包括某人应该如何行事，还包括什么是允许的、要求的或者超义务的）而言，从此不再有什么重大的问题。人们提出许多策略来处理这样的情况，但我在本书中没有机会探究相关的问题，这方面可参见 Snedegar（2016）的讨论。

于某人应该如何行事的原则，如果不从不同理由相互竞争的结果寻找答案而试图直接进行表述，就好比不从各个力共同作用的结果去寻找答案，便试图表述关于粒子如何运动的一般规律。

西季威克并未意识到可以这样看待他那些例子的效力，而是认为它们支持另一种观点，即*功利主义*（*utilitarianism*）可以更好地解释这些例子中出现的情况。西季威克的推理源自《伦理学方法》的框架中的一种基本而特殊的见解。西季威克发现，如果功利主义或者利己主义是对的，那么若要确定你在任何情况下应该如何行事，最终只能采用经验的办法——你必须确定你的决定所带来的长远结果，而这是一个经验问题。因此他认为，如果直觉主义可以作为一种颇为不同的伦理学*方法*，我们必须注意以这样的方式来理解它，即保留这一观念：道德推理可以恰当地具有先天性。西季威克认为，即便我们可以看到，我们的基本义务是先天的，倘若履行我们的义务导致坏的结果，从而表明我们应该以其他方式行事，那么我们就没有恰当地分离出一种独立的伦理学方法，根据这种方法，道德推理可以真正具有非经验性。所以，当我们试图将直觉主义视为一种独特的伦理学方法，罗斯的观点（根据这种观点，说真话的义务可以跟做好事和避免造成伤害的义务相竞争）未能保留西季威克眼中那些核心要素。

西季威克提出关于伦理学方法的基本问题的方式建立了一些背景性的预设，这些预设导致他认为，功利主义可以最好地解释，为什么复杂情形中经常出现取舍（tradeoffs）的现象。功利主义是一种常见的伦理学说，是西季威克专门研究的理论之一。我们知道，至少在边沁之后，对于在任何给定的情境中如何行事的问题，功利主义的回答必定要考虑到*取舍*——它必定是某种计算的结果，将快乐和痛苦都考虑在内并进行*比较*，即与作为机会成本所预见到的快乐和痛苦相比较。所以，当考虑谋杀犯敲门之类的例子，西季威克很自然地认为，在这些例子中，说真话通常带来的好结果，必须相对于这类特殊情况下产生的不寻常的坏结果进行计算。

这种观点的问题在于，西季威克所设想的功利主义太过狭隘，其对复杂的道德例子中包含的取舍现象的论断不可能具有一般性。正如当我们考虑说真话会致人死亡、而你能够避免此种结果的情形，你应该始终说真话这一点就不再可信，当我们考虑你通过违背诺言，或者通过亲手杀戮而不是让别人去杀戮，可以获得少量的净 29
幸福值（net happiness），你应该始终去做会带来最大总幸福值的事这一点就不再可信。在《伦理学方法》第 4 卷（1907），西季威克对这类情形做了很多讨论——事实上，如何以不同进路处理这种例子构成了功利主义理论的一项重要任务。但一种更简单也更可信的说法是，它们印证了这一事实：西季威克对取舍现象的分析缺乏足够的一般性。正如各种行为的好处可以相互进行取舍，某种行为的好处也可以相对于其他种类的不做出那种行为的理由进行取舍，而完全不是依据对幸福值的影响。就困扰功利主义者和道义论者的取舍现象而言，罗斯式的观点给出了一种整饬的处理方案——这正是它最吸引人的地方。

由此，对于复杂道德例子中出现的取舍现象，功利主义未能提供最可信的解释。不过，功利主义只是一种更宽泛的道德理论即*后果主义*（*consequentialism*）的一个特例，根据后果主义，人们应该总是去做可以产生最佳结果的事。不接受功利主义的后果主义者通过诉诸使结果变得*好*或*坏*的其他因素，就可以对复杂例子涉及的取舍现象给出某种分析。只要对于结果的哪些特征是好的或坏的，这样的后果主义者能够提出正确的主张，其在解释广度上就能不输于罗斯式观点。在罗斯论者诉诸冲突的理由的地方，后果主义者可以援用冲突的价值。罗斯论者声称你有理由去做的事情，后果主义者可以转而提出，*那就是*你做的那些好的事情。可见，后果主义者和罗斯论者对于道德取舍给出了竞争性的解释。在罗斯论者看来，这是理由之间的竞争造成的，而根据后果主义，这涉及价值之间的竞争，或者价值的影响因素之间的竞争。

然而，就这两种解释而言，罗斯论者提供的解释要更胜一筹。这是因为，理由是行为导向的（*act-oriented*），而不是结果导向的（*outcome-oriented*）。理由是做或不做的理由，它们是支持或反对我们做某事的考量（在最宽泛的语法意义上，“做”可以理解为包括相信、感受和意图）。当我们提出比如“说事情已结束是在说谎，这一事实给了赞德理由，不对贝丝说事情已结束”，我们是在断言，这三者之间构成某种理由关系：赞德，说事情已结束是说谎这一事实，以及对贝丝说事情已结束。在这种意义上，我们能做的事成了能动者的一种属性。不定式从句如“对贝丝说事情已结束”（to tell Beth that it is over），以及动名词从句如“告诉贝丝事情已结束”（telling Beth that it is over），可以自然地解释为表达能动者可以具有的属性——即所有告诉贝丝事情已结束的能动者都具有的一种属性。

相比之下，后果主义所诉诸的“好”和“更好”谓述的是命题，而非属性。我们会说，杰克快乐是好的（it being good that Jack is happy），杰克快乐相比他悲伤更好（it being better for Jack to be happy than for him to be sad），他保持快乐相比他不这样更好（it being better if he stays happy than if he doesn’t）。“that”“for”和“if”等词是补语连词，它们在句法上连接语句形成补语从句，后者是态度动词如“相信”和形容词如“真”和“好”的句法变元。鉴于我们把命题当作态度的对象和真假值的载体，我们由此应该把它们视为补语从句所表达的东西。[1] 所以，我们应该认为，后果主义者使用的“好”指谓命题的属性，“更好”则指谓命题之间的

[1] 参见我的《命题的两种角色：分道扬镳的原因？》（Two Roles for Propositions: Cause for Divorce?），该文作为 Schroeder（2015a）的第 3 章重印。

关系（也许除了其他东西之外）。[1]

"理由"与"好"之间的差异意味着，当解释相同的现象，罗斯式观点的支持者和后果主义者必须诉诸不同的一般原则。举个例子，如果有人不得不在杀死一个无辜的人和任由那个人死去之间做选择，那么直觉上，她应该任由那个人死去，而不是主动介入并亲手杀死那个人，哪怕所有其他后果都一样。[2] 为了把握这一要求，罗斯式观点的支持者会说，我们有（人所共有的）道德理由阻止死亡，但我们还有额外的（同样人所共有的）道德理由反对杀人。只要我们能理解阻止死亡和不杀人之间的区别，就不难明白这样的看法：相比前者，我们有更强的理由支持后者。

面对相同的例子，后果主义者必须说，对每个人而言，如果其他条件不变，杀人相比只是任由人死去更坏，因为除了死亡所具有的坏处，杀人还有某种额外的坏处。但现在让我们对比这样一种情况：有人不得不在杀人和任由别人杀死那个人之间做选择。罗斯式策略的支持者在处理作为（doing）/ 放任（allowing）的区分时，有一种现成的解释可以说明，为什么任由别人去杀人是更为可取的选项，因为他们至此所设定的理由，只包括阻止死亡的理由和不杀人的理由，刚才这个例子中新出现的特征在这方面没什么影响。但是，后果主义者必须设定一个新的价值来源。正如在原先的例子中，死亡的坏处对评价两个选项来说作用相等，后果主义者必须认为杀人有某种额外的坏处才讲得通，在目前的例子中，他们必须认为，通过杀人阻止杀人有某种额外的坏处，才能对两个选项做出区分，因为它们在其他方面的影响是一样的。

诚然，没有什么会妨碍后果主义者给出这样的说法。实际上， 31

[1] 尤其对比 Shanklin（2011）和 Finlay（2014）。有些人会辩称，"好"修饰事态而非命题。尽管我认为这是不对的，但它跟我在这里提出的论点无关。所以我不担心这一点，正文中将继续提到命题，或者更中立的说法是"结果"。

[2] 对比 Scheffler（1982）。

格雷厄姆·奥迪（Graham Oddie）和彼得·米尔恩（Peter Milne）得出了一个没有引起足够重视的重要结果，表明后果主义者总是可以利用上述策略，只要他们恰当地说明什么比什么更好（Oddie and Milne，1991）。然而，在他们关于什么比什么更好所需提出的一整套主张中，有许多是不可信的。在前面的例子中，后果主义者的第一个说法是可信的，即除了死亡的坏处，杀人还有某种额外的坏处；他们的第二个说法则不然，即除了杀人的坏处，通过杀人阻止杀人还有某种额外的坏处。[1]

更糟糕的是，即便通过杀人阻止杀人有某种额外的坏处这一假设是可信的，这也是错误种类的解释。你可以通过杀人阻止杀人的例子，跟你可以通过杀人阻止死亡的例子，是同一类例子。无论在哪一个例子中，不杀人都是更可取的，并且是出于同样的理由。后果主义者的错误就在这里。他们的解释导致这一点似乎成了巧合：在每个例子中，不杀人都更可取——得出这样的结果，仅仅是因为有第二个独立的价值来源。而这看起来非常糟糕，因为另外还有很多类似的成对的例子，都具有完全相同的模式。

例如，有人面临这样的选择：毁坏某个人的财产，还是任由其被毁坏——比如被雪崩所毁坏。直觉上，对她来说更可取的是任由其被毁坏，而后果主义者可以指出，毁坏财产的行为有某种额外的坏处，任由财产毁坏则没有那种坏处。但是，同一个人可能转而面临这样的选择：毁坏某个人的财产，还是任由第三方毁坏它。同样，直觉上对她来说更可取的是任由毁坏——毁坏由人为造成还是自然造成，应该是无所谓的。但现在，后果主义者必须诉诸毁坏财产的某种独立的负价值，才能阻止另外的人毁坏财产。

[1] 对于奥迪和米尔恩所得出的结果的滥用，另一种担心可参见 Nair（2014）；一般性的讨论参见 Carlson（1995）。

倘若后果主义者能以某种方式解释，为什么我们可以预期，每当某种结果有一个负价值，产生那种结果的行为就有额外的负价值，并且以阻止他人产生那种结果的方式产生那种结果的行为也有额外的负价值，那么他们便可拒斥这是种巧合的非难。这本身并不是无稽之谈。汤姆·胡尔卡（Tom Hurka，2001）详细论证，这一点是可信的：我们可以找到一些关于内在价值（intrinsic value）的递归原则——这些原则告诉我们，如果已知某件事发生是好的，那么另一件相关的事发生就更好（或者在某些情况下是更坏）。胡尔卡本人没有考虑前述例子中所需的那类递归原则，但我们可以从拉尔夫·韦奇伍德（Ralph Wedgwood，2009）那里得到启发，对于 32
什么使得行为是好的，韦奇伍德接受一种类似的原则。

由于韦奇伍德本身不是后果主义者，所以他提出的那些原则，无意成为关于什么使得一个结果优于另一个结果的递归原则。但它们的确具有正确种类的结构。韦奇伍德的基本想法是，如果某个结果使得某种行为是好的（或坏的），那么能动者越是能动牵涉（*agentially involved*），那个结果产生时，就会使那种行为越好（或坏）。所以，按照这样的想法，相比某人任由一个人死去，直接杀死那个人有更大程度的能动牵涉，因此杀人比任由死去更坏。尽管我们直觉上能明白，为什么作为可以比放任具有更大程度的能动牵涉，但是，当我们通过一种作为阻止另一种作为，我们无法在“能动牵涉”的任何一种清晰和独立的意义上，说那种作为比可被阻止的作为包含更大程度的能动牵涉。这不是对韦奇伍德的质疑，因为他的原则仅仅旨在解释行为的良善性，而非结果的良善性。但这确实说明，他采取的进路不能真正用来帮助后果主义者。既然我们难以看到，如何有效地保证具有恰当模式的价值主张必定为真，我的结论便是，后果主义者为了解释前面这类例子所需提出的那些特定的价值主张，不但不可信，而且是特设的和托勒密式的。

所以，就分析复杂道德例子中出现的取舍现象而言，诉诸理由之间的竞争比诉诸价值之间的竞争更好，因为理由是行为导向的，而价值是结果导向的——理由支持的是属性，“好”则被归于命题。由此，为了维护某种精神上与后果主义相近的观点，有的人提出，我关注的问题源自这样的假设：“更好”表达某种单一的排序关系，根据这一假设，每个能动者应该去做的事，就是按照那种排序能够产生最佳结果的事。倘若每个能动者以某种方式适用不同的排序关系，也就不会导致这一问题。我们可以仿照罗斯论者的做法，他们诉诸属性，我们可以诉诸每个能动者各自适用的命题排序关系。罗斯论者可以说，不杀人的理由强于阻止死亡的理由，而能动者相对目的论者（*agent-relative teleologist*）可以说，其他条件相同的情况下，对每个人而言，杀人比起未能阻止死亡相对于那个人更坏。[1]

这种做法能否奏效，取决于这些能动者相对的结果排序关系是什么，以及在“好”和“坏”等语词的任何独立的意义上，这些排序关系跟什么是好的和坏的有无关联。好在“好”和“坏”确实有一种显著的用法，按照这种用法，它们是相对于能动者的，或者至少是相对于某种主体的。要理解这一点，不妨比较这两个语句：
33 “他快乐比他悲伤更好”（it is better for him to be happy, than for him to be sad）和“对他来说快乐比悲伤更好”（it is better for him to be happy than to be sad）。[2] 在前一个语句中，“for”从句法上看是一个补语连词。得到比较的是两个命题：“他是快乐的”（he is happy）和“他是悲伤的”（he is sad）。相比之下，在第二个语句中，“for”从句法上看是一个介词。同样，有两样东西得到比较：“他快乐”（him being happy）和“他悲伤”（him being sad），但现在，它们是以明确相对于他的方式得到比较。当哲学家们谈论什么对某人来说是好的，他们指的是后一种用法。当我们谈论什么对某人来说更

[1] 这方面的经典讨论参见 Sen（1983）、Dreier（1993）、Smith（2003）、Louise（2004）和 Portmore（2005）。

[2] 对比 Finlay（2014）。

好，我们仍是在给命题排序，只不过对于不同的个体，我们以不同方式进行排序。对你来说好的东西，对我来说可能不好，反之亦然。

如果能动者相对目的论者依据*相对而言是好的*（*good for*）来构建其观点，那么他们只需提出，每个人始终应该做的事，就是对各人而言能够产生最佳结果的事。[1] 在道德哲学中，这种观点有一个传统的称呼，那就是*利己主义*（*egoism*）。利己主义不能合理地解释我们的例子，因为这样的说法是不可信的：任何人的死亡对其他每个人来说都内在地是坏的，或者相比成为任由死亡发生的人，成为杀人者对一个人来说总是内在地更坏。因此，一般而言，能动者相对目的论的支持者们不得不提出，他们感兴趣的不是"对杰克来说快乐比悲伤更好"之类的话语所表达的排序关系，也不是"杰克快乐比杰克悲伤更好"之类的话语所表达的排序关系。这个话题还有很多东西可说，但事实表明，对于这些排序关系能够意指什么，现有的一些最佳解释全都诉诸理由，所以最终还是理由具有更基础的解释力。[2]

况且，依据结果的排序而非行为的排序来确定能动者应该如何行事时，诉诸能动者相对的价值还有一个更深层的问题。那是因为，为了避免得出各个能动者的行为受到截然不同的道德考量的支配这一结论，能动者相对目的论者必须主张，至少就所有重要的道

---

[1] 参见 Schroeder（2007）的讨论。值得一提的是，胡尔卡（Hurka，2003，2015）持不同意见；他相信，能动者相对的价值*就是*自然语言中谈论什么对某人来说是好的时，所表达的日常概念。胡尔卡提出这一主张的依据是，西季威克、尤因（Ewing）等人对于*相对而言是好的*所提供的分析，跟当代理论家对于能动者相对的价值所采取的分析相似。

[2] 尤其参见 Smith（2003）、Portmore（2011）和 Suikkanen（2011）。诚然，所有这些观点在某种意义上仍然算作"后果主义"，因为它们在解释某人应该如何行事时，依据的是后果的价值，而非直接依据理由，但它们最终不能取代对于人们应该如何行事的理由解释。

德考量而言，相对于每个能动者什么是好的和有多好，具有很强的相似性。例如，相对于每个能动者，任由某人死去必定是坏的，杀人则要坏上几倍。但是，相对于每个能动者什么是好的所呈现的这些相似性，显然需要解释。最好的解释是，它们可以归因于这一事
34 实：我们加以排序的其实是属性。[1] 我们可以说，一个能动者具有某种属性，这相对于该能动者是好的，由此自然而然就可以说，另一个能动者具有相同的属性，这相对于那个能动者是好的，因为两个说法都是由如下事实所得出的琐碎结果：一种属性比另一种属性排位更高。于是，我们再次回到这样的结论：当我们考虑一个能动者应该如何行事，我们依次排序和相互比较的，根本上就是能动者的属性。

我在本节中论证，对于复杂道德例子中包含的取舍现象，罗斯的分析胜过西季威克的分析——即便我们剥去西季威克观点的功利主义外皮，只留下其后果主义内核。基于两种分析，我们都可以把复杂情形视为涉及真正的取舍，但是，结果导向的后果主义观点错误地以命题导向的方式来解释这些取舍现象，这迫使后果主义者在一个能动者面临的选择和另一个能动者面临的选择之间，建立了一种过于紧密的联系。所以，如果有某种令人信服的观点，在把握取舍现象的效力时将它作为某种竞争的产物，我断定那必定是理由之间的竞争。

## 2.3 出于理由而行动

第 2.1 节提出，理由的重要性在于它们可以相互竞争；第 2.2 节则论证，理由是行为导向而非结果导向的，意思是说，它们可以

[1] 对比 Dreier（2011）、Milona and Schroeder（2019）。

支持能动者可能具有的*属性*——即能动者能做的事情，“做”在这里有一种非常宽泛的意义。正因为理由是行为导向的竞争项，理由才具有如此吸引人的解释力，可以给关于我们应该如何行事的那些深层的一般原则奠基。除了理由的这两个特征——它们是行为导向的，并且相互竞争，我还要加上一个特征。至少在正常情形中，理由*可被据以行动*（*acted on*）。至少有时候，我们*出于*理由而做事——这时重要的是，我们是出于什么理由而做事。

我们出于理由而做事的说法是什么意思？它至少意指这一点：有时候，我们不仅仅只是行动，而是*出于理由*而行动。当谈论我们的行动所出于的理由，道德哲学家们有一个专门的术语，即*激发性理由*（*motivating reasons*）。[1] 依循迈克尔·史密斯（Michael Smith，1994）的观点，许多哲学家在引入和使用“激发性理由”这个术语时，将激发性理由和所谓的“规范性”理由相区分和对照，规范性理由是这种意义上的理由：确定某人应该如何行事的过程中，支持某些结果或者相互竞争的那些考量。由此，当我说理由相互竞争并且可被据以行动，可能容易受到误解，认为我不区分激发性理由和规范性理由。但我不是这个意思。当我说理由可被据以 35 行动，不仅仅指我们有时出于理由而行动。我指的是，当我们出于理由（在激发性理由的意义上）而行动，至少有时候是基于（*on the basis of*）这样一些考量而行动，这些考量可以支持我们能够做的事情，从而在确定我们应该怎么做时相互竞争。至少在所有的正常情形中，[2] 当确定某个人应该如何行事，有一种行为导向的考量进入竞争当中，这种考量便可成为那个人行动所基于的东西，至少原则上是如此。

我们有必要弄清楚，具有支持作用的考量在什么意义上是你

[1] 尤其参见 Smith（1994）和 Dancy（2000）。

[2] 例外情形是我举的惊喜派对（the surprise party）那样的例子涉及的躲闪性理由（elusive reasons），参见 Schroeder（2007）第 2 章。

行动的基础。在《实践性的实在》(*Practical Reality*)一书中，乔纳森·丹西探讨了能够出于规范性理由而行动的重要性。他的结论是，规范性理由和激发性理由之间不可能有任何本体论差别。按照这样的观点，你之所以(至少一定程度上)可以算作出于一个规范性理由而行动，是因为你行动所出于的激发性理由等同于你行动所出于的规范性理由。[1] 丹西还认为，鉴于激发性理由既是具有支持作用的东西，又是我们能够据以行动的东西，由此便可推出许多关于激发性理由的本体论结果——他认为由此可以得出，它们必定是事态。[2] 类似地，在《激情的奴隶》(*Slaves of the Passions*)一书中，我也提出，既然我们能够依据规范性理由而行动，至少有的时候，我们的规范性理由必定完全等同于我们的激发性理由。跟丹西一样，我认为由此可以得到一些关于激发性理由的本体论结果，而我主张可以把它们等同于命题。内森·霍华德(Nathan Howard,

[1] 有一些重要理由可以说明，为什么这里有必要加上“至少一定程度上”的限定条件，Sylvan and Lord(unpublished)对此做了讨论。

[2] 丹西有一个论证证明理由必定是事态，而不是命题，但如果以同样的方式证明欲望不可能是一种命题态度，因为你不想要命题，那就是错误的[对比 Brewer(2006，2009)、Thagard(2006)]。在欲望的情形中，“意欲”(desire)和“想要”(want)后面可以跟一个限定词短语、补语连词短语或者非限定从句，而欲望是命题态度这一论题是说，我们要依据包含补语连词的欲望归属语句(desire ascriptions)来理解包含其他成分的欲望归属语句。所以，描述你想要的东西是一个命题这样的观点时，就要依据一个包含限定词短语(DP)的欲望归属语句对其进行改写。并且根据这种理论，想要 DP 也就是想要与 DP 处于某种特定的、语境相关(contextually relevant)的联系。特别地，想要一个命题，就是想要拥有(*have*)一个命题或持有(*hold*)一个命题。因此，即便根据欲望是命题态度的观点，这么说也是不准确的：你真正想要的东西是命题。类似地，“X 的理由是”可以跟一个限定词短语或者补语连词短语。理由是命题这一观点是说，这般包含 DP 的理由归属语句(reason ascriptions)必须解释为包含补语连词短语的理由归属语句。所以，“他的理由是命题 P”(his reason is the proposition that P)必须解释为“他的理由是他相信 P”(his reason is *that he believes that P*)或者“他的理由是 P 为真”(his reason is *that it is true that P*)。因此，即便根据理由是命题的观点，这么说也是不准确的：某人的理由是一个命题。

2019，forthcoming）则把这种推理颠倒过来，论证我们从规范性理由可以等同于激发性理由这一事实出发，可以得到关于规范性理由的本体论证据。

我并不否认上述观点，但本书的讨论没有任何地方需要依赖 36
这种观点。就我的目的来说，关键不在于规范性理由抑或激发性理由的本体论，而只在于这一事实：至少有的时候，人们的激发性理由（即行动所出于的理由）和行为导向的竞争项之间具有一种足够紧密的联系，使得人们可被视为是在行为导向的竞争项的基础上行动。这种紧密联系可以包含或涉及规范性理由和激发性理由的等同关系，也可以是某种更弱的关系。重要的是，我们必须设法把它解释清楚，因为这一点往往很重要：某人的行动所出于的理由，是否跟支持以正确方式行动的那些考量相联系。

在《道德形而上学基础》（*Groundwork for the Metaphysics of Morals*）的开篇部分，康德举了一个非常著名的例子，可以说明这一点为什么重要：我们的行动所出于的理由，是否以恰当的方式对应使一个行动正确的那些特征。根据道德的要求，一个店主不能欺骗他的顾客；康德设想了一位明智的店主，从来没有欺骗过顾客——因此他一直正确地行动。然而，康德描述的那位店主之所以避免欺骗他的顾客，只是因为他担心，这么做会给他的生意造成恶劣的长远影响。如果不是忌惮这一点，他很乐意为了挣到更多钱而欺骗顾客。康德所说的店主做了他应该做的事，但他没有恰当地行动（act well）。那位店主和恰当行动的人之间的差别在于他们的动机（*motive*）——那位店主做了正确的事，但他所出于的理由只是让他碰巧如此罢了。妥善行动的人则会出于正确的理由而行动。[1]

[1] 尤其参见 Markovits（2010）对这个问题的清晰而充实的讨论。Hills（2009）和 Arpaly and Schroeder（2014）也得出了一些重要结果。我们到第 10 章再深究这一问题。

就评价行动的理性而言，行为的规范性地位的根据和某人行动的基础之间的联系同样重要。正如康德设想了一位店主，他做了正确的事，但却出于错误的理由，我们也不难设想一个人，以对她来说理性的方式行动，但她所出于的理由和可以使行为理性的东西只是碰巧相关。例如，在德州扑克中，如果某人拿到了不同花色、不成牌型的底牌，一上来就贸然下注一般而言是不理性的。设想卡尔在玩德州扑克，拿到了黑桃 3 和红桃 6，并且桌上的其他玩家都在加注。卡尔决定跟注还是弃牌，完全是基于本轮次开牌之后，其他玩家中喝过饮料的人数是偶数还是奇数，在这样的基础上，他选择弃牌。他做了理性的事，但他没有理性地行动。这是因为，他的行动所出于的理由没有以正确的方式，与他的行动的理性所依据的那些特征相联系。

37 在认识论中，对应的区分是所谓命题式（*propositional*）证成和信念式（*doxastic*）证成之间的区分。[1] 如果某人有理据可以相信某件事，并相信了那件事，但出于的理由并不是使得那件事可被正当地相信的那些理由，相关信念得到的就是命题式的证成，而不是信念式的证成。很遗憾，“命题式”和“信念式”这两个词欠缺足够的一般性，无法涵盖某些行动是在做理性之事的情形，以及某人理性地行动的情形，因为行动不具有命题式的对象，并且不是信念式的状态。但它们只是某种区分在认识论中的叫法，这种区分的适用范围远远超出了认识论。而对这种区分来说很重要的一点是，一个人的行动或信念的基础是什么。

讨论至此，我已经指出，有时候这两者之间存在正确种类的关联：一方面是某人行动所出于的激发性理由，另一方面是确定某人应该如何行事时相互竞争的那些考量——我还论证，当我们考虑

[1] 对比 Firth（1978）、Swain（1979：25）、Conee（1980）、Alston（1985：190）、Pollock and Cruz（1999：35）和 Feldman（2002：46）；关于命题式证成和信念式证成之间的关系，一种不同的观点参见 Turri（2010b）。

能动者是否妥善地行动，他们是否理性地行动，以及他们的信念是否得到了信念式的证成，这种关联扮演着重要的角色。所以关键在于，某人的信念所出于的理由是否以正确的方式，与我们感兴趣的那种规范性意义上的理由相联系——即确定某人应该如何行事时相互竞争的那些考量。在继续讨论之前，还有必要提出两个进一步的观察。

第一个重要的观察是，对于是否总是可能出于规范性理由而行动——哪怕原则上是否如此，由前面的讨论得不出任何结论。我充其量只是论证，当我们采取行动，我们行动所出于的理由有时候与我们行动的规范性理由紧密相联，从而可以视为在那些规范性理由的基础上行动。实际上我认为，在正常情形中，在规范性理由的基础上行动，至少原则上是可能的。有些哲学家相信，我们必定总是可能在某个理由的基础上行动——在理由扮演的两种角色当中，即确定我们应该如何行事时相互竞争，以及我们的行动所基于的那些考量，这些哲学家偏向后者，认为它是理由的基础性角色。[1]

但我认为这是错误的。正如我在《激情的奴隶》中所论证的，存在某些不可能据以行动的理由，因为那些理由是躲闪性的（elusive）——为了能够根据它们而行动，主体一旦充分了解情况，或者真的试图根据它们而行动，它们就消失不见了。惊喜派对的例子便是如此。内特喜欢成功的惊喜派对，特别是那些为他庆祝的派对；但他讨厌失败的惊喜派对，为他举办时尤其如此。隔壁房间有个意想不到的惊喜派对在等着他，这一事实是内特走进隔壁房间 38
的一个理由——它支持内特走进隔壁房间，并且与相反的考量相竞争，比如距离他的一件要事的最后期限只剩一个小时了。然而，这不是内特能够据以行动的一个理由，因为他一旦了解情况，这个理

[1] 尤其参见 Setiya（2014）、Way（2017）、Gregory（2016）、Silverstein（2016, 2017）和 Asarnow（2017）。

由也就不复存在。[1]

无论你是否乐意用“理由”一词来描述支持内特走进隔壁房间的那种考量，这样的例子表明，我们必须对这两种特征进行区分：可以佐证内特应该进入隔壁房间的那些特征，和内特能够进入隔壁房间所基于的那些特征。如果接受塞蒂亚（Setiya，2014）、韦（Way，2017）、西尔弗斯坦（Silverstein，2016，2017）等人的观点，认为“理由”跟后一种角色密不可分，那么某些可以帮助确定我们应该如何行事的竞争性特征就不属于理由。但此类因素依然不可缺少，因为下述事实问题依然存在：内特是否应该进入隔壁房间，而这一点尤其取决于那里是否有一个意想不到的惊喜派对在等着他。

质疑惊喜派对例子的人可以提出反驳。最切题的做法是否认这一点：内特是否应该进入隔壁房间，最终取决于那里是否有一个意想不到的惊喜派对在等着他。认为确实如此，就是认为“应当”具有客观性，或者有些人所说的“事实相关性”（fact-relative）。然而，有些哲学家论证，为了具有实践性，某人应该如何行事必须只依赖于她自身的心理状态，或者只依赖于她自身的证据，或者也许只依赖于她能够获知的东西。例如，基塞韦特（Kiesewetter，2016）维护这样一种观点：内特应该做某件事，仅当情况容许内特相信他应该做那件事——根据这条一般原则，不仅可以否认，惊喜派对在通常意义上是内特的一个理由，还可以否认，它有助于确定内特应该怎么做。

我认为，这是对惊喜派对例子最有意思和最有力的一种反驳，尽管如此，我又认为，它是基于一种误解，即误解了关于我们应该如何行事的那些主张的实践意义。诚然，我们可以说，做某件事对内特来说是理性的，仅当理性层面容许内特相信他应该做那件事。但是，内特应当或应该怎么做，对他来说怎么做是理性的，这完全

[1] 对比 Sinclair（2016）。

是两回事。我们完全可以想象，内特错过了惊喜派对，后来又知道了这件事，大叫“哎呀——我本应该查看一下起居室的”，但又承认，那么做对他来说是不理性的。因此，当内特自问“我应该怎么做?”或者“我本应该怎么做?”时，如果说这时他拥有的证据或信息是重要的，那也是指他作为这些问题的提问者所拥有的信息，而不是指他作为这些问题的主语所拥有的信息。[1] 我的结论是，我们无法基于可被据以行动的考量，来解释容许竞争的、行为导向的因素。

但是，我们可以依据容许竞争的、行为导向的因素，来解释 39
可被据以行动的考量。一般情况下，我们默认所有理由都可被据以行动，而例外情况都可以像惊喜派对的例子那样得到解释——之所以不可能依据那些理由而行动，唯一原因就是它们太不稳定，被据以行动时就不复存在。通常来说，当我们发现，有某个反事实条件在非常广泛的例子中都成立，而在一些极为特殊的、精心构造的例子中失效，这种情形就出现了我们熟知的一种现象，即条件谬误（*conditional fallacy*）。[2] 条件谬误的典型案例带给我们的正确教益是，有某种范畴特征支撑反事实条件，但在某些精心构造的例子中，那种特征在反事实层面是不稳定的。在这里的例子中，相关的范畴特征就是，有一个支持内特进入隔壁房间的规范性理由。一般而言，规范性理由可以支撑可能采取的行动，但不巧这个规范性理由是反事实不稳定的：一旦了解如何才能依据它行动，这个理由就会消失不见。

既然没有一种关于必定可能依据理由而行动的观点，能够解释确定某人应该如何行事时，理由产生支持作用和竞争效应的所有情形，而关于理由根本上具有支持作用和竞争效应的观点，则能够解

[1] 对这一区分的进一步讨论可参见 Schroeder（2018a），尤其是 Schroeder（ms）。
[2] 参见 Shope（1978）。

释，理由在它们不可据以行动的情形中，为什么无法被据以行动，所以我认为，理由的核心角色在于，确定能动者应该如何行事时相互竞争，它们在行动中的角色则是派生的。不过，对于那些认为日常语言中谈论的理由只包括可被据以行动的考量，或者能对良好推理产生影响的考量的人，我不会提出任何反驳——这类观点的支持者也许认为，我是在一种特殊的意义上使用“理由”一词，我用这个词所指的东西，他们必定有另外的称呼。

由此，在继续讨论之前，我们还剩另一个重要的观察。这个观察是，一旦我们承认出于规范性理由而行动是重要的，在此基础上便可提出一个新的论证，表明理由优先于并且可以解释我们应该如何行事。这一点很重要，因为有一种方式可以让人很容易得出，理由可以解释我们应该如何行事，即像约翰·布鲁姆（John Broome，2004）那样，认为理由就是解释我们应该如何行事的东西。根据布鲁姆的观点，理由确实可以解释我们应该如何行事，但它们并不具有分析优先性。所以它们并非居于首位。这一点也可以通过另外的方式来表述，即根据这种观点，能解释我们应该如何行事的是理由，而不是关于什么是理由的事实，这样表述就不依赖于将理由至上论题等同于一个关于分析优先性的主张。

但是，出于规范性理由而行动的重要性，促使我们对那些可以解释我们应该如何行事的因素做出区分。出于规范性理由而行动，要求以某种方式对规范性理由敏感。但妥善地行动并不要求对所有
40 可以解释你应该怎么做的东西敏感。例如，你应该向肯微笑，可能因为这能让他感到愉快，而可以解释为什么这能让他感到愉快的东西，是关于他的神经机制的某种事实。所以，关于肯的神经机制的事实可以解释为什么你应该向他微笑。然而，为了能够妥善地行动，你不必对关于肯的神经机制的事实敏感——尽管你的确要对可以让他感到愉快的东西敏感。因此，在解释你应该如何行事时涉及

的所有因素当中，并不是任何因素都关涉你是否依据正确的理由而行动。

依据理由在解释层面和分析层面优先于应当的观点，很容易解释为什么会这样。按照这种观点，理由不是任何可以解释你应该如何行事的东西；相反，它们之所以能解释你应该怎么做，凭借的是这一事实：你应该做的事*就是*理由之间的竞争结果。所以，诉诸这样的观点，我们可以在理由和对于你应该如何行事的解释之间建立一种联系，而不至于抹消理由和对理由的解释之间的区分。我们由此明白这是为什么：可以解释为什么某样东西是理由的东西，并非本身全都是理由。[1] 相比罗斯式策略带给理由至上论题的经典动机，我们或许可以把这称为理由至上论题的基础（*fundamental*）动机，到了第 10 和 11 章，我会对此做更充分的讨论，并说明我们为什么应该拒斥布鲁姆的不同观点。

## 2.4　对理由的进一步澄清

迄至目前，本章致力于论证，关于我们应该如何行事的最佳理论会把它视为不同因素之间相互竞争的结果，这些因素是行为导向的，或者说与支持能动者具有某些属性相联系，而不是结果导向的，并且至少在正常情形中，这些因素可以跟激发性理由产生足够紧密的对应关系，某个人行动所出于的激发性理由，可以视为她的行动所依据的基础。我把这三点当作理由的识别标志：理由相互竞争，理由具有行为导向性，以及人们可以出于理由而行动。凭借这三个特征，理由潜在的强大效力在解释性的道德理论中得到了充分

[1] 这就是我在《激情的奴隶》（2007，第 2 章）中所称的“无背景条件”（No Background Conditions）观点。

发挥（我将论证，认知论中也能如此），[1] 它们合在一起也穷尽了理由的典型特征，本书将把这一点视为当然。

41 特别地，我不会假定任何关于理由的本体论观点——比如，理由是不是考量，[2] 事实或事态，[3] 命题，[4] 谓词，[5] 心理状态，[6] 命题—目的对组（proposition-objective pairs），[7] 抑或其他东西。我也不会假定，客观理由和主观理由有相同的本体论属性。我只需要假设，无论理由是什么，援用某个具有适当联系的命题，便可确定它们的归属或者对它们进行刻画。例如，如果学习认识论的一个理由是认识论与伦理学相似，那么我们可以援用这一点，指出学习认识论的一个理由是*认识论与伦理学相似*。再如，如果你的强迫症是相信你的编辑工作到位的一个理由，那么我们可以援用这一点，指出相信你的编辑工作到位的一个理由是*你有强迫症*。

类似地，尽管本书关注的是“reason”作为可数名词的用法，并且讨论时一般都会以这种方式来表述，但我希望对于丹尼尔·福格尔（Daniel Fogal，2016）提出的引人注意的论证可以原则上保持中立，福格尔认为，当“reason”用作不可数名词（例如在“there is reason to”中），其表达的关系优先于和可以解释用作可数名词的“reason”。到后面尤其是第 3 章，我会试着探讨这可能会

[1] 福格尔（Fogal，2016）提出，“reason”的不可数名词用法优先于和可以解释它的可数名词用法。本书始终把“reason”作为可数名词来用。不过，由于我们能理解出于某个理由（some reason）而非其他理由（other reason）而行动是指什么（这里的“reason”用作不可数名词），我不认为本章的讨论会排斥福格尔所说的不可数关系。但是，选择不可数关系还是可数关系作为基础性的理由关系，仍会影响到本书提到的其他一些问题——第 2 部分尤其如此。我将继续把“reason”作为可数名词使用，但会在第 3 章回到这一点。

[2] 参见 Scanlon（1998）。

[3] 参见 Dancy（2000）。

[4] 参见 Schroeder（2007）。

[5] 参见 Nagel（1970）。

[6] 参见 Davidson（1963）。

[7] 参见 Howard（forthcoming）。

带来哪些复杂情况。

此外值得一提的是，我对理由的指谓是凭借它们的角色，而不是凭借“理由”一词的意义。这一点很重要。就本书的目的而言，关键在于，我们可以通过理由、通过使用“理由”一词谈论我的想法是什么，而这不是一个纯粹的约定问题。我非常乐意约定一个词，用来指那些确定我们应该如何行事时，相互竞争并且可被据以行动的行为导向因素，但如果我这么做，就再也无法借助关于这些因素的各种具有直觉效力的主张。实际上，倘若我的用词是出于约定，那么在类似话题中使用一个人们熟知其用法的语词，就会造成误导，因为那会让人倾向于认为，我思考的是某种非约定性的东西。我必须承认，我有时候将要依靠我对于理由提出的一些主张的直觉效力。因此，我将假定，通过使用“理由”这个词，我们能够提出关于确定我们应该如何行事时相互竞争并且可被据以行动的那些行为导向因素的主张。

不过，我希望提出的那些主张跟“理由”一词的语义解释和语用解释之间究竟有什么关系，这对我的目的来说并不重要。至少在原则上，“理由”一词可能有一种专门的、特殊的语言意义，根据这种意义，“理由”的语义值恰恰就是我感兴趣的那种基础的规范性关系。但我并不要求这样。我需要的仅仅是，像我们这般理智和了解信息的言说者，在语境和语用因素的提示下，通过使用“理由”这个词，能成功地提出一些关于我所感兴趣的那种关系的主张。

例如，贾斯廷·斯内德加（Justin Snedegar，2013）讨论了一 42
种观点，他称为“浅层对比主义”（shallow contrastivism），根据这种观点，“理由”在语义上表达了一种关系，其中一个关系项是一组选项。[1] 按照这样的观点，事实 R 是采取选项集合 C 中的行动

[1] 斯内德加实际上接受一种更强形式的对比主义，尤其是在 Snedegar（2014，2017）中。

A 的一个理由，仅当相比支持 C 中的其他选项，事实 R 更支持 A。这种观点是一种*对比主义*，因为它认为，“理由”主张都是相对于一组选项而提出的。但用斯内德加的话说，它又是*浅层的*，因为它援用非对比性的*支持*概念来界定这种对比关系。如果浅层对比主义是正确的，理由关系就有别于支持关系，那么斯坎伦（Scanlon，1998）把成为理由和产生支持等同起来就是错误的。不过，这种错误是可以理解的。要看到这一点，你必须关注对这样一些主张的评价，这些主张涉及的是，在一组没有穷尽所有行为的选项中，某人有理由做什么，而斯坎伦对这类主张不感兴趣。

如果浅层对比主义为真，那么行为导向因素之间的所有相关竞争之所以产生，就要归因于各种考量是以什么方式*支持*行动，所以若是按照学院派的风格，它们可以更准确地称为*支持项*（*favorers*），而不是*理由*。但即便浅层对比主义为真，关于我们如何能够通过使用“理由”这个词谈论支持关系，也不会遇到什么困难，尽管从语义上讲，“理由”一词指向的是一种对比性的关系，而支持关系不是对比性的。这是因为，根据浅层对比主义，严格从语义上来说，“理由”所表达的关系是由支持关系来界定的。所以，每当我们提出关于“理由”的主张，我们*确实*也就提出了关于支持关系的主张。对于浅层对比主义是真是假，我不会站在任何立场，虽然斯内德加提供了一个非常有意思的论证证明它为真。如果它为真，那么本书中“理由”的意思就是*支持项*。基础性的理由关系可以直接用“理由”一词来表达，抑或仅仅是某种我们在语境中用“理由”一词可以成功谈论的东西，这对我的目的来说并不重要。

事实上，即便抛开浅层对比主义这样的实质性观点不谈，我们也有各种理由怀疑，“理由”具有某种特殊的意义，可以从语义上恰如其分地指向我所思考的东西。最重要的一点是，我们已经在第

1 章看到，理由可以有客观 / 主观之分。客观理由和主观理由如何相互关联，当然是一个充满争议的问题——我们实际上会用整整一章即第 4 章来讨论这个问题。但没有疑问的是，当在这两种情形中分别使用“理由”一词，我们意在提出不同的主张——至少在一种主张为假时，另一种主张可以为真。

要是在以前，哲学家们会说，这表明“理由”至少有两种涵义——意思是说，包含“理由”一词的语句有两种解读，我们谈论 43
理由时，必须在方法论上注意区分。但这是一种误导性的说法。[1] 当我们问起亚历克丝是否准备好了，需要注意区分我们说的是她准备好出发，还是准备好开动。如果我们对两者都感兴趣，语句“亚历克丝准备好了”就可以有两种解读——当我们说出这句话，可被理解为提出了两个主张。如果这就是我们说“准备好”有多种“涵义”的意思，那么“准备好”确实有多种涵义。

但这是一种误导性的说法，因为对“准备好”的两种解读来自同一种基本的语言意义，加上对某种语言成分的不同解释，这种成分被省略了或者充当了语境参数：即亚历克丝准备好去做的事。这就是为什么根据“亚历克丝准备好了”的两种解读，都能在同一种意义上推出“亚历克丝准备好做某件事了”。单凭“理由”话语可以有客观和主观的解读这一事实，无法告诉我们，这是源于真正的语义歧义，还是某个隐藏的语境参数所致。[2] 我不知道哪种观点是对的，而且不会对此采取某种立场。但如果“理由”话语的主观和客观解读源自对某个参数的语境填充，那么严格说来，“理由”的语义值必定既不是客观的“理由”关系，也不是主观的“理由”关系，而是某种更基本的关系，这种关系通过填充不同的参数，可以得出主观或者客观的理由关系。

[1] 参见 Henning（2014）。

[2] 对比 Henning（2014）、Weaver and Scharp（2019）。

除了关于“理由”的客观和主观主张，哲学家们还经常区分“理由”的另外两种重要“涵义”——忽略“reason”一词的动词用法和称呼理性认知能力的用法，当这个词用作可数名词时，我们经常用它来提出另外两种极为不同的主张。其中第一个重要话题涉及激发性理由，前面同样已经提到过。如果你询问为什么埃莉斯做了某件事，而我告诉你，她做那件事是为了给朋友留下好印象，或者她做那件事是因为她相信可以给朋友留下好印象，我告诉你的东西就涉及她的理由，但我提出的这些主张，并不完全等同于我对于她的客观或主观理由所能提出的任何主张。即便某人没有去做她有理由做的事，客观和主观理由主张都可以为真，但激发性理由主张不可能为真。反过来说，即便某人误解了相关事实，激发性理由主张仍可为真，[1] 但只有真实情况才能成为客观理由。

最后，在客观和主观理由以及激发性理由之外，哲学家们往往还要区分出解释性理由主张。例如，如果你说，灵长类动物为什么会进化出三色视觉的理由在于，这有利于在绿色的植被环境中辨
44 别黄色和橙色的果实，[2] 那么你就提出了一个解释性理由主张。不难发现，解释性理由主张如何不同于客观和主观理由主张，但更重要的是把它们区别于激发性理由主张，因为解释某件事为什么发生时，激发性理由主张看起来也会受到关注。要明白为什么必须区分两者，需注意到这一点：对于某人为什么做某件事，有可能提出一些解释性理由主张，而它们不是激发性理由主张。例如，当我告诉你，加勒特为什么公布他的旅行日志的理由在于，他是在弗朗西斯的操纵下这么做的，如果你对这一解释感到满意，那么你关心的就是解释性理由；但如果你关心他的激发性理由，那么这种解释不会让你满意。你想要听到另外的解释，比如他这么做是为了洗脱自己

---

[1] 我们将在第 4 章看到，这一主张是有争议的，但我届时会给它提供辩护。

[2] 例如参见 Regan et al.（2001）。

的污名。可见，在相应的激发性理由主张不为真的情况下，一个解释性理由主张可以为真。不过，反过来就不能将两者截然分开了，由此可以自然地认为，激发性理由主张是解释性理由主张的特殊情形——在这种情形中，我们或者想到了一种特殊的解释，或者不仅试图解释一件事为什么发生，还试图解释那为什么是一个行动。

所以，哪怕作为一个可数名词，“理由”至少也可以有四种不同的用法——我们凭借这些用法可以提出不同的主张，如我在上面所揭示的那样，这些主张的真值条件是相互交叉的。这可能涉及语境依赖：如果对于“理由”的语义值有某种单一意义上的理解，根据这样的理解，这些区别可以归结为语境参数的区别。也可能涉及多义现象：单个语词包含了多个相关的意义。还可能是意义的合并：客观和主观理由话语背后是一种语言意义，激发性和解释性理由话语背后是另一种语言意义，两者因为意义之间的相似性或关联性而聚合在一起。

对我们来说关键在于，我们*确实*用“理由”一词谈论这些非常不同的东西，每当这个时候，我们必须注意，我们试图传达的是哪种东西。解释性理由不是确定我们应该如何行事时相互竞争的行为导向因素，它们不是道德哲学或规范性理论所注重的那种意义上的理由。本书的后面部分将表明，激发性理由对理解某些核心的规范性概念（包括知识）来说很重要，所以我会对它们做进一步讨论。但激发性理由同样不是确定我们应该如何行事时相互竞争的行为导向因素。由此，理由能在道德哲学中处于核心地位，以及像我将要论证的，能在更一般的规范性研究中处于核心地位，是得益于它扮演的某种角色，而我充其量只能说，那就是客观理由和主观理由共同扮演的角色。实际上，根据目前为止的讨论，我们根本无法将客 45
观理由和主观理由区别对待。所以，就本书的目的而言，我把*理由至上论题*理解为，它没有告诉我们，这两种理由关系中哪一种居于首位。[1] 毋宁说，该论题认为，相对于所有其他的规范概念，客观理由和主观理由共同具有解释优先性与分析优先性。

## 2.5 扩展理由至上论题

本章至此已经阐明，在道德哲学中，对于理由为什么较诸关于我们应该如何行事的事实具有解释及分析优先性，如何可以给出一种具有充分理论动机的经典解释，这种解释诉诸理由的两个核心特征——即它们相互竞争，并且是行为导向的。我还论证，我们必须注意，理由还有一个重要特征，那就是在正常情形中，它们可以成为我们行动的基础——这一点是理由至上论题的另一个动机即基础动机的核心所在。出于这些理论动机，理由在关于我们应该如何行事的规范性伦理理论中居于中心地位，这不受关于"理由"这个语词的各种判断的影响，也不依赖于任何跟"理由"的语义值相关的背景假设。所以，这些理论动机绝不是要表明，"理由"在语义上所表达的关系在伦理学中居于中心地位，这样的主张太强了。但我们确实可以通过使用"理由"一词，自然且成功地提出某些相互竞争的主张，对各方的理由进行衡量，并且当我们提出这些主张，我们是在枚举支持行动的各种考量，概言之，我们提出的主张所关涉的那种东西是相互竞争的，行为导向的，并且我们可以出于它而行动。这就是为什么由此可以恰当地提出一个关于理由的论题，也正是基于这一点，我将循此做法展开讨论。

[1] 注意这有别于我在《激情的奴隶》中接受的观点（Schroeder，2007），在那里我认为，客观理由分析地优先于主观理由。说实话，我现在倾向于认为，两者谁也不优先于谁，而是分有一个共同的内核。但本书中没有任何地方需要依赖这一主张。居于首位的是客观理由还是主观理由，或者它们是否分有一个共同的内核，这是理由至上论题的支持者们经过长期讨论后才有望解决的问题。

而且我们发现，当我们认为，诉诸竞争性的、行为导向的、能够出于其而行动的那些考量的相互作用，可以最好地解释关于我们应该如何行事的事实，相同种类的考量也完全适用于其他规范属性和关系。因此，如果为了解释我们应该如何行事，诉诸理由是一个好的想法，那么它很可能在所有规范领域都是一个好的想法——包括在认识论中。

让我们先考虑价值。我说的“价值”是指，当我们说某样东西是好的、对某人来说是好的或者是它这个品类中的好东西时，以及更一般地，当我们声称某样东西“重要”或“宝贵”时，我们所谈论的东西。道德哲学中有一个值得尊崇的传统，把某样东西有价值和某样东西是好的视为相互关联的主张。[1] 这种关联有很大的优点；如果帮助吉尔对杰克来说是好的，那么杰克帮助吉尔就有价 46
值，因此帮助吉尔对杰克来说是有价值的。反过来，如果帮助吉尔对杰克来说有价值，那么他帮助她必定是件好事，这么做对他来说必定是好的。

不过，“valuable”（有价值）所属的那类表达式是由态度或行为动词加上规范性后缀构成的，这样的表达式非常多。其他例子包括“laudable”（值得称赞）、“admirable”（值得钦佩）、“praiseworthy”（值得称赞）和“contemptible”（可鄙）等。鉴于这类规范性形容词具有这种结构，当分析这些词项所指向的属性，可以很自然地认为，它们由我们预期的那种方式构成——即这些词项指向某种态度或行为，并说明那种态度或行为对相关事物来说是合适的（*apt*）或值得的（*merited*）。[2] 例如，当我们说埃尔莎是值得钦佩的，就是说值得对她产生钦佩，或者说钦佩她是合适的。类似地，当我们说汉斯是可鄙的，就是说值得对他进行鄙夷，或者说鄙夷他是合适

[1] 参照 Mill（1861）对“善”和“可欲”（desirable）的讨论。

[2] 对比 Sosa（2011）对“apt”的用法，跟这里的用法有很大差异——参见第 10 章的讨论。

的。依据相似的推理，当我们说杰克帮助吉尔是有价值的，就是说杰克帮助吉尔这种潜在可能性值得赋予价值，或者说赋予它价值是合适的。由此，如果“好”在结构上包含“有价值”，那么我们应该把好理解为值得赋予价值（meriting being valued）。这便是关于价值的适宜态度（*fitting attitudes*）理论所持的观点。[1]

有的哲学家主张，合适或者适宜是基本的规范性概念。[2]然而，要确定合适性的无例外充分条件，就跟确定我们应该如何行事的无例外充分条件一样困难。比如，有些人可能睿智、机敏又有魅力，但并不适合钦佩他们，因为他们还可能自私且残忍。而另外一些人尽管自私又残忍，却可能仍然值得钦佩，如果这是凭借他们的个人魅力，那么他们的魅力必须大到足以弥补他们的自私，才值得钦佩。可见，钦佩的合适性可以很自然地看作某些竞争性考量相互作用的结果，这些考量支持或者反对钦佩某人。[3]类似的说法也适用于鄙夷、惧怕或责备的合适性。所以，最为可取的做法是，把一般意义上的合适性视为竞争性因素相互作用的结果。[4]

此外，确定钦佩或惧怕合适与否时需要权衡的那些因素必定是行为导向的，而不是结果导向的。如果莫扎特的琴技是对他产生钦佩的支持因素，那么这些因素支持的是一种属性，即钦佩莫扎特，而不是命题，诸如利兹钦佩莫扎特，或者卡尔钦佩莫扎特。这可以解释，为什么对这些考量的最恰当反应是你自己钦佩莫扎特，而不
47 是说服别人钦佩莫扎特。因此，合适性是由行为导向因素亦即理由的相互竞争所决定的。

而且，我们可以出于这些理由而产生钦佩。你可以因为莫

[1] 参见 Schroeder（2010）。

[2] 对比 Brentano（1889）、Ewing（1948）、McHugh and Way（2016）。

[3] 尤其对比 Maguire（2018），另可参考 Faraci（2020）对其论证提出的反驳。

[4] Rabinowicz and Rønnow-Rasmussen（2004）探讨了依据理由解释适宜性的做法带来的一些问题。

扎特的琴技而钦佩他，并且如果他的琴技就是使他值得钦佩的东西，那么你不只是钦佩某个适合钦佩的人，而且是恰当地产生钦佩（admiring *well*）。而如果你之所以钦佩他，是因为他的祖父是一位书籍装订商，或者因为他的曾祖父是一名建筑师，[1] 那么虽然你钦佩某个适合钦佩的人，但这种钦佩本身是缺乏充分根据的。所以，我们不仅能够基于那些使人值得钦佩的特征而产生钦佩，我们产生钦佩时是否确实基于那些特征也很重要。

我的结论是，依据我们认为理由优先于和可以解释我们应该如何行事时所依据的那些考量，同样可以认为，理由优先于和可以解释哪些态度是合适的——包括钦佩、意欲、惧怕和赋予价值。所以，如果何种结果是好的涉及何种结果适合赋予价值，那么理由也就优先于和可以解释什么是好的。由此可以初步得出，这种推理一般化之后，至少在一定程度上能够支持这样的结论：理由在规范性领域绝对是第一位的。

[1] 莫扎特的父亲为利奥波德·莫扎特（Leopold Mozart），祖父为约翰·格奥尔格·莫扎特（Johann Georg Mozart），是一位书籍装订商，曾祖父为弗朗兹·莫扎特（Franz Mozart），是一名杰出的石匠。

# 第二部分　理性与真理

摩擦纺纱是一种“开放式”或“芯型”的纺纱形式（或者两者兼而有之），其中纱线是在纺纱区摩擦力的作用下形成的。摩擦纺纱的特点是具有独特的包覆面。

——Ishtiaque, Salhotra, and Gowda（2003）

第3章

# 基本的知觉理由



## 3.1 回顾与前瞻

回想一下，本书计划探讨的是，认识论与其他规范性学科之间的连续性能够带来什么样的研究成果，我们尤其把关注点放在理由至上论题，相比认识论领域，该论题在道德哲学领域的接受程度更高。为了建立我们的核心假设，我们必须表明，由于对认识论与道德哲学之间的相似性缺乏足够的重视，我们对一些实质性的认识论问题的理解受到了极大影响（或者用我的话来说是歪曲）。而为了证明理由至上论题，我们必须表明，采取不会造成歪曲的视角，即切实注意认识论与道德哲学之间的相似性，可以导向一种与理由至上论题相一致的图景。

更具体地说，我在第 1 章中论证，至少有两个显著理由可以说明，为什么理由至上论题在认识论领域不那么受重视或者没被广泛接受，这要归咎于它面临的问题，这些问题是认识论所特有的，或者至少在认识论语境中特别棘手。本书试图论证，理由至上论题所面临的这两个难题，分别涉及认识论中某个独立且更一般的问题。我将表明，以契合理由至上论题的方式解决各个问题，可以在认识论中开辟全新的进路，理解知觉经验如何证成信念，以及证据如何影响信念的理性——这些进路简单明了且充满吸引力，但一直以来却完全被无视。我将提出，把认识论当作与其他规范性研究相连续的领域来看待，能够帮助我们认清这些原本被无视的进路，由此可以对它们进行评估，根据它们自身的优缺点予以接受或排斥，而不再因为它们隐而不彰而弃之不顾，从而证明我们的核心假设。我还认为，这些原本被无视的进路，也将证明理由至上论题。

回想一下，理由至上论题遭遇的两个特殊的认识论问题，是未经证成的信念问题和充足性问题。本书第二部分即第 3 至 5 章的任务在于，探究我前面对未经证成的信念问题的描述中所展示的辩证面向，而到第三部分，我会类似地处理充足性问题。所以，本部分各章的任务包括，阐明认识论中的某个一般性问题；提出一种看起
52 来一直被无视的观点，可以给这个问题提供一种有吸引力的回答；对这种观点为什么被无视进行分析，这至少一定程度上归因于未经证成的信念问题所涉及的辩证因素；提供一个可行的办法，可以让未经证成的信念问题获得新的解决方案——与理由至上论题相一致的解决方案。

我准备将这些任务分成以下几步来完成。本章讨论我所关注的那个一般性的认识论问题，即知觉（perception）如何能给我们提供一个关于外部世界的特殊证据来源。追随并扩展约翰·麦克道尔（John McDowell）和蒂莫西·威廉姆森（Timothy Williamson）的一些观察，我将论证，对于知觉经验如何能给我们的信念提供证据，现有的各种理解方式因为一些常见的缺陷而无法令人满意（第 3.2、3.3、3.4 节）。确定现有方案在我看来如此令人不满的深层原因之后，我将表明，现有的方案依赖于一个强加的虚假理论选择——因为还有一个普遍被无视的可选方案，具有它的两个竞争方案的全部优点，但却没有它们所特有的任何缺陷。我接着指出，将这种选择强加给我们的是这一观念：理由必定与真理存在恰当的联系——一言以蔽之，只有真理才能起到理性化作用（*only truths can rationalize*）。由此，如果我们可以否认理由必定以这样的方式跟真理相联系，那么对于理解知觉经验如何发挥证成作用，就会有更具

吸引力的理论选项（第 3.5 节）。

第 4 章要处理的问题是，理由（特别是主观理由）是否必定跟真理相联系。参照理由至上论题澄清主观理由的重要理论角色之后，我将考察哲学家们为什么认为必定如此的一些理由（第 4.1、4.2 节）。我将指出，其中最好的理由来自未经证成的信念问题（第 4.3 节）。为了回应这个理由，我们必须通过某种方式，解释未经证成的信念问题背后的现象，而不把证成或者某种更强的要求，纳入拥有一个主观理由所需满足的条件当中。事实证明，这也是我们以契合理由至上论题的方式解决未经证成的信念问题时所需要的东西。借用杰夫·霍尔蒂（Jeff Horty）提出的观点，我会构想一个关于主观理由如何联结起来的简单模型，允许把未经证成的信念作为输入项，而不会导致未经证成的信念问题（第 4.4、4.5 节）。

倘若第 3 和 4 章的论证站得住脚，那么就可以合理地认为，主观理由无需是真理或者认知地通达真理（第 4 章），由此在解释基本的知觉理由时，便可获得原本没有的、充满吸引力的理论空间（第 3 章）。按照这样的观点，基本的知觉理由是世界牵涉的（*world-implicating*），但又是非事实性的（*non-factive*）。不过，并非对基本的知觉理由的每一种非事实性、世界牵涉解释都是可行的。我将在第 5 章说明为什么不是如此，当解释基本的知觉理由，我赞同显表事实性态度（*apparent factive attitude*）观点，并会对这种观点给出的理论承诺进行辩护。

凭借你的视觉经验，你可以拥有关于外部世界的证据或理由；在本章中，对于你可以拥有什么证据或理由，我会区分不同的主 53
张。我提出的所有主张都会以命题的形式表达。比如，我会考虑这样的假设：当你对 P 产生视觉经验，你就获得一个关于世界的证据，即你看到 P。诚然，并非所有理论家都认为，理由（或证据）严格说来是命题。根据某些理论家的观点，理由（主观或者客观）

是心理状态，把理由归与你时，说你的证据包括你看到 P（you see that P），这只是粗略的说法，准确地说，你的证据是你对 P 的看见（*your seeing that P*）这一实质状态。

但正如我在第 2 章所提示的，我在避免违背上述观点时，会设法将它的说法转译成我的表述方式，而不是企图用中立的方式来表述所有东西，这样只会徒增麻烦。对本节乃至全书来说，很重要的一点是，激发性理由、主观理由以及客观理由如何相互关联。因此，当我们关注信念的理性化，不只关注你在什么条件下有一个主观理由去相信，还关注一个相关的问题，即在什么条件下可以有正确种类的客观理由（客观证据），当你出于主观理由而相信时，可以算作出于那个客观理由而相信。

然而，若是采用心理状态作为理由的本体论观点的言说方式，我们稍不注意就很难辨别这样的区分。如果我们予以简化（正是我的做法），假定证据 / 理由是命题，那么，一个命题可以成为你的主观理由，仅当你与那个命题处于某种心理关系——用一个半技术性的说法，即拥有（*having*）它。类似地，一个命题可以成为你的客观证据 / 理由，仅当它为真。这些显然是不同的条件。而且这是一种我们必须重视的差别，以便区分这样两种情形：第一种情形是，伯尼相信他的杯里加了杜松子酒和奎宁水——这样的条件下，对他来说喝酒是理性的；第二种情形是，伯尼的杯里确实加了杜松子酒和奎宁水——这样的条件下，他就有一个客观理由可以喝酒。关于理由的任何一种本体论观点，只要不会消除这样的差别，便可放心将本章关于主观理由或证据的同一性的说法，转译为关于什么条件下可以存在客观理由的主张，当能动者出于某个主观理由而相信，也能出于相应的客观理由而相信。类似地，我对于拥有一个主观理由的条件所给出的全部说法，更可直接转译为关于什么条件下能动者拥有那个主观理由的主张。

## 3.2　知觉经验如何能够提供证据？

我们对于自己生活的世界的很多知识，都是基于知觉经验。实际上，单凭知觉经验便可恰当地做出实证判断。在先天反思的引导下，人们相信宇宙具有同心刚性球体的结构，但经验揭示了一个膨胀的宇宙，无数星球循着离心率各异的椭圆轨道运行，最终经验取 54 得了我们的信任，而且这是理所当然的。由此，至少在前哲学的意义上，经验看起来是关于外部世界的知识与理性信念的一个特殊来源。其实我们也不妨说，经验是关于实证（*empirical*）世界的知识与理性信念的一个特殊来源，所谓实证世界就是指经验向我们揭示的那个世界。本章以及第 4 和 5 章关注的难题是，知觉经验如何能够成为关于外部世界的证据的特殊来源。

我们自然希望知觉经验可以成为证据的这样一个特殊来源。如果证据和理性信念之间，或者证据和知识之间有任何特殊关联，那么除非知觉经验能以某种方式给我们提供关于外部世界的证据，否则很难想象知觉经验如何能够成为知识或理性信念的一个特殊来源。纵然我们并非一般地要求信念必须基于证据，但如果直接基于经验的信念可以不基于证据，那实在奇怪！

事实上，这是认识论中非常核心的一个思想，随后我将猜想并论证，认识论中许多核心观点与进路，其动机都可以更一般地看作是在回应这一难题：知觉经验如何能够成为证据来源。相应地，我将指出，我们可以合理地认为，那些否认基本的知觉信念必定基于某种证据的观点，其动机则是出于这样的看法：相反的观点完全不可接受。如果这个猜想是准确的，哪怕只是接近于准确，那么知觉经验如何能够提供关于外部世界的证据的难题，确实是一个重要的难题。

要把握知觉经验如何能给我们提供关于外部世界的证据这一难题，最简单的方式是从一个常见的、通常没有争议的主张入手，这个主张涉及知觉经验的本质。经典的怀疑论论证往往一上来就描述某些怀疑论场景，在这些场景中，我们关于外部世界的那些重要信念全部或者部分为假——同时又宣称，这跟我们的证据完全相一致。[1] 例如，有人会提出，在一个你受到恶魔蒙蔽的可能世界里，在恶魔的操纵下，你产生了与此刻毫无二致的主观现象状态，而这种可能性完全符合你的证据。还有人会提出，在一个你接入电影所描绘的那种基体（the Matrix）的可能世界里，[2] 在计算机程序的操纵下，你产生了与现实一模一样的主观现象状态，而这种可能性与你的证据没有任何冲突。如果这些可能性跟你的证据完全相一致，
55 那么由此看来，你的证据无法排除它们，而且由于它们是实证可能性，你就不可能知道它们没有得到实现。

谨慎起见，这里有必要岔开话题做一点区分：认为怀疑论假设跟你的证据（your evidence）相一致，不同于认为它们跟你对那种证据的拥有（your *having* that evidence）相一致。怀疑论论证想要起作用，需要依据这样的观念：你的证据表明是什么样，所有事物就绝对是那样——即你不会拥有反对这些论证的证据。在这个意义上，它们声称不仅跟你对某种证据的拥有相一致，还跟你所拥有的证据相一致。[3]

就外部世界而言，存在跟我们的证据完全相一致的怀疑论场景——而且所有人都会把这归为怀疑论者的想法，否则后者的论证就无法起作用，可以发现，这样的想法隐含着一个关于基本知觉证据的本质的重要假设，那就是，知觉经验所提供的证据，只包括那些关于你自身的、内在地个体化（internally individuated）的主观心

[1] 对比 Williamson（2000）的讨论。

[2] 参见 Pryor（2005a）。

[3] 如果你不认为理由或证据是命题性的，可以回到第 3.1 节，了解如何把这里的说法转译成你喜欢的表述方式。

理状态的命题。让我们把这称为现象性（*phenomenal*）的证据概念。如果现象性的证据概念为真，那么基本的知觉证据和关于外部世界的结论之间就有一条很大的裂隙——怀疑论论证利用的就是这条裂隙。20 世纪的大量认识论研究都把现象性的证据概念或者某种等价的概念视为当然，并致力于寻找跨越或缩小这条裂隙的办法。[1]

我刚刚提到，根据现象性的概念，基本的知觉证据仅仅是关于人们自身的、内在地个体化的主观心理状态的命题。[2] 后面我会更具体地解释，为什么有些人相信这一点为真。但首先，我想要表明，现象性概念所导致的知觉证据和关于外部世界的结论之间的裂隙，如何扮演了一种关键角色，催生了传统认识论中许多极为重要的核心观点。

面对知觉证据和关于外部世界的结论之间的裂隙，一种自然而然的想法是，要在知觉证据的基础上理性地形成关于外部世界的信念，对于我们的知觉证据如何跟关于外部世界的事实相关联，必须确立某些背景信念或假设。[3] 这样的观点认为，对于外部世界信念，知觉证据只能提供间接的证成，这种证成所需的那些背景信念 56
便是中介（*mediating*）信念。

与此相对的非怀疑论观点则否认需要间接证成，这种观点称为独断论（*dogmatism*）。[4] 根据独断论，知觉经验和外部世界信念之间存在一种直接的理性化联系。接受现象性证据概念的独断论者认

[1] 一些代表性的著作包括 Russell（1914）、Carnap（1928）、Lewis（1946）和 Chisholm（1966）。

[2] 我并不是认为，证据或者理由就是命题。不过，确定理由和证据归属的典型方式是援用 that 从句。因此，后面我将假定，当你有证据支持某个结论，也就应该有某个可以用 that 从句表述的答案，可以回答你的证据是什么。可对比 Pryor（2007）的讨论。

[3] 毕竟，现象性证据和关于外部世界的结论之间的逻辑关系，完全等同于它和关于恶魔意图的结论之间的关系，或者它和关于基体中二进制排列方式的结论之间的关系。

[4] 参见 Burge（1993）、Pryor（2000）。

为，尽管基本知觉证据和关于外部世界的真信念之间的逻辑关系，等同于基本知觉证据和怀疑论场景之间的逻辑关系，这种直接的理性化联系仍然成立。

无论是中介主义（mediationism）还是独断论，在认识论传统中都带来了一些特定的后果或挑战。如果基本的知觉证成要以背景信念为中介，我们就会面临那种背景信念的证成地位如何的问题。对此，有些观点认为，背景信念本身必须以经验为基础，这些观点坚持融贯主义（*coherentism*），因为根据这样的观点，经验能够证成中介信念的唯一方式，就是进一步诉诸中介信念。实际上，在认识论传统中，融贯主义的主要理论动机就是把中介主义和现象性的证据概念结合起来，比如基思·莱勒（Keith Lehrer，1974）和劳伦斯·邦茹（Laurence Bonjour）早期的观点就体现了这一点；Bonjour（1985）是对这种观点最为雄辩和优美的阐述之一。

另一方面，如果我们认为，背景信念本身不需要来自经验的证据，便可得出，它具有一种先天地位。这把我们导向各种理性主义（*rationalist*）观点。根据某些这样的观点，比如劳伦斯·邦茹晚期的观点（Bonjour，1996），使知觉经验能够证成外部世界信念的中介信念，可以得到一种特殊的综合先天（synthetic a priori）证成。根据另外一些观点，比如克里斯平·赖特（Crispin Wright，2004，2009）的观点，中介信念是理性的，因为我们有资格（*entitled*）获得它们，而不需要有进一步证成的支持。还有一些观点比如Harman and Sherman（2004，2011）则认为，中介信念是在我们的推理中扮演某种角色的假设（*assumptions*），无需作为信念得到证成。这些观点都属于强版本的认识论理性主义，因为它们不仅赋予某些信念或假设一种先天地位，还认为，经验本身只有以具有这种先天地位的信念或假设为背景，才能充当信念的评判者。

可见，如果我们给现象性的证据概念加上中介观点，就会面临融贯主义和理性主义之间的选择。也许这两种观点中有一种是正确的（甚或两种都正确——比如对中介信念的证成可能是先天的，但先天证成本身可能具有某种融贯主义结构）。这里我不会说它们不正确。然而，这两种观点有个特点，它们的支持者都是在哲学论证的引导下接受其中一种观点，他们排除现有选项中的一个，就不得不接受另一个。而且，就知觉经验充当信念的理性评判者而言，每 57
一种观点都只给它保留了无足轻重的角色。

更何况，这两种观点只是把这一难题后推：某类认知上具有特殊地位的信念，如何能够得到证据的支持。根据这两种观点，关于外部世界的基本知觉信念在认知上的特殊地位，依赖于中介信念在认知上的特殊地位。但无论这些中介信念得到的证成是先天的，还是基于融贯性，抑或仅仅关乎资格，由此带给我们的图景只是假定相关信念或假设具有理性，而没有使它们奠基于证据。然而，我们寻求的是，通过某种方式阐释这一常识性的观念：通常的知觉信念在关于外部世界的证据中有某种特殊的基础。因此，产生这样的感觉也就可以理解了：这两种观点错失了某种东西。这当然是我个人对这些观点的感觉。倘若我确信所有的理论选项都有同样的问题，就会说服自己接受此类结果——我可以把它们视为令人惊讶的发现。但孤立地看，它们肯定不是对这些观点的可信预测；它们的说服力需要通过与其他选项的比较来展现，为此我们有必要看看，其他选项为什么确实很糟糕。

如果不认为知觉证成必须以背景信念为中介，便可转而认为知觉证成是直接的。这就是独断论者的主张。我自认为是一个独断论者，这从后面的论述可以得到印证。但独断论是一种非常令人困惑的观点——尤其当它与现象性的证据概念相结合时。[1] 既然形成

[1] 注意，独断论本身容许对现象性的证据概念进行拒斥。我最终在第 5 章辩护的那种观点，其实就是独断论的一个版本。我辩护的观点与那种接受现象性证据概念的、站不住脚的独断论之间的差别在于，我赞成的观点更好地解释了知觉状态为什么可以将信念理性化，这种解释落实了这一主张：知觉状态是获得关于世界的证据的一种特殊方式，无需借助一组特殊的先在信念或假设。

相应的基体信念（matrix beliefs）一样得到证据的支持，那么基于知觉经验形成通常的外部世界信念为什么会具有理性上的特殊地位呢？

认同或者仅仅不否认现象学证据概念的独断论者，由于将两种观点结合在一起，会陷入极大的困境。对于为什么通常的外部世界信念可以被知觉经验理性化，相应的基体信念则不是如此，必须给出某种解释，因为这看起来不是那种显而易见的东西。而如果这样的解释确实存在，必定要诉诸主体当时能够得到的证据之外的因素。它必定要诉诸这样一些事实：通常的世界信念更有可能为真，或者知觉经验由外部世界而非基体模拟引起，等等。然而根据
58 独断论，主体无需知道这些事实，无需假定它们，甚或无需通达它们，其知觉经验便可证成通常的外部世界信念。因此，不管这些因素可以提供何种解释，那种解释看起来必定是非证据性的（*non-evidential*），并且外在于主体的认知。[1]

大卫·阿姆斯特朗（David Armstrong，1973）在此基础上有力地论证，倘若证成或知识实证地以经验为基础（从而排除了理性主义和融贯主义），那么就会强制得出（即每个人都必须同意）这样的结论：对于为什么基本的知觉信念由经验来证成的正当解释，必定根本上具有外在主义性质——它必须诉诸关于可靠性（reliability）或者因果关系（causation）的事实，而这些都是纯粹外在主义知识理论的通用概念。

阿姆斯特朗是对的——如果现象证据可以证成关于外部世界的结论，却不能证成关于恶魔意图的结论，或者关于基体中二进制排

[1] 这么说不是很公平——迈克尔·许默（Michael Huemer，2006）的“现象保守主义”（Phenomenal Conservatism）提供了一种不依赖于任何外部因素的解释。我在第 5 章给出的解释在某些方面跟许默的解释颇为接近，只不过我坚持的那种解释是用证据主义话语来表述，试图更有力地说明，为什么证据主义是那种可以给知识提供根据的正确解释。

列方式的结论，那么必定有某种解释上的不对称需要解释。[1]而阿姆斯特朗认为，这正是外在主义的威力所在——他提出了一种同罪（partners-in-crime）论证，即所有好的经验主义者，也就是那些把理性主义和融贯主义当作错误选项予以排斥的人，至少对于基本的知觉证成都会坚持纯粹的外在主义解释。阿姆斯特朗指出，一旦我们承认，基本的知觉证成根本上具有外在主义性质，那么内在主义者就会彻底出局，我们对于证成和信念的理性就可以给出一种统一的解释，而完全不用提到证据或理由。[2]诚然，有许多理由表明，外在主义在认识论中是一种有吸引力的观点，而且我在本书中的任何说法都不会抹煞它的重要作用。但与此同时，如果我们期待一种充分的解释必须理性化，我认为阿姆斯特朗的论证给完全否定这样的期待提供了迄今最有力的理由。

约翰·格雷科（John Greco）这样描述对证据的纯粹外在主义态度：

> ……对于跟知识相关的规范性地位，一旦我们接受外在主义——对于这样的地位，一旦我们成为可靠主义者、因果论者抑或安全论者，就很难明白，为什么证据本身会如此重要。知

[1] 西林斯（Silins，2007）针对 White（2006）为独断论做了辩护，他认为，先在信念或假设当中的某种区分必须得到证成（我在这里已经论证，独断论者必须这么认为），同时跟中介主义观点一样，不要求知觉证成基于那种进一步的证成。西林斯对独断论的辩护符合阿姆斯特朗的观点。

[2] 除了阿姆斯特朗，Goldman（1967，1988）、Dretske（1981）和 Nozick（1981）是另外一些重要的例子，可以让我们了解这种关于知识与证成的纯粹外在主义理论的样貌。Lyons（2009）是一个清晰且有力的例子，将纯粹的外在主义思想应用于基本信念，同时给推理性证成（inferential justification）保留了一种重要而特别的角色。以下是希拉里·科恩布利思（Hilary Kornblith）对阿姆斯特朗的观点的评论："对那些把理由放在认识论理论的中心位置的人来说，简单的知觉信念引发了很多难题。如果我们审视知觉信念的病理学，那么在典型的情形中，虽然关于感官经验的信念不起什么作用，但感官经验本身无疑会出现在导向信念的因果链条中。[……]理由消除主义者提出了一个简单的解决办法。这里我们应该停止谈论理由[……]。"（Kornblith，2015：229—230）。

59

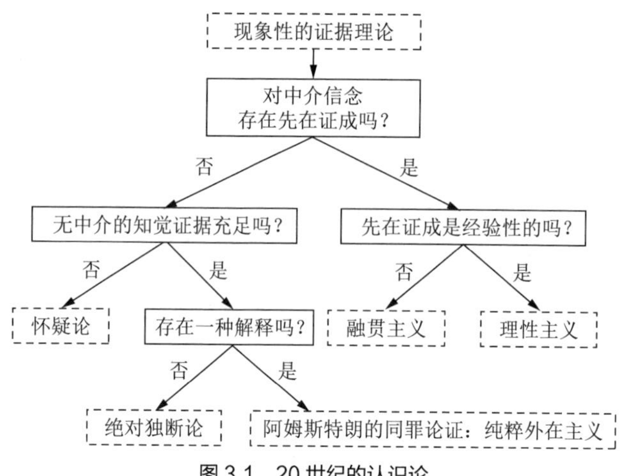


图 3.1 20 世纪的认识论

> 识之所以需要证据，看起来充其量是因为，可靠性、安全性或者其他某种与世界的强模态关系需要证据。然而，凭什么认为情况是这样呢？[1]

所以，独断论与现象性的证据概念相结合，在基本的知觉证成中只
60 给证据保留了一种次要和不稳定的角色。对于证据在证成基本的知觉信念时所能发挥的作用，现象性的证成概念施加了严重和不恰当的限制，这给纯粹的外在主义理论提供了最强烈的动机。这些理论转而只给一般意义上的证据保留了一种无足轻重的角色，无论是对知识的解释，还是对证成的解释。

就目前的讨论而言，独断论加上现象性的证据概念可能是关于认知证成的正确观点。某种形式的纯粹外在主义也可能为真，其在解释知识和理性信念时没有赋予证据任何角色，或者只赋予证据低微的角色。纯粹形式的外在主义固然不用解释，基本的知觉信念如何能够以充分的证据为坚实基础，但这只是因为取消了这个问题的前提。但我相信，我们不仅可以吸纳这些观点的正确之处，通过提升证据在信念的理性化中的作用，还能让这些观点得到改进。

[1] 参见 Greco（2010：65）。

## 3.3 知觉理由的世界牵涉性

我们在第 3.2 节看到，在 20 世纪的认识论中，很大程度上占据支配地位的那些常见的理论选择——怀疑论、融贯主义、理性主义和纯粹的外在主义，都可以看作是以关于基本的知觉证据的现象性概念为立足点。现象性的证据概念在我们的证据与世界之间留下一条裂隙，由此，这条裂隙或者无法弥合，或者先天地得到弥合，或者通过某种融贯关系得到弥合，又或者如纯粹的外在主义者所声称的，只有通过第三人称视角才能找到弥合的条件。

另外一种选择是拒斥现象性的证据概念，主张知觉证据可以蕴涵那些关于外部世界的东西。我把这种观念表述为，基本的知觉证据可以是*世界牵涉的*。按照现象性的证据概念，关于外部世界的任何一种可能性都与你的知觉证据的总和完全相一致，这一点是那种概念带来的一切后果的总源头，而避免那些后果的办法恰恰就是否认这一点。

当我们认为知觉理由可以是世界牵涉的，可以通过考察这种
观点的两个版本来对其进行阐释。[1] 根据第一个版本，即我所
称的*事实性内容*（*factive content*）观点，当你看到草是绿的，你
得到草是绿的这一命题作为证据，证明草是绿的。而草是绿的这
一命题*蕴涵*（*entails*）草是绿的。所以，这是一个人证明草是绿
的所能得到的*最佳*证据。所以，根据这种观点，我们想当然地认 61
为知觉是获取关于外部世界的证据的一种特殊方式，也就不奇怪
了——因为根据这种观点，知觉*确实*是这样一种获取证据的特殊
方式。

[1] 这种观点的可能版本显然不是只有这两个。我之所以选择它们，只是因为它们对我的目的而言是较为适合的代表性例证，并且可以具体展现析取主义（disjunctivism）的辩证力量。第 6 章会对这里涉及的理论选择空间进行讨论。

| **事实性内容观点** | 其中 $\psi$ 表示一种事实性知觉关系 |
|---|---|
| 具有条件（*possession condition*） | 你 $\psi$ 到 P（You $\psi$ that P） |
| 你的证据是 | P（That P） |

而且，根据这样的观点，既然你显然有上好的证据，就没有必要再去证成中介性的桥接前提，抑或提供外在主义、可靠主义或者因果关系解释。诸如此类的解释显然是多余的，因为知觉证据已然蕴涵着它所要证成的结论。[1]类似地，也不存在怀疑论“入口”，因为怀疑论场景与我们的证据不相一致。蒂莫西·威廉姆森接受某种版本的事实性内容观点（Williamson，2000）。他提出，你的证据就是你知道的东西——这便是著名的“E = K”论题；他还认为，看见（seeing）蕴涵知道（knowing）——这被表述为如下论题：知识是最一般的事实性、状态性（stative）态度。这两个论题合在一起，蕴涵着关于基本知觉证据的事实性内容观点，威廉姆森强调，这种观点的优越之处在于，可以避免现象性证据概念导致的诸般后果——尤其是可以摆脱怀疑论。[2]

我们也可以通过另一种方式来主张基本的知觉证据是世界牵

[1] 注意，不能由此得出，对知觉可靠性的解释没有任何作用可言——因为情况有可能是，除非知觉状态以某种足够可靠的方式与外部世界相联系，否则它们就不会具有关于外部世界的内容。因此，这种观点的优点并不在于，它容许知觉状态在缺乏任何可靠性背景的情况下对信念进行证成，而在于，它可以解释为什么可靠性在信念的理性化中可以扮演某种角色。[可参照 Burge（1997，2010）、Brewer（2002）的讨论。] 而且，可靠性与内容之间的关系并非一目了然。当代知觉科学的很多工作都是基于对感性错觉（*illusions*）的研究，错觉不能可靠地显示它们表征了什么东西，但一般而言，它们可以被刻画为是某些过程的综合作用或相互作用的结果，而这些过程在特定范围内是可靠的。

[2] Williamson（2007）明确将这种观点一般化，提出了这样的论题：你的理由就是你知道的东西，Hyman（1999）、Hawthorne and Stanley（2009），以及 Hawthorne and Magidor（2018）显然也赞同这种看法。无论是理由作为证据论题，还是证据作为理由论题，都支持这一观点：拥有主观理由的条件跟拥有主观证据的条件是相同的。

涉的，那就是接受我所称的事实性态度（*factive attitude*）观点，艾伦·米勒（Alan Millar）和邓肯·普里查德（Duncan Pritchard）即赞同这种观点（Millar and Pritchard，2012），科梅萨尼亚和麦格拉思（Comesaña and McGrath，2015）则把它归源于麦克道尔。[1]根据事实性态度观点，当你看到草是绿的，你得到你看到草是绿的这一命题作为证据，证明草是绿的。由于看见 P 蕴涵 P，根据这种 62
观点同样可以得出，基本的知觉证据是世界牵涉的。由此也就可以得出，怀疑论场景跟我们的证据的总和不相一致，并且无需诉诸中介性的桥接前提，对于为什么这种知觉证据可以证成信念，也用不着进一步给出外在主义解释，因为显然没有比这更好的证据了。[2]

| **事实性态度观点** | 其中 $\psi$ 表示一种事实性知觉关系 |
| --- | --- |
| 具有条件 | 你 $\psi$ 到 P |
| 你的证据是 | 你 $\psi$ 到 P（That you $\psi$ that P） |

即便科梅萨尼亚和麦格拉思是出于误解而将事实性态度观点归源于麦克道尔，后者的许多承诺跟这种观点确实是相容的。通过理性化的方式解释而不仅仅是单纯解释知觉信念如何能够奠基于世界，这种观点可以让我们走出在融贯主义的“斯库拉”（Scylla）和纯粹外在主义的“卡律布狄斯”（Charybdis）之间进退两难的境地。[3]它

[1] 若想了解米勒那种观点，可参见例如 Pritchard et al.（2010：139）。Comesaña and McGrath（2015）所指的麦克道尔的相关论述，援引自 McDowell（1994，2006，2008）。亦可参见 McDowell（1995）。当我撰写 Schroeder（2008）时，也曾倾向于将事实性态度观点归源于麦克道尔，但现在我很不确定麦克道尔是否真的那么想。他在前述三篇文献中提出的许多说法，都跟后面我在第 5 章所辩护的那种观点相一致。

[2] 跟前面一样，对于为什么你的知觉状态可以具有草是绿的这一内容，仍然可以给出某种外在主义解释。不过在性质上，这种解释不同于以外在主义方式直接解释为什么这种特定的状态可以将信念理性化。

[3] 参照 McDowell（1994）中的论述。

可以很自然地实现麦克道尔的主张，即避免在两种不能令人满意的理论选择之间摇摆不定，而这两种选择是关于基本知觉证据的现象性概念留给我们的。我最终将在第 5 章论证，相比威廉姆森的事实性内容观点，事实性态度观点更为可取一些。因此，即便这种观点区别于或者超出了麦克道尔的真实想法，它对后面的讨论来说也是有益的参照点。

可以看到，事实性内容观点和事实性态度观点有*两个*共同的承诺。两者都认为，你因为产生知觉经验而获得的基本证据是*世界牵涉的*——意即对于外在于你的经验的世界，它蕴涵着某些结论，从而没有在你的证据和世界之间留下裂隙。它们*又*都认为，只有当你处于所谓的*良好*情形中——亦即只有当你实际地产生真实（veridical）的知觉经验，你才能获得这种证据。具体而言，在视觉的例子中，对于绿草产生的非真实的知觉经验，*不*会给你提供这样的证据；只有*看到*草是绿的，你才能获得这样的证据。事实性内容观点之所以承诺这一点，是因为按照它的说法，仅当你看到草是绿的，你才能得到草是绿的这一命题作为你的证据。而事实性态度观点之所以承诺这一点，是因为按照它的说法，仅当你看到草是绿的这一命题为真，你才能把这个命题当作你的证据。

由于事实性内容观点和事实性态度观点以上述方式区分良好情形与瑕疵情形，我们可以把它们看作是关于知觉证成的*析取主义*（*disjunctivist*）理论。一般而言，关于知觉证成的析取主义理论
63 有个共同点，即在所谓的“良好”和“瑕疵”情形中——取决于知觉经验是真实还是非真实，对于知觉经验如何将信念理性化，它们致力于提供*不同*解释。[1] 然而，当我们试图理解知觉经验如何提

[1] 值得一提的是，普里查德（Pritchard，2012）维护一种他称为“认识论析取主义”（epistemological disjunctivism）的观点，这种观点只是我所定义的那种认识论析取主义的一个特例。就证成的情形而言，同样自然的做法是，通过证言（转下页）

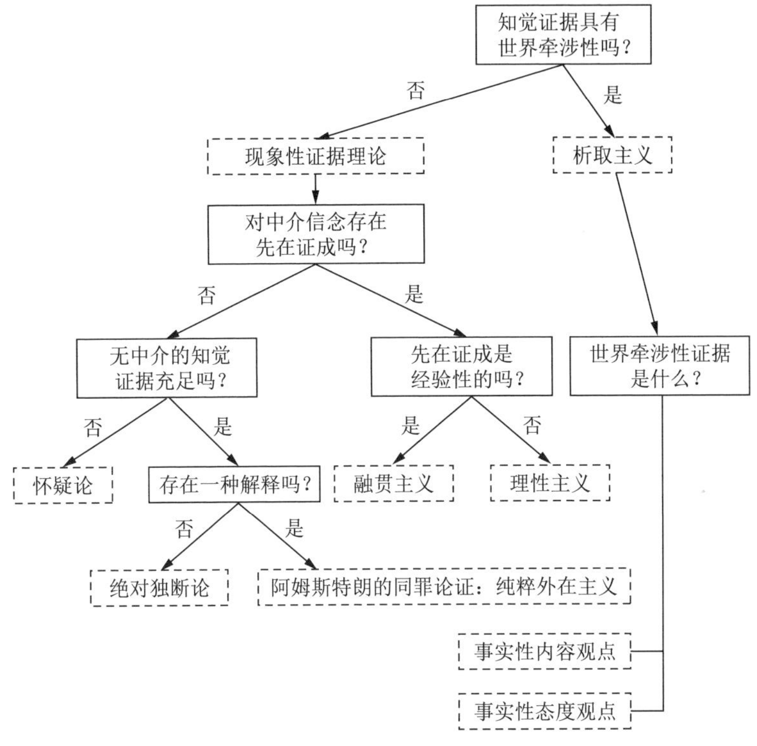


图 3.2　析取主义进路

供可以将信念理性化的证据，得出这样的结果乍看起来让人觉得奇怪——相比世界牵涉的证据概念所要排除的融贯主义、理性主义和纯粹外在主义等竞争性理论，析取主义理论并无明显的优点。事实上，情况比这还要更糟。 64

不过，为了最大程度地凸显知觉认识论框架中析取主义进路（参见图 3.2）所存在的问题，有必要进一步明确，对本章来说什么重要、什么不重要。本书始终把证成和信念的理性放在一起谈论，有时还相互替换。如果你跟我一样，认为最好把认识论中谈论的证

（接上页）或者记忆来界定相应版本的认识论析取主义，但我将继续把注意力集中于知觉证成的情形，这也是认识论传统中最受关注的情形，并且是塑造认识论中各种经典进路的最重要因素。

成，理解为是谈论如何理性地相信，那么在这两个用词之间来回切换就说得通了。但这里有必要辨别两者——至少名义上加以辨别，因为有些哲学家赞同对证成采取析取主义解释，却不接受关于理性的证成主义。而如果证成以这样的方式与理性割裂开来，我就不知道它还有什么重要性可言。我相信，析取主义真正面临的难题是，说明知觉信念如何能够理性化。

要明白这一点，不妨考虑在通常的情形中，你产生了某种常见的、真实的知觉经验，并形成了相应的信念。把这称为情形 $C_1$。麦克道尔和威廉姆森对基本知觉信念的解释都适用于情形 $C_1$，并且都认为，产生这样的信念对你来说是理性的，[1]因为你拥有支持这种信念的最佳种类的证据。现在设想情况以某种你无法分辨的方式发生了轻微改变，使得你产生的知觉经验和原先没有差别，但却不是真实的，因为那是一种感性错觉。把这称为情形 $C_2$。麦克道尔和威廉姆森对基本知觉信念的解释无法适用于这种情形。两者都主张，在情形 $C_1$ 和 $C_2$ 中，你有不同的信念理由，特别是，当解释什么使得你的信念是理性的，情形 $C_1$ 中你有某种理由可以发挥特殊的解释作用，情形 $C_2$ 中则缺乏那种理由。由此便可得出，你在 $C_2$ 中的信念是不理性的，尽管你在 $C_1$ 中的信念是理性的——或者至少在类似的两种情形中会出现这样的状况。

然而，情形 $C_1$ 和 $C_2$ 的差别是极其微小的。它们不仅具有相同的主观可通达的内在特征，一直到相关信念形成前的那一刻，它们的演变历程也是毫无区别的——就此而言，你和你的反事实对应体所处的环境完全相同，形成信念所采取的方式在可靠性上完全相同，与世界产生因果联系的途径也完全相同。按照事实性内容观点与事实性态度观点，我们势必很难否认，在这样两种差别极小的情
65 形中，仅仅因为一种知觉真实而另一种知觉不真实，相关信念在

[1] 当然要切记，我们把这些进路理解为关于理性的观点，而不仅仅是关于证成的观点。

理性方面不可能出现差异。这并不是说，信念的理性随附于主观因素，抑或不受可靠性或者与世界之间存在的因果联系的影响。[1]而只是说，单凭个案中知觉经验的真实性，不可能造成信念在理性方面的差异。任何观点只要否认这一点，都无法令人信服。

在认识论传统中，如果过程可靠主义和因果理论之类的纯粹外在主义理论，可以恰当地理解为试图对信念的理性给出某种说明，那么在许多人看来它们是不可信的，因为它们使得关于因果关系和可靠性的事实成为信念理性与否的依赖因素，而主体可能无法通达这些事实。在解释基本知觉信念的理性时，事实性内容观点和事实性态度观点都接受析取主义，而析取主义在这方面遭遇的问题尤其严重，[2]因为它使得信念理性与否取决于某种个案差异，即单一知觉经验在真实性上的差异。借用麦克道尔的说法，我们不妨把这称为卡律布狄斯的复仇（*Charybdis' Revenge*），因为麦克道尔致力于逃脱纯粹外在主义的“卡律布狄斯”的困境，但最终得到的观点依然未能克服纯粹外在主义理论遇到的一个重大障碍。

## 3.4　一些进一步的分析

根据知觉认识论中很大程度上得到公认的一种观点，我们必须在两难之中作出选择。如果我们认为基本知觉证据是世界牵涉的，从而避免现象性的证据概念带来的问题，那么在真实知觉和不真实

[1] 比如，某些很强版本的认识论内在主义就持这样的主张，Bonjour（1985）所赞同的观点即是一例。

[2] 注意，一些其他形式的认识论析取主义，比如 Pritchard（2012）辩护的那种，不能以这样的方式来刻画，因为它们拒斥关于不可通达性的主张。但即便这一主张还有待更准确地解释，我认为这一点仍然符合一般直觉：处理 $C_1$ 和 $C_2$ 之类的情形时所遇到的问题，类似于传统的内在主义者在纯粹的外在主义理论那里发现的问题；而且我认为，这种解释与事实性内容观点和事实性态度观点相容。

知觉的情形中，我们必须接受对信念理性的不同解释。而如果对于知觉经验以何种方式将信念理性化，我们希望给出一种统一的解释，那么我们必须接受现象性的证据概念，由此进入那种熟悉的辩证情形，在各种进路之间做出选择。到第 3.5 节以及第 4 和 5 章，我会论证这是一种虚假的强制选择——当我们对基本知觉证据采取世界牵涉解释，在不做出任何析取主义承诺的情况下，完全可以保留这种解释所特有的全部优点。我将指出，这种可能性之所以在认
66 识论中没有受到足够的重视，是因为有太多的人将一个背景假设完全视为理所当然——我会在第 4 章论证，这个假设与未经证成的信念问题密切相关。但在那之前，本节想要更深入地分析，事实性内容观点和事实性态度观点都接受的那种析取主义，在我看来不能令人满意的地方在哪里——以及我们面临的困难是否受到命题性的理由本体论的不当影响。

首先需要明确的是，在我看来，事实性内容观点和事实性态度观点有问题的地方，涉及的是它们对信念的*理性*的处理，而不是它们对*知识*的处理。这一点应该是没有争议的：相比只对绿草产生某种不真实的知觉经验，看见草是绿的可以让你更好地*知道*草是绿的。因此我相信，就知觉经验适于给知识提供基础而言，事实性内容观点和事实性态度观点的处理都是自然且可信的。我认为，对这两种解释进行改进的任何尝试都应该保留这个特征，第 5 章会展示如何做到这一点。

由此，这些观点的问题不在于，它们在良好情形和瑕疵情形中对知识给出不同解释，而在于，这导致它们在良好情形和瑕疵情形中又对信念的*理性*给出了不同解释。[1] 本章的出发点是，探究

[1] 舍伦贝格（Schellenberg，2013，2014）对这一点做了很好的讨论，指出我们必须区分两种证据——只能在良好情形中获得的事实性证据，以及良好情形和瑕疵情形都能提供的另一种证据，并且后一种证据可以用于解释信念的理性。这些说法我全都认同，但不赞成像舍伦贝格那样把两种情形共有的证据描述为现象性证据。

为什么知觉经验可以给我们提供关于外部世界的一种极为特殊的证据，这种证据尤其可以让信念理性地奠基于知觉观察。所以，在这些观点带来的后果中，引起我注意的是，它们对于良好情形和瑕疵情形中可以获得的主观理由提供了不同看法，而这些理由影响到可以理性地相信什么。

就我在前一节提出的论证而言，上述观察可以让我们发现其中的一个重要漏洞。严格说来，事实性内容观点和事实性态度观点蕴涵着，现实的良好情形 $C_1$ 中你有某个重要理由，反事实的瑕疵情形 $C_2$ 中却并非如此。但要说情况不是这样，直觉上并无直接的说服力——像这样关于理由的判断不是非常可靠。[1] 直觉上有直接说服力的是，凡是你在 $C_1$ 中可以理性地相信的东西，你在 $C_2$ 中也可以理性地相信。由此，一种可能性是，尽管 $C_1$ 比 $C_2$ 有更多的理由支持你的信念，你在 $C_2$ 中的理由仍然足够好。为了避免在
某些类似 $C_1$ 和 $C_2$ 的成对情形中，信念仅仅因为在单一知觉经验 67
的真实性上呈现出个案性的差异，就可以在理性方面产生区别，我们必须表明，你在良好情形中拥有的额外理由，绝不会造成你的信念在理性方面有所不同。这种想法值得认真对待，并且我们要予以否弃，以便确定事实性内容观点和事实性态度观点在良好情形与瑕疵情形中对理由的不同解释，确实会强制我们得出我认为有问题的那些结果。

作为对这种想法的回应，第一个重要的观察是，如果不以更精致的方式对其进行表述，这种想法就会违背关于基本知觉证据的世界牵涉解释的初衷。毕竟，主张基本知觉证据具有世界牵涉性的初衷在于，按照由此得到的图景，可以认为知觉是一种更好的证据来源，而依据现象性的证据概念则不是如此，后者主张基本知觉证据

[1] 参照施罗德（Schroeder，2007，2011）中对否定性理由存在谬误（the negative reason existential fallacy）的讨论。

不是世界牵涉的。但在瑕疵情形中，能够得到的证据只有现象性证据。因此，如果我们认为，现象性证据与世界牵涉性证据一样好，那么在回应怀疑论者时，我们就无需给知觉经验补充中介性的背景信念，抑或认为知觉证据实际上是世界牵涉的。因此，主张对良好情形和瑕疵情形中的理由给出不对称解释的人，不能一上来就说现象性证据总是跟世界牵涉性证据一样好，否则即便认为基本知觉证据具有世界牵涉性，也于事无补。这样的人充其量只能说，现象性证据有时候跟世界牵涉性证据一样好。问题是什么时候？

事实上，有个颇为巧妙的论证可以证明这一主张：当你处于情形 $C_1$，就支持你形成相关信念而言，你的现象性证据完全跟你的世界牵涉性知觉证据一样好。该论证依赖于这样的想法：你的现象性证据所提供的证据，亦即你跟你在 $C_2$ 中的对应体所共有的理由，是以一个背景信念为中介，即如果你的现象经验是如此这般的，那么世界就是如此这般的。但是，当我们说，你的现象性证据跟你的世界牵涉性证据一样好，因为前述背景信念得到了证成，并不等于说，任何人的现象性证据都跟世界牵涉性证据一样好，因为这个背景信念也许不是对任何人来说都能得到证成。相反，这个论证认为，该背景信念之所以对你来说可以得到证成，是因为你通过经验获得了大量世界牵涉性证据，并且你跟你在 $C_2$ 中的对应体都能获得这样的证据。

所以，这个论证的想法是，只要你有处于足够大比例的良好情形的历史，便可自主提供（bootstrap）对上述背景信念的证成，你所拥有的纯粹的现象性证据（以及你的 $C_2$ 对应体所拥有的证据）便可恰当地发挥作用。把抓住这一漏洞的人称为良好情形自主提供者（*good-case bootstrapper*）。根据良好情形自主提供者的观点，有某对差别极小的情形 $C_3$ 和 $C_4$，只在单一知觉经验的真实性上有所不同，主体能够理性相信的东西也会因此不同；然而对现实世界中的正常
68 人类来说，不会出现这样的情形，因为若要得到这样的情形，我们

必须设想能动者处于不可靠的环境中，知觉经验不真实成了常态。[1]

既然良好情形自主提供是可能的，这就表明，理论家即便认为良好情形和瑕疵情形中有不同理由，也不必得出信念的理性在情形 $C_1$ 和 $C_2$ 中是不同的。当然，这还不足以避免得出这样的结论：在主观上无法分辨并且历史方面也存在差别的成对情形中，信念的理性会有所不同。由此，良好情形自主提供者的观点，仍然会跟一些更强的内在主义式直觉判断相抵触。通过诉诸关于差别稍大的成对情形的判断，或者诉诸关于反事实、不可靠环境中差别极小的成对情形的判断，我们还是可以否弃这样的观点。我承认关于这些情形的直觉判断有几分道理，但它们显然不像关于情形 $C_1$ 和 $C_2$ 的直觉判断那样有说服力。所以，良好情形自主性的可能性值得我们非常认真地对待。

不过，我想立足于最弱版本的那种内在主义式直觉判断，来提出对麦克道尔和威廉姆森的反驳。而且，对于情形 $C_1$ 和 $C_2$，通过追问你在信念层面（doxastically）处于相信什么东西的状态是理性的，而非追问在预期层面（prospectively）相信什么东西对你来说是理性的，我们也能做到这一点。正如我在第 2 章提出这种区分时所说，你处于相信什么东西的状态是理性的，取决于你是出于什么理由而相信那种东西。而根据假定，在良好情形中，你的信念所出于的理由是你的事实牵涉性证据。由于你的信念是出于什么理由这一问题，至少某种程度上是一个心理学问题，我们很难看到，单凭关于单一知觉经验的个案非真实性的事实，如何能够使得你的信念是出于现象性理由。

我不认为这种说法是决定性的；对于信念基于特定理由需满足何种心理条件，可以设法找到某种解释空间，来避免得出这样的结

[1] 感谢格雷格·安蒂尔（Greg Antill）帮助我认识到这种可能性的重要性。

论。埃罗尔·洛德（Errol Lord，2018）便是一个例子，他虽然不是我所称的良好情形自主提供者，但切实致力于解决这一问题，即他所说的“新新恶魔问题”（new new evil demon problem）。洛德维护对基于关系的一种解释，其目标在于获得足够大的包容性，使得你总是可以算作出于某些支撑性的理由而行动或相信，即便你的原初理由最终被证明是虚假的，它们仍然可以支撑你的行动或信念。在洛德看来，你是否出于某个理由而相信，只取决于你是否倾向于对它是否是理由敏感——而不取决于形成或保持你的现实信念时，它是否实际地扮演任何因果角色。[1]

69 由于洛德认为，出于一个理由而行动或相信，只要求你倾向于对它敏感，那么你的信念既可以基于现象性证据——比如你看见P，同时又可以基于事实性的世界证据——比如P。只要你的信念确实倾向于对两种证据敏感，这一点便可实现。问题在于，洛德的解释要求过高，无法承担良好情形自主者所需承担的任务。

这种解释之所以要求过高，是因为当一个理由不再是规范性理由，你即便没有改变信念的倾向，也可以出于那个理由而相信。比如，你的信念所基于的考量不再构成规范性理由的一种情形是，客观上受到某些不为你所知的废止因素的影响。[2] 举例来说，你可能无意间戴上一副玫瑰色眼镜，使得你表面上获得的关于颜色的知觉证据，完全不是你相信前面有红色物品的理由。但是，你不必倾向于对你是否无意间戴上玫瑰色眼镜敏感，便可基于知觉证据相信你看到了红色物品。因此，洛德的条件有失苛刻，难以容纳这样的情况：我们确实会出于某些可被取消的理由而相信。

---

[1] 洛德（Lord，2018：138）写道：“**规范性保持**：A 的 $\varphi$ 是出于规范性理由 $r$，如果 $r$ 不再是去 $\varphi$ 的规范性理由，A 就倾向于改变她的 $\varphi$。”这是洛德提出的两个论题中的一个，他认为，就出于规范性理由而 $\varphi$ 来说，那两个论题是充分和析取地必要的条件（他在随后一章以另外的方式解释了这是怎么回事：出于本身不是良好的规范性理由的激发性理由而 $\varphi$）。

[2] 这类情形会在第 5 章得到讨论并扮演重要角色。

所以，这是一个重要且困难的挑战。要应对这个挑战，说明我们可以出于基本知觉理由之外的支撑性理由而相信是不够的——还必须说明我们总是可以做到这一点。除非我们能够顺利应对这一挑战，否则用不着依靠更强的内在主义直觉，便可拒斥良好情形自主者的观点。

那么，问题是否可能出在这里：我提出本章的论证时援用了命题性的理由本体论，而这种做法是不正当的。如 3.1 节所指出，我认为并非如此。无论对于主观理由还是客观理由，诉诸一种非命题性的本体论，改变不了根本性的问题，即人们依据他们的主观理由而行动时，必须满足什么样的世界条件，才能存在相应的客观理由，可以充当他们的行动依据。设想伯尼错误地相信，他杯中含有杜松子酒和奎宁水，如果世界就是他所相信的样子，那么他就有一个客观理由喝一杯，而这应该跟如下事实相关联：相信这一点给他喝一杯提供了一个主观理由——它有助于解释情况为什么如此。在本章中，我所追问的就是，在基本知觉信念的情形中，如何给出类似的解释。我们必须提供某种解释，无论认为选择哪种理由本体论是合理的——这无非只是给解释过程增加一点曲折而已。

另一个需要处理的重要担心是，我在第 2 章设立的目标对福格尔（Fogal，2016）提出的论题保持中立，那个论题就是，“reason” 70
的不可数名词用法指谓一种更为基础的规范性关系。而这当然保留了这样的可能性：我们有［不可数的］理由做某件事，却没有［可数的］理由去做那件事。不过，福格尔那种观点最引起我注意的地方在于，按照作为不可数名词使用的基本用法，“reason”不会在不同能动者或环境之间发生改变。[1] 但知觉证据显然很大程度上

［1］参见我在《随附性的代价》（The Price of Supervenience）中的论证（Schroeder，2014）。

是依情况而定的，随着环境和能动者的改变，可以得到的知觉证据也会改变。所以，如果说有某种东西可以充当信念的［不可数］理由，却无法充当信念的［可数］理由，那么基本的知觉信念就不适于成为这样的东西。

而且我认为，这种观念如果转用证据话语来表述，也很难站得住脚。[1] 因此在我看来，援用可能的信念理由时不具体回答信念理由是何种东西，这么做更有望处理的是关于先天性的认识论问题，而不是基本知觉信念的理性化。我的结论是，诉诸“reason”和“evidence”的不可数名词用法，无助于避开这一问题：当我们产生关于世界的知觉经验，由此得到了何种支持基本知觉信念的证据。

最后，在继续讨论之前，有必要考察一下蒂莫西·威廉姆森给出的理由，用以质疑任何种类的内在主义直觉。威廉姆森提出，关于理性的内在主义判断所基于的假设是，这一点必定总是可知的：相信什么东西对你来说是理性的。但威廉姆森注意到，相信什么东西对你来说是理性的，当然依赖于关于你的心理状态的事实，而他的反透显性（anti-luminosity）论证表明，关于你自身的心理状态的事实并不总是可知的。威廉姆森由此得出，关于相信什么东西对你来说理性的事实同样不可能是透显的（luminous），所以内在主义根本就站不住脚。

然而注意，我在本章中从未假定任何强版本的内在主义。我从未主张，内在复本（internal duplicates）必定同样理性，理性必定随附于内在状态，抑或关于相信什么东西对你来说理性的事实必定总是可知的，或者总是可以理性相信的。[2] 我所主张的只是，单一知觉经验在真实性上的个案差异，绝不会对信念理性与否造成影响。我认为，关于理性的透显性的某个抽象论证也许可以作为接受

［1］“有大量［不可数］证据表明你前面有红色物品，却没有任何［可数］证据支持这一点。”

［2］对比 Cohen（1984）。

前述判断的唯一理由，但这值得怀疑，因为在我看来，相比假定相信什么东西对你来说理性必定总是可知的，这个判断更有说服力。实际上，出于宽泛意义的威廉姆森式的理由，我本人就相信，相信什么东西对你来说是理性的，这一点并非总是可知。[1]

因此，我很乐意承认，威廉姆森正确地指出，在关于心理状 71
态的临界情形中，理性信念是一回事，关于理性信念的理性信念是另一回事。[2] 我只是认为，尽管理性信念和关于理性信念的理性信念之间的区分很重要，对我们从事哲学分析来说很有用处，但若把它用于处理情形 $C_1$ 和 $C_2$ 之间的差别，不免就像手执铁锤的人，把什么都看作钉子。我相信，这样两对例子之间存在重要差异：在第一对例子中，我们对红色与橙色的临界情形产生知觉经验，两种知觉经验的内容分别处于临界线的一边；在第二对例子中，其中一种知觉经验是真实的，另一种知觉经验则是难以捉摸的错觉。我相信，更为可信的判断是：理性不是那种受到个案的真实性差异影响的东西。

从第 3.3 节到本节，对于所谓“良好”和“瑕疵”知觉情形中所能得到的证据，我试图拒斥析取主义的处理方式，常见的一些对基本知觉证据的世界牵涉解释，诸如事实性内容观点和事实性态度观点，都承诺了析取主义立场。不过，跟第 3.2 节对怀疑论、融贯主义、理性主义和纯粹外在主义的讨论一样，就这里我的目标而言，我的讨论最终是否足以（当然不足以）确定这种观点不正确，说到底并不重要。对我的目标来说重要的是，揭示有哪些理由可以表明，我们手头的这些选项为什么看起来是不能令人满意的。我真正感兴趣的事实是，根据一种很多人都觉得理所当然的看法，这两

[1] 参照 Schroeder（ms）。

[2] 事实上，我在《如何成为真理表达主义者》（How to Be an Expressivist about Truth）中表明这一点很重要，该文重印于 Schroeder（2015a）。

者必然不可兼得：一方面是保留对证据的世界牵涉解释的优点，比如威廉姆森的解释和麦克道尔的解释；另一方面是摒弃这种解释的析取主义承诺。本章的余下部分将论证，我们目前为止所考虑的那些选项，可以归源于一个重要的隐含假设，这个假设牵涉到主观理由以及主观证据的本质。通过拒斥这个隐含假设，我们就能看到，如何可以发展出一种观点，既能悉数保留麦克道尔和威廉姆森的解释的主要优点，又无需承诺析取主义立场——我已经指出，这是他们的观点所特有的代价。由此得到的便是一种两全其美的观点。

## 3.5 虚假的强制选择：事实性与主观理由

正如我们在第3.2节所看到的，事实性内容观点和事实性态度观点都认为，基本的知觉证据是世界牵涉的，从而避免了我们的知觉证据和关于外部世界的结论之间的裂隙。但两者紧接着又都得
72 出，这意味着你在良好情形与瑕疵情形中的理由是不同的——哪怕良好情形与瑕疵情形的区别仅仅在于，单一的知觉经验在真实性上存在个案差异，就像情形 $C_1$ 和 $C_2$ 中那样。这又导致它们进一步得出，在 $C_1$ 和 $C_2$ 这样的成对情形中，信念在理性方面会产生差别。而我认为，这样的结论极为不可信。由此，我们自然可以追问：这是一个虚假的选择吗？当我们认为基本知觉理由是世界牵涉的，能否找到某种方式，既可把握住这种观点的优势，又不至于因此被迫假定，良好情形与瑕疵情形中主体的理由有所区别？

本书这部分内容的中心思想是，这确实是一个虚假的强制选择。根据某些很容易理解的观点，基本知觉理由是世界牵涉的，但你在良好情形与瑕疵情形中的主观理由并无区别。要得到这样的观点，只需承认，我们不必跟真理处于某种认知关系，便可拥有主观理由。换句话说，我们只需承认，主观理由可以为假。这种观点之

所以完全可能，是因为如我先前所提到的，事实性内容观点和事实性态度观点其实有两个共同的承诺：一个涉及基本知觉理由的本质，另一个涉及你跟那些理由必须处于何种关系，以便它们可以把你的信念理性化。按照我的论证，这些观点的优势来源于其中一个承诺，即认为知觉理由是世界牵涉的。[1] 相反，另一个承诺则让它们付出了代价，即认为这些理由若能把你的信念理性化，你跟它们的关系必须是世界牵涉的。既然优势和代价来自不同的承诺，如何保留优势和避免代价也就一目了然了。你只需接受一个承诺，拒斥另一个承诺。

先来看事实性内容观点。回想一下，根据这种观点，当你获得前面有某个方形物体这一视觉证据，你的基本知觉证据是你的视觉经验的内容：即前面有某个方形物体。这种内容使得它具有世界牵涉性。但事实性内容观点认为，你并不拥有这种知觉证据——它不能把你的信念理性化，除非你对世界采取一种事实性态度，即除非你看见前面有某个方形物体。由于看见是一种事实性态度，那么当然，除非你前面真的有某个方形物体，否则你不会看见前面有某个方形物体。威廉姆森正是由此得出，你只有在良好情形中才拥有这种理由。

然而，我们可以直接找到一种与事实性内容观点对应的非事实性观点，不妨称为非事实性内容观点（*non-factive content view*），同样能够辨别你的基本知觉理由，但容许你把这种证据作为信念的主 73
观理由，只要你跟它处于某种非事实性的知觉经验关系。[2]

[1] 值得一提的是，普里查德对于他支持的那种认识论析取主义（令人疑惑的是，他也将这种观点归源于麦克道尔）为什么可以给怀疑论提供一种回应，提出了不同见解（Pritchard，2012）。我相信，普里查德对怀疑论的回应不仅依赖于知觉理由的内容，实际上还依赖于这一点：你必须跟你的知觉理由处于拥有关系。

[2] 参照 Schroeder（2008，2011a）、Smithies（2018）。对于关系$\zeta$必须是什么，Schroeder（2011a）和 Smithies（2018）各自给出了说明，但就我们的目的而言，只需知道它是一个占位符（placeholder），对非事实性内容观点进行具体阐述时，才有必要解释和辩护。

| **非事实性内容观点** | 其中 $\zeta$ 表示一种非事实性知觉关系 |
|---|---|
| 具有条件 | 你 $\zeta$ 到 P |
| 你的证据是 | P |

根据这种观点，当你产生前面有某个方形物体的视觉经验，你就得到了前面有某个方形物体这一命题作为你的主观理由，相信前面有某个方形物体，而无论这种知觉经验是否真实。无论在良好情形还是瑕疵情形中，你都可以产生拥有这个理由所要求的知觉关系，因此就你的主观理由而言，情形 $C_1$ 和 $C_2$ 没有区别，就你可以理性地相信什么而言，它们也没有区别。诚然，在瑕疵情形 $C_2$ 中，你的主观理由不为真，所以无法给知识提供基础——在这一点上，析取主义者对良好情形与瑕疵情形的区分是正确的。但正如我所论证的，就理性信念而言，不应存在这样的区分。

对于事实性态度观点，同样可以找到一种避免区分良好情形与瑕疵情形的对应观点。回想一下，事实性态度观点是说，当你基于视觉经验相信前面有某个方形物体，你的基本知觉理由是，你看见前面有某个方形物体。这个理由是世界牵涉的，因为看见是一种事实性态度，能够弥合你的知觉证据跟世界之间的缝隙。但事实性态度观点同样认为，这一点必须为真，才能成为你的理由——你必须真的看见前面有某个方形物体。而这意味着，我们可以找到一种与事实性态度观点对应的非事实性观点，不妨称为显表事实性态度观点（*apparent factive attitude view*），同样能够辨别你的基本知觉理由，但前面这一点即便不为真，也可以成为你的主观理由，因为根据这种观点，一般情况下，主观理由不需要跟真理产生任何认知联系。

| **显表事实性态度观点** | 其中 $\psi$ 表示一种事实性知觉关系 |
|---|---|
| 具有条件 | 向你显现你 $\psi$ 到 P（It appears to you that |

you $\psi$ that P )[1]

你的证据是　　你 $\psi$ 到 P

根据这样的观点，尽管你能得到的客观证据在良好情形与瑕疵情 74
形中有所不同，你的主观证据却完全相同。无论在情形 $C_1$ 还是 $C_2$ 中，向你显现的都是你看见前面有某个方形物体，因此，你在两种情形中都有相同的世界牵涉性理由。

这些与事实性内容观点和事实性态度观点相对应的观点表明，这两个问题是互不相干的：第一个问题是，基本知觉理由是否具有世界牵涉性；第二个问题是，它们在瑕疵情形中能否被获得。要弥合基本知觉证据与世界之间的裂隙，我们只需认为，基本知觉理由是世界牵涉的。而这意味着，理由本身（或者按照非命题性的理由
本体论，就是与理由相联系的命题）蕴涵某种关于外部世界的东 75
西。事实性内容观点和事实性态度观点都假定，你不可能获得这样的主观理由，除非它为真。但如果主观理由无需跟真理产生任何认知联系，那么基本知觉理由既可具有世界牵涉性，同时又是非事实性的。而如果是这样的话，那么我们既能保留麦克道尔和威廉姆森对怀疑论、融贯主义和理性主义的处理方式的全部优点，又无需因为在差别极小的成对情形中区分信念的理性而付出代价，就像在情形 $C_1$ 和 $C_2$ 中那样。

由此可见，在关于基本知觉证成的辩证讨论中，这一假设扮演了非常重要的角色：主观理由必须跟真理产生某种认知联系。该假设导致了一个难以克服的困境。相关的真理或者是世界牵涉的，或

[1] 显表事实性态度观点的第一人称要素并不重要；可能如此这般显现的情况就是与 P 之间确实存在一种 $\psi$ 关系，也可能某种特定的状态是与 P 之间具有 $\psi$ 关系。我们将在第 6 章看到，我所偏好的那种显表事实性态度观点正是采取这样的形式。不过我发现，以第一人称词项描述这种观点一般而言更简单，所以我会继续这么做。

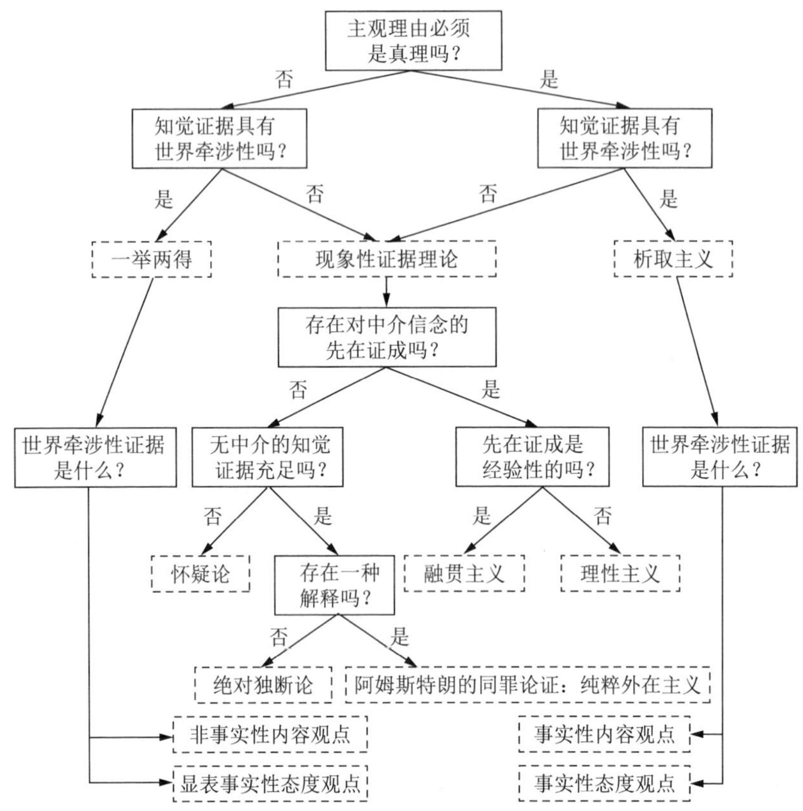


图 3.3　强制的选择

者不是。如果它是世界牵涉的，那么没有人能够在瑕疵情形中获得相应的主观理由，后者也就无法在瑕疵情形中发挥作用，亦即将信念理性化。由此得出的结论是，瑕疵情形中的信念不够理性——尽管良好情形与瑕疵情形之间的差异，仅仅是单一知觉经验在真实性上的个案差异。另一方面，如果拥有主观理由所要求的真理不是世界牵涉的，那么良好情形与瑕疵情形中都可以获得主观理由，$C_1$ 和 $C_2$ 之类的情形中的信念也就同样理性。然而，这会在知觉证据和关于世界的结论之间留下巨大的裂隙：各种怀疑论场景便是利用这样的裂隙，若要进行弥合，看起来就得援用中介性的背景信念——对这类信念的证成势必要以理性主义为基础，或者势必会让我们陷入融贯主义式的循环。还有一种选择是，彻底否认基本知觉信念必须基于证据，由此就会打开阿姆斯特朗的外在主义缺口，即追问为什么对任何信念的证成都需要证据。

所以，在我看来，造成这种关于基本知觉证成的复杂辩证局面的根本困境，可以恰当地归因于那个初始假设，即拥有主观理由要求跟真理处于某种认知关系。加上若干限制条件，我将这一假设理解为，主观理由具有*事实性*，或者主观理由*是*真理。[1] 由此可以说，主观理由必须具有事实性的假设，就是一个核心的框架性背景假设，确立了基本知觉信念认识论的诸般议题——结果好坏暂且不论，从而很大程度上也给一般意义上的认识论确定了议题。而且，这是一个关于*理由*的非常一般的假设。因此，我们可以期望，依据某种关于理由的更为一般的看法——兼顾行动理由和信念理由，就能更切实地对这个假设进行评判。对本书的*核心假设*来说，即哪怕就极为核心的传统认识论话题而言，与规范性研究的其他分支相比较有时确实会带来改变——实际上是重大改变，这也可以构成一次 76
富有成效的检验。

我在第 1 章提出，我们可以借鉴认识论之外的规范性研究中的类似问题，来回答传统认识论的核心问题，并考虑由此产生的一些承诺，这样便可给我们提供某种视角，如果缺乏这样的视角，我们关于那些核心问题的观点就会被*歪曲*，而主观理由必须具有事实性的假设，就是我用来印证这种说法的第一个重要观点。我将论证——尤其通过探究主观理由在行动及信念的理性化过程中的作用，更合理的观点是，主观理由*不必*具有事实性，所以，认识论中

[1] 特别地，虽然根据我本人偏好的那种观点，客观理由和主观理由都是命题，但这里我希望在理由本体论上保持中立。对那些认为主观理由是命题的人来说，主张它们具有事实性，也就是主张它们是真理。维护心理主义的人则认为，主观理由严格说来是心理状态，对他们而言，事实性意味着相关的心理状态必定具有真内容。

存在一种非常重要但却遭到忽视的可能性，可以兑现麦克道尔和威廉姆森对基本知觉理由的世界牵涉解释的优势，同时无需承担我所指出的这些解释的代价。就目前的讨论而言，这未必就是看待基本知觉证成的*正确*观点，但它有一些颇具吸引力的优点，而由于人们觉得主观理由当然必须是事实性的，[1]这些优点几乎完全被无视了。

因此，第4章要考察一些论证，这些论证试图表明，主观理由必须跟真理产生某种认知联系。我将针锋相对地指出，主观理由无需跟真理产生任何认知联系，并说明我们为什么应该认为，几个主要的反面论证都是不可信的。不过，人们之所以认为主观理由必须具有事实性，有一个需要非常认真地对待的动机，这个动机源自未经证成的信念问题，如我们在第1章所看到的，该问题是理由至上论题面临的主要障碍之一，并且是认识论领域所特有的。我将论证，当我们解释基本知觉信念如何能够基于证据，之所以会陷入严重的框架性困境，确实主要应该归咎于未经证成的信念问题。所以，若要完全摆脱这一困境，我们必须找到另外的方式来解决未经证成的信念问题——即与理由至上论题相适应的方式。

[1] 对这种支配性假设的一些主要反驳包括 Schroeder（2008，2011）和 Comesaña and McGrath（2014，2015）。

第4章

# 主观理由与真理



## 4.1 为什么认为主观理由必须具有事实性?

第 3 章指出，有一种关于基本知觉证成的充满潜力和吸引力的观念，从表面上看会产生重大代价，但这种表象是由如下假设所导致的：主观理由必须具有事实性。倘若主观理由无需具有事实性，那么关于基本知觉证成的困境就是一个虚假的强制选择，我们便可保留麦克道尔和威廉姆森对基本知觉理由的解释的优点，而不用承担在我看来它们最突出和显著的代价。本节要讨论的问题是，主观理由是否真的必须具有事实性。我首先给出一种自然且有吸引力的图景，根据这种图景，主观理由不必具有事实性，然后论证这样的观点是正确的。接着，我将考察若干可能的理由，说明人们为什么会认为，主观理由必须是事实性的，并相应地提出反驳。到第 4.3 节，我会引入促使人们得出主观理由必须具有事实性的另外一个理由，这个理由源自未经证成的信念问题，需要更认真地对待。至于最后我准备如何摆脱这种困难，则是第 4.4 和 4.5 节的内容。

我关于主观理由的图景很简单。主观理由是行为导向的因素，当确定如何行动或相信什么对某人来说是理性的，它们相互竞争，在此基础上便可产生信念。由于如何行动或相信什么对某人来说是理性的，并不依赖外在于主体视角的事实，所以，关于一个主体拥有哪些主观理由的事实，也不依赖她跟任何真理处于认知或知觉关系。有时候，当确定相信什么对某个主体来说是理性的，他 / 她所相信或感知的情况会构成竞争性的影响因素。这时候，我们能够并且确实把主体的信念或知觉状态的内容，自然而然地描述为他 / 她的理由。我们是否采取这样的描述方式，也许取决于我们是否相信这些内容是真理。但是，当确定如何行动或相信什么对他 / 她来说是理性的，是否有必要将这些内容归为竞争性因素，却跟它们是否为真无关。

不妨再次借用伯纳德·威廉斯（Bernard Williams，1981）的经典例子。伯尼参加了一个鸡尾酒会，他青睐的调酒师递给他一杯酒，并说道："伯尼，这是你要的杜松子酒加奎宁水。"伯尼相信，自己端着一杯加了奎宁水的杜松子酒。但他不知道的是，杯中
78 还掺了汽油。酒里有汽油的事实不支持把酒喝下，但也不会使得不喝酒对伯尼来说更理性，因为这一事实并不为他所知。类似地，伯尼相信那是一杯加了奎宁水的杜松子酒这一事实，可以使得喝酒对他来说更理性，但不会使得喝酒是个好主意，因为那并不为真。客观理由支持正确的行为——选择正确的行为便是好主意。主观理由支持理性的行为——这样的行为从能动者的主观视角来看是可以理解的。由于正确的行为可以不理性，理性的行为也可以不正确，因此，如果出现有主观理由而无客观理由的情况，我们不必感到意外，正如也会出现有客观理由而无主观理由的情况。我认为，伯尼的例子表明，这些关系完全是互不相干的。

那么，人们为什么会认为，主观理由跟真理确实有认知联系呢？或者说，人们为什么会觉得这一点不言而喻，根本用不着质疑，纵然这会导致第 3 章所看到的那种很成问题的强制选择？认识论中许多地方都把这一假设视为理所当然，以至于要找个像样的论证都不容易。比如，威廉姆森是这么说的：

> 如果某人的证据完全支持一种假相，那么证据本身必定包含虚假成分，这样一来，某人的证据就跟某些真理不一致：这

> 种观点没什么吸引力可言。[1]

这很难称得上是一个论证——说某人的证据包含虚假成分，等同于说某人的证据跟某些真理不一致，所以这是直接的乞题（question-begging），而且对于我们为什么不应该相信这种观点，威廉姆森告诉我们的只是“这种观点没什么吸引力可言”，他甚至不是直接断言，而是用同位语从句来表达，这种修辞手法暗含的意思是，说出来的东西是无可争议的。因此，如果我们想要弄清楚，哲学家们是出于什么理由而把前述假设视为理所当然，就必须进行更深入的探讨。

人们之所以认为，主观理由跟真理之间有认知联系，其中一个理由可能来自这样的观念：主观理由不过是客观理由的特例而已。我们最初对主观理由和客观理由的区分方式支持这种观念，与此相关，我们对主观证据和客观证据的区分方式也支持这种观念。它同样符合威廉姆森的一般承诺——后者确实认为，主观证据是客观证 79
据的特例。根据威廉姆森的 E = K 论题，你的主观证据无非是你所知道的客观证据。

回想一下，我们最初在第 1 章做出那种区分时，是以这样的观察为起点的：克里斯蒂娜在笑这一事实是她快乐的证据，但不一定是你拥有的证据，因为你可能并不知情。这种表述方式促使我们在讨论中将“存在的证据”（evidence there is）与“你拥有的证据”（evidence you have）对举，以便区分客观证据和主观证据；类似地，将“存在的理由”与“你拥有的理由”对举，以便区分客观理由和主观理由——这就是第 3 章所遵循的做法。[2] 这种表述方式

[1] 参见 Williamson（2013：92）。诚然，威廉姆森确实论证证据必须为真，因为他论证 E = K，而知识是事实性的。但这里的引文所要表明的是，在威廉姆森看来，哲学上的争论点在于证据的具有条件是什么，而不在于证据的事实性——他认为证据的事实性是显而易见的，完全用不着争论。

[2] 参照 Scanlon（2003）的讨论，Williamson（2000，2013）类似地主张，某种东西除非确实是证据，否则不可能成为你的证据。

导向这样的看法：主观理由只是客观理由的特例——与主体形成正确种类的认知关系的客观理由，即主体拥有的客观理由。既然客观理由必须是真理，由此便可推出，若要拥有主观理由，你必须跟真理产生认知联系。[1]

这种推理的问题在于，尽管在合适的语境中，基于恰当的语境提示，我们可以采用“存在”和“拥有”的说法，传达客观理由和主观理由之间的区分，但无论是“存在一个理由”的说法与客观理由之间，还是“拥有一个理由”的说法与主观理由之间，都没有任何特殊的关联。两种说法既都可以用于指谓客观理由关系，也都可以用于指谓主观理由关系。这要归因于这一事实：“理由”既能用于谈论客观理由，又能用于谈论主观理由，而“拥有”的说法是冗余的。

要明白这一点，有必要对如下情形进行辨析。龙尼和弗雷迪喜欢跳舞，布拉德利则否。龙尼和布拉德利知道派对上有舞会，弗雷迪则否。所以，对龙尼和弗雷迪来说，存在一个参加派对的理由，对布拉德利来说则否——这个理由就是，派对上要举办舞会。这不是布拉德利参加派对的理由，因为作为行为导向因素，它无法证明布拉德利应该参加派对，但确实可以证明龙尼和弗雷迪应该这么做。当我们提出这类主张，谈论的便是客观理由。如下事实可以印证这一点：根据设定，弗雷迪不知道舞会的事。

然而，正如我可以说，派对上有舞会这一事实，是龙尼而非布拉德利参加派对的一个理由，我也可以说，这是龙尼而非布拉德利的一个理由，或者类似地，这是龙尼而非布拉德利拥有的一个理由。而且，这种言说方式没什么可奇怪的，因为一般情况下，其中的所有格结构和“拥有”的说法是冗余的。这些结构没有指向任何

[1] 这个论题就是我在 Schroeder（2008）中所称的因子解释（the Factoring Account）。接下去的评论是对那篇文章的论证结果的概述。明确接受因子解释的包括 Williamson（2007）、Lord（2010）和 Hawthorne and Magidor（2018）等。

特殊的关系，毋宁说，它们可以用于指向任何突显（salient）的关 80
系。设想有四只狗，每只都由四人中的甲饲养，由四人中的乙训练，由四人中的丙买下，再由四人中的丁牵着，那么当我们使用“艾伯特的狗”这样的表达式，可以分别指艾伯特饲养的狗、他训练的狗、他买下的狗，抑或他牵着的狗，而“拥有”的说法适用类似的模式。[1] 既然这是一个关于所有格结构和“拥有”的说法的一般事实，那么“拥有”的说法可以用于谈论客观理由，也就不奇怪了。

诚然，“拥有”的说法也可以用于区分龙尼和弗雷迪的情况。我们可以说，存在一个龙尼可得而弗雷迪不可得的理由，或者说，那不是弗雷迪拥有的一个参加派对的理由。但由此不能得出，我们是在比较客观理由和主观理由。相反，这样的表述完全可以理解为是在比较不同的主观理由。在我们设想的场景中，龙尼拥有一个弗雷迪所没有的主观理由，换句话说，那是龙尼的理由，而不是弗雷迪的理由。所以，那对龙尼来说是理由，对弗雷迪来说则否。通过这些表述方式，都可以将龙尼和弗雷迪的情况区分开来。因此，“存在”的说法跟客观理由之间没有什么特殊的关联。我的结论是，这样的说法不会给我们提供任何特殊的理由，让我们认为，不存在完全互不相干的客观理由关系与主观理由关系——其中客观关系是给心灵独立（mind-independent）的事实施加限制，[2] 主观关系则是给主体的心理状态施加限制。

如果我们假定每个人的客观理由都一样，也就很难看到这一

---

[1] 参照 Villanueva（2012）第 2 章对名词前所有格（prenominal possessives）的讨论。这就是为什么用所有格结构指谓激发性理由的做法是徒劳无功的，Grice（2001）即是一例。

[2] 我们始终有必要记住，就我们客观上应该如何行事而言，相关的心灵独立事实包括关于我们的心理状态的事实。对比这两种说法：“如果你觉得所有人都在跟踪你，那么你应该定期换锁” vs.“如果你觉得所有人都在跟踪你，那么你应该去看心理医生”。

点。如果我们假定，每个人都分有相同的客观理由，那么我们就不会认为，对龙尼来说是理由的客观理由，跟对布拉德利来说是理由的客观理由之间，有某种值得注意的差别。于是，我们就不会认为，“对某人来说的客观理由”（objective reason for）能够恰当地成为一种突显关系，可以通过“拥有”的说法或者所有格结构进行指谓。由此可能导致有的人认为，“拥有”的说法专门指谓主观理由，从而假定，这种说法谈论的是具有客观理由，而不单单谈论一种独立的、不相干的关系。显而易见，蒂莫西·威廉姆森确实假定，客观证据在任何地方都是一样的。他相信存在认知概率函项（*epistemic probability function*）这样的东西，使得能动者的主观证据
81 的差异，只能源自能动者的知识的差异。[1] 这样的观点跟龙尼和布拉德利的例子相悖，在这类例子中，当考虑行动理由，理由在不同能动者之间显然会产生变化。[2]

不过，如果我们假定客观理由在任何地方都一样，从而认为客观理由关系不适于成为“拥有”的说法所指谓的突显关系，这种观察也会带来一个重要的推论结果。当我们在会话中谈论两个能动者，并且明确知道两者的客观理由是一样的，客观理由关系同样不适于成为“拥有”的说法所指向的突显关系——“拥有”的说法可以用于对相关能动者进行区分。所以，在这样的会话中，主观理由关系更有可能成为“拥有”的说法的合适指称对象。这就是为什么依据正确种类的语境提示，我们习惯用“拥有”的说法指谓主观理由关系。而这一切都无需假定，主观理由仅仅是跟你处于恰当的“拥有”关系的客观理由。

[1] 参见 Williamson（2000）第 10 章。

[2] 当然，即便在认识论中，这一点也是可信的（尽管更具争议）：不同能动者的证据可能不一样——哪怕限定我们只谈论客观证据。这种观点自然而然与这样的观点相对应：存在多种可能的理性先验概率。

## 4.2　基于报告的论证

对如何报告（reports）主观理由的观察提供了另外一个理由，让人认为主观理由必须跟真理产生某种认知联系。我把这类理论动机称为基于报告的论证。基于报告的论证可以有不同的表现形式，这取决于它们是直接应用于对主观理由的报告，还是应用于对行动或信念的激发性理由解释。我会依次对两种论证进行讨论，但我对两者的回应是相同的：关于报告的判断揭示了一些有意思的东西，但这些东西涉及的只是我们如何谈论理由，而不是确定相信什么或如何行动对某人来说理性或者正确时，什么必须为真，某些行为导向因素才能在竞争中出现。甚至可以说，就连它们所需确立的关于我们如何谈论理由的主张也站不住脚。

第一种基于报告的论证不如第二种有力，但它更为直接，而且通过对它的考察，有助于展现两种论证错在何处。要了解第一种基于报告的论证如何运作，可以从这样的观察入手：至少在很多典型的例子中，客观理由和主观理由之间存在密切的联系。非常粗略地说，当事实 P 是一个能动者去 $\varphi$ 的客观理由，那个能动者相应地 82
也会有一个去 $\varphi$ 的主观理由，只要她跟命题 P 具有恰当的认知关系——知识毫无疑问足以充当这种关系，而根据某些观点，其他更弱的关系也能满足要求。反过来说，当一个能动者因为相信 P 而拥有去 $\varphi$ 的主观理由，那么只要 P 为真，事实 P 在典型情况下[1]也是她去 $\varphi$ 的客观理由。

[1] 出于我们熟悉的条件谬误（conditional fallacy）方面的理由，给这种一般表述加上这样的限制，无论正说还是反说都是有必要的。例如，某人相信不存在客观理由，从而有一个主观理由相信，克里斯蒂娜在笑这一事实不是相信她快乐的一个客观理由，而这不是那种可以有一个相应的客观理由的东西——如果它为真，那么就不存在客观理由。参照 Shope（1978）的讨论。此外，我们以何种方式将理由主体化，也会让情况变得更复杂。进一步的讨论参见 Vogelstein（2012）、Whiting（2014）、Sylvan（2015）、Wodak（2019）和 Schroeder（2018a）。

实际上，在这样的情形中，关于能动者的主观理由的形而上学地位，有许多不同的看法。[1] 按照某些观点，能动者的主观理由是她的信念。（这种观点的一个优点是，可以一般地适用于这样的情形：有一个行为导向的因素，可以帮助确定如何行动对主体来说是理性的，但它不是信念。）按照另外一些观点，能动者的主观理由是她的信念的内容。（这种观点的优点在于，对于能动者的主观理由和她的客观理由之间的关系，它可以给出某种特殊的解释。）但不管我们持何种形而上学观点，在日常语言中，我们会说“她拥有的一个去 $\varphi$ 的理由是 P”这样的话。

问题之所以产生，是因为我们除非认为 P 确实为真，否则不会这么说。[2] 如果主观理由是信念内容，而我们只能在 P 为真的情况下，才能说一个能动者的主观理由是 P，由此得出的结论便是，除非那个能动者的信念为真，否则这个主观理由就不为她所拥有。所以：没有跟真理的认知关系，就没有主观理由。

我相信，这个论证的问题在于，与其说它表明，某些因素必须什么样才能以行为导向的方式，确定如何行动对能动者来说是理性的，不如说它只是表明，我们如何能用“她的理由是 P”这样的表达式报告主观理由。情况很可能是，以这种方式无法报告主观理由，但它们仍然存在。而且有独立的证据可以证明这一点。设想你不知道伯尼的酒里掺了汽油，并跟伯尼一样相信，那是一杯加了奎宁水的杜松子酒。我问你，伯尼是否有主观理由喝酒，你回答：“是的——他喝酒的理由是，那是他最喜欢的酒。”然后我指出，杯中并非真的只有杜松子酒和奎宁水，还掺了汽油。于是我再次问你，伯尼喝酒的主观理由是什么，你回答：“他相信那是他最喜欢的酒。”这里，依据你是否相信他的杯中含有杜松子酒和奎宁水，

[1] 例如参见 Wiland（2003）、Turri（2009）、Mitova（2015）和 Alvarez（2018）。
[2] 第 1 章中文版第 16 页脚注［1］已经做过讨论。

你对伯尼的理由给出了不同报告。但在我看来，对于伯尼有什么主观理由喝酒，你并未改变你的想法。倘若我继续逼问，你不必承认 83
你搞错了他的理由是什么，而只需承认搞错了他杯中是否只有杜松子酒和奎宁水。

在这样的例子中，相关话语无法报告主观理由的一个原因在于，严格说来，两种情形中伯尼的主观理由都是他的信念状态，而无论它是否为真；但出于某种理由，在信念状态的内容为真的情况下，我们倾向于依据它的内容来识别这种状态。[1] 我其实不知道，以这种方式间接将主观理由归于某人时，我们为什么会有这样的倾向，所以这不是我本人所偏好的观点。不过，就主观理由的本体论而言，这是哲学家们广为接受的一种普遍观点，这种观点可以恰当地说明，我们对主观理由的报告方式为什么会这般具有误导性。

在我看来，还有一种观点可以更好地解释相关话语如何这般具有误导性，那就是，主观理由归属语句带有额外层次的交流内容，可以传达理由补语的真值。这种额外层次可以是一种含义（implicature），会话含义与约定含义皆可。[2] 或者如我所认为的，它更有可能是一种预设（presupposition）。[3] 一般而言，预设可以

[1] 这种观点就是通常所说的*心理主义*，对它的一种辩护可参见 Turri（2009）。

[2] 对于其他典型的事实性动词（包括“知道”）的情形，Hazlett（2010，2012）提出了关于事实性蕴涵关系的怀疑论。黑兹利特维护会话含义的观点。丹尼尔·怀廷（Daniel Whiting）还向我指出，主观理由报告的事实性在会话层面是可撤销的（cancelable），这不会妨碍我这里的目的，但我认为，如果真是这样，那它经常跟蕴涵关系相混淆，就很奇怪了。

[3] 科梅萨尼亚和麦格拉思（Comesaña and McGrath，2014）跟我一样致力于容纳这样的观念：基本的知觉理由可以是非事实性的（另可参见 Comesaña and McGrath，2015），他们同样维护这种观点：如同“is happy that”（对……感到快乐）和“is upset that”（对……感到失望）之类的事实性情感动词，主观理由主张预设而非蕴涵它们的补语内容。但值得一提的是，科梅萨尼亚和麦格拉思对他们的反对者做出让步的一点是，其他许多预设同时蕴涵它们的预设，包括“it was Sally who rang the bell”（按门铃的人是萨莉）这样的分裂句。我认为这是错误的，我所依据的理由在 Perl（2020）中得到了清晰的表述，后者基于（转下页）

由否定和析取之类的结构映现（*project*）出来。“打电话的人是汤姆”预设有人打电话，“打电话的人不是汤姆”同样如此。所以，“打电话的人不是汤姆”预设而非蕴涵有人打电话。类似地，只有假定 P 的言说者才允许说“她去 $\varphi$ 的理由是 P”，而“她去 $\varphi$ 的理由不是 P”也是如此。预设的另一个特征是，它们通常可以通过条件句消去。[1]一般而言，当“P”带有预设 Q，“如果 Q，那么 P”则否。类似地，尽管只有假定 P 的言说者才允许说“她去 $\varphi$ 的理由是 P”，未假定 P 的言说者却完全可以说“如果 P，那么她去 $\varphi$ 的理由是 P”。

预设还有一个特征，那就是它们可以跟“知道”“希望”和
84 “怀疑”之类的态度动词相互作用。如果“P”带有基本内容 Q 和预设 R，那么“她知道 P”传达的是，主体知道 Q，并且主体假定或接受 R，但不要求主体知道 R。例如，“她知道闯祸的人不是杰克”可以为真，哪怕她不知道其他人闯了祸——只要她知道杰克没闯祸就行。类似地，“她希望 P”传达的是，主体希望 Q，并且主体接受 R，而不是主体希望 R，或者主体希望 Q 和 R。例如，“她希望闯祸的人不是杰克”的意思是，她希望杰克没有闯祸，并传达出她假定有人闯了祸，但不能用于传达这一点：她假定杰克没有闯祸，但希望有人闯了祸。[2]

主观理由报告在这方面也呈现出预设的特征。即便在你发现伯尼的杯中都是汽油之后，你仍然可以正当地认为，你知道伯尼的理

---

（接上页）的材料涉及预设结构如何与态度报告相互作用。不过在我看来，性别代词是一个更清楚的范例。如果我说“他给她留了一张便条”，这句话预设但没有蕴涵她是女性（言说者如果因为一时疏忽，或者因为把性别给搞错了，而误用性别代词，说的话不会因此就不为真）。类似地，“他希望她收到了他的便条”可以为真，即便他想当然地认为那个人是女性，并希望那个人收到了他的便条，但如果他想当然地认为那个人收到了他的便条，并希望那个人是女性，那么这句话就不为真。

[1] 参见 Karttunen（1973）。

[2] 对比 Perl（2020）。

由是什么。如果即便不知道伯尼的杯中含有杜松子酒和奎宁水，也不妨碍你知道伯尼的理由是他杯中含有杜松子酒和奎宁水，那么这一点就符合我们的预期。类似地，只要你假定伯尼的杯中确实含有杜松子酒和奎宁水，即便你不希望他的杯中含有杜松子酒和奎宁水，也可以希望他的理由是他杯中含有杜松子酒和奎宁水。比如，倘若你相信他的杯中含有杜松子酒和奎宁水，希望他喝酒，从而希望这是他喝酒的一个理由，那么你就会希望如此。但如果你仅仅假定什么是伯尼的动机所在，并希望他杯中确实含有杜松子酒和奎宁水，你就不能因此算作希望伯尼的理由是他杯中含有杜松子酒和奎宁水。[1] 所以，我怀疑的其实是，非事实性的主观理由归属之所以遭遇困境，不是因为在这样的情形中，确定如何行动对主体来说理性时没有出现行为导向的因素，而只是因为，“她的理由是 P”带有预设 P。[2]

第二种基于报告的论证是以较为间接的方式证明主观理由具有事实性。这些论证直接关注的不是对主观理由的报告，而是对行动或信念的激发性理由解释。很多人都认为，激发性理由主张是事实性的，这一论题又可用于跟主观理由建立某种联系。跟主观理由之间的联系是基于两个前提：其一，如果一个能动者有某个主观理 85

[1] 根据 Perl（2020），带有预设性补语的态度报告蕴涵（*implicate*）但不衍推（*entail*）基体主体接受相关预设；但我在正文中关注的这些测试不受这个问题的影响。

[2] 这种预设解释也有助于说明，丹西对所谓理由的同位格归属（*appositional* ascriptions）的运用看起来有什么优点，他的说法是“伯尼喝酒的理由是，正如他所相信的，他的杯中含有杜松子酒和奎宁水”。“正如他所相信的”这一插入成分，不只用于提示伯尼相信这一点，还让言说者跟这一点为真的假设拉开距离。所以，基于对这种结构的使用，我们可以期望，出于某种语用理由，不应认为言说者承诺了通常所预设的命题——亦即 P。预设不容易撤销的事实有助于解释，为什么很多人认为这不是谈论非事实性主观理由的理想方式，而如下事实又可以解释它为什么有这样的用处：事实性是一种预设，而不是一种蕴涵。

由采取某种行动或产生某个信念，那么她就可以出于那个理由而行动或相信；其二，如果一个能动者出于某个理由而行动或相信，那么报告时就可以说“她因为 P 而行动 / 相信”，其中“P”可以代入相应的内容。依据这两个假设产生的论证思路是，指出对“她因为 P 而行动 / 相信”这一说法的激发性理由解释只能诉诸真理，或者更强的表述是，这种解释要求主体知道 P（这当然蕴涵 P）；既然这种解释只能诉诸真理，那么依据第二个假设进行逆否推理，便可得出，一个能动者能够出于一个理由而行动，仅当她是出于某个真理而行动；再依据第一个假设进行逆否推理，便可得出，一个能动者可以拥有一个主观理由，仅当她跟某个真理之间存在认知关系。[1]

基于激发性理由归属的论证必须设法应对这样的事实：报告激发性理由时可以采用许多不同的表述方式。我可以说，某人行动所出于的理由是 P；也可以说，她的行动理由是 P；还可以说，她因为 P 而行动。很多人都假定，适用于其中一种表述方式的东西，也必定适用于其他表述方式。因此，既然“因为 P”明显蕴涵 P，由前述假设便可得出，这些表述方式都蕴涵事实性的东西。但是，如果我们对激发性理由的理解不与任何特定的表述方式相联系，而是依赖于这些表述方式在语境中使用时，所具有的某种共同的交流内容，那就没有理由假定它们必定都是等价的。“她因为 P 而行动”固然蕴涵 P，“她行动所出于的理由是 P”则未必如此。

况且，我们可以跟这种论证的支持者们一样认为，仅当我们相信确实有人敲门，我们给出“她因为有人敲门而开了门”这样的报

[1] 提出这类论证的包括 Unger（1975）、Hyman（1999）、Hornsby（2008）、Hawthorne and Stanley（2009）等。其中很多人都依循昂格尔的观点，不仅主张能动者的激发性理由必须是真理，还主张能动者必须知道那个真理。对于能动者的理由为什么看起来必须是真理，我在正文中给出的解释，不要求解释相关的真理为什么看起来必须是已知的，而 Hughes（2014）和 Locke（2015）给出了令人信服的理由，认为证明激发性理由必须已知的论证是基于误解。

告才是可接受的。并且我觉得不妨承认，如果某人有一个主观理由采取行动或产生信念，那么她就可以出于那个理由而行动或相信。然而，当我们考虑对某人为什么这般行动的理由的报告是否可接受，试图依据这样的事实了解某人的行动或信念所出于的理由的同一性，问题就出现了。跟前面一样，设想你相信，伯尼的杯中是他最喜欢喝的杜松子酒加奎宁水。我们一起看着他喝了一口，然后移开了视线。我问你，他为什么喝酒，你回答："因为那是他最喜欢的酒。"接着我们就看到，伯尼狼狈地吐出喝进去的酒，并得知那是汽油。你于是改口道："因为他认为那是他最喜欢的酒。"你是对
伯尼的行为出于什么理由改变了想法，还是只对他杯中是不是他最 86
喜欢的酒改变了想法？我认为，你只对后者改变了想法，并且你始终知道他的理由是什么。

跟前面一样，对于报告为什么这般具有误导性，我们可以采取不同的看法。对于将激发性理由归于某人时使用的不同表述方式，我们也可以采取不同的看法。一种可能的观点是，激发性理由始终都是信念状态，而不管那些信念是否为真。按照这样的观点，也许有某种理由可以表明，当相关的信念为真（也许仅当它们是知识），为什么我们援用的不是这些信念本身，而是它们的内容。这与本章所要论证的一个重要主张相符，但我不清楚那种理由会是什么，所以这不是我所偏好的对前述问题的解释。相反，我怀疑情况应该是，激发性理由严格说来就是信念的内容，但"他为什么这般行动的理由是 P"和"他因为 P 而行动"之类的结构预设了 P，至少当它们的会话意义在于将激发性理由归与某人时。

这一点得到如下观察的支持：当言说者相信 P 为假，"他为什么这般行动的理由不是 P"看起来同样不可接受；还得到如下观察的支持：言说者即便不确定伯尼的杯中是什么，也可以恰当地说"如果他杯中是杜松子酒和奎宁水，那么他为什么这般行动的理由就是，那是他最喜欢的酒"。以及最后，你可以在没有希望吉尔来

的同时，希望杰克和吉尔都来参加派对——只要你希望杰克来，并想当然地认为吉尔也会来，但你不能仅仅因为你希望伯尼的杯中确实是杜松子酒和奎宁水，并把其他东西视为当然，就希望他为什么喝酒的理由是，他杯中是杜松子酒和奎宁水。这些又都体现了预设的典型特征。

所以，我的结论是，基于报告的论证只是向我们充分说明，我们是如何谈论理由的，至于确定如何行动对某人来说理性时相互竞争的行为导向因素，这些论证没有揭示什么东西。实际上，它们非但没有揭示这种意义上的主观理由必须是事实性的，还反过来表明，主观理由无需具有事实性。这是因为，当我们对主观理由及激发性理由归属语句的事实性采取预设解释，这种解释支持这样的观点：主观理由及激发性理由归属语句的基本内容（即非预设内容），并不蕴涵主观理由或激发性理由必须为真。总而言之，主观理由及激发性理由归属语句的基本内容不要求真理，这一事实强有力地表明，我们通过这些归属语句所报告的主观理由和激发性理由本身也不要求真理。

## 4.3 未经证成的信念问题

按照计划，上一章和本章引入了一个一般性的认识论问题，我
87 把这一问题归源于一个关于理由的论题，即拥有主观理由要求跟真理处于某种认知关系。部分地诉诸关于行动理由的一般情形，我论证，除了这一论题可以用于避免那个认识论难题之外，我们有独立的理由对它进行质疑，而人们认为它为真的最显著理由是出于微妙的误解。就我论证本书的核心假设能够带来诸多成果而言，这构成第一条支柱，表明悉心关注行动理由和信念理由之间的相似性，可以有效地澄清认识论中的重要问题。

然而，还有一个论证可以证明，拥有主观理由必须跟真理处于某种认知关系，我认为这个论证并非出于任何微妙的误解，需要非常认真地对待。这个论证跟未经证成的信念问题密切相关。弄清楚该论证是什么以及如何运作，便可完成我的这一论证：以契合理由至上论题的方式解决未经证成的信念问题，会对关于基本知觉信念的认识论产生重大影响。

回想一下，第 1 章指出，未经证成的信念问题源自这一事实：有时候，能动者凭借他们的信念而拥有主观理由。但是，本身未经证成的信念，不会给它们派生出的信念增加理性程度。理由至上论题面临的困难是，要避免这个问题，最显著的方式是假定，拥有主观理由要求证成或知识。[1] 这样一来，无论是解释层面还是分析层面，知识或证成都会优先于主观理由。由这种观点可以得出，主观理由在解释上和分析上不可能优先于证成和知识。但正如我计划在第四部分要论证的，证成和知识都具有规范性，所以仅当理由在解释上和分析上都优先于两者，*理由至上论题*才可能为真。然而，这一点似乎是可信的：*理由*要在解释上和分析上优先于证成或知识，具有这种优先地位的必定是*主观*理由，因为跟理性相关的是主观理由，并且知识蕴涵信念的理性。由此，除非最终知识本质上不具有规范性，否则理由至上论题就会排除对未经证成的信念问题的显著回应方式。这就是未经证成的信念问题给理由至上论题造成的困难。

依据未经证成的信念问题，还可以提出一个很有意思的论证，证明主观理由必须具有事实性。这个论证是这样的：为了解决未经

[1] 参照 Feldman（1988：227）的说法："如果我没有好的理由就相信 P，并由此（正确地）推出 Q，我想我们不会说，我'拥有'P 作为 Q 的证据。只有我理性地相信（或者可以理性地相信）的东西，或者也许只有得到证成的东西，才能算作我拥有的证据。在我看来，这是一个好的理由，表明我们具有的证据应该满足某种认知可接受性（epistemic acceptability）限制……"

证成的信念问题，我们必须认为，主观理由的本质包含证成或者某种更强的东西，比如知识。（可以看到，这同样是导致理由至上论
88 题面临困难的第一步。）由此，我们有必要假设，主观理由的部分本质在于，没有人可以凭借处于某种心理状态，而算作拥有一个主观理由，除非那种状态得到了证成，或者我们有必要提出与知识相关的类似假设。

不过注意，虽然信念可以得到证成或未经证成，至少在正常情形中，知觉状态本身是不能这样的。所以，如果我们将证成置入主观理由的本质，就会排除这种可能性：知觉经验可以将基本知觉信念理性化。（诚然，也许知觉状态不能给信念理由提供基础，但很大程度上，第 3.2 和 3.3 节讨论的那种辩证状况的效力在于，假定至少有某种重要考量促使我们避免这种结论，所以，我们应该承认这是一个有力的反驳。）相比之下，至少根据威廉姆森的观点，看见你前面有某种方形物体既是知觉状态，也是知识。[1] 因此，我们至少可以合理且不无自然地认为，知识对主观理由构成一种限制，这种限制无疑既适用于知觉理由，也适用于推理理由。这个论证接着便可指出，为了解决未经证成的信念问题，我们应该将知识置入拥有主观理由所需满足的条件当中。而由于知识是事实性的，那么拥有主观理由就要求跟真理处于某种认知关系。[2]

接下去我想通过两种不同的方式，对上述论证进行回应。首先，在本节的余下部分，我将论证，未经证成的信念问题无法以这种方式得到成功解决，因为这一点并不为真：看见 P 是知道 P 的一种方式。然后，在第 4.4 节，我将表明，未经证成的信念问题可以用另外一种方式来解决，那种方式既与理由至上论题一致，也与这样的观念一致：拥有主观理由无需跟真理产生任何联系。

[1] 另可参见 French（2012，2013）、Hyman（2014）。

[2] 这个论证是 Schroeder（2011a）的关注焦点。可对比 Byrne（2014）。

前述论证试图通过证明主观理由必须是知识，来证明它们必须是真理，并且试图从它们必须是知识这一主张出发，解决未经证成的信念问题。这种解决方案依赖于这样的假设：知觉经验可以成为知识——该假设来自威廉姆森的一个主张，即知识是最一般的事实性、状态性态度（Williamson，2000）。但现在我要给出两个论证，表明看见 P 并不蕴涵知道 P。[1]

我的第一个论证很简单。它是这样的： 89

P1　必然地，如果 S 知道 P，那么 S 相信 P。

P2　这是可能的：S 看见 P 但不相信 P。

C　所以，这是可能的：S 看见 P 但不知道 P。

上述论证的前提 P1 是哲学上关于知识的正统观念，对此威廉姆森本人也没有否认。事实上，他费了很大力气解释，这一点如何可能为真：尽管信念无法用来分析知识，但知识仍然蕴涵信念。按照威廉姆森所偏好的观点，我们要以保持前述蕴涵关系的方式，依据知识对信念进行分析，而不是相反。信念是一种以知识为目标的状态。所以，P1 作为论证的起点是合适的。[2] 我很快会回过头讨论 P1 的可信性和威廉姆森对它的态度。

---

[1] Fricker（2009）、Cozzo（2011）和 Hyman（2014）都给出了各种不同的理由，拒斥威廉姆森的这一论题：知识是最一般的事实性、状态性态度，并且都跟看见 P 蕴涵知道 P 的主张一致。Pritchard（2012）直接论证，看见 P 并不蕴涵知道 P；他的论证跟我所说的第三种情形非常相似。另可参见 Schroeder（2016）。Turri（2010a）同样论证，看见 P 并不蕴涵知道 P；但特里的论证依赖于这一主张：假谷仓（fake barn）的情形不会让看见有个谷仓这一点失效——我反对这样的主张，理由可以在第 5 章看到。

[2] 这并不是说它没有受到反驳。这方面有一些极为不同的进路，参见 Radford（1966）和 Farkas（2015）。

但前提 P2 同样令人信服。让我举一些例子来说明。第一类例子基于这样的事实：知觉所表征的许多事物，我们都没有形成相关的信念。设想你一边走着去上课，一边思索一个关于如何阐释康德的难题。你路过一间开着门的教室，并看见那扇门开着，但由于你沉浸在对康德的思考之中，你没有形成那扇门开着的信念。你可能转眼就把那扇门忘得一干二净——很多东西都是这样，你看见了，但并未留意。或者另一种情况是，几分钟后你经过拼命回想，也许能在脑海里依稀重现你沿着走廊前行的场景，然后意识到你当时看见那扇门开着。不管是哪种情况，在你看见那扇门开着的当时，你没有相信那扇门开着。

正如我已经提到的，这样的例子之所以可能，是因为知觉所表征的许多东西，我们都不曾留意，或者不曾作为信念记录下来。由此，这类例子不仅可能，还非常普遍。就拿此刻来说，你正在读这本书，你看到许多东西是如此这般，但没有相信它们是如此这般。支持前提 P2 的第二类例子同样很普遍。它们依赖于这样的观察：形成信念需要时间。即便你相信所有你看见的东西，你也是看见在先。这直接源自如下事实：我们是有限的造物，只具备有限的认知能力，或者更直白地说，产生信念的神经活动，至少一定程度上是在产生知觉状态的神经活动之后。

上面这两类例子都有可能遭到非难，弗伦奇（French，2012）便提出了反驳，其依据在于，像“看见”这样的事实性知觉动词，
90 指谓的并不是纯粹的知觉关系，而是某种至少一定程度上只有基于信念才能产生的状态——即知觉和信念相结合的一种混合状态。不过，弗伦奇针对的不是我说的两类例子，因为他是要回应约翰·特里（John Turri，2010a）提出的另一类例子。而且，恕我没有看出，弗伦奇的主张如何能够消除我的例子所揭示的问题。因为即便“看见”表达的是这样一种混合状态，这种状态仍然是基于跟世界之间的纯粹知觉关系，而仅当世界是这些知觉关系所表征的样子，

它们才会产生。无论我们的语言中有没有合适的动词表示这样的关系，它们都是对世界的事实性态度。

更何况，还有第三类支持 P2 的例子，这类例子在认识论上很重要。在我考察的前两类例子中，主体可以理性地相信她所看见的东西，但她没有相信——或者因为区区几毫秒不足以传播相应的神经信号，从而来不及相信，或者因为她的注意力在别处，无法对全部东西形成信念。但还有一种可能是，主体看见 P 但不相信 P 的原因在于，尽管她看见 P，对她来说相信 P 是不理性的。我认为，主观知觉废止（*subjective perceptual defeat*）的情形就会出现这样的状况。[1]

设想你理性但错误地相信，你戴了一副玫瑰色的眼镜，那么即便你看见前面有某种红色物体，你也不能理性地相信前面有某种红色物体。如果你确实戴着玫瑰色的眼镜，你就不能算作看见前面有某种红色物体。但你其实没戴玫瑰色的眼镜——你只是理性地相信你戴了。所以，你其实真的看见前面有某种红色物体。然而，只要你在这样的情形中是理性的，就不会相信前面真的有某种红色物体。所以，在主观知觉废止的情形中，甚至连相信你所看见的东西都是不理性的。[2]

你可能怀疑，相信自己戴着玫瑰色眼镜的人，是否真的可以算作看见前面有某种红色物体。那么，设想你处于这样的情形——你看向某个红色物体，它在你看来是正常的红色，但由于你戴了玫瑰色的眼镜，你把信念给中止了。我问你，前面是否有某种红色物体，你回答说你不确定。我对这样的回答感到诧异，指出你正戴着非常清晰的眼镜，在良好的光照下盯着那个物体看。你取下眼镜，才发现镜片是透明的。你于是说道："哦！我看见那个东西是红色

[1] 参照 Prichard（2012）。

[2] 诚然，你也许可以理性地相信，前面没有任何红色物体。但把这描述为信念不一致的情形是不可信的。

的，但由于我以为我戴着玫瑰色的眼镜，所以不相信自己的视觉。”

这种说法的合适性支持这样的观点：你确实看见前面有某种红色物体。相反，下面这种说法听起来不太恰当：“哦！我不可能看
91 见那个东西是红色的，因为我以为我戴着玫瑰色的眼镜。”你其实没戴玫瑰色的眼镜，所以你当然能够看见那是红色的。至于你当时相信是另外的情况，这一事实根本就无关紧要。所以我的结论是，主观可废止性并不妨碍看见某种东西是如此这般。

我们由此可以构造第二个论证：

P3　必然地，如果 S 知道 P，那么，S 可以理性地相信 P。

P4　这是可能的：S 看见 P，但 S 不能理性地相信 P。

C　所以，这是可能的：S 看见 P 但不知道 P。

主观知觉废止的情形不仅支持前提 P2，也支持前提 P4。不过，这第二个论证不依赖于前提 P1，而是依赖于前提 P3。但前提 P3 同样有独立的说服力。[1] 前面提到，威廉姆森不否认前提 P1。相比之下，他明确肯定前提 P3。根据威廉姆森的观点（Williamson, 2013），信念只受一条理性规范的支配，那就是只相信你知道的东西。由此便可得出 P3。

诚然，威廉姆森接受 P3 的依据，会导致他拒斥我用来支持 P4 的例子。由于他认为，一个信念是理性的，仅当它是知识，他就会否认，可以理性但错误地相信你戴着玫瑰色的眼镜。但即便按照这样的观点，你仍然可以相信，你有 99% 的可能性戴着玫瑰色的眼镜。而如果这就是你相信的东西，那么鉴于只有你的视觉经验可以作为证据，对你来说，相信前面有某种红色物体，确实就不理性

[1] 当然，这也不是说它不可反驳。这方面可参照的一个突出例子是 Lasonen-Aarnio（2010）。

了。由此，我的第二个论证没有受到损害。而且，在这样的情形中，即便相信前面有某种红色物体并非不理性，一个谨慎的人把信念给中止，也无疑是可以理解的。所以，这种情形仍可用于支持第一个论证的前提 P2。

我们还可以利用主观知觉废止的情形，支持一个更强的结论。目前为止我只是论证，看见不蕴涵知道。但与这一论题相容的是，看见*确实蕴涵能够知道*（*in a position to know*）。而必然地，如果你能够知道 P，那么相信 P 对你来说就是理性的。这一假设至少跟前提 P3 一样有说服力。所以，主观知觉废止的情形表明，看见甚至不蕴涵能够知道。

在《知识及其限度》（*Knowledge and Its Limits*）一书中，威廉姆森援用斯托普的观点（Steup，1992），简单地考虑了这种可能性：某人可以否认看见蕴涵相信，或者否认看见蕴涵信念的理性（他的说法是“对信念的证成”）。他这样写道：

> 不过，这些例子更多地是质疑知道跟相信或得到证成之间的联系，而不是感知或记忆跟知道之间的联系。如果你确实看见（*see that*）在下雨，而不仅仅是看着（see）雨，那么你就知道 92
> 在下雨；看见 A 是知道 A 的一种方式（Williamson，2000：38）。

这里威廉姆森是说，他发现相比拒斥这种观点：知识是最一般的事实性、状态性态度，或者看见可以算作一种事实性、状态性态度，拒斥我所说的前提 P1 和 P3 更为可信。然而，威廉姆森只是简单地断言他的观点，而没有给出任何理由，说明为什么这种观点比 P1 或者 P3 可信，并且他还花了不少工夫对 P1 和 P3 进行解释。如果威廉姆森不认为，P1 和 P3 至少有*初始*（*prima facie*）的说服力，那么，他这种做法就很难理解了。

尽管我在这里说了这么多——并且有理由怀疑我的说法能否一般化，知识本身可以由一切*非知觉*的事实性、状态性态度所蕴涵，包括记得（*remembering*）这样的态度，还有“感到高兴”（is pleased that）这样的事实性情感态度。[1] 我们还应该承认，各种事实性、态度性的知觉状态之间有某种共同点，也可以承认，威廉姆森正确地把握了这种共同点的很多特征——比如，它要求安全性，满足容错边界（margin-for-error）原则，抑或它是幻觉或错觉所缺乏的一种独特的心理状态。要拥有我们获取知识所需的那种证据，这甚至有可能构成一个必要条件。[2] 简言之，对于这种状态的本质，威廉姆森也许几乎全都说对了——实际上，我本人非常赞同这样的结论。可惜这种状态不是知识。

## 4.4 霍尔蒂式模型

我在第 3 和 4 章中论证，未经证成的信念问题跟这样的难题密切相关：知觉经验如何能够成为关于外部世界的证据的特殊来源。如果我们假定，知觉经验本身不能算作知识，无法凭其自身得到证成或具有理性，那么对未经证成的信念问题的正统回答——这种回答将证成或知识限制置入主观理由的本质，就会排除这样的可能性：知觉经验本身可以成为一种证据来源。但另一方面，如果我们依循威廉姆森的观点，承认知觉经验本身可以算作知识，就很难找到最合适的理论动机，认为主观理由必须是事实性的——前面分析知觉经验如何能够成为关于外部世界的证据的特殊来源这一难题时，这种观点扮演了极为重要的角色。

93 要摆脱这些困难，我们必须采取某种非正统的方式来解决未经证成的信念问题。[3] 我们必须设法以某种方式解释，导致未经证成的信念问题的那种基本直觉如何可能为真，对能动者来说尽管确

[1] 对比 Unger（1975）。

[2] 我将在第 5 章确切地论证这一点。

[3] 本节的解决方案意在跟 Schroeder（2011a）中的论证相一致，但并不承诺后者。

定如何行动或相信什么是理性时，相互竞争的那些行为导向因素不受证成或知识限制。简言之，我们只有充分了解，主观理由是以何种机制相互竞争，才能明白这一点如何可能：即便我们允许将非理性的信念纳入考量，对于能动者可以理性地相信什么，它们也不会产生任何实际影响。

乍看起来这是一种奇怪且抽象的可能性——即我们可以允许将非理性的信念纳入我们的权衡计算，而不担心它们会影响结果。但它实际上并不奇怪。我们可以从理由的权衡计算的实际运作机制中发现玄机。本节将基于杰夫·霍尔蒂（Jeff Horty，2012）的工作，给出一个简单的模型，说明一个能动者的主观理由如何总体上进行权衡计算，才能确定相信什么对她来说是理性的。我要给出的模型是高度理想化的，并且其中的一些理想化成分，与本书第三和第四部分所要论证的一些主张相冲突。不过，我之所以给出这一模型，目的不在于明确解释，各个理由如何相互结合在一起，才能确定相信什么是理性的——哪怕用一整本书的篇幅，也难以完成这项任务，尤其因为另外还有很多悬而未决的问题需要处理，[1]我的目的毋宁说只是表明，玄机其实藏在机制中：这是一种存在证明（existence proof），即对于主观理由如何结合起来，对你来说确定相信什么是理性的，存在某些简单和自然的机制可以预示，就相信什么对你来说理性而言，非理性的信念不会造成影响，从而无需通过对主观理由的本质施加限制条件，来得出这样的结论。

事实上，我借助这样的模型所要完成的大部分事情，都已经由杰夫·霍尔蒂完成了，并且后者的工作经过调整，便可完成所有事情——霍尔蒂在他的杰作《作为默认项的理由》（*Reasons as Defaults*）

[1] 例如，我们需要某种一般的解释，来处理理由如何累积（*accrue*）的难题，参见 Nair（2016）的讨论。

和一系列相关论文中，阐述和展示了他的研究。[1] 在本节的余下部分，我会对他的框架的一些核心特征进行概述，并做出相应的调整；愿意相信我刚才所言非虚的读者不妨直接跳到第 4.5 节。

94 霍尔蒂在他的书中提出了一个严密的形式系统，用于考虑一组理由如何结合起来，支持关于相信什么的结论。他的系统是利用来自非单调逻辑（nonmonotonic logic）的工具，通过精心构思而发展出来的，旨在揭示理由可废止性的机制，并且具有足够的弹性，可以解释为既容许来自信念的理由，也容许来自知觉表象的理由。[2] 按照对霍尔蒂的框架最为直接的解释，我们不能以不相容的理由为起点，但正如我将表明的，对此很容易进行调整，只要我们采取一种跟霍尔蒂本人的解释稍有差别的解释即可。

霍尔蒂的框架的核心概念包括默认项（*defaults*）、优先级（*priorities*）、场景（*scenarios*）和延伸项（*extensions*）。这个框架本身是对赖特（Reiter，1980）提出的默认逻辑（default logic）的扩展，后者的想法是，通过给演绎逻辑补充附加的、可废止的推理规则，即所谓的默认项，给非单调或者可废止的推理提供模型。例如，直觉上，翠迪（Tweety）是鸟这一命题（B），可废止地支持翠迪能飞这一结论（F），所以，这可以用一条 B → F 形式的默认规则 $\delta_1$ 来刻画。赖特的目标是，以一组给定的相互一致的背景信念为起点，能够描述如何可以允许这些背景信念通过可废止的、非演绎的推理而扩展（*extended*）。由于他的模型所关注的推理是非单调性的，或者说得出的结论可以因为获得新的信息而放弃，而不是

[1] 参见 Horty（2007a，2007b，2012，2014）。我将搁置如下问题：霍尔蒂的框架是否要求默认项优先于和可以解释理由，以及如果是这样，是否会对理由至上论题构成挑战。依据第 2 章提出的标准，就本书的目的而言，默认项可以算作理由——并且不同于证据作为理由论题的观念，这不会导致另外某个常见的规范概念，比如应当（*ought*），在分析上优先于理由。

[2] 对于这种模型的重要价值和面临的一般挑战，可参见 Nair and Horty（2018）的讨论。

非反身性的（irreflexive），即可以放弃某些起始前提，赖特假定，背景信念是相互一致的，并且默认推理总是可以扩展那些背景信念。由此，默认逻辑往往被说成是探究这一问题：如何刻画一组起始前提的延伸项。

在赖特最初的默认逻辑中，每条默认规则都包含一个内置条件，说明什么情况下可以废止。如果你只知道（B）翠迪是鸟，就可以合理地得出（F）翠迪能飞。但这一推理是可废止的，如果你还知道（W）翠迪翅膀受伤，那么得出翠迪不能飞更为合理。在赖特的逻辑中，我们能做到这一点的原因在于，默认规则明确告诉我们例外情况是什么。但直觉上，这就好比将某种医疗紧急状况作为始终信守诺言的原则的一个例外，而不是像罗斯那样，将其作为理由之间的平衡来对待。毕竟，除了（B）能以可废止的方式支持（F），翠迪翅膀受伤这一命题（W）也能可废止地支持翠迪不能飞这一结论（～F），因而也可以用 W →～ F 形式的默认规则 $\delta_2$ 来刻画。

有鉴于此，霍尔蒂的框架采取不同的做法，赋予不同默认项以优先级关系。它通过赋予 $\delta_2$ 更高的优先级——霍尔蒂记作 $\delta_1 < \delta_2$，来刻画这一点：（W）给（～F）的支持，胜过（B）给（F）的支持。凭借这样的机制，各个默认项便可统合起来决定理由，从而 95
确保最终胜出的总是优先级更高的默认项，这大致与如下观念相对应：你总是应该相信更好地得到理由支持的东西。在完整版本的霍尔蒂的框架中，默认项的优先级并非固定不变，而是可以进行推断。但为了便于阐述，这里我们只援用这种观点的一个简化版本，假定依据背景事实可以产生固定的优先级。

所以，霍尔蒂的默认逻辑的目标是，给定背景命题集合 W、默认项集合 D 和优先级排序关系 <，以 W 为起点，得出 W 的一个或多个扩展项或者超集（supersets），对应容许得出的各个结论。由于这一过程的输入项总是一个三元组〈W，D，<〉，霍尔蒂给这

样的三元组取了名字，称之为默认理论（*default theories*）。霍尔蒂的默认逻辑用一句话概括就是，默认理论决定扩展项。

最后，就默认理论如何决定扩展项而言，场景的概念在霍尔蒂的机制中扮演了重要角色。非常粗略地说，理解场景的有益方式是，把它视为对结论具有支持作用的理由的备选项。形式上，一个基于默认理论〈W，D，<〉的场景就是 D 的一个子集。在霍尔蒂的默认逻辑的机制中，场景之所以扮演重要角色，是因为要得到一个扩展项或者一组结论，我们首先要从起始的默认项中，选取一个特殊的理由集合——即所谓的恰当场景（*proper scenario*）。直觉上，我们应该得出的结论，就是得到这样的特殊或恰当的理由集合支持的结论。

恰当场景在形式上可以用约束（*binding*）默认项的概念来刻画。直觉上，约束默认项就是可以作为良好理由来依靠的那些默认项。相对于一个场景，可以把默认项划分为具有约束性或者不具有约束性。要在场景 $S$ 中具有约束性，默认项必须满足三个重要条件，分别对应需要排除的三种情形，这些情形中产生的是不足为凭的糟糕理由。首先，如果你依靠 $S$ 中的理由，默认项的前提必须是你能够相信的东西。形式上，一个默认项被触发（*triggered*），仅当它的前提是背景信息 W 加上 $S$ 中所有默认项的结论的一个逻辑后承。其次，默认项的结论必须跟你知道的东西相一致——如果接受一个理由，会导致你得出某种你一开始就知道不属实的东西，那么它不可能是一个可以依靠的良好理由。形式上，一个默认项 $\delta_1$ 在 $S$ 中被废止，仅当存在某个在 $S$ 中被触发的默认项 $\delta_2$，使得 $\delta_1<\delta_2$，并且 $\delta_1$ 和 $\delta_2$ 的结论合在一起不与 W 中的背景信息相一致。由此，一个默认项在场景 $S$ 中是约束的，仅当它在 $S$ 中被触发，并且在 $S$ 中未被抵触或废止。

96 最后，霍尔蒂在他的书中几乎通篇都采用了他最初对恰当场景的刻画——这种刻画作为这里论述的依据来说也足够了，即一个场景是恰当的，仅当它包含并且只包含所有相对于它具有约束性的默认项。恰当场景因此是稳定的（*stable*）——它们是这一过程的不动点（*fixed points*）：对一组理由进行检查，看看是否有某组更好的理由。而扩展项无非就是从一个恰当场景的结论，加上 W 中的命题所得到的东西。所以，根据霍尔蒂的框架，一旦我们手头有一个恰当场景——即可以稳定地进行推理的一组理由，就容许我们依靠那些理由，亦即容许我们得出那个场景中的默认项所支持的结论。[1]

举个简单的例子可以让我们看到，所有这些要素如何结为一体。假定我们面对一种情形，具有抽象结构 $W = \{A, B\}$，$D = \{\delta_1 = A \rightarrow C, \delta_2 = B \rightarrow \sim C, \delta_3 = C \rightarrow D\}$，并且 > 只规定 $\delta_1 > \delta_2$。比如，你一开始掌握的信息是（A）艾利斯说卡罗琳讲过 D，以及（B）鲍勃说卡罗琳没讲过 D，其中艾利斯比鲍勃更值得信赖，反映在排序上，艾利斯的证言（$\delta_1$）在鲍勃的证言（$\delta_2$）之前。这种默认理论只有一个稳定场景，那就是 $\{\delta_1, \delta_3\}$。倘若你在这些理由的基础上进行推理，就会断定卡罗琳确实讲过 D，进而断定 D，鲍勃的证言所提供的理由则被废止，因为它要我们相信的那种东西，与更可靠的信息来源不相容。

至此我们已经明了霍尔蒂的框架的基本要素，可以看到，它提供了非常有效的途径，让我们可以思考，来自信念的各种潜在输入项怎样统合起来，构成回答这一问题的依据：在那样的基础上，相信什么对一个主体来说是理性的。要应用这种框架，我们只需以某种方式考虑如何填充默认理论中的各个作用项：W、D，还有 <。按照对这一框架最简单的标准解释——前面的例子也是依据这种解

[1] 这里我有所简化；霍尔蒂的框架容许某些情形中有多个扩展项，由此产生的有意思的问题是，能动者面对多个扩展项时应该相信什么，以及为了消去多个扩展项，可以补充哪些进一步的限制条件。我讨论的情形都是具有单一扩展项的情形。

释，我们假定 W 包括能动者的起始信念或知识——我们预期这些东西不会发生改变，无论是因为进一步的反思，还是因为接收进一步的信息。我们同时假定，D 和 $<$ 以某种方式表征了主体的认知优先级关系，或者也许是一组客观的支持关系——我们可以期待任何理性能动者的思想都会遵循这样的关系。令 D 和 $<$ 保持不变，霍尔蒂的框架容许我们在命题集 W 和命题之间定义一种非单调的后承关系 $\vDash$。这种后承关系表示非单调性（nonmonotonicity）这一属性，意指就某些集合 W 和某些命题 P 和 Q 而言，$W \vDash P$ 但并非 $W \cap \{Q\} \vDash P$。正是根据这样的解释，霍尔蒂的框架可以自然地视为刻画了一种非单调逻辑，并且在把这一系统应用于信念推理的情形时，霍尔蒂正是以此作为一种默认解释。

97 但遗憾的是，就我们的目的而言，无法采用这种标准解释。问题在于，跟非单调逻辑中研究的大多数后承关系一样，霍尔蒂所说的后承关系具有反身性（*reflexive*），意即如果 $P \in W$，那么 $W \vDash P$。于是，我们放进 W 的每一样东西，最终都会成为容许相信的东西（这就是为什么我们称它们为“扩展项”）。然而，为了处理未经证成的信念问题，我们寻找的是一种能够说明理由怎样统合起来的机制，这种机制不包含这样的假设：我们的所有输入项，都是对能动者来说可以理性相信的东西。所以，我们必须对霍尔蒂的框架的各个成分（W、D 和 $<$）采取不同解释，才能将它用作显表事实性态度观点的模型。

不难发现，有一个简单的办法可以做到这一点。相比认为主体的起始信念是不可改变的，我们可以把它们视为一种默认信息。所以，当给一个主体的推理过程提供模型，我们只是推定（presumed）而非先天地假定，这个主体经过理性反思后将会保持她的初始信念，从而不应该将她的信念的内容纳入 W；相反，我们应该认为 W 是空集，并且每当她相信 P，便将 $\top \rightarrow P$ 形式的默认项添加到 D 当中（这里的 $\top$ 表示重言式，因此这些默认项是自动触发的默认项）。[1]

所以，只要我们知道认知优先级关系 D 和 <——根据标准解释，这将用于给能动者的推理过程提供模型，并且知道特定能动者相信的情况是什么，或者向她显现的情况是什么，我们便可建立一种默认理论 $\langle W, D^*, <^* \rangle$，其中 $W = \varnothing$，$D^*$ 是就能动者的每个信念或表象的内容 P 而言，由 D 加上 $\top \rightarrow P$ 形式的默认项所组成的合集，$<^*$ 则是 < 加上某些合适的排序关系，这些排序关系应用于 $D^*$ 中那些额外的默认项。这种默认理论具有它自身的稳定场景，后者产生的扩展项可被视为刻画了某些可能的理性信念集合，给定那些认知优先级关系，这些信念集合得到主体的起始信念和表象的理性支持。如果一个扩展项包含主体最初相信的所有命题，那么可以得出，她的所有信念对她来说都可以理性拥有。而如果没有扩展项包含她的任何一个起始表象的内容，那么结论就是，对这个主体来说，相信如此这般向她显现的东西是不理性的。由于根据霍尔蒂的机制，除非一个场景的所有默认项都被触发，否则它不可能是稳定的，由这样的观点可得，就相信什么对能动者来说是理性的而言，未经证成的信念绝不可能造成任何下行（downstream）差异。

我们不妨再举一个简单例子进行说明。假定埃德蒙相信艾利斯说卡罗琳讲过 D，鲍勃说卡罗琳没讲过 D，卡罗琳讲过 D，以 98
及鲍勃比艾利斯更可靠。[2] 这一点为真的一种情形可以用这组默认项来表示：$\delta_1 = \top \rightarrow A$，$\delta_2 = \top \rightarrow B$，$\delta_3 = \top \rightarrow C$，$\delta_4 = A \rightarrow C$，$\delta_5 = B \rightarrow \sim C$，$\delta_6 = C \rightarrow D$，并且 $\delta_5 > \delta_4$，$\delta_5 > \delta_3$，跟前面一样，其中 A =“艾利斯说 C”，B =“鲍勃说～ C”，C =“卡罗琳讲过 D”。就这种默认理论而言，唯一的稳定场景是 $\{\delta_1, \delta_2, \delta_5\}$。默认

[1] 更一般地说，每当命题 P 算作居于能动者的主观理由之列——无论是通过成为她所相信的东西、她所感知的东西抑或其他某种方式，我们就添加一个 $\top \rightarrow P$ 形式的默认项。

[2] 注意跟前一个例子的区别，那个例子中更可靠的是艾利斯。

项 $\delta_1$ 和 $\delta_2$ 被琐碎命题 T 所触发，$\delta_4$ 和 $\delta_5$ 则被 $\delta_1$ 和 $\delta_2$ 的结论所触发。只有 $\delta_4$ 被废止。而除非 $\delta_3$ 被触发，否则 $\delta_6$ 不会被触发，所以除非 $\delta_3$ 是稳定场景的元素，否则 $\delta_6$ 不可能是稳定场景的元素。但 $\delta_3$ 不可能成为任何稳定场景的元素，因为它总是跟一个具有更高优先级的触发默认项亦即 $\delta_5$ 相冲突。由此，这种默认理论的扩展项便是集合 {A, B, ～ C}。

而根据我们的解释，这个扩展项可以告诉我们埃德蒙应该理性地相信什么。所以它告诉我们，埃德蒙在理性层面应该相信的是（A）艾利斯说卡罗琳讲过 D，（B）鲍勃说卡罗琳没讲过 D，以及（～ C）卡罗琳没讲过 D。因此，尽管埃德蒙一开始相信卡罗琳讲过 D——其在另外的情况下可以支持结论 D，对埃德蒙来说相信 D 并不理性，这是因为对他来说，相信卡罗琳讲过 D 也不理性——因为他有决定性的证据表明，卡罗琳实际上没讲过 D。那么这就是我们要找的东西——尽管一开始没有排除不理性的信念，仍然可以断定某些信念是不理性的，而如果它们是不理性的，就不会提供任何支持。

本节介绍了霍尔蒂的优先化默认逻辑的基本要素，并说明通过恰当的方式对它进行阐释，我们如何能够利用它刻画主体的推理过程，哪怕主体一开始具有不一致的理由。我并不是说，霍尔蒂的系统经过这种调整，就足以刻画理由对理性信念的支持方式的每一个重要特征——恰恰相反，到本书的第三部分，我将论证一种图景，根据那种图景，有某些关乎信念理性与否的理由，完全无法按照这里对霍尔蒂的系统的阐释来刻画。[1] 我的意思也不是说，为了充分阐释这一系统，无需解决许多进一步的问题——霍尔蒂本人在他的书中就探讨了一些非常有意思的问题，那本书的前两章我几乎没

[1] 但我并不否认，它们可以按照对霍尔蒂的系统的其他阐释来刻画——参见 Schroeder（2018b）的讨论。

在这里涉及。

我真正想表达的意思是，通过以前述方式调整霍尔蒂的框架，我们可以看到，至少有一种自然的方式，可以用来思考主观理由如何统合起来，决定相信什么对一个主体来说是理性的，这种方式并不预先内置这样的条件：这种权衡过程的输入项必须是理性的、经过证成的，或者必须是知识。的确，一旦我们明了这种图景如何运作，也就不难看到，对于任何非反身性的推理模型，都可以提出类似的论点——尽管这里给出的处理方式有一个优点，那就是可以凸 99
显理由在决定什么东西理性时所扮演的竞争性角色。

## 4.5　重审未经证成的信念问题

回想一下，根据第 1 章的论述，未经证成的信念问题涉及的是，当一个信念就其他方面而言可以支撑一个主观理由，但却未经证成时，会出现什么样的情况。要说我们仅仅通过非理性地相信可以推出某种结果的东西，就能依凭自身的力量获得充分的主观理由，去理性地相信那种结果，无疑是不可信的。由此可见，未经证成的信念无法让它们导出的结果变成可以理性相信的东西。直觉上，这样的说法也很难成立：你相信某个结果的理由在于，那个结果来自你对某个命题的未经证成的信念。对这个问题的惯常解决办法是认为，某种东西要成为主观理由，必须内置这样的条件：它是某种你可以理性或者正当地相信的东西——甚至是你知道的东西。

然而，这对理由至上论题来说是成问题的，因为这样一来，相对于证成和知识（假定知识具有规范性），主观理由不可能具有解释上和分析上的优先性。并且，由本章的讨论可以看到，理由至上观念进一步面临的问题是，通过接受对主观理由的非事实性解释，我们可以说明，知觉经验如何给关于外部世界的信念直接提供世界牵涉的主观理由，而无需援用像 $C_1$ 和 $C_2$ 这样具有最小差别的成对情形之间存在的某种差异，因为知觉经验本身无法满足证成条件；但如果主观理由必须是已知的，那就意味着有某种事实性条件施加于主观理由，而这恰恰是我们想方设法要避免的东西。

我对未经证成的信念问题的回应融合了以下两个要素：其一是第 4.4 节给出的关于理由如何支持结论的霍尔蒂式模型，其二是第 2 章提到的对理由的那种最低限度的刻画，即作为行为导向的竞争项。霍尔蒂式模型起到的作用是，给我们提供了思考这一点如何可能的方法：哪怕是不理性的信念，也可以进入决定相信什么对你来说理性的权衡过程。该模型容许这一点，而不会导致不恰当的自助性状况，因为霍尔蒂的机制本身可以确保，未被这一机制证明其理性的信念最终不可能发挥支持作用，支持得出进一步的结果。毋庸讳言，这绝不是完整的图景，但它至少可以帮助我们约略看到，得到更完整图景的可能进路是什么。

再加上第 2 章对理由的最低限度的刻画，这足以给如下观念提供辩护：我所说的“主观理由”这一基本的解释性概念，无需受到理性或知识的限制，就能恰当地扮演它的角色。就我至此的全部讨
100 论而言，也许自然语言中的“理由”一词仅限于指那些可以理性相信的行为导向竞争项。但那不会改变这样的事实：没有内置这种限制条件的因素之间有一种基本的竞争关系——从而在本书所关注的意义上，不会对理由是否居于首位造成影响。

第5章

# 显表事实性态度观点



## 5.1　兑现一种理论可能性

第 4 章表明，当探究知觉经验以何种方式给我们关于外部世界的信念提供证据，相关的理论选择受到这一背景假设的严格限制：只有真理能够理性化。第 4 章还拒斥了若干在我看来最能支持前述背景假设为真的论证，包括对未经证成的信念问题提出另外一种解决办法——一种与理由至上论题相一致的解决办法。由此开启了发展出这样一种观点的可能性，这种观点可以保留关于基本知觉证据的析取主义解释的显著优点，同时避免后者的那些特殊承诺。但这还不足以兑现这种可能性。因为可以看到，并非占据这种理论空间的所有进路都是同等可辩护的。

对于何种知觉证据具有世界牵涉性，我们在第 3 章区分了四种观点。根据威廉姆森所接受的事实性内容观点，你的证据是知觉状态的内容，而这之所以能成为你的证据，是因为你跟那种内容处于一种事实性的知觉关系。根据科梅萨尼亚和麦格拉思（Comesaña and McGrath，2015）归于麦克道尔的事实性态度观点，你的证据是你跟世界处于特定的事实性知觉关系这一命题，而这之所以能成为你的证据，是因为它为真。我们还看到，这两种观点都有相对应的非析取主义观点。根据非事实性内容观点，你的证据是知觉状态的内容，且无论那种知觉状态真实与否，这都能成为你的证据。而根据显表事实性态度观点，你的证据是你跟世界处于某种特定的事实性态度关系，这能成为你的证据的原因在于，给定恰当的非事实性表象关系，它向你显现为真。

若要主张知觉证据具有世界牵涉性，但又不为良好情形和瑕疵情形所共有，最简单的方式显然是认同非事实性内容观点。这便是我在先前的著作包括 Schroeder（2008）和 Schroeder（2011a）中
102 接受的观点。[1] 但我们现在要揭示的是（第 5.2 节），这种观点不可能为真，因为它无法妥善处理知觉理由的可废止性。实际上，在处理可废止性方面，这种观点的失败跟事实性内容观点与事实性态度观点的成功形成了非常鲜明的对照。这表明，关于知觉理由的两种析取主义观点抓住了非事实性内容观点所错失的某个要点——这个要点便是跟世界的事实性知觉关系。

值得庆幸的是——正如我将要论证的（第 5.3 节），显表事实性态度观点很容易避免这些涉及可废止性的问题。得益于更多地借鉴析取主义观点，显表事实性态度观点可以采用前者对知识的可废止性的处理方式，而且我将论证，相比事实性内容观点或事实性态度观点，它实际上可以更好地处理知觉证据的可废止性。这一点表明，要履行第 3 和 4 章所给出的承诺，不能仅仅满足于认为，知觉证据是世界牵涉的，但并不必然为真。我们还必须维护显表事实性态度观点的某些特定承诺。第 5.4 节将表明，对于这种观点有哪些

[1] 对比 Pryor（2005b），普赖尔提出，这是维护与他所称的前提原则（*premise principle*）相一致的非推论性知觉证成的一种方式，但又论证它并非必要。我同意它不是必要的；我在第 4 章已经论证，它能提供普赖尔的观点不能提供的东西，那就是一种用证据主义术语而非其他术语表述的解释，可以说明这些基本的知觉信念何以得到证成，而不会打开阿姆斯特朗的入口。Huemer（2001，2006，2007）维护现象保守主义（*Phenomenal Conservatism*）论题，根据这个论题，当（知觉上或者其他情况下）在你看来是 P，你对 P 的信念便可得到初始证成。许默对这一论题的论证和细化跟非事实性内容观点相一致，但并不蕴涵后者——许默的观点讲的是何时可以得到初始证成，相比之下，非事实性内容观点依据证据的质量，增加了对于为什么可以得到初始证成的解释。

承诺，至少有两种初看起来都可信的解释。第 5.5 节将比较显表事实性态度观点和前面提到的其他观点，以便显示它的优势，同时可以看到，其他几种观点如何抓住或几乎抓住了事情的某个要点，却又错失了其他要点。最后第 5.6 节还要跟另外一种颇有竞争力的观点进行比较，并以此结束本章的讨论。

## 5.2　可废止性

我们在第 3 章试图回答，拥有知觉经验如何是获得关于外部世界的证据的一种格外特殊的方式。我们已经看到，关于知觉证据的现象观点难以解释，知觉如何是关于外部世界的证据的一个特殊来源，甚或一个特别优良的来源。这些观点可以大致分成几类，一类认为知觉经验并不提供特别优良的证据（怀疑论），一类认为知觉经验需要某种额外成分的辅助（融贯论、理性主义），还有一类放弃或者至少拒绝解释知觉经验如何是一种获得证据的方式，转而赞 103
成以非证据词项来解释基本知觉信念的证成（纯粹外在主义）。

相比之下，关于知觉证据的世界牵涉观点的优越之处在于，对这一点提供了非常清楚的解释：至少在良好情形中，为什么知觉经验是获得关于外部世界的格外优良的证据的方式。在第 3 和 4 章，我试图给这样一种进路拓展空间：接受对知觉证据何以这般优良的此种解释，并使之延伸到瑕疵情形，延伸到非真实知觉。而我们在本章所要面对的问题是，我们必须避免让知觉证据变得过于优良。在解释基本知觉证据有多优良时，我们不希望它如此优良，以至于无法解释基本知觉证据如何可被废止。[1]

[1] 我最早是从斯科特·斯特金（Scott Sturgeon）那里了解到本节问题的结构；瑞安·沃尔什（Ryan Walsh）和希亚姆·奈尔（Shyam Nair）探讨了事实性内容观点所面临的这一问题的各个版本，Whiting（2015）对 Schroeder（2015b）提出的反驳也是基于事实性内容观点的这一问题。

基本知觉证据至少能以两种不同的重要方式被废止：我将分别称之为客观（*objective*）废止和*主观*（*subjective*）废止。客观废止的一个主要例子（尽管不无争议）是，某人不经意间驱车穿过布满假谷仓的乡村，碰见了方圆几里内唯一的真谷仓——其周围尽是些谷仓墙面。[1] 鉴于这个人并未意识到（并且没有证据表明）她身处布满假谷仓的乡村，她对一个谷仓的知觉经验也许使得对她来说相信前面有个谷仓是理性的，但这样的知觉经验支撑不起*知识*。由此，客观废止因素就是你所在环境中的某些客观特征，譬如你身处布满假谷仓的乡村这一事实，这些特征可以让知觉经验支撑知识的能力失灵。

相反，主观废止的范例则是，某人驱车穿过平常的乡村，但她理性地相信自己身处布满假谷仓的乡村。[2] 例如，她可能一路跟随前往布满假谷仓的乡村的路标行车，然而路标被几名当地的小青年给调转了。当这个人看到前面有个谷仓，她理性地相信眼前看起来像谷仓的东西其实只是谷仓墙面。因此，在缺乏其他非视觉证据的情况下，相信前面有个真谷仓对她来说是不理性的。而既然相信
104 这一点对她来说不理性，她的信念就不可能成为知识。所以，主观废止因素是你理性地相信的东西，这些东西使得按其表面接受你的知觉证据不再理性，从而也就让基于知觉经验的知识失效了。

在继续讨论不同观点如何对待知觉证据的客观及主观可废止性

[1] 参见 Goldman（1976）。这个例子之所以有争议，是因为有些知识理论区别对待假谷仓案例和诸如不知情地戴上红色眼镜之类的案例。我们会在本章后面看到一个类似的重要例子。不管怎么说，我将继续拿它充当客观废止的主要例子，因为我认同这个案例中的直觉判断，而且我所支持的解释可以得出这一判断。

[2] 正如后面要表明的，知识是否容许受到像这样的主观废止因素的影响，是有争议的，而许多外在主义观点都对此予以否认。索萨（Sosa，2009）和他的追随者会说，在这个案例中，*反思知识*（*reflective knowledge*）被废止，*动物知识*（*animal knowledge*）则否。而威廉姆森和他的追随者会把表面上主观废止的情形描述成，在这样的情形中，你知道但对你来说相信你知道是不理性的，或者诸如此类的其他说法。

之前，有必要对假谷仓乡村的例子简单解释几句。当把假谷仓乡村的案例作为知觉可废止性的案例来讨论，方便起见，我假定你确实对一个假谷仓拥有知觉，而不仅仅只是对某个红的、方形的东西有知觉。但实际上，知觉经验本身是否将事物直接表征为谷仓，是非常有争议的，[1] 即便假定是如此，也有不少理由认为，这等高阶知觉经验额外要求低阶知觉经验所不要求的某种认知地位。[2] 本书通篇所言意图在这些问题上保持中立，而且我拿假谷仓案例来讨论也不过是出于方便。我们完全可以用低阶知觉内容来构造类似假谷仓的案例，[3] 何况客观及主观废止因素也可以找到其他例子——比如做颜色判断时戴着玫瑰色眼镜，但我对假谷仓乡村例子的讨论往往把它们当作知觉废止的简单案例。[4]

不难发现，关于基本知觉证据的现象观点可以非常妥善地处理客观及主观可废止性。根据现象观点，你前面有个谷仓的知觉证据就是诸如此类的东西，即在你瞧着或者看来那有个谷仓，你在对谷仓的辨识上显得明智，等等。但尽管从在你看来那有个谷仓这一事实，也许可以合理推出那有个谷仓，从在你看来那有个谷仓并且你身处假谷仓乡村这一事实，却不能合理推出那有个谷仓。关于证据的现象观点由此可以解释，当你理性地相信你身处假谷仓乡村，为什么对证明某样东西是一个谷仓的视觉证据来说，那是一个主观废止因素。类似地，关于证据的现象观点能可信地扩展这种解释，说明当你确实身处假谷仓乡村，为什么单凭你的视觉证据，无法给你

[1] 参见 Siegel（2006，2010）；对比 Logue（2013）、Prinz（2013）。

[2] 参见 Siegel（2012，2013）。

[3] 参照 Schroeder（2015c）。例如，距离毫无疑问是视觉经验中表征的一种属性，但在某些系统性的环境条件下，比如在高山航行中，视觉距离知觉是不可靠的。

[4] 总体上说，我真正关心的是，知觉经验能够可辩护地跟某种关于这个或其他世界的非事实性证据相联系，这种证据无需特殊的优先关系便可支持关于外部世界的结论。

提供前面有个谷仓这一知识。这是因为——正如我将在第 10 章论
105 证的，在其真可以废止知识的命题和对其理性相信可以废止信念的理性的命题之间，存在一种密切的对应关系。[1]

对于基本知觉证据的可废止性——至少是它的客观可废止性，事实性内容观点给出了不同但同样妥善的处理。回想一下，根据这种观点，你的视觉证据是你看到的东西的内容——这里的“看到”取一种事实性理解。所以，当你看到前面有个谷仓，你的证据就是你前面有个谷仓，而这之所以是你的证据，是因为你看到事实是如此。但如果你身处假谷仓乡村，那么你并未看到前面有个谷仓，因此根据这种观点，你没有任何视觉证据证明你前面有个谷仓。既然你没有任何证据，你不可能知道你前面有个谷仓。这样便妥善解释了基本知觉证据的客观可废止性。

事实性态度观点可以给客观可废止性提供类似的解释。根据这种观点，你的视觉证据始终是你看到有个谷仓，而这只有为真时才能成为你的证据。但如果你身处假谷仓乡村，那么你并未看到有个谷仓，因此根据这种观点，你没有任何证据证明有个谷仓。所以，你无法知道有个谷仓的理由在于，你没有任何证据证明这一点——类似的处理也可以用于客观废止的其他情形，比如不知情地戴着玫瑰色眼镜。

值得注意的是，对于主观可废止性，事实性内容观点和事实性态度观点都会得出奇怪的结论，并且是以两种不同的方式。首先，当你身处假谷仓乡村，两者对你关于谷仓的视觉证据为什么不能支撑知识的解释会一般化地预言，如果你身处假谷仓乡村，基于知觉

[1] 对这一观察的一种富有吸引力且简单明了的表述参见 Klein（1971）。Lehrer and Paxson（1969）将这一观察发展成一种典范式的对知识的可废止性分析。要了解知识分析中的可废止性传统，尤其可参见 Annis（1973）、Ackerman（1974）、Swain（1974）、Barker（1976）、Olin（1976）和 Levy（1977）。第 9 和 10 章将回到对这一可废止性传统的讨论，我将论证其有哪些洞见。

证据相信你前面有个谷仓，是不理性的——哪怕你没有证据证明你身处假谷仓乡村。[1] 这是因为，根据这两种观点，你的知觉经验是否给你提供证据，只取决于你是否确实身处假谷仓乡村，而不取决于你是否意识到你身处假谷仓乡村。由此，事实性内容观点和事实性态度观点都使得信念的理性太容易被废止。对于这两种观点，我们已经观察到，它们只解释良好情形中信念如何是理性的，这一点一般化便会导致前述结果。

但现在我们可以看到这一观察的反面。由于根据这两种观点，106
你的视觉经验是否提供证据，只取决于你是否身处假谷仓乡村，而不取决于你是否相信你身处假谷仓乡村，这些观点都预言，倘若你事实上并未身处假谷仓乡村——哪怕你理性地相信你身处假谷仓乡村，你的证据照样可以给知识或者理性信念提供强有力的理性支持。这些观点可以解释，为什么对你来说可以理性地相信这一点：相信你前面有个谷仓是不理性的（毕竟你相信你没有视觉证据），而你的视觉证据仍然一如既往地优良。[2]

对比以上这些观点，跟威廉姆森的观点（即事实性内容观点）相类似的非事实性观点则难以就客观或主观可废止性给出任何可信的说法。毕竟，根据非事实性内容观点，要把命题 P 纳为你的视觉证据的一部分，只需对 P 产生视觉经验——哪怕是不真实的视觉经验。跟其他关于基本知觉证据的世界牵涉观点一样，这种观点可以解释，就获得关于世界的知觉证据而言，视觉为什么是如此特殊的一种方式——因为没有证据 P 能比 P 本身更好。然而它的解释

[1] 严格地说，这一结果来自两种观点加上如下假设：理性由主观理由所决定——这里我们正是这般假定的。此类观点有时转而跟这样的想法相结合：理性是客观情形施加的一种影响。比如，这种观点的一个非常简单而自然的版本是，一个信念是理性的，仅当它无法跟知识相区分。与我们的核心假说相一致，这里值得指出的是，这种观点不能很好地扩展到行动，因为在明显跟正确做法相区分时（只要不清楚正确的选择是什么），行动也常常可以是理性的。

[2] 尤其对比 Lasonen-Aarnio（2010），另可参见 Williamson（2011）。

未免好过头了。如果你证明你前面有个谷仓的证据就是你前面有个谷仓，这一证据是如此的优良，以至于很难看到它如何可能通过获知你身处假谷仓乡村而被废止。由此很难看到，理性地相信你身处假谷仓乡村，如何能够废止你证明你身处假谷仓乡村的主观证据的效力。

类似地，如果你确实看到一个谷仓，那么这一点为真：你前面有个谷仓。并且没有什么客观证据可以更好地证明你前面有个谷仓。但这一客观证据是如此的优良，以至于很难看到，它如何可以被你身处假谷仓乡村这一事实所削弱。毕竟，相比这是个谷仓这一事实本身，你身处假谷仓乡村但这是个谷仓这一事实同样能很好地支持这一结论：这是个谷仓。而这并不是假谷仓案例专有的一个特征——尽管有些人将它跟其他可废止性案例区别对待。这种预言是一般性的，而且也适用于证明你前面有件红色物品的视觉证据——假定你戴着玫瑰色眼镜。所以，对于基本知觉证据的客观可废止性，非事实性内容观点也无法得到可信的结果。

为了挽救非事实性内容观点，我们可以试着琢磨出一些办法。比如，我们可以尝试按照其他得到广泛讨论的高阶证据案例，来对待你身处假谷仓乡村的信念。[1] 要悉数探究可能用来维护非事实性内容观点的种种进路，恐怕得花一章，甚至几章篇幅。而如果非
107 事实性内容观点经过修正，能够成功处理客观及主观可废止性，对我来说就足够了——毕竟，我已经在不止一篇文章中为它辩护。[2] 但我并不认为我们可以持乐观态度，我们面临的乃是一个结构性（*structural*）问题。非事实性内容观点归于知觉经验的证据实在太过优良了。[3]

---

[1] 例如参照 Christensen（2010）、Lasonen-Aarnio（2014）、Schoenfield（2015）和 Worsnip（2018）。

[2] 参见 Schroeder（2008，2011a）。

[3] 这里值得再次对比 Huemer（2006）的“现象保守主义”。跟非事实性态度观点一样，现象保守主义认为，我们有理由相信在我们看来属实的情况。我已经在前面的脚注中论证，相比许默的观点，非事实性证据观点可以提供更深刻也更有力的解释，但解释得少或许正可让它免于本节所针对的可废止性反驳。

## 5.3 显表事实性态度观点

我的论证旨在表明，对于基本知觉证据，采取何种形式的非事实性世界牵涉观点很重要。这是因为，在解释基本知觉证据的可废止性方面，非事实性内容观点会遭遇很大的困难。第 5.2 节已经给出了我整个论证的前半部分，要进一步完成表明采取何种形式的非事实性世界牵涉观点很重要的论证，我就必须揭示出，在第 3 和 4 章着力拓展的空间中占据位置的那些观点，并非全都会面临前述困难。而例外确实存在。现在我要表明的是，同科梅萨尼亚和麦格拉思（Comesaña and McGrath，2015）归根于约翰·麦克道尔那种基本知觉证据观点相类的非事实性观点，即显表事实性态度观点，不仅不会碰到事实性内容观点在知觉可废止性上的问题，相比两种事实性世界牵涉观点，实际上还能更好地处理主观可废止性。

显表事实性态度观点的动机是出于一个很简单的想法：审视在非事实性内容观点出错的地方，事实性内容观点和事实性态度观点如何可以纠正。对于跟世界的事实性知觉关系——比如看见是这般景象、听见是这般声音[1]，或者尝到是这般味道，事实性内容观点和事实性态度观点都赋予其一种特殊地位。每一种这样的关系都蕴涵它们的内容为真，但还蕴涵更多东西。仅仅这些是不够的：看见前方有只手按下按钮、对一只手按下按钮拥有视觉经验，以及前方有只手按下按钮为真。倘若引发视觉经验的是（比如说）手按下按钮的全息图像，而不是真实的手按下按钮，那么你并未看到一只手在按下按钮，尽管你对一只手按下按钮拥有视觉经验并且那一点为真。你的视觉经验系由手按下按钮所引发，也不足以使之成为对一只手按下按钮的视觉经验——因为如果那全息图像是由按下的按钮 108

[1] 在英文中，“听见”（hear that）最自然的用法不是指一种事实性知觉关系，而是表示听闻（hearsay），后者既是非知觉的，也是非事实性的。

所引发，那么你仍未看到一只手在按下按钮。[1]

根据事实性内容观点和事实性态度观点，在知觉经验证成信念的过程中扮演核心角色的，正是这种对环境的事实性态度，良好情形便是最典型的例子，比如真实地看见一只手在按下按钮。这让他们很容易解释，为什么知觉理由会受到客观废止——因为客观废止因素就是这样一些事实，这些事实会破坏跟环境的事实性知觉关系。比如，当你身处假谷仓乡村，你无法看见前面有个谷仓。[2]客观知觉废止因素就是废止事实性知觉关系的那种东西，正因此，它们可以成为废止知觉证据的那种东西。

然而，事实性内容观点和事实性态度观点引入事实性知觉关系的方式，给它们带来了麻烦。两种观点都认为，对主观理由的具有条件来说，事实性知觉关系很重要。根据事实性内容观点，这是因为，证据的具有条件就在于你跟证据处于一种事实性知觉关系。而根据事实性态度观点，事实性知觉关系既构成你的证据的内容，又构成那种证据的具有条件。之所以如此，是因为按照这种观点的说法，你的证据是你看见那有个谷仓，而你具有这种证据仅当那一点为真。

相比之下，显表事实性态度观点将事实性态度的角色定位成你的证据的内容，而非它的具有条件。根据这种观点，你的基本知觉证据始终采取这样的形式：你跟环境处于某种事实性知觉关系——比如你看见那有个谷仓，而这之所以能成为你的主观证据，是因为它向你呈现为所是的情况。这种呈现关系究竟是什么，自然还需进一步讨论，我会在第 5.4 节回到这个问题。但对把握显表事实性态度观点所占据的逻辑空间来说，我们只需注意到，那是一种可以跟虚假命题之间产生的关系。

[1] 对比 Lewis（1980）。

[2] 注意，为了解释废止现象，这一点正是事实性内容观点和事实性态度观点都需要的假设。不过 Turri（2010a）对此提出了不同见解。

为了展示显表事实性态度观点如何妥善处理知觉证据的可废止性，让我们先来看客观废止的情形。你身处假谷仓乡村，但没有证据证明是如此。向你呈现的情况是，你看见一个谷仓，所以根据显表事实性态度观点，你有如下主观证据证明你前面有个谷仓：你看见前面有个谷仓。这一主观证据没被废止，由此它属于非常优良的主观证据。于是，它让你可以理性地相信前面有个谷仓——这是理所当然的，因为你丝毫没有证据证明你身处假谷仓乡村。但由于 109
你实际上身处假谷仓乡村，你的证据不为真。身处假谷仓乡村的人不可能看见前面有个谷仓。并且由盖梯尔问题文献中的虚假引理（false lemma）案例可知，虚假的证据不可能支撑知识。[1] 所以，对你证明那有个谷仓的视觉证据来说，身处假谷仓乡村就是一个客观废止因素。

可以看到，在给废止现象提供解释时，事实性内容观点和事实性态度观点所具有的优势，显表事实性态度观点同样都有，因为对于为什么身处假谷仓乡村能客观废止你的视觉证据，后者完全借鉴了前者的解释。造成废止的原因在于，身处假谷仓乡村与某样东西是个谷仓不相容。[2] 不过，显表事实性态度观点比那两种观点更

---

[1] 对于这一点何以为真，我会在第 11 章给出解释。

[2] 我在正文中的论述基于这样的假设：当你身处假谷仓乡村，仅仅凭借对谷仓墙面的视觉观察，你既无法看见、亦无法知道某样东西是个谷仓。但实际上，显见事实性态度解释并未承诺这两个判断——它还跟这样的假设相容：哪怕身处假谷仓乡村，凭借对谷仓墙面的视觉观察，你也可以既看见、又知道某样东西是个谷仓。它所要求的只是这两件事不可分割，因此，你的视觉证据虚假仅当相应的知识被废止。

包括前面提到的特里（Turri，2010a）在内的一些哲学家辩称，哪怕不知道某样东西是个谷仓，你也可以看见是如此。这两点结合在一起会给显表事实性态度观点造成困扰，因为它们会让这一案例中后者对废止现象的处理失效。但我相信，这是错误地将看见（seeing *that*）某样东西是个谷仓和看着（seeing）一个谷仓混为一谈。

胜一筹，因为它不会过度一般化，以至于预言你的主观证据也会被废止。当事实性内容观点和事实性态度观点说，你没有主观证据证明你前面有个谷仓，显表事实性态度观点则通过区别对待客观和主观理由，而将理性和知识分开处理。你的信念是理性的，因为你有很好的主观理由；但你又缺乏知识，因为你的主观理由是虚假的。

此外，相比事实性观点，显表事实性态度观点还能妥善处理主观可废止性。如果你相信自己身处假谷仓乡村，并且向你呈现的情况是你看见一个谷仓，那么根据显表事实性态度观点，你的证据是不一致的。它既包含你身处假谷仓乡村这一命题，又包含你看见那有个谷仓这一命题，而两者不可能都为真。[1] 可信地说，绝不会出现这样的情况：单组证据可以把相信两件不一致的事情都给理性化。[2] 因此，这组不一致的证据要么使得对你来说相信自己身处假谷仓乡村是理性的，但（在缺乏进一步证据的情况下）相信前面有个谷仓是不理性的；要么使得对你来说相信你看见前面有个谷仓
110 是理性的，但相信你身处假谷仓乡村是不理性的。如果是前者，你的知觉证据就被主观废止，而如果是后者，那么你不满足主观知觉废止的条件——只有当相信你身处假谷仓乡村是一个理性信念时，才能让相信你亲眼所见变得不再理性，当相信你身处假谷仓乡村是一个非理性信念时，则不是如此。

由此，显表事实性态度观点可以妥善处理主观知觉可废止性的情形。相比之下，如我们在第 5.2 节所看到的，无论对事实性内容

[1] 再次注意，即便你不认同对假谷仓案例的这一判断，我们仍然可以看到，主观可废止性条件会跟客观可废止性条件相适配，因为对主观可废止性的解释跟对客观可废止性的解释都依赖于相同的主张。

[2] 这不但可信，而且是第 4.4 节那种受霍尔蒂启发的简单模型所能得到的一个结果。假如我们将那个模型一般化，容许信念和表象给我们提供该模型的输入项，那么纳入其延伸项的要么是你看见那有个谷仓这一命题，要么是你身处假谷仓乡村这一命题，而非两者都是。所以，形成那有个谷仓的知觉信念是理性的，仅当相信你身处假谷仓乡村是不理性的。

观点还是事实性态度观点来说，关于身处假谷仓乡村，抑或佩戴有色眼镜的理性信念——实际上是关于任何事情的理性信念，都不容对真实知觉经验给它们的内容所提供的理性支持进行废止。[1]

对于事实性内容观点和事实性态度观点，显表事实性态度观点能够扬其长处并避其短处，从而取得了成功。那两种观点的长处在于正确地认识到，同知觉经验所提供的证成紧密相联的是跟环境的事实性知觉关系。但是，它们错在试图将这些事实性知觉关系的意义纳入主观理由的具有条件，而不是纳入基本知觉证据的内容，这也是它们所持的析取主义承诺的通病。显表事实性态度观点在顺利解决知觉可废止性问题上取得的成功表明，这是错误的做法。

最后，在看到显表事实性态度观点如何处理几种客观可废止性之后，我们还可以找到一个理由认为它是一种正确的进路——让我们来看看，它如何避免非事实性内容观点所面临的一个关于可废止性的、更严重的问题。这个问题源自这一事实：在有些情况下，不同的知觉方式可以有相同的内容。例如，你可能对前面某个方形物品产生视觉表象，也可能对前面某个方形物品拥有触觉经验。根据非事实性内容解释，两种情形中你的知觉理由是一样的，即你前面有某个方形物品。但现在假定——跟第 5.2 节我所论证的相反，我们能很好地解释，获知你当前的视觉经验是一种幻觉，如何能够废止你的视觉知觉理由。那么我们就能解释，获知你当前的视觉经验是一种幻觉，如何能够废止相信你前面有某个方形物品的理由，这个理由即你前面有某个方形物品。然而根据非事实性内容观点，那
是你相信前面有某个方形物品的触觉理由。所以，非事实性内容观 111
点只需通过解释你的触觉理由如何被废止，就能解释你的视觉理由

[1] 丹尼尔·怀廷注意到，显表事实性态度观点中的显现关系受到另一个重要限制——如果对可废止性的这种处理能奏效，显现关系就不可能是蕴涵下封闭的（be closed under entailment）。否则，当向你显现的情况是你看见 P，P 也将是向你显现的情况。

何以被废止。

非事实性内容观点所进一步面临的这个问题表明，要避免这一问题，知觉理由必须包含某种能显示知觉方式的标记成分。不难发现，事实性内容解释可以避免这个问题，因为按照这种解释，你产生了一种视觉幻觉这一事实，蕴涵着你没有看到前面有某个方形物品，而不蕴涵着你没有触摸到前面的某个方形物品。事实性态度解释也很容易避免这个问题，因为根据这种解释，你基于视觉和触觉的理由是不同的——前者是你看见前面有某个方形物品这一事实（如果你产生了视觉幻觉，那么这一点不为真），而后者是你触摸到前面有某个方形物品这一事实。

要避免上述问题，基本知觉理由必须带有知觉方式标记。这正是显表事实性态度观点的做法——它用知觉方式对基本知觉理由进行标记。认为它是正确进路的另一个理由就在于此。由此我的论断是，关于基本知觉理由的显表事实性态度观点对基本知觉理由的可废止性所给出的解释，不仅优于非事实性内容观点，也优于两种事实性世界牵涉解释。如果我们真的想要得到一种对基本知觉理由的、肯定其具有世界牵涉性的解释，那么显表事实性态度观点就是我们应该采取的进路。

## 5.4　为显现条件辩护

我在第 5.3 节中论证，着眼于对基本知觉理由的可废止性的处理，显表事实性态度观点远比关于基本知觉理由的非事实性内容观点优越。事实上，我还论证，它对基本知觉理由的可废止性所给出的解释如此具有吸引力，胜过了各种事实性世界牵涉观点。但显表事实性态度观点并非没有任何代价。对于知觉经验的本质，它持有某些特定的承诺。它主张，为了支撑起一个主观理由，使得可以相信你前面有某个方形物品，需对你前面有某个方形物品产生正确种类的视觉表象，而这要求向你显现的情况是，你看见你前面有某个方形物品。

| **显表事实性态度观点** | $\psi$ 表示某种事实性知觉关系 |
|---|---|
| 具有条件 | 向你显现的情况是你 $\psi$ 到 P |
| 你的证据是 | 你 $\psi$ 到 P |

由于主观条件要求具有条件得到满足，这意味着，你看到 P 尚不足以将信念 P 理性化。还必须加上的条件是，向你显现的情况是你看到 P。

我没有真正领会非事实性内容解释面临的可废止性问题之前， 112
曾以为显表事实性态度解释对这一额外条件的要求是一个极其严重的问题。例如，我在 Schroeder（2008：69）中论证，即便表象就是信念也无济于事，因为要那样解释我们如何拥有关于外部世界的证据，就得解释我们如何拥有关于我们自身的事实性态度的证据。

不过，对于显表事实性态度解释所要求的那种显现关系到底是什么，我们还未给出任何说法。我是把它作为一种半约定性质的关系引入的，用来指一个主体跟特定命题（比如她看到前面有某个方形物品）之间必须存在的一种关系，以便那个命题可以纳入她的主观理由当中。因此，我们不要急于断言这种关系是信念关系，抑或它区别于实际看到 P，这些不加限定的结论很容易遭遇直觉上的反例。就如何解释这种表象关系而言，我们应该转而将如下观念视为一项限制：我们希望所有实际看到 P 的典型情形都应算作拥有知觉证据。本节将提出两种各有其理据的策略来解释表象关系，在我看来它们都可满足前述限制。

第一种策略是把显表事实性态度观点中的显现关系理解成一种意识通达（*access*）关系。这种策略可以采取若干不同的进路，它们的共同点在于，都承认这是可能的：看到P的同时不向你显现你看到P，但否认这种非显现的视觉可以提供能将信念理性化的知觉证据。

比如，我们可能会说，表象属于现象意识（phenomenal consciousness）。鉴于在绝大多数情况下，当你看到前面有个谷仓，那是一种现象层面意识到的视觉经验，依据此种观点便可得出，在绝大多数情况下，看到P的人确实满足向他们显现他们看到P这一条件，所以他们拥有关于世界的极佳证据。因此，按照这种解释的预测，这样的情形非常罕见：你看到P的同时却没有理由相信P。例外的情况是僵尸（zombies），还有盲视（blindsight）[1]——后者实例很有限，而前者通常认为只是一种可能。[2]不过，这种观点的支持者也可以找到独立的理据，主张无意识的知觉经验不能将信念理性化。哲学语境中的僵尸是一种令人费解的事物，关于相信什么对它们来说是理性的，很难做出确凿的判断；至于盲视，说它不能如同现象层面意识到的知觉经验那样将信念理性化，当然是可信的。[3]

113 倘若你认为，要让知觉经验扮演将信念理性化的角色，现象意识不构成正确种类的限制，那么不妨考虑以另一种方式来发展这种策略，即诉诸通达意识（*access* consciousness）。[4]该进路同样承认，我们可以拥有某种未经通达意识的知觉经验，[5]但主张这样的经验无法给我们提供理由。例如，史密瑟斯（Smithies，2011）论证，注意（*attention*）是一种特殊的通达意识，有了注意，相关信息才能在思想或行动的理性化过程中发挥作用。由此，我们便

[1] Brogaard（2011）对此有过论证。

[2] 参照 Chalmers（1996）。

[3] 这种现象意识观点跟许默（Huemer，2006）的现象保守主义是一致的，尽管它添加了一个许默本人不会接受的论点。

[4] 参见 Block（2008）。

[5] 参见 Block（2011）的论证，可以对比 Gross and Flombaum（2020）的不同看法。

可援用史密瑟斯的论证，表明只有在出现正确种类的通达意识的情况下，知觉经验才能扮演将信念理性化的角色。类似地，哈彻（Hatcher，2017）论证，通达意识是一种个人层面的觉知（*person-level* awareness）——即无需凭借你的各个部位或器官的觉知，你便可算作对某样事物产生了觉知。如果对理由的理性反应要求有个人层面的觉知（哈彻同样论证了这一点），那么它也就要求有通达意识。

我们还可以采取其他进路来发展前述策略，这里不再赘述。这些进路的共同点在于，按照它们的解释方式，显表事实性态度观点中的表象关系始终会在知觉经验的典型例子中出现，它们进而论证，当你看到 P 但未向你显现你看到 P，知觉经验在此类情形并未真正发挥证成作用，这样便可弥合视觉和表象之间的裂隙。

不过，对于表象关系还有一种更激进的解释方式，我把它称为自我呈现（*self-presenting*）解释。根据这第二种解释，看到 P 却不向你显现你看到 P，实际上是不可能的。这种解释更为激进，因为它试图维护这样的主张：看到 P 始终让你有理由相信 P。为实现这一想法，这种解释需要确立两个论题：第一个论题是，向你显现的是你的知觉经验的表征内容（*representational content*）；第二个论题是，所有知觉经验都会将自身表征为跟世界的事实性知觉关系。第一个论题是约定性的——它只是解释了，在我们赞成的那种显表事实性态度观点中，“显现”是什么含义。但第二个论题是实质性的。它对知觉经验的本质提出了主张。

要把握关于显表事实性态度观点的自我呈现解释，不妨同塞尔在《意向性》（*Intentionality*，1983）一书中维护的一个论题进行比较。塞尔认为，知觉状态将自身表征为由它们的内容所引发。例如，对一只手按下按钮的视觉经验包含这样的内容：它自身是由一只手按下按钮所引发的。塞尔对这一点的论证很简单。他声称，一

114 种知觉经验除非由它表征的东西所引发，否则不可能是绝对真实的。按照塞尔的看法，即便那有只手在按下按钮，也不足以让你对一只手按下按钮的视觉经验绝对真实，除非这种视觉经验是由它表征的东西所引发。为什么即便那有只手在按下按钮，也不足以让你对一只手按下按钮的视觉经验绝对真实呢？因为这三点可以是相容的：你对一只手按下按钮拥有视觉经验，确实有只手在按下按钮，但你的视觉经验是由其他东西引发的，譬如全息图像或者幻觉。所以，塞尔认为，在视觉经验的绝对真实性条件所要求的意义上，你的相关视觉经验的内容包含着它是由一只手按下按钮所引发——仅仅有只手在按下按钮是不够的。

不难发现，如果塞尔的论证能够奏效，那么它就可以一般化。正如我们此前已经观察到的，我们知道，当你的视觉经验由一只手按下按钮所引发，可以出现反常情况——比如，引发它的可以是一只手按下按钮的全息图像，这种全息图像由那只手按下的按钮所触发。大卫·刘易斯（David Lewis，1980）将这类情况称为真实幻觉（*veridical hallucination*）。在这样的情况下，你没有看到一只手在按下按钮，就跟你的经验由其他来源的全息图像所引发时你的处境一样。所以，如果塞尔的例子中视觉经验不是绝对真实，那么这个例子中同样如此。

由此，塞尔的论证可以用于确立这样的观念：知觉经验将自身表征为跟世界的事实性知觉关系。当你对某种红色物品产生视觉经验，你处于这样一种状态，这种状态将它自身表征为看到某样东西是红色的。所以，如果你的理由来自经验的表征内容，那么你的理由就包括这样的命题：那种经验就是看到某样东西是红色的。很重要的一点是，根据这种观点，所有视觉经验都以这样的方式表征自身，这就是为什么你不可能看到那有某个红色物品，却未向你显现你看到某个红色物品。因此，不同于我们对显表事实性态度观点的第一种解释策略，根据这种观点，看到那有某个红色物品，确实就足以让你有理由相信那有某个红色物品。

显表事实性态度观点的自我呈现解释还有一个优点，那就是它表明，显表事实性态度观点完全不要求*知觉者*本身成为其视觉证据的一部分。按照我们最初的表述，显表事实性态度观点是说，当你看到 P，你的视觉证据是*你看到* P——这一命题不仅包含对世界的事实性态度即*看到*，还包含作为*知觉者*的你。一种很自然的担心是，这会将知觉经验过度理智化，因为按照这种表述，只有对于能以第一人称视角来思考自身的能动者，知觉经验才谈得上发挥证成作用。然而，显表事实性态度观点的自我呈现解释并不要求将知觉者放进知觉经验的内容——它只要求将*知觉*本身放进那种内容。知觉经验将自身表征为跟世界的真实知觉关系。[1]

我在第 2、3 和 4 章的主要目标是，为了印证本书的核心假 115
说，给关于基本知觉证据的非事实性世界牵涉解释拓展空间并论证。本章则揭示出，并非占据这一逻辑空间的任何进路都同样可取——为了妥善处理知觉理由的可废止性，我们必须拒斥非事实性

[1] 这种观点跟乔舒亚·克拉比尔（Joshua Crabill，2015）提出的*权威*（*authority*）理论非常相似。克拉比尔依循 Marmor（2011）和 Hershowitz（2011）的论证，提出一种关于政治权威的制度主义理论，根据这种理论，有一个非规范性的、制度性的权威概念，为合法权威与不合法权威所共有，而合法性（legitimacy）是一个进一步的条件。克拉比尔指出，跟其他实证主义者一样，马默和赫肖维茨接受知觉哲学中析取主义者所称的“共同要素”（common factor）论证来得出这一结论，并将竞争性的政治权威理论类比于知觉经验的析取主义理论来理解，例如 Darwall（2006）的观点。按照达沃尔那样的观点，合法权威与不合法权威没有共同要素可言——不合法的权威者只不过是谎称或冒充具有合法权威的人，正如根据知觉经验的析取主义观点，虚幻的知觉经验与真实的知觉经验不具有某种共同要素，而只不过是跟真实状态在主观上*无法分辨*的状态。在克拉比尔看来，达沃尔等人正确地指出合法权威具有*概念*优先性，但认为其具有*本体*优先性，则是错误的。他提出，在一般意义上，无论合法还是不合法，成为权威者的应有之义便是将自身*表征*为合法的权威者，但*实际成为*合法的权威者则既要成为权威者，又要具有合法性。类似地，知觉经验的自我呈现观点主张的是，真实知觉经验的核心地位体现在，所有知觉经验都将自身表征为真实的知觉经验。

内容解释。但我是统而论之。对本书的任务来说重要的是，有种种显表事实性态度解释都值得关注和辩护，至于哪种为真则无关紧要。因此，本节致力于显示，显表事实性态度解释可以采取多种进路，每一种都有望解释，为什么知觉理由会在所有正常情形中出现。

不过，我希望能更进一步，接受对显表事实性态度观点的自我呈现解释，因为它可以让跨模式（cross-modal）知觉的一些令人困惑的特征得到澄清。这种现象有各式各样的例证，其中一个简单却引人注目的例证来自扬（Young，1928）所开展的实验。在这个实验中，参与者佩戴一种叫假声器（*pseudophone*）的装置，该装置可以将参与者一侧传来的声音导向另一侧的耳朵。当参与者闭上眼睛，他们会把右侧听到的声音说成来自左侧，把左侧听到的声音说成来自右侧。而当参与者睁开眼睛，看到是谁在说话，这种效应就消失了，他们把右侧听到的声音说成来自右侧，把左侧听到的声音说成来自左侧。

在眼睛睁开的情形中，参与者可以把声音听成来自正确的方位。然而，他们是在什么意义上听见那些声音来自正确的方位？这跟他们的耳朵或者耳蜗神经毫无关系。认为相关表征发生在更高阶的听觉处理过程中，也不足以回答前述问题。这类实验的特殊和引人注目之处在于，参与者将相关信息经验为听觉——当他们睁开眼睛，他们的听觉经验随之改变，而且在他们的经验中，声音的视觉
116 方位和听觉方位没有产生冲突。所以我认为，这在直觉上不是一种绝对真实的知觉经验。在这种情形中，相关经验乃是一种错觉，即对于跟世界处于听觉知觉关系产生了错觉。自我呈现观点可以对此给出解释，即参与者的经验不仅仅只表征关于世界的信息，它们还将自身表征为拥有听觉来源。由此，我倾向于认为，关于知觉经验的自我呈现观点是一种独立的正确进路。

## 5.5　显表事实性态度观点、析取主义与独断论

贯穿整个第二部分的论证是，通过考虑知觉经验如何能成为一种关于外部世界的特殊证据的问题，本书的核心假设可以得到证实。我考察了基于如下普遍假设的各种理论进路：为了获得信念的主观理由，你必须跟真理处于某种认知关系。正因为持有这样的假设，我们才不得不在两种观点之间做选择：一种观点认为，知觉证据具有世界牵涉性；另一种观点认为，非真实的知觉经验也可以将信念理性化。也许我们可以说服自己接受其中一种结果，但我的疑问是：为什么非得如此？

上述假设在认识论领域广为接受，相比之下，道德哲学和理性行动理论的主流假设（直到近些年受认识论影响之前）则是，对一个能动者来说如何行事是理性的，这取决于她的内在状态——即取决于她所理性相信的东西，而跟那种东西是否为真不相干。就虚假信念能否起到证成作用而言，这两种视角的鲜明差异表明，其中一个领域未能充分关注和借鉴另一个领域的研究。

在诸如霍索恩和马吉多（Hawthorne and Magidor，2018）之类的人看来，道德哲学家们应该多汲取认识论领域的洞见。既然认识论中假定，要拥有主观证据，你必须拥有知识，那么我们应该在更一般的意义上断定，行动的主观理由同样如此。然而，只要我们目睹这种观点在认识论中制造了多少不必要的麻烦，我想更合理的结论是，未能充分重视道德哲学中的类似研究，给认识论带来了损害。而这也就是我们的核心假设。

如果我们摒弃主观理由必须是真理这一可疑假设，便可在认识论中为显表事实性态度观点拓展出空间。这种观点很大程度上借鉴了知觉认识论中我们熟悉的析取主义理论，这没什么可奇怪的，因为它的核心意图就是，凭借一种非事实性的主观理由概念抓住析取主义理论的优点。跟常见的析取主义理论一样，这种观点认为，首 117

先，在良好情形中，知觉经验是关于外部世界的证据的一个非常特殊的来源，因为通过知觉经验可以获取这样一种证据，这种证据实际上蕴涵外在于我们经验的世界状况，恰如我们的经验向我们表征的那样。其次，在典型的情形中，这种证据既可将信念理性化，又能成为知识的坚实基础。最后，这一点之所以可能，是因为与知觉证据紧密相联的是跟世界的事实性知觉关系，比如看到如此这般的情况。

此外，显表事实性态度观点认为，析取主义者的另一个正确意见是，就知识所要求的那种理性地位而言，良好情形和瑕疵情形之间是有区别的。并且它认为析取主义者还有一个正确意见，那就是，对于瑕疵情形中可以将信念理性化的东西，仅仅加上知觉经验关于世界的内容为真，还不足以得到知识。在我看来，这使得显表事实性态度观点跟麦克道尔《知识与内在要素》(Knowledge and the Internal，1995）一文的主要论点相一致，该文不啻是一篇关于知觉的认识论析取主义宣言。

不过，显表事实性态度观点跟通常的析取主义观点的分殊在于对主观理由的处理。对知识来说，只有主观理由是不够的，但对信念的理性来说确实足够了。[1] 通过区分理性化作用的理由和能够支撑知识的理由，显表事实性态度观点不仅可以解释，为什么虚假的知觉经验能将信念理性化，还可以解释，为什么真实的知觉经验在受到客观废止的情况下也能将信念理性化。它还可以解释——尽管它的本意不在于解释这一点，为什么知识和理性可以有主观废止条件，为什么当能动者理性错误地相信自己处于某种废止条件下，即便真实的知觉经验也无法支撑知识和理性。

[1] 参照 Schellenberg（2013，2014）对事实性证据（factive evidence）和现象性证据（phenomenal evidence）的区分。舍伦贝格论证了我们为什么需要这样的区分，而显表事实性态度观点将其融入了客观理由和主观理由的一般区分当中。

显表事实性态度观点跟知觉认识论中常见的独断论观点也有不少共同之处。跟常见的独断论观点一样，它认为，在没有出现废止因素的情况下，无需依赖背景或中介信念，处于恰当的知觉状态本身就足以将关于外部世界的相应信念理性化。这种证成是非推理性的，就是说，它不涉及从任何其他信念推出一个信念；相反，通过这种方式，信念可以直接基于知觉经验而得到证成。

但显表事实性态度观点跟通常的独断论观点的差别在于，它
不仅论证我们需要上述观点，还表明这种观点是可辩护的；它所提 118
供的解释不但精致，在结构上还跟其他领域的理性化解释有着深层的连贯性。知觉状态之所以能发挥证成作用，是因为处于这些状态是获得关于外部世界的证据的一种特殊方式，而证据就是相信的理由。例如，当你对 P 产生视觉经验，向你显现的情况是，你的经验是看到 P。这让你拥有了最优良的一种证据可以证明 P，即蕴涵 P 的证据。由此，知觉经验可以发挥证成作用，因为它们是获得理由的一种途径，因为证据是相信的理由，还因为蕴涵性的证据是最佳种类的证据。

对于知觉状态为什么可以发挥证成作用，这是一种直觉上令人满意的、彻底的证据主义解释，因为就如何证成信念而言，最理想的情形就是基于证据。由此便可堵上阿姆斯特朗的外在主义缺口。它表明这是如何可能的：无需在信念被理性化的主体的把握之下，一种解释就可以被理性化。它之所以能做到这一点，不是通过将知觉信念的理性化视为要求维护某种特殊的新型规范性原则，这种原则会打破外部世界假设与缸中之脑假设之间的证据对称关系，而是通过直接承认知觉经验已经打破了这种对称关系。

理解这一点的另一个角度是，看看显表事实性态度观点为什么不要求维护一组特殊的优先级关系。我们很自然会怀疑，对于得出关于外部世界的结论，和得出关于恶魔的意图或者基体中数据排列的结论，由于独断论观点将两者的理性地位区别对待，它们必须承

诺一组特殊的优先级关系，根据这组关系，着眼于知觉证据，相比关于恶魔或者基体的结论，关于外部世界的结论更有可能为真。[1]但显表事实性态度观点要求的仅仅是，着眼于你跟事实 P 处于一种事实性知觉关系，P 为真的概率很高。而这种概率当然很高，因为你跟事实 P 处于一种事实性知觉关系这一点就蕴涵着事实 P。所以，任何概率函项都会将之归为高概率。

这一特征同样可以说明，为什么显表事实性态度观点还能以一种富有启发性的方式，处理独断论观点的自主提供问题。[2]自主提供问题是指，担心根据独断论，太过容易将理性“自主提供”给这样的信念：你的知觉能力具有任意的可靠性——只需一次又一次地运用它们即可。这里的基本想法是，由于独断论认为，每当你拥
119 有恰当的视觉经验——比如某样东西在视觉上向你显现为蓝色，对你来说形成某样东西是蓝色的这一信念就是理性的，那么可以想见，你可以一次又一次地这么做，形成任意多的这般形式的信念：“$x$ 在视觉上向我显现为蓝色并且它是蓝色的。”而根据这一论证，这给了你极佳的归纳证据，证明每当某样东西在视觉上向你显现为蓝色，它就是蓝色的。

显表事实性态度观点从源头上截断了自主提供论证。根据这种观点，你证明某样东西是蓝色的所依凭的视觉证据，始终都是你看到它是蓝色的这一命题。所以，如果这种观点无误，那么随着你一次又一次地这么做，你所进行的便是下面这样的推理：

[1] 参见 White（2006）、Silins（2007）。

[2] 要了解最初版本的自主提供论证，可参见 Vogel（2000），这一论证对独断论的应用参见 Cohen（2002）。Cohen（2010）和 Wedgwood（2013）指出，该论证可以扩展到知觉经验的可靠性的先天证成。我这里站在显表事实性态度观点一方给出的回应，也可以扩展到该论证的先天版本。

我看到 $x_1$ 是蓝色的；
所以，$x_1$ 是蓝色的；
所以，我看到 $x_1$ 是蓝色的，并且 $x_1$ 是蓝色的。
我看到 $x_2$ 是蓝色的；
所以，$x_2$ 是蓝色的；
所以，我看到 $x_2$ 是蓝色的，并且 $x_2$ 是蓝色的。
我看到 $x_3$ 是蓝色的；
所以，$x_3$ 是蓝色的；
所以，我看到 $x_3$ 是蓝色的，并且 $x_3$ 是蓝色的。
……

但这样的过程不会给你任何归纳证据，证明每当视觉上向你显现某样东西是蓝色的，它就确实是蓝色的，而只会给你归纳证据证明每当你看到某样东西是蓝色的，它确实就是蓝色的。而这当然是一个必然真理，因为看到是一种事实性知觉关系。

我们也许可以通过如下方式对这种推理过程进行修正，即在每一步都推出视觉上向你显现某样东西是蓝色的：

我看到 $x_1$ 是蓝色的；
所以，$x_1$ 是蓝色的，并且视觉上向我显现 $x_1$ 是蓝色的。
我看到 $x_2$ 是蓝色的；
所以，$x_2$ 是蓝色的，并且视觉上向我显现 $x_2$ 是蓝色的。
我看到 $x_3$ 是蓝色的；
所以，$x_3$ 是蓝色的，并且视觉上向我显现 $\mathrm{x}_3$ 是蓝色的。
……

这样的推理给我们提供了所需的合取模式，从而可以归纳地得出这一结论：每当某样东西在视觉上向你显现为蓝色，它确实就是蓝色 120

的；但遗憾的是，以这种方式进行归纳推理不再是正当的，因为现在你有了一个非典型的样本，而只有在没有任何理由认为你的样本不典型时（可能只有在有理由相信你的样本足够典型时），归纳推理才谈得上正当。

对比下面这个例子。凡亚在印度的某客服中心工作，为西欧的一家零售商处理客户服务投诉。这项工作让她接触到这家零售商的大量顾客，所有这些顾客都提出了投诉。于是她这样进行推理：

$x_1$ 是这家零售商的顾客并且对他们的服务不满。

$x_2$ 是这家零售商的顾客并且对他们的服务不满。

$x_3$ 是这家零售商的顾客并且对他们的服务不满。

……

显然，凡亚不能由此合理地推断，这家零售商的每一位顾客都对他们的服务不满——尽管她知道大量这样的例子，并且尚未了解到有哪位顾客对他们的服务是满意的。这是因为，她的样本并不典型——由于她没有渠道接触到顾客对服务满意的案例，对于评判是否所有顾客都对服务不满来说，她相信顾客对服务不满的那些案例不具有典型性。类似地，根据显表事实性态度观点，在完全相同的意义上，视觉证据对视觉的可靠性来说并不典型。肉眼观察只是获取各种视觉经验的一种方式。所以，尽管在前述情形中你无一例外地具有视觉经验，这并不构成这类情形的典型样本。

在我看来，对于自主提供问题和独断论要求一组特殊的优先级关系这一反驳，显表事实性态度观点能给出某种有意思的说法，这完全是意料之中的。这是因为，它虽然是独断论的一个版本，却致力于回应为什么知觉经验可以发挥证成作用这一根本问题。理论视野更开阔，提供的解释跟其他领域的理性化解释更具连贯性，自然就更有希望帮助我们理解这种特定的理性化解释是如何运作的。

## 5.6　视显观点

我在本章和整个第二部分论证，显表事实性态度观点在知觉认
识论中占据了得天独厚的位置。它抓住了析取主义理论的优点，但 121
摒弃了关于理性信念的析取主义承诺，或者说，它是一种具有析取主义优点的非析取主义理论；它保留了独断论的长处，并辅之以一种合理的证据主义解释，从而确实给出了一个令人满意的解决方案，可以妥善应对始终困扰独断论的自主提供问题。

尽管如此，就本书出现的各种立场而言，我对显表事实性态度观点最缺乏信心。之所以如此，不仅因为我还不能完全确定它有哪些结果，以及它对于知觉哲学有哪些特定的承诺，还因为我用来支持它的论证是对比式的，而不是直接的论证。自第 3 章初次论及世界牵涉性知觉证据的可能性之后，对于世界牵涉性证据可能是什么，我们只考虑了两个主要选项——知觉经验关于世界的内容，或者主体跟那种内容之间产生的某种特殊的事实性知觉关系。但对于如何把握基本知觉证据来说，当然并非只有这两种世界牵涉性进路可供选择。

另一种有希望的进路是马修·麦格拉思（Matthew McGrath，2017，2018a）提出的观点——我开始写这本书时确实不了解这种观点，即构成知觉证据的是客观的视显命题（*looks* propositions）——比如这看起来像本书（this looks like a book）。根据这样的观点，视显命题具有我所说的世界牵涉性，因为它们不仅涉及事物在某人看来是什么样，还涉及事物在世界中实际是什么

样——有些东西看起来确实像书（比如绝大部分书籍，还有一些设计巧妙的雪茄盒）。

我们可以把这种视显观点理解为一种析取主义进路，即认为视显命题仅当为真才能成为你的知觉证据。但也可以把它理解为一种非析取主义进路——就像麦格拉思本人所理解的那样，按照这样的理解，只要事物在你看来是某个样子，视显命题便可充当你的知觉证据，即便它们客观上看起来其实不是那个样子。[1]

这种观点很大程度上跟我在第 2、3 和 4 章所强调的主要论点相通。所以，拿这里使用的标准来衡量，它是一种非常理想的立场。在第 3 章所论证的那种重要的理论空间中——即区分支持的客观维度和主观维度，并容许对信念进行非事实性的、基于理由的理性化，这种观点同样可以占有一席之地。不过，由于它选作知觉证据的东西不同，它对可废止性的处理也会有所不同。根据视显观点，如果仅仅因为你戴着玫瑰色眼镜，某样东西在你看来是红色的，那么它并非真的看起来是红色的——所以，那样东西看起来是红色的这一知觉证据，不是良好的客观理由，让你可以相信它是红
122 色的。这跟显表事实性态度观点对客观废止的处理很相似。并且，根据视显观点，如果你相信，某样东西之所以在你看来是红色的，只是因为你戴着红色眼镜，那么你就会相信，它并非真的看起来是红色的——所以，它并非看起来是红色的这一信念，就会排除它看起来是红色的这一知觉证据。这跟显表事实性态度观点对主观可废止性的处理同样很相似。

但两种观点的相似性也就仅限于此了。视显观点对于假谷仓案例会得出极为不同的结论，因为你身处假谷仓乡村这一事实，跟某样东西看起来像个谷仓并非不相容。所以，根据视显观点，即便你身处假谷仓乡村，你客观上仍有良好的知觉证据，证明某样东西是

[1] 亦可参见 Comesaña and McGrath（2015）。

个谷仓——客观废止不复存在。类似地，相信你身处假谷仓乡村，也不会主观废止你的相关知识，因为那同样跟你的知觉证据完全相容。

正如我已经提到的，在一些人看来，假谷仓案例不过是反映不同的直觉。因此，如果你信服原初的例子，那么你可能更偏向显表事实性态度观点，反之则可能更偏向视显观点。[1] 但我认为，两种观点解释废止现象时有着更为深刻的分歧。这是因为，即便在玫瑰色眼镜案例中，如果你看到某样东西，它确实看起来是红色的，但它在你看来是红色的则是因为你戴着玫瑰色眼镜，那么按照视显观点，你的知觉证据仍然为真，不会遭受任何客观废止。但这一点很糟糕。当你戴着玫瑰色眼镜，仅仅因为看到某样东西是红色的，你不可能由此知道它是红色的。

诚然，视显观点可以诉诸更多的资源，设法解释这样的案例是怎么回事。毕竟，某样东西看起来是红色的这一命题，远远谈不上蕴涵那样东西是红色的。在对视显观点给出独具匠心的论证时，麦格拉思也着意拉开这种距离。所以，这方面还需进一步的讨论。但更重要的是，虽然我偏向显表事实性态度观点，我仍要强调，这三章的讨论给我最重要的教益是主观理由的事实性问题。

显表事实性态度观点不会抹杀认识论领域中其他重要传统的贡献。它对独断论进行深化和澄清，而不是予以取代。它从各种重要的析取主义进路那里发现了诸多真理。它还承认，对于知觉内容以及跟世界的事实性知觉关系，外在主义解释大有用武之地。

接受视显观点或者显表事实性态度观点的代价是容许这一点：
能动者无需跟真理处于认知或知觉关系，便可拥有主观理由。而我 123
已经论证，这根本不是代价。每当哲学家们对信念或者行动的理性

[1] 提醒一下，对于假谷仓案例，显表事实性态度观点可以采取两种进路中的任何一种，只要看到的情况和知道的情况相适配。

提出解释，在不直接诉诸理由或证据进行思考的情况下，他们通常不假思索地假定，无需基于真理便可确定如何行事是理性的，或者相信什么是理性的。只有当人们试图将理性奠基于理由或证据时，看起来才很难排除这样的结论：理性必定基于真理。但我们应该拒斥这样的结论——因为按照某种摩尔式观点，相比这种结论，前面提出的假设更可信，即理性涉及的是视角，而不是真理；更何况，所有证明主观理由必须是真理的论证，都是源于误解。

# 第三部分　证据如何将信念理性化

我们在思想、言辞和行动上犯了罪。

——《公祷书》

# 第6章

# 认识论中的权衡现象



## 6.1 回顾与前瞻

本书旨在讨论理由在认识论中的角色。总体而言，我们希望验证我们的核心假设，即至少在某些方面，由于未能认真对待认识论和道德哲学中规范性研究主题的共通性，认识论中的一些重大及核心问题遭到了曲解。我们尤其关注*理由至上*论题，这一论题在当代道德哲学中可以说被广泛接受，在认识论领域则没有这样的地位。但按照我的论证，既然认识论完全是一门规范性学科，理由至上论题如果能够为真，那么它必须对认识论中那些核心的规范性概念为真，这些概念包括理性、证成以及最终将在第四部分讨论的知识。然而，我们在第 1 章就已经看到，认识论问题给理由至上论题制造了特殊的障碍——比如未经证成的信念问题和充足性问题。

第二部分致力于处理未经证成的信念问题。我在那里论证，对于知觉经验如何能成为关于外部世界的证据的一个特殊来源，应对未经证成的信念问题的传统进路——也就是导致理由至上论题陷入困难的那种进路，恰恰是一系列非常普遍的问题的根源所在。在这种进路和关于理由的另外一些假设的作用下，解释基本知觉证据的本质时，完全掩盖了一种我认为本应充满吸引力的观点——根据这种观点，基本知觉证据是*世界牵涉*的，但即便不真实，也可以将信念理性化。这也许最终未必是关于基本知觉证据的*正确*观点，但由于它保有析取主义理论的优点，同时避免了后者的缺点，所以理应得到认真对待，而那些使它遭到无视的因素应该受到质疑。

第三部分将集中探讨充足性问题。正如第 3 章提出一个一般性的认识论问题，即未经证成的信念问题，接着第 4 章表明，可以通过一种符合理由至上论题的进路来解决这一问题，最后第 5 章表明，这种进路可以得到辩护，并可发展成一种有吸引力的、站得住脚的观点，即*显表事实性态度观点*，按照类似的步骤，第 6 章将提出一个一般性的认识论问题，即充足性问题；第 7 章将表明，可以
128 通过一种遵循理由至上论题的合适进路来避免这一问题；第 8 章将表明，这种进路可以得到辩护，并可发展成一种有吸引力的、站得住脚的观点，即我所称的*实用理智主义*（*Pragmatic Intellectualism*）观点；第 9 章则对这种观点进一步扩展，将它用于处理关于信念的道德问题。[1]

回想一下，充足性问题源于这一事实：在支持信念的各种理由当中，看起来只有*证据*才能让信念变得理性。举个典型的例子，帕斯卡提出的那些支持信仰上帝的*帕斯卡式*考量，无助于以知识所要求的那种方式让信仰上帝变得理性，而可以解释这一事实的观念是：对信念的理性来说，只有合适的*认知*理由才是重要的，而认知理由只包括证据。但如果跟信念的理性相干的理由只有证据，那就很难解释支持信念的理由如何才能*充足*，除非直接说，它们足够优良，从而使得信念是理性的。但如果理解理由何以充足的唯一办法是借助理性或证成，那么理由就不能用于分析和解释理性与证成了。

相比我对未经证成的信念问题的解决方式，我对充足性问题的解决方式更简单。这个问题基于这样的假设：只有证据是跟信念的理性相干的理由。要以符合理由至上论题的方式解决这个问题，我

[1] 正如后面将要表明的，决定如何行动不同于行动，而实际上更像信念。

们应该拒斥这一假设。我们应该转而认为，有某些支持或反对信念的理由，并不是支持或反对信念内容的证据。具体而言，我将接受的那种观点认为，有某些反对信念的理由，不能充当支持或反对信念内容的证据。

我会从若干不同的方面论证这样的观点，但其中的核心动机是出于这一观察：如果我们不承认非证据性的理由可以跟信念的理性相干，就会导致严重的难题，即证据如何能用于解释对我们来说相信什么是理性的——可以看到，这是前面提到那个难题的翻版，即如果不依据理性或证成来解释理由，就难以刻画理由的充足性。本章要讨论的就是这些关于证据如何能够发挥证成作用的难题。第 6.2 节将略述几种情形，在这些情形中，关于证据的事实看起来不足以决定对某人来说相信什么是理性的，或者某人可以理性地相信什么。第 6.3 节将表明，通过区分慎思或决断的理由与慎思过程中的理由，可以解决部分但非全部这些难题。第 6.4 节则将简要勾勒出我的解决方案的结构，即认为有某些反对信念的认知理由并不是证据。

## 6.2　关于证据充足性的若干难题 129

充足性问题是这样一种挑战：倘若认识论中相干的理由是证据，理由如何可以解释信念的证成或理性。这个问题之所以困难，是因为很难弄清楚，如何从关于证据的事实推衍到关于理性信念的事实。如果支持和反对信念的理由是证据——并且对于何种关于证据的事实可以决定关于理性的事实，我们没有任何独立和一般的说法，那么由此产生的问题便是，对于支持信念的理由如何足以起到证成作用，我们只能诉诸理性或证成来阐述，从而不能用理由来解释理性或证成了。

充足性问题能引起广泛注意，要归因于这样的观察：基于关于证据的事实，很难推衍出关于理性的结论。接下去我会讨论几种这样的观察。但这些观察本身也面临着问题。因为这样的想法*确实*很自然：在解释信念的理性时，证据扮演了重要角色。对于理解知觉经验如何能成为关于外部世界的证据的特殊来源，以及知觉经验如何能在证成外部世界信念的过程中扮演一种可理解的角色，第 3 至 5 章能提出那种尝试性的进路，前述信条当然起到了关键作用。但如果令人疑惑的是——我将论证这*确实*令人疑惑，单凭关于证据的事实如何能预测和解释对一个主体来说相信什么是理性的，那么这本身就会成为一个非常一般的问题：解释理性信念或者知识时，证据如何可能扮演一种核心角色？

关于证据如何将信念理性化，我要考虑的第一个难题表述起来很简单。它来自吉尔伯特·哈曼的论述（Harman，2002），我把它称为*近乎持平*（*near ties*）问题。这个问题是这样的。当支持两种竞争性的行为的理由同样好时——即当它们*持平*时，采取其中任何一种行为都是理性上允许的。然而，当支持和反对 P 的*证据持平*时——即当你有同样好的证据证明 P 和～ P 时，持有其中一个信念则并非理性上所允许。相反，一般而言，在证据持平的情况下，可以说理性上总是不允许持有其中任何一个信念，实际上，哪怕证据只是接近于持平时也是如此。所以称之为*近乎持平*问题。就行为而言，当一个理由跟竞争性的理由*至少一样好*时，它便足以证成相关的行为。因此在行为的情形中，我们看起来可以诉诸某种独立的标准去评判理由是否充足，从而依据能动者的理由和理由之间的竞争关系，解释对能动者来说如何行事是理性的。但信念的情形看起来不可能如此，因为跟竞争性的证据一样好，便是证据不足。

*近乎持平*问题可以让充足性问题得到凸显。它看起来表明——
130 哈曼论证它确实表明，认知理性截然不同于行动理性，尤其是，在信念的情形和行为的情形中，理由和理性之间有着极为不同的关

系。但近乎持平问题本身也令人疑惑。要让信念变得理性，证据必须有多好？它比竞争性的证据到底必须好多少才行？可以发现，有几个问题的存在使得很难对这一问题给出一般性的回答。

我们对证据的衡量也许是依据有多大概率（*probable*）得到某个结论。按照这种看法，持平证据的问题在于，当证据持平或者接近持平，P 和～ P 是同等概率或者接近于同等概率的。不过，如果证明 P 的证据使得 P 有足够大的概率，信念 P 就是理性的。但这种进路面临的一般性问题是，需进一步回答，充足概率的临界值如何不是出于任意的设置，除此之外，它还面临这样的问题：如抽奖的例子所表明的，[1] 信念可以在具有任意概率的同时不具有理性。设想你知道，刚刚举行的一次抽奖活动有 n 张彩票，每张彩票都有同样高的概率中奖，但还不知道哪张被抽中为中奖彩票，那么，你知道每张彩票都有 n－1/n 的可能性不中，当 n 的值足够大，这种可能性可以任意趋近于 1。所以，就任何小于 1 的理性信念的概率临界值而言，都存在一次抽奖活动，在这样的抽奖活动中，对于每一张彩票，都可以理性地相信它不会中奖。然而与此同时，相信其中一张彩票能够中奖却是理性的——事实上，我不妨直接规定，这就是你对抽奖活动所确知的一件事。而且可以理性地相信，你考虑了所有的彩票。但由此得到的结论是，一组不一致的信念中的每一个信念都是理性的。

诚然，在可以理性相信的事情中，一个人原则上可以通过只相信其中的部分事情，来避免不一致的信念。要做到这一点，你必须要么打消关于抽奖活动是否有一张中奖彩票的信念，要么打消关于你是否考虑了所有彩票的信念，要么打消关于至少有一张彩票可以中奖的信念。但按照我的规定，你知道抽奖活动有一张中奖彩票，并且知道抽奖活动中有哪些彩票。因此，如果仅仅为了可以一致地

[1] 参见 Kyburg（1961）。另可对比 Ryan（1996）、Nelkin（2000）和 Smith（forthcoming）。

相信每一张彩票都不会中奖，打消关于前面几件事的信念就是理性的，那确实很奇怪——就好像仅仅因为注意到每一张彩票都有可能中不了奖，就可以理性地怀疑抽奖活动有一张中奖彩票，或者抽奖活动中有哪些彩票。但是，相信某些彩票不会中奖的同时，打消关于其他彩票的信念，这在理性上是任意的——因为我们可以规定，就你跟彩票之间的关联而言，每张彩票都是对等的（例如，没有任何一张彩票是你购买的[1]）。所以，若要保持一致的信念，就不可能以理性的方式相信，某些彩票不会中奖。由此，我得到的结论
131 是，抽奖案例表明，不存在一个小于 1 的概率临界值，足以使信念变得理性。

刚刚对这个问题的讨论是针对小于 1 的概率临界值，但我相信，纵然将概率临界值设置为 1，也无法避免这一问题。这是因为，无论基于何种自然的概率概念，相信事情只是可能发生而非一定发生，这确实往往是理性的。诚然，也有一个不那么自然的概率概念，或许有人觉得可以用于克服这个问题。蒂莫西·威廉姆森（2000）诉诸他所说的一个命题的证据概率（*evidential* probability），即那个命题以你的证据为条件的概率。他赞成这样的观点：只要一个命题的以你的证据为条件的概率为 1，相信那个命题就是理性的。但这并未真正解决我们的问题。因为我们的问题在于，可以理性地形成某些信念，这些信念并非可以依据你已经掌握的证据演绎地推断出来。对于这样的情形，威廉姆森会说，一旦你形成相关的信念，如果那个信念确实是理性的，那么它就是知识，所以它的内容是你的证据的一部分，由此可以得出，它以你的证据为条件的概率确实是 1。然而，对于为什么形成那个信念对你来说是理性的，这种说法并未依据你形成该信念之前所拥有的证据

[1] 早在读本科时，我就倾向于接受认识论中的实用入侵论题，而促使我接受该论题的是这样的直觉：对于一张你有机会购买的彩票，相信它不会中奖，这确实是理性的。我们将在第 8 章看到，我现在仍然认为这一点本质上是正确的。

进行解释。所以，根据威廉姆森的观点，在解释你按照预期可以理性地相信什么时，证据完全缺位了。[1]

至此我都在论证，在概率的语境中，很难解释要多少证据才能让信念理性化。而诉诸证据的数量或者优势（*preponderance*），同样很难回答这一问题。这是因为，在有些情形中，理性的信念所基于的证据可以非常少，或者只是稍稍胜过相反的证据；而在另外一些情形中，即便我们搜集到诸多证据，哪怕有颇具决定性的证据，相信某件事仍然是不理性的。

让我们先来看看关于证据数量的问题。为厘清这一问题，可以对比一下这两类信念所适用的证据标准：一类信念涉及的主题只能获得极少的证据，另一类信念涉及的主题则很容易搜集决定性的证据。前一类主题的例子包括古代历史、理论物理和哲学。就每一个这样的主题而言，我们搜集证据的方法都会受到种种限制，而且在某些情况下，可以获取的证据不但非常有限，还可能是模棱两可的。尽管如此，这些领域的从业者有时（甚至常常）可以形成对各自主题的理性信念。相比之下，对有些主题来说，证据很容易获
取。我们可以问，苏格拉底饮下鸩酒的那个房间里发生了什么事， 132
布鲁图斯和卡西乌斯密谋刺杀尤利乌斯·恺撒的那个房间里发生了什么事；同样可以问，你读这段话时隔壁房间发生了什么事。但是，在苏格拉底或布鲁图斯的事情上可以理性地说服一名历史学家的证据，却不能同样理性地说服你——因为你可以起身去隔壁房间亲自查看。由此可见，如果有直接渠道可以获取进一步的证据，就会让原本理性的信念变成非理性的信念。

类似的说法也适用于证据的优势，尽管这方面引发的争议更多。对此可以通过比较两种情形来说明，在那两种情形中，通常所说的出错风险（*stakes*）不同。反映这种风险问题的一个经典例

[1] 相关讨论参见 Cohen and Comesaña（2013b）。

子是这样的：[1] 你周五下班开车回家，计划在途经银行时停车存工资，然后与你的配偶共进预订的晚餐。然而，当你来到银行，眼见柜台前的队伍一直排到门外，所以你不大可能排完队还能准时赴约。幸好，你有某种证据表明，银行在周六早上会营业——比如，你依稀记得收到过银行的传单，上面说他们很快会安排周六的营业时间，而且你在周六早上开车经过银行时，曾几次看到门敞开着。现在，让我们考虑刚刚描述的这个例子的两个版本。在第一个版本中，你在接下来的一周内何时存入工资是无关紧要的——特别是，你准时与你的配偶共进预订的晚餐比这更重要。而在第二个版本中，为按时清偿按揭贷款计，你能否在周日之前存入工资非常重要，否则你房屋的抵押物赎回权就会被撤销——因此，这比是否准时与你的配偶共进预订的晚餐重要得多。

至少站在前理论的角度，可以很自然地认为，相比周日之前是否存入工资不重要的情形，在按揭贷款即将到期的情形中，对你来说需要掌握更多的证据，相信银行周六早上营业才是理性的。而如果这是对的，那就不存在确定的证据优势，可以构成信念理性化的必要或充分条件，因为随着差错的代价（俗称“风险”）变高，所需的证据优势也会变大。这便是人们所称的实用入侵，接下去的讨论不会依据这种充满争议的观念，但我认为它是对的，并将在第 8 和 9 章对它进行辩护。

就理解证据如何将信念理性化而言，除了以上这些问题，还有另外几种情形，在这些情形中，对某人来说可以理性地相信什么，看起来是独立于她的证据的。随机闭合（*arbitrary closure*）问题
133 即是一例，这个问题表明，所有证明 P 的证据都是支持命题 P 的后承的证据，但并非所有否证 P 的证据都是否证其所有后承的证

[1] 原初版本的银行案例来自 DeRose（1992），而我这里的版本大致由 Stanley（2005）改编而来。Fantl and McGrath（2002）以及其他许多人都讨论过类似的案例。

据。[1] 因此，命题 P 的每一个后承至少都一样好地受到相关证据的支持。然而直觉上，理性并不要求我们相信我们所相信的一切事物的每一个逻辑后承——事实上，这么做反而是不理性的。所以，这种情形再次表明，一个信念的理性不可能只依赖于它如何好地得到证据的支持。

信念的理性也可能取决于慎思的代价。以林应该前往洛杉矶的某研究生院就读这一命题为例，林和米恩可能有完全相同的证据支持这一命题，但如果林在获取这条证据之后，跟她婆婆一直通话的同时，后方传来火灾报警器的声音，并且她孩子打碎了玻璃瓶，那么对米恩来说理性的做法是，重新斟酌这条证据，并相信林应该去南加州大学，但对林来说相信这一点并不理性，因为她手头有更紧急的事要处理。这种情形同样表明，可以理性地相信什么，独立于单纯跟证据的权衡相关的事实。

此外，证据的获取顺序也会产生影响。例如，威尔和菲尔在同一领域做研究，对于 P 是否为真，他们都尽数阅读了同样的资料。但威尔在这个领域已经深耕多年，菲尔则刚刚研究生毕业。当威尔最初进入该领域时，所有的证据都支持 P 论题，所以跟当时绝大多数研究者一样，他断定 P 为真。不过随着时间推移，偶尔会冒出相反的证据，并且新近的证据也趋于对假设 P 不利。孤立地看，这些新的证据中没有一条足以促使威尔重新考虑他的观点，所以他仍然相信 P。菲尔同样意识到，证明 P 的证据比相反的证据更好。但由于菲尔还很年轻，从未形成信念 P，并且他一次性将全部证据都考虑在内。他于是断定，尽管 P 为真的可能性更大，总体上证

[1] 这一点比看起来要更微妙一些，尤其因为我在本书中有意不提出任何关于如何衡量证据的直接主张，无论是依据数量，还是依据效力。一个重要的复杂之处是，一条特定的证据 E 在使 P 的可能性变大的情况下，也可以使 P 的许多后承的可能性变小。所以，取决于我们如何衡量证据，这可能并不为真：一条特定的证据 E 跟支持 P 一样好地支持 P 的后承。尽管如此，P 的后承的后验概率必定至少跟 P 的后验概率一样高。

据还没有好到足以结束对这个问题的争论，所以对于 P 是否为真，他保持尚未可知的状态。[1] 如果像威尔和菲尔这样的例子是可能且理性的，那么信念就有一种理性惰性（*inertia*）。而如果信念展现出这样的理性惰性，也就又一次表明，哪些信念是理性的，不可能仅由证据的权衡所决定。

134 

## 6.3 理由的两个阶段

对于证据如何将信念理性化，上一节罗列了一系列问题。在我看来，这些问题都值得关注，并且至少可以划分成两个极为不同的种类。只要我们区分是否对 P 是否为真进行慎思的外部问题，和内在于对 P 是否为真的慎思可以得出什么结论的内部问题，便可妥善处理其中某些问题。这一点很重要。因为如果影响信念理性的所有非证据因素都可以解释为，影响的是慎思与否的外部问题，而不是内在于对 P 是否为真的慎思可以得出什么结论的内部问题，那么证据单凭其自身可以在确定信念的理性方面发挥作用这一观念便可保留下来，应用于内在于慎思的理由。但本节将表明，一旦我们看到，这为什么可以正确处理随机闭合、慎思代价和认知惰性问题，也就能看到，这为什么无法正确处理统计证据、证据数量和差错代价问题，或者近乎持平问题。所以，对于证据如何将信念理性化，集中关注这两类问题之间的差异，也就是关注以何种方式才能圆满回答所有种类的问题。

让我们首先考虑随机闭合问题。随机闭合问题表明，一个命题的任意后承都至少一样好地受到相关证据的支持。由此引发的担心

[1] 对比 Podgorski（2016a）中讨论的案例，以及 Podgorski（2016a，2016b）中提出的解释。另参见 McGrath（2007）。

是，可能出现这样的结果：相信任何一个命题的任意后承，都至少跟相信那个命题本身一样理性。所以比如，对你来说，昨天相信你活着或者“avada kadavra”（阿瓦达索命）是一句灵验的索命咒语，跟相信你活着至少一样理性。但问题在于，直觉上，并非相信你活着这一命题的每一个任意后承都一样理性——特别是，如果你昨天不相信你活着，我们就可以正当地批评你；而如果你昨天不相信你活着或者“avada kadavra”是一句灵验的索命咒语，我们就不能正当地批评你。

不过注意，上述例子拿昨天（即在你读到这些话之前）的事来描述，比拿今天的事来描述更有说服力。尽管你不会因为昨天相信你活着或者“avada kadavra”是一句灵验的索命咒语而受到批评，今天却并非如此。原因在于，昨天你没有考虑也没有理由考虑这个析取式，但今天你有了理由。[1] 也许今天你仍然没有什么特别的理由要考虑它，但此刻你无可回头地有了理由，因为当考虑你是否活着或者“avada kadavra”是否是一句灵验的索命咒语的问题，唯 135
一合理的结论就是“是”。缺乏这一信念在昨天之所以理性，其理由在于，不对这个问题进行考虑是理性的——而不是因为对这个问题有其他的合理回答。由此，随机闭合案例无非表明，对相关问题的回答的合理性总是仅仅取决于支持和反对的证据，然而可以理性地相信什么的问题，既依赖于对哪些问题进行考虑是理性的，也依赖于对那些问题给出什么样的回答是合理的。

认为信念的理性必须这般进行区分，即区分对一个问题进行考虑是否理性，和对那个问题的回答是否合理，这样的观念很重要，对我们来说也并不陌生。这个观念就是说，对信念的理性评价有两个层次，或者推理有两个阶段，它们来自外在理由和内在理由的相互作用，外在理由对考虑某个问题予以支持或反对，内在理由则

[1] 参照 Cohen（unpublished）。

内在于那个问题的慎思过程。接受和发展这一观念的人不在少数，包括欧文斯（Owens，2000）、希罗尼米（Hieronymi，2013）、哈布斯（Hubbs，2013）、沙阿和西尔弗斯坦（Shah and Silverstein，2013）等，并且如科恩（Cohen，unpublished）有力论证的，它跟随机闭合问题的情形颇为切合。

区分外在于信念慎思的理由和内在于信念慎思的理由，也有助于处理慎思代价问题和认知惰性问题。例如，林的问题并不在于，对于她是否应该去洛杉矶某研究生院的问题，在米恩那里有某种不同的合理回答——她的问题在于，眼下有其他事情要考虑：火灾警报、婆婆的电话以及孩子脚边的玻璃碎片。

在这一情形中，要确定涉及的是慎思是否理性的问题，而非慎思的结果是否合理的问题，一种验证办法是，如果我们改变林对她是否应该去洛杉矶某研究生院的现有信念，就会改变她的周围环境所产生的影响。例如，比较这样两种情形：在一种情形中，当火灾报警器响起，林还没形成关于她是否应该去研究生院的信念；在另一种情形中，她先前已经断定，她应该去纽约某研究生院。在这两种情形中，一旦火灾报警器开始响起，现有信念的理性地位就固定下来了。当火灾警报响起、婆婆通着电话、孩子快要踩到玻璃碎片的此刻，在关于应该去哪个研究生院的问题上改变想法是不理性的，所以，至少就此刻而言，无论她关于那个问题已经有什么样的想法，保持那种想法对她来说就是理性的。无论现有信念是什么，
136 周围环境可以让它的理性地位固定下来，这一事实可以强有力地支持这样的观念：周围环境不影响信念慎思过程中何种结论是合理的，而只涉及是否开启或重新开启慎思。[1]

[1] 参照 Schroeder（2013）。在 Schroeder（2012b）中，我错误地认为，慎思代价案例可以类比差错代价和证据可得性案例，Shah and Silverstein（2013）让我确信这是错的。

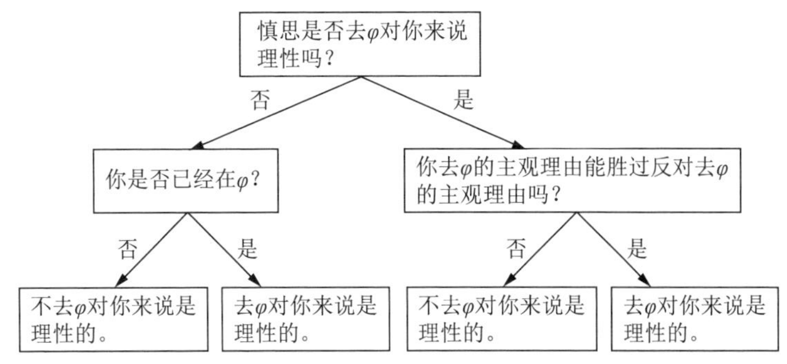


图 6.1　双阶段模型

最后，如阿贝拉德·波德戈尔斯基（Abelard Podgorski，2016a）很好地论证的，通过区分是否慎思的理由和慎思当中的理由，也可以恰当处理认知惰性问题。即便对重新思考相关问题的菲尔来说，尚未可知是合适的反应，对威尔来说保持信念 P 仍是理性的，这是因为，尽管有反对这一命题的新证据出现，其本身并不足以迫使威尔重新考虑他的观点。既然证据不足以要求重新考虑，他保持既有观点就是理性的。所以，现有信念得到了支持。我们再次看到，通过区分对问题进行考虑是否理性，和那种考虑当中的回答是否合理，来处理这样的案例之所以令人信服，关键因素便是现有信念。威尔并非因为他更年长，所以可以援用“祖父条款”[译按：原文系“grandfather”的动词用法，该用法与“祖父条款”(grandfather clause)相联系，这种条款允许某些情况在新的法规实施时保持原先的状态不变。]——倘若威尔有个同事，她在新的证据出现之前从未确定 P 是否为真，那么对她来说相信 P 就不再理性了。对威尔来说拥有这一信念之所以理性，是因为这是他的既有信念，并且不对其进行重新考虑是理性的——不只因为获得证据的先后顺序。

本节我们看到，在一些重要的情形中，证据不足以决定对某人来说相信什么是理性的，这些情形源自这一事实：可以理性地相信什么，这是你的信念的既有状态的产物，牵涉到考虑某个问题对你来说是否理性的问题，以及对于那个问题可以得出何种理性或合理

结论的问题——即如何通过慎思得到理性结果的问题。随机闭合案
137 例表明，考虑什么问题很重要，考虑什么问题对你来说是理性的也
很重要；而慎思代价案例和认知惰性案例表明，如果可以分开追问
慎思是否理性，和慎思当中得到的结果是否合理，那么我们应该期
待什么——我们应该期待，反对慎思的理由可以给保持原有信念的
理性提供支持，无论原有的信念是什么。

## 6.4 双阶段策略的限度

上一节讨论的是双阶段策略的优点，以便清晰展示这些案例如何区别于第 6.2 节谈到的另一组问题——抽奖问题、进一步证据的可得性问题、差错代价问题以及哈曼关于近乎持平问题的论点。

先来看抽奖问题。回想一下，这个问题出现在这样的情形当中：你有任意好的统计证据表明，每一张彩票都不会中奖，但你知道其中一张彩票会中奖。这种状况中有某种因素，使得相信任意一张彩票会中奖是不理性的，尽管比起你完全可以理性相信的其他事情，那张彩票中奖的概率也许要高得多。倘若这是由双阶段策略得出的结果，那必定是因为，对一张彩票能否中奖进行慎思是不理性的，而不是因为，相信那张彩票不会中奖作为这种慎思的结论不是最合理的。

然而这是不对的。正如我们在随机闭合案例中看到的，哪怕对某个问题进行慎思不是特别理性，只要你发现自己在思考那个问题，并且答案直接明了，那么不把它作为那个问题的答案予以接受，是不理性的。将同样的原则应用于抽奖案例，我们应该期待，只要你发现自己确实在思考某张彩票能否中奖，那么唯一合理的反应便是，断定它不会中奖——或者在你陷入矛盾之前，停止对其他彩票的思考。但这是有问题的——在抽奖案例中，由于彩票之间具

有对等性，得出任何一张给定彩票都不会中奖的结论是不合理的，即便你发现自己在思考那张彩票能否中奖。

类似地，由慎思代价问题和认知惰性问题的情形我们看到，不进行慎思的理由可以给原有信念提供支持。如果从事慎思是不理性的，那么对问题保持你原有的观点就是理性的，无论那种观点是什么。但是，对于抽奖活动中特定的彩票能否中奖，保持你的既有观点并不理性。举个例子，如果你在几个钟头前错误地断定 354 号彩票不会中奖，保持那个信念不会变得理性，原因很简单：你不应该 138
再次考虑这个问题。更明显的例子是，如果你凭直觉形成了 1192 号彩票会中奖的信念，保持那个信念不会变得理性，原因同样很简单：你不应该再次考虑这个问题。由此可见，在纯粹统计证据的情形中，完全不用关注原有信念，更谈不上给原有信念提供支持——无论哪种信念都是不合理的。

证据可得性问题也适用类似的推论。前面提到，就许多哲学问题和古代历史问题而言，证据很少并且很难获取，但得出某些结论仍然是完全理性的，尽管对于隔壁房间有多少人的问题，或者其他容易搜集额外的、决定性的证据的问题，同样数量的证据无法将相应的结论理性化。按照我的论证，两类情形之间的重要差异可以归于这个问题：可以得到多少进一步的证据。相比没有进一步的证据可以获取时形成的信念，有更好的证据可以获取并且容易获取时形成的类似信念，在理性程度上更低。要解释这种状况，双阶段策略必须主张，当有更多的证据可以获取，慎思是不理性的。

但正如我们已经看到的，即便思考你是否活着或者“avada kadavra”是否是一句灵验的索命咒语没什么意义，一旦你发现自己在思考这个问题——仅仅因为你在一本叫《理由至上》的书里读到了这句话，便只有一种合理的反应。类似地，我们应该期待，当你开始推想隔壁房间有多少人，即便这是犯了理性上的错误，犯了这种错误之后，你也可以理性地进一步断定，（比如说）那有 12 个人，只要这是你掌握的高度间接的证据所支持的最佳答案。但我认为，这么说并不正确。即便你发现自己在思考隔壁房间有多少人，这种推理活动的正确进程应该是，你意识到最好的验证办法是亲眼去看。

在考察支持或反对慎思的理由所具有的影响时，我们也通过对原有信念的支持来进行检验。我们同样可以看到，进一步证据的可得性不可能只是这种外在理由的特征。如果可以获取进一步的证据这一事实，只是反对着手追问某个问题，那么它就可以支持你的原有信念，无论后者是什么。但这意味着，如果你先前基于单薄的证据，形成隔壁房间有 12 个人这一信念，尽管当时你是不理性的，现在却可以理性地保持那个信念，因为那不是一个你应该加以慎思的问题。更糟糕的是，这又意味着，如果你先前形成隔壁房间有 12 个人这一信念，完全是出于直觉，甚至直觉还跟你拥有的单薄的间接证据相冲突，即便如此，你现在依然可以理性地保持那个信念，而原因仅仅是，再次考虑那个问题是不理性的。这肯定不对。证据的可得性不只是我们决定是否考虑某个问题时所要关注的
139 东西，它也是考虑那个问题的过程中你要关注的因素之一。断定你没有足够的证据解决问题，不只是中断对问题的考量，也是慎思得出的一个自然结果。所以，进一步证据的可得性所具有的影响，无法通过双阶段策略得到处理。

在差错代价问题的情形中，双阶段策略的失效就更显而易见了。回想一下，在差错代价案例比如银行案例中，一个广泛接受且合理的观点是，如果行动所基于的那个信念为假要付出高昂的代价，那么必须有更多的证据，才能形成理性的信念。为了处理这样的案例，双阶段策略必须假定，出错的代价是不进行慎思的一个理由。但是，跟随机闭合案例一样，看起来这种假定的言下之意是，即便慎思是个坏主意，一旦你发现自己处于对银行周六是否营业的慎思当中，唯一合理的结论便是，银行周六会营业。而这当然是错

的——只要你认为银行案例是可信的，当你处于高风险的情形，即便你已经考虑过银行周六是否营业，这一事实看起来也不会让你免于掌握更多的证据。差错代价案例看起来也不会给原有信念提供支持。如果你一开始相信银行周六会营业，意识到按揭贷款即将到期之后，就应该促使你重新考虑你的证据，以免你的信念遭到推翻。

更有力的一点是，差错代价案例有种明显的不对称性，任何双阶段策略都无法对其进行解释。这是因为，在银行案例这样的情形中，如果银行周六会营业是虚假信念，依据这一信念行事就要付出高昂的代价；而如果银行周六不会营业是虚假信念，依据这一信念行事所付出的代价却是轻微的。[1] 所以，尽管需要更多证据，才能理性地相信银行会营业，理性地相信银行不会营业，却不需要更多证据。由这种观察可以得出，如果你的证据支持你认为银行周六不会营业，即便你知道按揭贷款即将到期，这一事实也完全不会导致你在断定银行不会营业之前，必须搜集更多的证据。换言之，出错的代价是选择性的——它们针对的是银行会营业的结论，而不是银行不会营业的结论。

跟慎思的理性或者支持或反对慎思的理由相关的事实不可能有这样的选择性。如果出错的代价拒斥慎思，那么它们便是绝对拒斥慎思——无论慎思的结果是什么。如果对 P 是否为真进行慎思是不理性的，那么不管结论是 P 还是～ P，都要受到同样的非难，因为两者可以归咎于同一种有问题的慎思活动。由此，若要解释差错 140
代价如何影响信念的理性，我们只能认为，它们在慎思当中扮演某种角色——它们必定直接跟证据相竞争。而正如我们在第 2 章看到的，这样的观察在可以一直追溯到罗斯的那种伦理理论中颇为常见——如果需要更有力的证据才能抵消更高昂的差错代价，那么很可能是因为，在决定对某人来说相信什么最为合理时，证据和差错

[1] 参见 Schroeder（2012a）。

代价之间会产生直接竞争。

第 6.3 节表明，随机闭合问题、慎思代价问题和认知惰性问题可以得到妥善处理，它们无非是由这一事实导致的：慎思是否理性跟慎思的结果是否合理是两回事。本节则论证，相比之下，纯粹统计证据问题、证据的可得性问题和差错代价问题是截然不同的一类问题。我把这些问题中的每一个都当做重点来讨论，因为在我看来，对于充分解释证据如何支持合理结论来说，它们都是有待解释的特殊现象，同时也是为了确定，它们都是可以恰当地归于信念慎思过程当中的现象。不过，要看到双阶段策略必定存在某种缺陷，还可以找到更直接的方式——近乎持平问题即直接表明了这一点。

回想一下，近乎持平问题是说，如果证据完全持平，那么相信 P 或者～ P 都是不理性的——而且通常情况下，当证据接近持平时，相信 P 或者～ P 也都是不理性的。至于行动，只要支持各种行动的理由跟竞争性的理由至少一样好时，这些行动便都是理性的，由此问题就产生了：当支持不同信念的证据跟竞争性的证据至少一样好时，这些信念看起来并不理性——这里假定跟信念理性唯一相干的理由是证据。

双阶段策略几乎无法以可信的方式来处理近乎持平问题。这个问题所展现的事实显然涉及这一点：证据决定可以合理地相信什么时满足了什么条件，是证据接近持平时所没有满足的。而在你考虑某个问题之前，没有任何先在的途径可以确定，证据是否接近持平，以便确定是否值得对那个问题进行慎思。证据接近持平是只能在慎思当中得出的结论——即通过衡量证据本身。除了这些，还需注意的事实是，其一，即便你发现自己已经在考虑某个问题，接近持平的证据仍然是重要的；其二，接近持平的证据只支持不可知论的立场，而不会无差别地支持原有信念。

就表明证据无法决定信念的理性而言，抽奖问题、进一步证据的可得性问题，以及差错代价问题都属于特殊现象，而近乎持平问题具有高度的一般性。下一节我将论证，它是关于证据如何将信念理性化的一个核心问题，并且至少是解决另外两个问题的关键所在。

## 6.5　一种解决方案 141

纵观围绕证据如何证成信念产生的所有问题，近乎持平问题处于中心位置。如果跟信念理性唯一相干的理由是支持或反对信念内容的证据，那么近乎持平问题表明，对于什么使得证据具有充足性，我们需要某种独立的概念——我们不能简单地认为，那是竞争性理由相互衡量的结果。这也让充足性问题更为紧迫。不过，当我们讨论证据如何将信念理性化，近乎持平问题也是最具一般性的难题。我对这一点的论证在于表明，针对近乎持平问题提出的一种解决方案，如何能直接揭示其他问题的解决途径。

催生所有难题的是这样的假设：跟信念理性唯一相干的理由是支持或反对信念内容的证据。因此，解决所有难题的办法是拒斥这一假设。尽管证明 P 的证据始终是相信 P 的理由，是否 P 的证据也许并不是支持或反对相信 P 的理由的唯一来源。而近乎持平问题可以给我们提供一个论证，表明还存在其他这样的理由——尤其是表明它们扮演何种角色。

哈曼引入近乎持平问题时注意到，就行动而言，当支持一种行动的理由跟反对的理由至少一样好时，那种行动就是理性的。而近乎持平问题是说，当支持一个信念的证据跟反对的证据至少一样好时，那个信念并不理性。哈曼由此推断，信念理性和行动理性极为不同。我们可以将他的推理表述如下：

**P1**　所有证明 P 的证据都是相信 P 的理由。

**P2**　只有证明～P 的证据是反对相信 P 的理由。

**C1** 所以，如果证据持平，那么相信 P 的理由跟反对相信 P 的理由至少一样好（依据 P1 和 P2）。

**P3** 当证据持平时，相信 P 是不理性的。

**C2** 所以，如果证据持平，那么相信 P 的理由跟反对相信 P 的理由至少一样好，但相信 P 是不理性的（依据 C1 和 P3）。

**P4** 证据有时候是持平的。

**C** 有时候，相信 P 的理由跟反对相信 P 的理由至少一样好，但相信 P 是不理性的（依据 C2 和 P4）。

而本书采取了一种非常不同的进路。我很早就论证，认识论跟道德哲学一样属于规范性学科，我们应该期待，认识论和道德哲学之间
142 的差异来自两者主题的差异，即信念和行动之间的差异，而非来自这样的事实：理由和理性之类的规范性概念应用于这两个领域时，完全没有相似之处可言。本书的核心假设便是，当人们孤立地看待伦理学或认识论中的问题，而不从整体的角度思考它们如何产生，出现问题便是意料之中的事。哈曼的结论很好地印证了这一点。

倘若跟哈曼的做法不同，我们一上来就认为，具有较高先验可信度的假设是，关于信念的理由和关于行动的理由以同样的方式相互作用，那么我们就应该认真对待这样的想法：相比他的结论的否定，哈曼的前提的说服力更小。由此，我们可以进行如下推理：

**P1** 相信 P 是理性的，仅当相信 P 的理由跟反对相信 P 的理由至少一样好。

**P2** 所有证明 P 的证据都是相信 P 的理由。

**P3** 所有证明～P 的证据都是反对相信 P 的理由。

**C1** 所以，如果证据持平，那么相信 P 是理性的，仅当不存在反对相信 P 的理由，这些理由不是证明～P 的证据（依据 P1、P2 和 P3）。

**P4**　当证据持平时，相信 P 是不理性的。

**C2**　所以，如果证据持平，那么存在反对相信 P 的理由，这些理由不是证明～ P 的证据。

由此，如果我们将哈曼的论证颠倒过来（我们知道，哈曼本人就喜欢这么做，这常常是对他人论证的恰当反应[1]），就可以得到另一个论证，不仅能证明，可以存在某些反对信念的理由，这些理由不是反对信念内容的证据，还能证明，每当证据接近持平时，必定总是存在这样的理由。我想表明的是，这一点确实为真，因为无论证据是否持平，总是存在不是证据的、反对信念的理由。

如果出错的代价和进一步证据的可得性总是反对信念的理由，并且这些理由不是反对信念内容的证据，那么便可得出上述结论。一般而言，以虚假信念为依据总是会面临风险的——尤其因为，当你依据的是虚假信念，你无法预知这会如何影响你关于其他事情的信念。[2] 而我们几乎总是可以找到某种途径获取进一步的证据。所以，如果这些因素可以算作反对信念的理由，也就始终存在这样一些反对信念的理由，这些理由不是反对信念内容的证据。由此可以推出，证据的接近持平状态不足以将信念理性化——尽管信念的理性化只要求与反对的理由至少一样好。这是因为，一旦我们承认 143
反对信念的理由可以不是证据，证据若要起支持作用，效力上必须超过这两者的结合：一是反对信念的证据性理由，二是反对信念的非证据性理由。

对于我们遇到的所有问题，[3] 这可以提供一个一揽子的、妥善的解决方案。正如违背重要诺言要拿履行与之冲突的、更重要的

[1] 参见 Harman（1986）。

[2] 参见《激情的奴隶》第 6 章（Schroeder，2007）。

[3] 至少是其中的大部分问题。我尚不确定这是否有助于解决抽奖问题，也许这个问题用其他办法来解决更合适——参见后面中文版第 187 页脚注［1］。

义务来辩解，反面证据充分时要有更多的正面证据才能将信念理性化，出于完全相同的原因，出错的代价显得高昂时，信念的理性化在证据上有更高的要求。这个原因便是，当确定对某人来说，如何行动或者相信什么是理性的或合适的，这些都是直接相互竞争的理由。类似地，有进一步的证据可以获取时，信念的理性化也就需要更多证据，因为确定相信 P 是否理性时，可以另外获取的证据数量与支持 P 的证据数量*直接相互竞争*。由于这两类反对信念的理由始终存在，它们在证据持平的情况下同样存在，因此在证据接近持平的所有情形中，它们打破了平衡，使之倾向于反对信念。而且，由于这一切都是由理由之间的竞争所直接决定的，对于充足性或者理性的本质，我们无需诉诸任何先在的解释，就可以通过理由之间的竞争，去决定对某人来说相信什么是理性的，从而就可以解决充足性问题。[1]

在第 1 章，我提出了某些间接证据，表明证据和理由紧密相联，并区分了理由作为证据假设和证据作为理由假设。在那里，我反驳了这样的观点：理由只是一种特殊的证据，并赞成这样的观点：证据在认识论中的重要性体现在可以充当信念的理由。而现在可以看到，本章的论证构成了支持证据作为理由假设的更直接的论证。对于围绕证据如何将信念理性化所产生的那些最重要的问题，我给出的回应本质上依赖于这样的观念：证据可以跟反对信念的理由进行直接竞争，并且后者不是反对信念内容的证据。

类似地，在第 2 章，我引入了罗斯式分析，说明对于什么是

[1] 留心相关文献的读者或许会发现，这里给出的解决办法可以跟 Schroeder（2012a）中的解决办法进行有益的比较，Schroeder（2012a）提出但并未妥善处理近乎持平问题，另外，Snedegar（2017）第 6 章对于近乎持平问题提供了一种对比主义（contrastivist）的解决方案。这里我试图利用 Greenspan（2005）所诉诸的那种支持信念的理由与反对信念的理由之间的初始区分来解决问题，斯内德加诉诸的则是本质上具有对比性的理由。

错的，或者你应该怎么做，为什么罕有乃至没有简单的定言规则。根据这种分析，之所以没有这样的定言规则，是因为什么是错的、你应该怎么做，完全取决于竞争性理由之间的权衡关系。现在我们可以看到，对于证据如何将信念理性化，我的回答跟罗斯的回答没什么区别。这个问题看起来很复杂，但乍看之下的复杂状况，其实是某些简 144
单的竞争性因素之间相互作用的可预见结果。这些因素便是理由。

本章提出了几个关于证据以何种方式将信念理性化的难题，并给出了我的解决方案的要点。我用作解决办法的观念是，尽管证明 P 的证据是支持相信 P 的唯一一种恰当的认知理由，证明～ P 的证据却不是唯一一种反对相信 P 的恰当的认知理由。我尤其指出，关于进一步证据的可得性的事实，和关于风险的事实，可以成为反对信念的恰当的认知理由。[1]

依据这种核心观念，我可以回答这些认识论问题，可以回答如何兑现本书的核心假设，还可以回答，对这些问题的正确解决何以揭示出充足性问题的解决途径，这种解决途径不仅符合理由至上论题，实际上还能证成该论题，证明其在认识论中可以发挥巨大的解释作用。按照这样的观念，基于理由之间的竞争关系来解释相信什么是理性的，完全保留了罗斯式分析的优点，尽管后者解释的是，经过通盘考虑，你在道德上应该如何行事。[2]

[1] 对于能否通过这种方式解决抽奖问题，这里不下定论。不过我已经论证，双阶段策略无法妥善处理这一问题。第三种可能是，纯粹统计证据问题最终表明这种证据确实不是很优良的证据，因为证据的强度系于解释关系，而非概率关系。所以，对于这个问题的最佳处理方式是什么，我持开放态度，接下去几章也不再对此加以讨论。

[2] 由这种解决办法可以得出，一个信念是认知上理性的，仅当它受到充足证据的支持——因为证明 P 的证据是支持相信 P 的唯一的认知证据。证据主义者有时会以这种方式表述他们的主张。但其他时候他们会说，证据主义论题是指，一个信念是否认知上理性（或得到证成），完全是由证据决定的［参见 Conee and Feldman（2004）对两种表述的讨论］。只有在证据充足的条件完全由证据决定的情况下，这两种表述才是相容的。而那又取决于有何种认知理由反对信念。

至此我只是论证，这种解决方案为真，但还未解释它如何能够为真。实际上，在认识论领域，这种解决方案的可行性之所以看起来没那么显著，一个重要的原因恰恰是，大部分人没有看到它如何能够具有可行性。毕竟，我们最初在第 1 章刻画认知理由的合适范围时，对比的是帕斯卡式观念——在那种情形中，当你拥有某个特定的信念，你就准备面对某种收益或者损失，因为某种外在或内在的心理机制会对你进行奖赏或者惩罚，诸如永恒诅咒、物质报酬抑或仅仅是更好的自我感觉。而显然，两类情形之间的一个显著差异在于，在我们的例子中，支持信念的典型理由都是证据，而帕斯卡式理由都是实践性的。由此，这样的判断就非常自然了：按照
145 认知 / 非认知的区分，唯有证据属于“认知”一方，稍有实践色彩的东西则尽归“非认知”一方。

然而，尽管就支持信念的典型理由和帕斯卡式理由之间的区分而言，上述假设确实很自然，却不能由此得出，这是两类情形之间最重要的差别。诚然，鉴于这是一种可能的区分，理论家们可以约定，他们所说的“认知理由”仅指证据。但以这种约定的方式使用这个词，就留下了一个问题：对认识论来说，认知 / 非认知的区分是否具有任何一般的重要性。所以我认为，更有益的做法是，使“认知”一词保持固定的用法，即这个词与认识论相关，再去讨论哪些理由可以算作认知理由。在我所说的意义上，认知理由就是一切影响认知理性的理由，而认知理性是知识所蕴涵的最强健的一种理性。[1]

由此，是否存在反对信念的认知理由，它们不是反对信念内容的证据，这不可能是一个术语问题，而是一个实质问题。要回答这一问题，就要更深入地考察，哪些种类的理由可以影响知识所蕴涵的那种最强健的理性。这便是第 7 章和第 8 章的任务。

---

[1] 参见 Schroeder（2015d）。可以对比 Cohen（2016），需要注意的是，即便只有一种信念理性，这种区分仍然可以奏效——它并不预设有多种信念理性。

第7章

# 认知理由作为正确种类的理由 146

## 7.1 确立认知 / 非认知的区分

我在第 6 章论证，无论是解决那些突出的认识论问题——它们涉及证据如何能解释可以理性地相信什么，还是解决理由至上论题面临的充足性问题，关键都在于认识到，存在某些反对信念的认知理由，它们不是反对信念内容的证据。我们已经看到，这种可能性不能通过规定术语用法来排除，而是一个需要探究的实质问题，我们必须考察，哪些理由会影响知识所蕴涵的那种最强健的理性。

以这样的方式表述问题，就给追问是否存在不是证据的认知理由留下了空间，同时也没有取消不存在这种认知理由的可能性。要解决这个问题，就要弄清楚，哪些理由会影响知识所蕴涵的那种最强健的理性。后一个问题又可以从不同角度进行思考。比如，我们在第 6 章已经直接触及这个问题。如果你可以知道某些关于哲学或者古代历史的东西，那么你可以理性地相信关于哲学或者古代历史的东西，并且这种理性是知识所要求的最强健形式的理性。但我认为，基于类似我们在哲学或古代历史中所掌握的那种证据，你不可能知道隔壁房间有多少人。在这件事上，你之所以不可能有知识，是因为基于那样的证据甚至不可能有理性的信念。

如果能找到证据，表明哪些种类的考量可以成为认知理由，这自然是最便捷的办法。但我们缺乏特别显著的证据来源。采用这种办法，除了直接考虑对知识来说什么是重要的，我们无法独立地考虑哪些种类的考量是认知理由。而且，在我们讨论的重要案例中，至少有一种案例本身是饱受争议的——那就是涉及高“风险”或者差错代价的案例。值得庆幸的是，这不是我们处理该问题的唯一办法。正如我将要论证的，认知理性——即知识所蕴涵的最强健的那种理性，跟适用于其他态度的各种特殊的理性评价有诸多共同之处，这些态度包括意图（intention）、恐惧（fear）、钦佩（admiration）等。如果这是对的，认知理性之于信念，就像特殊的意图理性之于意图，或者特殊的恐惧理性之于恐惧，那么通过参照类似的问题，即哪些理由是支持和反对意图的合适理由，哪些理由
147 是支持和反对恐惧的合适理由，我们就能处理这一问题：哪些支持和反对信念的理由是合适的认知理由。

认为认知理由和非认知理由的区分，跟支持和反对其他态度的理由所能作出的相应区分之间有某种相似之处，这样的想法并不是我首创的。许多哲学家都注意到，下列情形都让人感到蹊跷：你相信某件事，只因为有人出钱让你这么做；你意图做某件事，只因为有人出钱让你产生那样的意图（不考虑你是否真的按照那个意图行事）；你钦佩某些人，只因为有人出钱让你钦佩他们（倘若出钱的是他们自己，事情可能就不一样了，这无疑是一种精明世故）；你恐惧某件事，只因为有人出钱让你恐惧那件事。[1]

让我们先来看钦佩理由的情形。钦佩某个人的典型理由是，那个人是有趣的、慷慨的、擅长演奏钢琴的，等等。不钦佩某个人的典型理由是，那个人是自私的、残忍的、睚眦必报的，等等。如果某人拥有前一类特征，并且没有后一类特征，她便是合适的钦佩对象——钦佩她是对的。而如果在理性层面，你相信她拥有前一类特

[1] 例如参见 D'Arms and Jacobson（2000a，2000b）、Owens（2000）、Hieronymi（2005）。

征，并且不相信她拥有后一类特征，那么钦佩她就是理性的。钦佩某个你认为有趣和擅长演奏钢琴的人，这是有道理的。如果你不知道她其实还是自私、残忍和睚眦必报的，那么你就钦佩错了人。而如果你了解到她的这种面目，不再钦佩她对你来说是理性的。但是，在你还未发现她的劣迹的情况下，对你来说钦佩她是否理性——是否有道理，这取决于你实际相信她有什么样的品质。

的确，对你来说钦佩她是否理性，取决于她的哪些特征是为你所知晓的。如果你只知道她是有趣的，钦佩她就是有道理的，但如果你意识到她还是自私的，那就并非如此。如果你进一步了解到，她的钢琴技巧多么高超，那么尽管她是自私的，钦佩她也许仍然是有道理的。然而，如果另外有个人还知道她的残忍和睚眦必报，那么钦佩她对那个人来说就没有道理。所以，就像你应该如何行事的问题，可以理性地钦佩谁的问题也受到竞争因素的影响。不同的因素——有趣、才华、残忍、自私和睚眦必报，都会影响到钦佩某个人是否理性，而且这些因素看起来归在不同一边，有的起支持作用，有的起反对作用。

根据第 2 章的讨论，理由的第二个特征是，它们是行为导向
的，而非结果导向的。钦佩的理由显然也是如此。如果你可以通过 148
不钦佩另外一些人的方式，说服他们钦佩某个人，那么她是有趣的这一事实就不会使得钦佩她是一件更理性的事。类似地，如果你发现自己处于这种状况，某个人是残忍的这一事实就不会使得钦佩他们更有道理，因为那可以阻止他人钦佩她。所以，支持和反对钦佩的理由不能算作支持或反对他们得到钦佩所依据的结果，而只是支持或反对钦佩他们。

最后，根据第 2 章的讨论，理由的第三个特征是，它们可被据以行动。在支持钦佩或信念的理由的情形，说这些理由可被据以行动，当然不是像字面上那样，意指它们可以导致行动，而是指它们可以成为你的信念所出于的理由，或者你的钦佩所出于的理由。而

钦佩的典型理由确实可以成为你的钦佩所出于的理由。当你钦佩某些人，你之所以钦佩他们，通常是因为他们的幽默感，或者因为他们的慷慨。而且当你这么做时，你钦佩他们所出于的理由就是，他们是有趣的，或者他们是慷慨的。

由此，从上述例子来看，支持或反对钦佩某个人的典型理由，直觉上符合我们所说的理由的几个核心特征。在本书所使用的“理由”的意义上，它们是理由的范例。但一般而言，钦佩某个人所带来的利益或代价不会显示出同样的特征。设想有人给你一大笔钱，让你钦佩她女儿。在某种意义上，那可以算“支持”钦佩那个女儿——只要你让自己对她产生钦佩，就能得到好处。或者设想有人威胁你的家人，条件是不得钦佩她的对手。在某种意义上，那可以算“反对”钦佩她的对手——因为这么做要付出很高的代价。

这类代价和收益可以相互进行衡量。设想有人出 1000 美元让你钦佩某些人，但如果你这么做，你家人的生命就要受到威胁，那么这种代价显然反对钦佩那些人。所以，它们满足理由的第一个特征。但它们不满足理由的另外两个特征。正如许多哲学家所注意到的，你不可能仅仅因为某个人的母亲给你钱就钦佩那个人。这么做就成了因为她母亲出钱而钦佩她，但拥有一位可以出钱让你钦佩她的母亲，这本身不是一种值得钦佩的品质。面对那位母亲的出价，很容易出现的反应是，试图进一步了解那个人，或者以欣赏或肯定的态度关注她，以期可以让人知悉她那些值得钦佩的品质，从而开始钦佩她。但面对那位母亲的出价，不大容易出现的反应是，直接对她产生钦佩，就像你观看她演奏钢琴，可以油然出现钦佩的反应。因此，钦佩某个人所带来的任意代价和收益，不满足我们所说的理由的第三个特征。

我们也可以证明，它们不满足理由的第二个特征。设想钦佩某个人可以让我们每个人都获得收益，因为那个人的母亲宣布，会为每个钦佩她的人给一项有价值的慈善事业捐款 1000 美元。但现在设想，你的两个朋友不会钦佩那个女儿，除非你不钦佩她—— 149
所以，倘若你钦佩她，慈善捐款只有 1000 美元，而如果你不钦佩她，慈善捐款就有 2000 美元。显然，在你的钦佩对朋友没有影响的情形中，有某种因素支持你钦佩她，而到了你能够对朋友的钦佩造成影响的情形，那种因素又会反对你钦佩她。毕竟，你的钦佩对朋友的钦佩所造成的影响，跟它对慈善捐款所造成的影响，在种类上并无差别。由此可见，钦佩所带来的任意收益和代价是结果导向的，而不是行为导向的——它们又一次缺乏我们所说的理由的主要特征。

类似的说法也适用于支持和反对信念的典型理由跟帕斯卡式情形之间的对比，在帕斯卡式情形中，有人出钱让你产生某个信念，或者以惩罚威胁你不得产生那个信念，或者那个信念只是单纯令人不快。支持和反对信念的典型理由是支持或反对信念内容的证据。正如我们在第 1 章论证证据作为理由假设时所看到的，证据可以相互衡量——最开始你基于某种正面证据可以理性地相信某件事，了解到某种反面证据后，相信那件事就不再理性，而一旦掌握了更多的正面证据，相信那件事就又变得理性了。

证据同样是行为导向的，而非结果导向的。如果你通过自己不相信某件事，可以让你朋友相信那件事，这完全不影响你以知识所要求的任何方式，去相信对你来说理性的东西。否则就会出现这样的情况：仅仅因为存在某些固执的朋友，他们持有跟你相反的信念，你就无法获取知识。证据也满足我们所说的理由的第三个特征——你可以在证据的基础上相信某件事。她在笑这一事实，可以成为你据以相信她快乐的理由。

就像钦佩所带来的任意代价和收益，关于信念的帕斯卡式考量是拥有某个信念所带来的任意代价或收益。跟一般意义上的任意代价和收益一样，它们可以相互衡量或竞争，从而满足理由的第一个特征。但它们显然缺乏可以据以行动这一特征。如果你信服帕斯卡的赌博论证，尽管很容易促使你花更多时间读圣经，却不大容易让你直接确信上帝存在，而如果上帝通过燃烧的灌木丛直接与你对话，或者你接受本体论论证，你就会直接确信上帝存在。帕斯卡式考量同样是结果导向的，而非行为导向的。如果人们相信某件事就可以获得慈善捐款，那么相信的人是你或是其他人，这是无关紧要的。所以，就像钦佩所带来的更一般意义上的任意代价和收益，关于信念的帕斯卡式考量不满足我们所说的理由的核心特征。[1]

150 本节试图深入讨论，支持和反对信念的理由跟支持和反对钦佩的理由之间，具有某些重要的相似点。对于其他我们能够拥有理由的态度，也可以给出类似的说法。出钱让人持有某种态度，或者以惩罚相威胁不得持有那种态度，绝不会产生某种行为导向的竞争因素，对那种态度的理性施加影响，并且是人们可以直接对之做出反应的一种考量，使得它成为人们持有那种态度所出于的理由。就每一种态度而言，我们可以把展示出理由的全部三个特征的典型理由称为正确种类的理由，而把单纯的出价或威胁所导致的任意代价和收益称为错误种类的理由。[2] 立足于这种现象的统一性，我的看法是，必定存在某种统一的解释。我期待可以运用那种统一的解释，去处理是否有不是证据的、反对信念的认知理由的问题。

---

[1] 对比 Hieronymi（2005）、Shah（2006）和 Way（2012）。

[2] 这种术语来自 Rabinowicz and Rønnow-Rasmussen（2004）。但值得一提的是，那篇文章首先关注的是另外一个问题，即确定这一点：在依据支持和反对欲望的理由之间的权衡关系，对“好”进行分析的著名的适宜态度理论中，得到权衡的是哪些理由。这种术语能移用到这里，一定程度上是因为，你愿意纳入对“好”的适宜态度分析的理由，跟涉及意欲某种东西是否理性的理由，有着非常密切的联系。不过，我们仍要注意把这两个问题分开。

## 7.2　对象供给 / 状态供给理论

上一节已经提到，我并不是第一个观察到，帕斯卡式理由与其他态度带来的任意代价和收益之间具有相似性。而如果这是一种普遍的观察，人们却又很少认识到，存在不是证据的、反对信念的认知理由，那么必定有某种东西妨碍人们看到这一点。那种东西便是对此持有的某种假设：关于信念、钦佩和其他态度的理由，贯穿这些情形的是何种统一现象。这种假设可以称为对象供给 / 状态供给（*object-given/state-given*）理论。

根据对象供给 / 状态供给理论，支持任何一种态度的恰当或正确种类的理由，都只能是跟它的对象或内容相关的考量。[1] 根据这种理论，任何不能算作支持或反对某种态度的内容的东西，必定只能通过构成持有那种态度这一状态所带来的收益或代价，才能算作支持那种态度。而就像第 7.1 节讨论的那些任意的收益和代价，持有某种态度这一状态所带来的一切收益或代价，必定是支持或反对持有那种态度的错误种类的理由。

如果对象供给 / 状态供给理论的动机能以某种方式独立于它对
于支持和反对信念的理由所蕴涵的结果，那么它也可以利用我在第 151
7.1 节开始讨论的那些相似点，设法拒斥我的这一主张：存在不是
证据的、反对信念的认知理由。所以，如果这种理论是对的，就可
以表明，那些相似点实际上可以展示我的错误，而绝不会有助于维
护我在第 6 章提出的观点。

但事实证明，对象供给 / 状态供给理论的动机并非独立于这种特定的主张：支持或反对信念的唯一理由是证据。相反，考虑对象供给 / 状态供给理论从何而来的最佳方式，就是设法将如下普遍观

[1] 参见 Parfit（1997）、Piller（2001，2006）、Olson（2004）、Stratton-Lake（2005）、Danielson and Olson（2007）和 Skorupski（2007）。

点一般化：支持或反对信念的认知理由，只能是支持或反对信念内容的证据，从而构想出一种观点，可以一般地应用于支持或反对态度的理由。

对象供给/状态供给理论这一术语来自帕菲特（Parfit，2001），他把这种区分应用于欲望的理由，以此作为一个环节，致力于论证，基于欲望的理由理论无法解释欲望本身如何能是理性或者非理性的。根据帕菲特的观点，当一个欲望具有*内在*理性，而不仅仅因为其良好后果而具有工具理性，就存在支持那个欲望的理由，这些理由涉及那个欲望的*内容*，而不是拥有那个欲望这一状态。比如，去 $\varphi$ 是好的这一事实作为理由，关涉的是去 $\varphi$ 的欲望的*内容*，而意欲去 $\varphi$ 是好的这一事实作为理由，直觉上关涉的是意欲去 $\varphi$ 这一*状态*。

尽管这一术语直觉上可以应用于上面这个特定的例子，但许多人发现，很难看到这种应用如何能够一般化。尤其不清楚的是，一个任意的理由究竟是在什么意义上关涉一个任意的欲望的对象，更不用说这一点如何一般化地延伸到恐惧、钦佩或者喜爱之类的状态。有些态度根本没有命题意义上的内容，而是直接指向个体，钦佩和喜爱就是例子。[1] 因此，若要关涉这些态度的对象，理由必须以某种方式跟作为恐惧、钦佩或喜爱的可能对象的个体相联系。然而，我们很难看到，由此如何避免得出过度一般化的结论。

相比之下，最切合对象供给/状态供给理论的例子，是跟信念的理由最为类同的意图的理由，这样的例子也增加了这种理论的可信度。在意图的情形中，不太容易构造与帕斯卡式考量相似的例子，但不少人认为，卡夫卡（Kavka，1983）提出的毒素难题（toxin puzzle）跟信念的帕斯卡式理由的例子是相似的。在毒素难题中，一个古怪的亿万富翁要给你一大笔奖金，让你产生明天中午

[1] 参见 Grzankowski（2015，2016）。

喝下一种柔性毒素的意图。到今天午夜时分，你将接受一次脑部扫 152
描，以便确定你是否真的意图喝下那种毒素，如果是真的，[1] 那笔钱就会即刻汇入你的银行账户。由此，到了明天中午要喝毒素的时候，喝下毒素不再带来任何好处，却会带来重大损失——它会让你难受一下午。

毒素难题旨在构造这样的情形：意图喝下毒素所获得的收益值得付出实际喝下它所带来的代价，但能够产生那种收益的是意图在午夜时喝下毒素，而不是实际喝下它。许多哲学家都相信，在毒素难题中，不可能理性地形成正确的意图，之所以如此，一种解释认为，仅凭拥有一个意图所带来的任意收益，构不成形成那个意图的正确种类的理由。按照这样的观点，意图去 $\varphi$ 的正确种类的理由只能是实际去 $\varphi$ 的理由。在很多人看来，这又非常类似于这样的观点：相信 P 的认知理由只能是证明 P 的证据。在这两种情形中，支持态度的唯一正确种类的理由就是支持态度内容的理由。

现在，有必要指出的是，即便我们承认毒素难题的情形中不可能理性地形成意图，对这种不可能性进行解释时，无需将其归因为不可能存在这样一些意图的理由，这些理由不是去做意图之事的理由。比如，我们通常假定，意图去做某件你相信自己不会去做的事，是不理性的。而在毒素难题的情形中，你事先可以知道，如果你是理性的，就不会按照约定时间喝下毒素，因为到时你要么已经得到奖金，要么没有得到，而喝下毒素不会让情况发生任何改变。所以，除非你认为自己将变得不理性，否则不可能理性地意图在午夜时喝下毒素。对于意图喝下毒素为什么不理性，这种解释完全不涉及你是否有真正的理由这么做，由此可以得出，毒素难题中的困境并不直接表明，只要不是去做意图之事的理由，就绝不可能是意

[1] 这个例子还需要规定，你不允许设置附加利益（side bets）；否则，你通过给自己另外一个按照约定时间在明天实际喝下那种毒素的理由，就可以给自己一个意图喝下那种毒素的理由。

图的正确种类的理由。

尽管如此，主张意图的唯一理由是做意图之事的理由，仍然是可信的，并且这类似于主张，支持信念的唯一认知理由是支持信念内容的证据，这里我不会对此提出异议。相反，我认为，当我们试图将这些可信的观念一般化，就会产生不可信的观念，即反对信念的唯一认知理由是反对信念内容的证据，以及相应地，反对意图的唯一正确种类的理由是反对意图内容的理由，这时对象供给 / 状态供给理论的问题也就一目了然了。

如果支持和反对意图去 $\varphi$ 的理由真的只能是支持和反对 $\varphi$ 的理由，那么我们就可以期待，去 $\varphi$ 是理性的，仅当意图去 $\varphi$ 是理性的。然而这是错的。至于这为什么是错的，牵涉前面论及的一些
153 琐碎因素——比如，理性地做某件事可以是自发的，而意图去做那件事会阻断其自发性。我不打算对这些问题进行讨论，也不担心它们是否构成重大的障碍，因为还有深层的原因表明，把两种理由等同起来为什么是错误的。

这种观点为什么错误的深层原因源自这样的事实：当形成一个去做某件事的意图，你就承诺自己届时会去做那件事；但从现在到行动之时，对于是否去 $\varphi$，你总是可以获得更多的信息。实际上，你有时甚至可以预先知道，在行动的时间到来之前，你将得到更多的重要信息。正是由于这一事实，尽管基于你当前掌握的信息，去 $\varphi$ 是理性的，事先承诺去 $\varphi$ 却不理性，因为那就排除了依据更好的信息而行动。[1] 所以，常常出现的情况是，你当前的理由支持在后续某个时间去 $\varphi$，却不支持意图在那个时间去 $\varphi$。

举个例子，假定我在考虑，明天是否开车去洛杉矶。这么做

[1] 这样的表述有点过强了。这里的排除不是指导致不可能依据更好的信息而行动，而是说会事先决定不去依据更好的信息而行动，后一种意思就是我在这里要表达的意思。

的好处是可以看到沿途美景，并且有机会跟我的兄弟见面，这么做的代价是交通成本。假定我此刻估算，能够见到兄弟的机会只有 10%，因而不值得付出交通成本——哪怕算上沿途美景。现在我可以决定明天不开车去，而且如果这件事没有其他变数的话，这样的决定就是理性的。但如果我又得知，我的兄弟今晚会打电话告知他明天是否有空见面，那么预先决定不开车去就没道理了。即便我相当肯定，他会跟我说没空见面，但如果我预先决定不开车去，就排除了这种可能性：如果他告诉我有空见面，我届时就会决定开车去——从而会错过跟他见面的机会。

我对上述例子的解释很简单。进一步证据的可得性是反对相关意图的理由，但不是反对意图之事的理由。对象供给 / 状态供给理论是错的。而且在我看来，它犯这种错误并不奇怪，正如它误解支持和反对信念的认知理由也不奇怪。因为就行动而言，只有两个选项——或者去做，或者不去做；就前瞻性的意图而言，却有三个选项——我可以意图去做，可以意图不去做，或者没有任何一个意图。由此，凭借只算作支持其中两个选项的考量，无法解决这一问题：三个选项当中哪个是理性的。这跟信念的情形完全相似，正如我们在第 6 章所看到的，关于信念理性的重大难题之所以产生，是因为就信念而言，存在三个选项：相信 P，相信～ P，或者没有任 154 何一个信念，而证据只算作支持其中两个选项。

我认为，无论是信念的情形还是意图的情形，理性信念和理性意图的重要特征源于这一事实：两者都涉及三个选项。如果我们试图依据一种二元结构去思考它们，这些重要特征就变得难以理解了，但我们没有合适的理由承认，必须要设置一种二元结构。相反，我认为，在两种情形中，只要我们理解理性条件如何跟理由的权衡相一致，就能更好地理解信念和意图的理性条件是什么——只要我们认识到，所有可用选项都有理由。

我兄弟今晚会打电话这一事实不是明天开车去洛杉矶的理由。

它也不是待在家里的理由。所以，它不是一个反对意图的对象供给理由——它跟意图的两个对象都不相干。而且，直觉上，这个理由之所以重要，是因为它表明，对于是否开车去洛杉矶，不做决定是有益的。如果我对于是否开车去不做决定，等我兄弟打来电话，便可增加从他那里得到的信息，从而作出更明智的决定。由于直觉上，这是处于缺乏意图的状态所带来的收益，它直觉上就是反对意图的一个状态供给理由。所以，它在两方面都不符合对象供给 / 状态供给的标准。

尽管如此，我兄弟今晚会打电话这一事实，确实是延缓决定是否开车去洛杉矶的理由。不同于对意图的任意代价或收益的帕斯卡式考量，它满足我们所说的理由的所有核心特征。它跟反面考量相互竞争——例如，倘若我妻子需要知道，明天她可以用车还是要提前安排乘车，那么我可能在今晚通话之前就得作出决定。它是行为导向的，而非结果导向的。如果我率先决定不开车去洛杉矶，以便我的两个朋友在获得我兄弟的信息之前能够延缓他们的决定，这不会带给我任何好处。而最重要的是，它是能够据以行动的理由。如果我正要决定不开车去洛杉矶时，我兄弟发来讯息说“今晚我会给你回复”，那么延缓我的决定不是什么难事——相反，这么做是非常自然的。

我的结论是，对象供给 / 状态动机理论并不适用于意图的理由——尽管意图是它的最佳例证之一，正如它不适用于信念的理由。通过与支持和反对意图的理由进行类比和对照，绝不会让我们从此否认存在不是证据的、反对信念的认知理由，反而让我们更加确信第 6 章的结论。

## 7.3 态度的本质

不过，如果对象供给 / 状态供给理论是错误的，正确的理论又是什么呢？对于正确种类的理由的本质，我们可以得出什么样的一般结论，能够帮助我们确定，有哪种正确种类的理由可以支持和反对信念，从而给我们提供另一种进路，巩固我们的这一结论：存在 155
不是证据的、反对信念的认知理由？

我认为，要妥善回答上述问题，必须密切关注态度之间的差异。[1] 支持和反对某种态度的正确种类的理由，必定在很大程度上牵涉到，使得那种态度成为它所是那种态度的是什么。注意，这种看法显著区别于对象供给 / 状态供给理论背后的核心观念。那种理论源自这样的观念：即便我们不知道谈论的是哪一种态度，也可以确定，某种考量是不是支持或反对某种态度的正确种类的理由——我们只需知道，那种考量是否跟那种态度的内容相关。

在我看来，这样的观念是荒谬的。尽管在态度的错误种类的理由之间有某种共同点，但在态度的*正确*种类的理由之间，并不显然也有某种共同点。如我所指出的，态度的错误种类的理由，就是持有那些态度所带来的任意收益或代价。这里有个简单的判别方法：设想一个恶魔或者古怪的亿万富翁介意你持有哪种态度，并且既有办法检测出答案，也有办法予以奖励或惩罚。或者更现实一些，设想相信某件事或者恐惧某件事可以让你自我感觉良好（或糟糕），抑或可以给你和某人的友谊带来正面或负面的影响。这些情形的共同点是显而易见的。相比之下，相信雅典是希腊首都的理由、钦佩贝多芬的理由和恐惧死亡的理由，则很难说有什么共同之处。如果我们无需分析信念、钦佩和恐惧之间的差异，就可以说出它们的共同点是什么，那未免太奇怪了。

我赞同帕梅拉·希罗尼米（Pamela Hieronymi，2005，2006，2013）的主张，即要理解哪些种类的考量是支持或反对某种给定态度的正确种类的理由，必须理解那种态度的本质。但根据希罗尼

[1] 参照 Nolfi（2015），虽然相比我的解释，诺尔菲的解释对认知理由的要求要宽松得多。

米的观点，我们可以有直接的支持或反对理由的态度——不同于我们可以出于理由逐渐形成、但不能出于理由直接产生的心理状态，只能是她所称的判断构成态度（*judgment-constituted attitudes*）。而一种态度具有判断构成性，仅当存在某个相关的构成性问题，对那个问题的回答可以导致形成那种态度。例如，信念 P 的构成性问题是，P 是否为真——当你肯定地回答 P 是否为真的问题，便由此形成了信念 P。类似地，意图去 $\varphi$ 的构成性问题是，是否去 $\varphi$。你可以算作意图去 $\varphi$，仅当你肯定地回答这个问题。根据希罗尼米的观点，更一般地说，支持和反对每种态度的理由，是跟那种态度的构成性问题[1]相联系的理由。

156 既然信念 P 的构成性问题是追问 P 是否为真，由希罗尼米的观点便可得出，支持或反对信念 P 的理由，只能是涉及 P 是否为真的那些考量。她于是断定，只有证据才能充当支持或反对信念的理由——基于她的观点，当然可以得出这样的结论。类似地，既然意图去 $\varphi$ 的构成性问题是追问是否去 $\varphi$，支持或反对意图的理由，就只能是涉及是否去 $\varphi$ 的那些考量。她于是断定，只有支持或反对意图采取的行动的理由，才能成为支持或反对意图的理由——基于她的观点，当然可以得出这样的结论。

无论对于信念的情形还是意图的情形，我在前面已经直接反驳过这样的结论。但我认为，只有当我们开始考虑其他态度的情形，希罗尼米的观点才会变得更站不住脚。在我看来，判断构成态度这一概念的最佳例证便是信念和意图——我们至少应该承认，相信 P 等同于肯定地回答 P 是否为真的问题，而意图去 $\varphi$ 等同于肯定地回答是否去 $\varphi$ 的问题，哪怕我们对其中的构成性关系有不同意见。然而，一旦我们试图将这种模型扩展到其他态度，它的可信度就会大大降低。

[1] 这种问题可以是一个或多个。

以钦佩的情形为例。如果说钦佩贝多芬是由某个问题的某种回答所构成，那么究竟是哪个问题呢？假定那个问题是，贝多芬是否值得钦佩——这是我所想到的最可信的说法。而这也是贝多芬值得钦佩这一信念的构成性问题。这样一来，既然钦佩贝多芬是肯定地回答贝多芬是否值得钦佩的问题，相信贝多芬值得钦佩也是肯定地回答贝多芬是否值得钦佩的问题，由此便可得出，钦佩贝多芬等同于相信贝多芬值得钦佩。

我认为这是错的。钦佩贝多芬不能等同于拥有任何关于他的特定信念——包括他值得钦佩的信念。这样的情况是可能的：你相信某些人（比如说某个对手）值得钦佩，但完全不会对他们产生钦佩。这样的情况也是可能的：你钦佩某些人（比如说很有领导气质的人），但不相信他们实际上值得钦佩，甚至确信他们不值得钦佩。我认为，钦佩某些人跟关于他们的任何其他信念或信念集合之间的关系，也适用同样的说法。但根据希罗尼米的观点，就每一个 P 是否为真的问题而言，都存在一个由肯定地回答那个问题所构成的信念。所以，我不知道如何避免得出这样的错误结论：我们可以有理由支持或反对的态度，只能等同于信念，或者等同于意图。希罗尼米的解释清晰区分了可以用理由支持的诸种态度，和不能直接用理由支持的诸种心理状态，这固然是值得欣赏的优点，但在我看来，她的解释在这方面划定的范围太过狭窄了。

相反，如果对于态度的本质是什么，我们想要避免接受过强 157
的承诺，那么我们应该认为，诸如信念、意图、希望、钦佩、恐惧和厌恶之类的不同态度，都在我们的心理机制中扮演不同的功能性角色。[1] 按照我在这里所维护的观点，支持和反对每种态度的正

[1] 心灵哲学中常见的做法是，依据态度的因果输入和输出来界定态度的功能性角色。对角色的这种理解不适用于我的目的。我需要的是一种目的论或者准设计论意义上的角色概念。要让这种概念充实起来，无疑需要更充分的论述，但这里的讨论将仅仅依据我认为直觉上清楚的情形。

确种类的理由是这样一些考量，某种态度若要成功实现它的特定角色，就必须对这些考量的真（truth）敏感。

以恐惧的情形为例。我认为，恐惧扮演的角色是，触发战或逃（fight-or-flight）的戒备意识系统，以便我们能对威胁做出快速反应。为了扮演这种角色，恐惧需要对潜在危险、异常情况或者未知因素的证据敏感。受此类状况的触发，恐惧能够扮演这样的角色：此类状况出现时，使你准备好应对威胁。但如果恐惧在边界情况下也保持活跃状态，与恐惧相关的肾上腺素反应就不可能有效，所以在安全的情况下，恐惧需要得到缓解。所以，当出现情况相对安全的证据，恐惧应该消退。由此，恐惧的理由不仅包括实际的危险，还包括潜在危险、异常情况以及未知因素的证据，也就不奇怪了。我们于是就可以理解，儿童为什么害怕黑暗，很多人为什么害怕死亡，纵然我们不再认为它们本身能造成伤害。

类似地，考虑一下焦虑的情形。我认为，焦虑大概扮演这样的角色：使我们的注意力转向某些事物，这些事物可以帮助我们解决重要的问题。为了扮演好这种角色，它需要对某件事是否重要敏感，而通常确实如此。对我们自己承认不重要的事感到焦虑，是不理智的。不过，它也必须对之敏感的是，我们能否做些什么去改变状况。如果我们无法改变状况，也就没有解决任何问题。但是，为了扮演这种角色，它不必对焦虑是否令人痛苦敏感。相反，焦虑恰恰是通过令人痛苦而对人们产生作用。由此，我们可以从直觉上区分两种看起来反对焦虑的状态供给理由——焦虑改变不了状况和焦虑带来的损害（以令人痛苦的方式）大于益处，在我看来，对于哪些考量是焦虑真正对之敏感的，以及哪些考量对焦虑的内在理性而言是真正重要的，这样的区分准确地抓住了要点。

再来看看我反驳希罗尼米时使用的钦佩的例子。钦佩扮演的角色是，给我们提供可供仿效的榜样。因此可以理解，为了扮演好这种角色，它必须对某些特征敏感，就某人的生活是否值得仿效和

追求而言，这些特征是重要的。收钱去钦佩某个人，则不是钦佩为
了扮演其角色而需要对之敏感的东西，因为如果某个人具有的特征 158
是，另外一个人出钱让第三人钦佩她，那么至少基于这种特征，这
个人相比其他人并不值得仿效。

作为最后一个例子，让我们考虑一下意图的情形。跟迈克尔·布罗特曼（Michael Bratman，1987）一样，我认为，意图在我们的心理机制中扮演的角色是，让我们预先对如何行事的决定做出承诺，以便随着时间推移更好地分配决策资源。例如，由于意图的存在，我们制订婚礼计划时可以选择一整年当中的任何一个周末下午，而不必在一天的时间内仓促做出选择。为了扮演这种角色，意图必须对支持和反对按意图实际采取行动的理由敏感。如果实际做某件事是个坏主意，早早决定做那件事就没什么好处，因此，反对去 $\varphi$ 的理由当然应该让人们避免产生去 $\varphi$ 的意图。反过来，支持去 $\varphi$ 的理由有利于产生去 $\varphi$ 的意图，因为在不出现改变想法之类的干扰因素的情况下，当某个人意图去 $\varphi$，导致的结果就是那个人实际这么做。

不过，为了扮演好它们的角色，意图还必须对更充分信息的可得性敏感。如果你在信息缺乏时做出信息充分时很容易做出的决定，你就不能依据相关的意图调整你的决策，以便在效率最高时再做决定。所以毫不奇怪，我兄弟晚些时候会打电话这一事实，是反对现在意图明天不开车去洛杉矶的理由；而且我对这一理由很容易产生的自然反应是，延缓做出决定。这是因为，对意图能够发挥好它们的作用来说，这种能力确实很重要。

这些并不是支持和反对意图的唯一正确种类的理由。考虑到它们在随着时间推移调整决策的过程中的作用，我们同时还依赖于这样的假设：为了做出其他决定，我们将按照意图而行动。因此，指向未来的意图，比如明天不开车去洛杉矶的意图，可以简化关于其他问题的推理，比如明天是否让我妻子用车。所以，除非意图还对

这样的需求敏感：能够依赖于对某人可被期待如何行事的稳定回答，否则它们无法行使随着时间推移对决策进行调整的角色。这就是为什么，我妻子和我需要协调明天谁用车这一事实，可以成为我现在决定明天是否开车去洛杉矶的一个理由。

可以看到，上述各种理由都是这样一些考量：对它们敏感在某种意义上是有益的。恐惧和意图除非对这些考量敏感，否则不可能
159 扮演好它们在我们的心理机制中的角色。[1] 而这无非以另一种方式说明，对它们敏感有好处，即恐惧或者意图运作良好时带来的好处。对这些考量敏感的好处，跟出现那些情况时处于相应状态的好处密切相关。这使得我对正确种类理由的解释，看起来很像是对持有态度的状态供给理由的解释。

但回想一下，我已经论证过，持有态度的状态供给理由没有任何内在的错误。错误的是这样的理由：仅仅来自持有态度的任意收益或代价，这些收益或代价跟那种态度的本质或角色没有任何关系，而只涉及拥有或缺乏某种特定状态所带来的奖励或惩罚。而现在我们可以看到，收钱去恐惧某件事或意图某件事，为什么不可能成为恐惧或意图的正确种类的理由。那是因为，对出价敏感完全无助于更有效地发挥恐惧的作用，即触发戒备意识，以便让我们更快速地对威胁做出反应。事实上，倘若恐惧还对出价敏感，对它们发挥这种作用是不利的。意图也是如此。

要让这种对理由的解释更准确，当然还有许多东西要澄清。但我相信，我们讨论的诸种情形已经足以显示它的要点，也足以表明，这是一种有效的解释，对于某些因素为什么能够影响恐惧和意图的理性，可以给出某种富有启发的说法，其对恐惧和意图的看法

[1] 诚然，一个思考者对诸如此类的考量做出反应时，可以仅仅以它们的某种表征或标记为中介。但这并不意味着，那个思考者只是对她自身的信念做出反应。按照这样的说法，对她自身的信念做出反应，就必须以对那些信念的更高阶表征为中介。

也是可信的。不难发现，它的成功之处在于，接纳持有态度的某些收益或代价，但排斥任意的收益或代价。在本章的余下部分，我将论证两点：其一，这是正确种类的观点，至少可以解释第 6 章所直接论证的、关于反对信念的认知理由的证据可得性问题和差错代价问题；其二，这并不蕴涵着，反对信念的两种非证据性认知理由都存在。哪种反对信念的认知理由存在，取决于我们如何解释信念的本质，即如何解释它在我们的认知机制中的角色。

## 7.4　一种非正式的信念理论

按照斯塔内克（Stalnaker，1984）提出的思路，对信念的一种简单解释是，信念在我们的心理机制中的角色在于，让人们能够以实现欲望的方式去行动。根据这种观点，你会选择这样一些行动，在你的信念为真的世界中，它们可以最大限度地满足你的欲望。后面我们会看到，这在许多方面是一种过于简单的信念概念。但它仍然不乏正确之处，可以帮助我们理解，为什么这些东西都可以成为反对信念的正确种类的理由：反对信念内容的证据、进一步证据的可得性以及差错的代价。

让我们先来看证据的情形。如果信念本身背离了真理，它们 160
显然就不能有效地让我们以实现欲望的方式行动。信念要更好地发挥这种作用，我们就得在出现证明它们确实为真的证据的情况下形成它们。但更重要的是，除非我们在出现否证它们为真的证据时避免产生它们，否则它们也无法扮演这样的角色。所以，根据这种观点，证明 P 的证据看起来是形成信念 P 所基于的正确种类的东西，而且更显著的是，否证 P 的证据看起来是不相信 P 所基于的正确种类的东西。

对于我们为什么可以期待，高昂的出错代价可以是反对信念的正确种类的理由，这种非正式的斯塔内克式的信念理论也可以提供明确的解释。倘若你的信念不对出错的代价敏感，那么正如你很容易形成关于明天是否下雨的信念，你也很容易形成这样的信念：你对青霉素没有过敏反应。但如果你错误地相信你对青霉素没有过敏反应，并且这个信念在你的认知机制中，扮演着让你以实现欲望的方式行动的角色，那么它就会导致你按照正常情况进行推理，从而认为青霉素是一种抗生素。然而，如果某个人对青霉素过敏，就满足其自身的欲望而言，把青霉素当作抗生素使用对那个人来说就会造成严重的后果。

最后，这种非正式的理论甚至可以更直接地解释，为什么进一步的、更好的证据的可得性，可以成为反对信念的正确种类的理由。这是因为，相比基于较少的信息形成信念，基于较多的信息形成信念是更可靠的信念形成方式。由此，只有当一个人的信念能够对当前证据的数量和易于获取的证据数量之间的差异敏感，才能以最可靠的方式形成信念，以免在可以获取的证据很少的情况下，认为形成信念无望，从而放弃持有任何信念。所以，跟前面一样，对当前证据和可得证据的数量对比敏感的信念，可以更好地实现它们的角色。

可见，这种非正式的斯塔内克式信念理论，完全符合我提出的我们对于一种信念解释应该有的要求，让我们可以看到，反对信念的正确种类的理由如何源自信念的本质——既包括证据性理由，也包括非证据性理由。尽管如此，我并不接受这样的理论，因为它不是完全正确。这种理论的问题在于太过简单。根据斯塔内克的正式观点，[1] 虽然信念—欲望模型不无启发性，它是对真实的人类心理机制的一种简化。它很好地抓住了部分的正确图景，因为我们
161 的心理机制确实包含这样的构成要素：一是地图式的、心灵到世

[1] 参照 Stalnaker（2008）。

界（mind-to-world）导向的构成要素，比如信念；二是购物清单式的、世界到心灵（world-to-mind）导向的构成要素，比如欲望，并且前者的作用在于，让我们做好关于后者的事情。

但实际上，两种态度比这种非正式理论描述的要更精细复杂。信念发挥作用时还涉及信任（*credences*）或者信赖程度（*degrees of confidence*），对后者的刻画不是通过相信或不相信的命题集合，而是通过在 0 到 1 的范围内给每个命题赋值的概率函项。而欲望发挥作用时还涉及偏好（*preferences*）或者效用（*utilities*）。由此，信念和欲望除了按照斯塔内克的简单解释所说那样相互作用，即在我们的信念为真的世界中，我们会以任何能够满足我们的欲望的方式行事，还要配备标准的决策理论之类的东西，按照这样的理论，信任函项与偏好函项共同作用，使我们以能够将预期效用最大化的方式行事。

从平面式地将信念表征为相应的世界集合，到阶梯式地将其表征为相应的有关信任和概率的图景，这种改变看起来也许只是程度上的，而非种类上的。无论按照哪种解释，都有某种地图式的心理状态，其角色在于让我们追踪某种指令式的心理状态。两种解释只是在地图式心理状态的精细程度上有所不同罢了。但实际上，信任图景会让这样的做法彻底失去合理性：把证据的可得性和差错代价方面的考量，当作可以影响信念理性的正确种类的理由。

先来看差错代价的情形。如果信念是一种不分程度的、全有或全无的状态，并且它在你的认知机制中扮演的角色是，使你依据它为真的假设行事，那么就很清楚，为什么出错会带来高昂的代价。因为即便你不大可能出错，如果一旦出错就要付出重大代价，那么持有相关信念所带来的风险也就大于回报。但相反，如果信念是通过分等级的可信度状态扮演其角色，那么在这样的情况下，持有高可信度的信念完全没有什么代价。因为根据标准的决策理论，你的行动依据的不是假设所有高度可信的事情都*为真*，而是依据你对相关结果的置信程度，衡量那些结果所带来的效用。由此，避免坏结果的任务就转而由你的*偏好或效用*来承担。所以，如果你对青霉素不过敏是高度可信的，那么就不会有什么代价；每当有机会依据你是否有这种过敏反应的信息行事，你可以信任的一点是，只要你不过敏的概率足够高，可以压过服用青霉素并出现过敏反应的代价，那么当可信度机制运作良好，并且你赋予坏结果的效用足够低，你就可以认为，青霉素是一种抗生素。

类似地，对于更好证据的可得性能够充当反对信念的正确种类的理由，可信度图景也无法提供非正式的斯塔内克式图景所提供
162 的解释。按照斯塔内克式图景，出现更高质量的证据时形成信念是有道理的。但根据概率性的等级式信念的标准假设，有道理的做法是，*始终接纳所有证据*。对于我们应该如何针对证据更新可信度，这种标准观点认为，你应该*始终*接纳新的证据。相比后续将大量证据纳入可信度考量，纳入少量证据不会有什么代价，因为根据这种标准假设，我们更新可信度依据的是贝叶斯条件（Bayesian conditionalization），而贝叶斯条件具有*交换性*（*commutative*），所以，按什么顺序增加证据完全不重要——最终结果都是一样的。因此，将可能性最大的信息纳入可信度考量的最佳方式是，*始终接纳所有证据*。

可见，即便我们从一种简单的图景入手，根据这种图景，信念类状态的角色在于跟欲望类状态协作产生行动，最后依然表明，为了确定是否存在不是证据的、影响信念类状态的理性的认知理由，关键是弄清楚，信念类状态的本质到底是什么。如果我们的心理机制很大程度上具有非正式的斯塔内克式图景所说的结构，那么相信 P、相信～P 和两个信念都没有之间确实有差别，并且差错代价和进一步证据的可得性都能成为反对信念的恰当认知理由，虽然它们不是反对信念内容的证据。而如果我们的心理机制很大程度上

具有经典的贝叶斯式图景所说的结构，那么对于态度的正确种类理由的本质和来源，我所维护的同一种观点就会得出这样的预测：就我们唯一的信念类状态即信任而言，只有证据才能算作正确种类的理由。

## 7.5　为信念一辩

至此我论证的是，我们可以先试着理解哪些理由会影响其他态度特有的理性，然后通过对比，便可独立处理这一问题：哪些种类的理由会影响信念特有的认知理性。根据我所维护的主张，这些理由是每种态度为了发挥好功能，必须对之敏感的那些考量。我们还看到，依据非正式的斯塔内克式解释，把这些考量作为正确种类的理由，至少给不是证据的、反对信念的认知理由留下了存在空间。然而，对于我们的心理机制的结构，当我们从非正式的信念—欲望模型转向更精细的信任 / 偏好模型，前述结论就立即消失了，这表明，我们的工作还没有完成。

站在第 6 章的角度看，其实这样的事实没有那么令人意外：我们的心理机制的信任 / 偏好图景排斥非证据性的理由。毕竟，我们在第 6 章已经看到，对理解证据如何在信念的理性化过程中发挥作用来说，存在各种各样的问题。无论在那里还是在本章，我都认为，这些问题的根源是，二元问题对上了信念的三元结构——你 163
可以相信 P、相信～ P 或者两个信念都没有，而那些最大的难题的根源就在于，信念有三个选项，但证据只能成为其中两个选项的理由。由于按照概率理论的解释，信任不具有三元结构，而具有一种连续值结构，允许你对任何命题所采取的置信态度有连续数量的差异，所以，前述判断显然不适用于信任。

此外，通过反思，同样显而易见的是，第 6 章讨论的那些问题对信任来说完全不是问题。以哈曼的近乎持平问题为例，这个问题是说，一方面，绝不允许相信或者 P 或者～P；另一方面，当证据接近持平，实际上绝不允许相信其中任何一个。其实单单对问题的这种表述，就已经触及全有或全无式信念与信任之间的区别。如果用信任来表达类似的意思，我们就得说，当证据接近持平，绝不允许对一个命题产生信任，而这跟标准的贝叶斯主义不相容，从而几乎肯定是错的——根据贝叶斯主义，理性上总是允许对每一个命题产生信任。那一章讨论的其他问题也都如此。

所以，我的结论是，如果信任在心理层面是现实的，并且很大程度上以传统理论所设想的方式运作，那么很可能不存在支持和反对信任的非证据性理由，或者支持以一种方式而非另一种方式改变信任的非证据性理由。如果说非证据性理由在认识论中扮演某种角色，那就是在人们有时所称的传统认知论中——即关于全有或全无式的二元信念的认识论。因此，若要认真对待第 6 章那些问题，我们必须认真对待这样的观念：存在这样一种相信 P 的状态，它是一种你可以处于或不处于的二元状态，从而允许在相信 P、相信～P 和两个信念都没有之间进行相应的三元区分。

有些极端的贝叶斯主义者否认存在二元信念这样的东西。[1] 不过，大多数哲学家都承认，即便我们的心理机制根本上是由概率性的等级式信任状态所构成，谈论全有或全无的信念仍然是有意义的。但对于二元信念究竟是什么，哲学家们充满了分歧。*信任还原论者*认为，关于信念的事实可以彻底还原为关于信任的事实。信任还原论有多种形式。*洛克主义论题*主张，存在一个固定的临界值 $\tau$，当任何人对 P 产生大于 $\tau$ 的信任度，便可算作相信 P。而且，洛克主义是可能采取的一种最简单的临界值观点。根据其他的临界值观点，或者不同命题有不同的临界值，或者临界值随着语境不同

[1] 参见 Jeffrey（2002）。

而改变——所以什么算作“信念”是语境敏感的，又或者是前述两
者的结合。而根据实用信任还原论，临界值在命题之间变动的方 164
式，至少一定程度上是由依赖那个命题所带来的风险决定的。[1]

由此，根据信任还原论，在信任的功能之外，信念在我们的认知机制中没有另外的功能。所以，如果正确种类的理由是态度必须对之敏感的考量，以便最好地实现它们的功能，那么根据所有形式的信任还原论，在关于信任的那些理由之外，不存在关于信念的正确种类的理由。所以，如果关于信念的事实能以这样的方式还原为关于信任的事实，那么对于理解第 6 章那些涉及证据如何在信念的理性化过程中发挥作用的难题，我不认为我们可以感到乐观。

相反，只有信念本身是一种有其自身角色和重要性的心理状态，我们才可能对支持和反对信念的正确种类的理由进行解释。现在，如果信念是这样一种状态，可能出现三种情形。首先，根据信任取消主义者的主张，在我们的心理机制中，扮演表征性角色的是信念而非信任，我们根本没有所谓的信任状态。其次，倒转信任还原论的观点，即关于信任的事实本身可以还原为关于信念的事实。[2] 以及最后，如二元论者所认为，信念和信任都不能相互还原，它们在我们的心理机制中扮演着互补的角色。[3]

现在，通过排除以上三种可能性，可以提出一个经典的论证，用于否定这样的论题：存在任何像信念这样的状态，在我们的心理机制中扮演特定的角色。[4] 这个论证指出，信任确实是真实的（我认为我们应该承认这一点），并且无法还原为信念（鉴于实行还原的最简单方式看起来很糟糕，我同样认为我们应该承认这一点，尽

[1] 参见 Weatherson（2005）、Ganson（2008）和 Fantl and McGrath（2010）。批判性的讨论，尤其参见 Brown（2013，2018）和 Ross and Schroeder（2014）。

[2] 参见 Easwaran（2016）。

[3] 参见 Weisberg（2020）。

[4] 在我看来，Weatherson（2005）对这种挑战给出了最有力的表述。

管它更为复杂），所以，如果信念扮演它们自身的心理角色，那么唯一现实的可能性便是二元论。然而，这个经典论证宣称，二元论面临着双重挑战。二元论者必须说明，信念扮演了何种信任所没有扮演的角色；他们还必须解释，为什么假定信念和信任都存在，不同于假定存在两个完全冗余的表征系统。

要妥善地回答信念是什么，以及它们在我们的心理机制中扮演什么角色，就必须回应上述两个挑战。比如，贾斯廷·多尔曼（Justin Dallmann，2016）认为，相信 P 就是对 P 持有某种稳定的高度信任。按照多尔曼的观点，在心理层面，关于信念的事实不能简单地还原为关于信任的事实，因为形成信念是一种真正的心理事
165 件，可以导致真正的心理变化，并且独立于信任的变化。当你形成一个信念，你就接受了某种类似计划或承诺的东西，即计划或承诺这样对待你的信任：你的信任已经稳定下来，不再继续针对另外的证据进行更新。但在多尔曼看来，信念不是独立于信任的一种冗余的表征系统；相反，相信某件事就是对那件事持有某种高度信任，外加不对那种信任进行改变的承诺。[1]

多尔曼的观点还可以回答，信念扮演了何种信任所没有扮演的角色。根据这种观点，你的某种高度信任可以视为已经稳定下来——不再受到进一步探究的影响，或者不必继续随着新增的信息而更新。按照多尔曼的看法，这可以解释，为什么持有一个虚假信念是不正确的——为什么虚假信念在某种重要的意义上是错误的，而说任何中介性的信任可以算作是错误的，却又难以理解。当你 95% 确信明天会下雨但没有下雨，你可能完全没犯错误——尤其是，如果那天只有 5% 的时间没有下雨，那么你确信的事情可以说

[1] 显然，根据这种观点，尽管关于信念的事实在关于信任的事实之外，但两者颇为接近。因此毫不奇怪，多尔曼在一篇文章将他的观点的一个早期版本称为一种“规范上充分的信任还原论”，参见 Dallmann（2014）。

很准。相比之下，如果你预测明天会下雨但没有下雨，那么你确实犯了错误。多尔曼的观点可以解释，为什么对虚假信念来说有某种规范上重要的东西，对高度信任来说则并非规范上重要，因为根据他的观点，当你持有一个信念时，你承诺某个命题为真，而当你仅仅持有某种高度信任，并未承诺某个命题为真——毕竟，在对另外的选项也持有高度信任的情况下，持有高度信任也可以是一种模棱两可的状态。

最后，多尔曼对信念的解释可以说明，为什么除了信任之外，还需要承诺将某种高度信任视为已经稳定下来。他尤其论证，我们是认知能力有限的不完美生物，无法依据条件变化随时更新状态，就达到信任的预期准确度这一目标而言，把某些事情视为已经确定下来，对我们更有利。多尔曼指出，对于某些问题，一旦已经获取足够证据，把我们有限的认知资源用于处理其他问题，对我们更有利。而且单就我们的信任的预期准确度而言，我们确实是这么做的。按照多尔曼的看法，这既有助于解释，为什么心理学研究揭示的某些偏见很有价值，面对认为对信任更改的贝叶斯式限制过于严苛的反驳，实际上也可以提供回应这种反驳的基础，从而有助于维护这样的观点：我们确实持有信任并依据信任进行推理。[1]

因此，在我所说的意义上，多尔曼的理论是一种二元论—— 166
它承认信念和信任都有心理现实性，两者在我们的心理机制中共同扮演互补的角色。不过，这种理论完全没有拒斥这样的主张：信任是实在的或者心理上根本的，相反，它实际上给这种主张提供了辩护。但由于多尔曼的解释承诺，在我们的心理机制中，避免反复考虑扮演着某种功能性角色，它给我们提供了某些要素，可以用于检验我们对支持和反对态度的正确种类理由的一般解释。

尤其是当我们对某种信任做出承诺，这种承诺的作用在于让

[1] 参见 Dallmann（2017）。

我们更好地分配认知资源，因此，这些承诺状态若要更好地发挥其作用，就需要对已经获取的证据数量和可以进一步获取的证据数量之间的对比敏感。只有在已经获取最高质量的证据的情况下做出承诺，对稳定信任做出承诺才有道理，对稳定信任的承诺才能最大程度地发挥好它们的作用。所以，多尔曼关于信念的稳定高度信任理论有着完全正确的结构，可以解释，为什么关于进一步证据的可得性的事实，本身可以成为反对信念的认知理由。

但是，多尔曼的稳定高度信任理论无法解释，为什么差错代价能够充当反对信念的认知理由。相反，它的预测是，差错代价不能充当认知理由，正如它们在简单的贝叶斯式图景中不是认知理由。在差错代价高昂的情况下，不愿对某种稳定的高度信任做出承诺，这不会带来收益，因为涉及信念的承诺的角色并不依赖于某件事情为真，而只是让自己摆脱不断思考的负担。由此，在某个命题如果为假，依赖那个命题会付出高昂代价的情况下，对那个命题持有某种稳定的高度信任没有任何风险，因为即便你持有那种稳定的高度信任，你也无需依赖它——你将依据预期效用进行推理，如果出现某种状况的代价足够高昂，出现那种状况的概率在你的推理中的权重就会大于那些效用。

因此我认为，多尔曼的稳定高度信任理论印证了我在本章中的策略，即通过确立一种关于何种事物是支持和反对态度的正确种类理由的一般理论，加上一种关于信念的本质是什么的特殊理论，尝试理解如何可能存在这样一些反对信念的认知理由，它们不是反对信念内容的证据。这表明，就是否存在不是证据的、反对信念的认知理由而言，某种关于信念本质的可信理论能够解释我所给出的其中一类重要例子。

此外，这也表明，在没有解释那种涉及差错代价的、更具争议的例子的情况下，如何解释这类争议较少的例子。由此可以证明，我对第 6 章提出的那些难题的回答，或者我在本章中用于支持那种

回答的论证策略，完全不要求接受这样的论题：认识论中存在某种
形式的*实用入侵*。所以，如果有人对我如何回答第 6 章提出的那些 167
难题感兴趣，又对一般意义上的实用入侵抱怀疑态度，我推荐他们去看多尔曼对信念的解释。

不管怎么说，如果我们认为到目前为止的讨论是有意思的，就应该承认，是否存在反对信念的、涉及差错代价的认知理由，根本上取决于信念是何种状态，它在我们的心理机制中又扮演何种角色。因此，第 8 章将转向我自己的观点，这种观点认为，我们实际上应该更进一步——因为一方面，涉及差错代价的认知理由是可以辩护的，并且它们本身就有说服力；另一方面，对于全有或全无式信念的本质，可以给出某种更好的解释，通过这种解释便可得到涉及差错代价的认知理由。我把这种观点称为*实用理智主义*。

第8章

# 实用理智主义

168

## 8.1 默认依赖解释

我们在第7章看到，基于对信念本质的解释，如何能够解释支持和反对信念的正确种类的理由。我们找到这样一种解释，不会得出充满争议的实用入侵论题，但仍然可以让我们回答第6章提出的另外一些问题——那便是贾斯廷·多尔曼的观点，这种观点认为，信念是稳定的高度信任。这表明，我对那些问题的基本回答，不要求承诺这样的观念：信念的认知理性涉及实用入侵。但反过来，它也可以给开启这种可能性的框架提供辩护：信念的认知理性确实涉及实用入侵——依据对信念本质的一种不同解释，这种可能性便可得到实现。本章将提出这样的一种解释，阐述它的某些结果，并表明，为什么它在认识论中可以得出一种极具吸引力的实用入侵论题。我把这种观点称为实用理智主义。

实用理智主义所基于的那种对信念本质的解释，我称为默认依赖（*default reliance*）解释。根据默认依赖解释，信念的角色是，给你提供某种默认可以依赖的东西。[1] 所以，按照这样的观点，信

[1] 在 Ross and Schroeder（2014）中，杰克·罗斯和我维护一种对信念的解释，即我们所称的推理倾向（*Reasoning Disposition*）解释。推理倾向解释可以视为这里所说的默认依赖解释的倾向论版本。可以参照 Brown（2018）针对 Ross and Schroeder（2014）中的倾向论解释给出的反驳。

念是关于何者为真的一般默认假设。

通过对照有时称作在语境中接受（*acceptance in a context*）的态度，有助于澄清默认依赖解释。当你建造一座桥梁，为便于计算，假定牛顿力学为真是有益的。即便你知道，牛顿力学对宇宙的描述并不为真，在计算桥梁的承载能力时，假定它为真是有益的。我们可以说，你出于计算的目的*接受*这种理论。这样理解的接受，是你在某个时间所做的一件事。当你在某个时间接受一个命题，你在那个时间的推理中就把它当作真命题。

但如果你经常设计桥梁，那么每当你计算桥梁的承载能力，可
169 能就会自动接受牛顿力学为真。如果你这么做，你就获得了某种习惯（habit）或习性（custom）。每当你设计桥梁，这种习性使你倾向于接受牛顿力学为真。不过，跟所有的倾向一样，这种倾向可以被抑制。虽然设计桥梁时，你倾向于接受牛顿力学，你的一位作家朋友可能让你为她的小说设计一座占据重要地位的桥梁，而那座桥梁所在的世界受亚里士多德式天体力学的支配。因此，你在设计桥梁时并不总是接受牛顿力学为真，但在没有干扰因素的情况下，你会自动这么做。

但也许你不仅仅设计桥梁，还可能需要频繁计算中型物体的可预测运动，桥梁只是其中一个例子。所以，你形成的习惯不只是在设计桥梁时接受牛顿力学，而是每当预测中型物体的运动时都接受牛顿力学。每当你对中型物体的运动感兴趣，这种习惯使你倾向于默认接受牛顿力学，但跟所有倾向一样，这种倾向可以被抑制。你侄子可以打断你的计算，问你为什么要写某个式子，因为那不符合物理老师教给他的量子力学。

可以看到，上述过程表现为从有限的接受习惯发展成更一般的接受习惯，而根据默认依赖解释，信念就是这种过程的极限情形（limiting case）。相信 P，就是拥有一种接受 P 的完全一般的习

惯。[1] 这种习惯使你倾向于默认接受 P，但跟所有倾向一样，它绝不能保证你接受 P。比如，你拥有的一般习惯是接受牛顿力学为假，但作为你的特殊习惯，你接受它在计算中型物体的运动时为真。在那样的情况下，你的特殊习惯相比你的一般习惯占据了上风，但你并未接受牛顿力学为真。拥有这样两种习惯，或者特殊习惯压制一般习惯，这都没什么难以理解的；类似地，你在习惯用英语跟人交流的同时，也可以习惯在巴黎时用法语跟人交流。（而且即便你生活在巴黎，这也可以是对你的准确描述。）

默认依赖解释可以回答，信念和信任在我们的心理机制中如何能相互协作，因为它赋予两者互补的角色。当你就如何行事进行推理，会从你在你的处境中接受为真的东西出发。有时候，在做出简单决定时，那就足以决定如何行事，但在其他情况下，你还需要进一步考虑概率因素。[2] 这样一来，你的信任和你接受的东西就会共同决定你该怎么做。在最简单的情形中，以你接受为真的东西为条件， 170
只要你的推理是恰当的，就会选择采取具有最高预期效用的行为。

以假定为真的东西为背景，依据信任进行推理，这其实就是朱利亚·施塔费尔（Julia Staffel，2019）所说的伪条件化（*pseudo-conditionalization*）。当你进行伪条件化，并不像你学习某种东西时那样，真的将你的信任或信念程度改变为新的信任。毋宁说，基于你的信任本身，通过将条件化运作过程应用于那些信任以及你所接受的那些东西，你产生了另外一组与行动相关的概率。按照拉尔夫·韦奇伍德（2012）的说法，这是从你的理智信任到你的实践信任的转变。

从认知层面看，韦奇伍德和施塔费尔要求从你的信任转变为实

[1] 对比 Holton（2014）。
[2] 对比 Lin（2013）。

践推理中实际起作用的概率，就跟要求通过条件化更新你的整个概率性信任函项一样苛刻。但这种要求无需这么苛刻。无论依据哪种概念，一种行动的预期价值都是通过对这二者进行加权求和来计算的：一是你采取那种行动所产生的每种合取事态的效用，二是每种可能得到的事态的效用。所以，以你接受的东西为条件计算预期效用时，无需首先对你接受的东西施以条件化，然后运用那些概率去计算预期效用，而可以在决策时直接将你认为不会出现的概率忽略不计。

举个例子，设想你面临是否带伞的选择。你有两个选项：带伞或者不带伞。如果你像我一样生活在南加州地区，那么在一年中的大部分时候，你的决策情况可以用下面的表来表示（为便于排版，表中的列对应选项，行对应世界状况）：

| | 带 伞 | 不带伞 |
|---|---|---|
| 不下雨 | 收益 = 0 + 代价 = −1 = −1 | 收益 = 0 + 代价 = 0 = 0 |

由于你想当然地认为不会下雨，是否带伞的决定很简单——在上面的图表中，我们看到的只有代价，而没有收益。选择不带伞优于选择带伞，因为从你的决策表的每一行来看，前者的结果更好。你对下雨的信任度并不为 0，毕竟任何事情都是可能的，而且南加州地区确实偶尔会下雨——往往是你不希望下雨的时候。由于按照这样的方式进行推理，我每年至少有一次会因为没有急需的雨伞而淋雨。尽管如此，它颇为准确地反映了，大多数时候，对于是否带伞，我实际上是如何考虑的。

但有时候，我们有必要考虑下雨的风险。这种情况可能出现在一月份，因为那个时节你确实相信会下雨。它也可能出现在这
171 种时候：今天，你必须将你女儿花了几周时间精心制作的纸雕作品，完整地从停车场带到她的学校，所以，多加小心是合适的。不管是哪种情形，当你将下雨的风险考虑在内，你的决策表就会变

成这样：

| | 带　伞 | 不带伞 |
|---|---|---|
| 下雨 | 收益 = 101 + 代价 = −1 = 100 | 收益 = 0 + 代价 = 0 = 0 |
| 不下雨 | 收益 = 0 + 代价 = −1 = −1 | 收益 = 0 + 代价 = 0 = 0 |

可以看到，没有任何一种决定优于另一种决定，因此，在这样的情形中，你需要考虑，你的决策表中的每一行所对应的状况有多大可能发生。所以，如果你对下雨的信任度高于 1%，对你来说决定带伞就是有道理的——无论你是否相信会下雨。这同样一定程度上准确反映了，我如何考虑是否带伞——虽然我通常相信不会下雨，但在一月份或者多云天气的时候，我并不确信那种日子不会下雨，从而在这样的日子里，我决定是否带伞时，就得考虑我要做什么事，我穿的是什么衣服，以及被雨淋湿会造成什么后果。

不过，我通常不会做的一件事情是，考虑是否带伞时考虑下面这样的决策表：

| | 带　伞 | 不带伞 |
|---|---|---|
| 下雨，出车祸 | 收益 = 200 + 代价 = −1 = 199 | 收益 = 0 + 代价 = 0 = 0 |
| 下雨，不出车祸 | 收益 = 101 + 代价 = −1 = 100 | 收益 = 0 + 代价 = 0 = 0 |
| 不下雨，出车祸 | 收益 = 0 + 代价 = −1 = −1 | 收益 = 0 + 代价 = 0 = 0 |
| 不下雨，不出车祸 | 收益 = 0 + 代价 = −1 = −1 | 收益 = 0 + 代价 = 0 = 0 |

诚然，如果下雨时你出了交通事故，有把伞确实很有用处。但是，计算下雨时有把伞的好处时，我通常完全不会考虑，如果我出车祸时有把伞该多好。毕竟，无论在哪一天，就大多数事情进行推理时，我都想当然地认为那天自己不会出车祸。我答应跟某人共进午餐时，不会担心车祸将导致我违背诺言；我也不会为了防备我出车祸，特意安排某人下午随时等待替我上课。

关于信念的默认依赖解释可以说明，当我决定是否带伞时，为什么不考虑或者不需要考虑出车祸的可能性，而不会得出这样的错误结论：当我决定是否购买保险或者购买哪种保险时，不考虑这种可能性对我来说是有道理的。由于我相信，我在某个特定的日子不
172 会出事故，我倾向于默认接受我不会出事故。而当我接受一种可能性，我便将它的否定排除在我的决策过程之外。所以，对这两件事的解释是完全相同的：在决定是否带伞时，我为什么不考虑出车祸的可能性；在南加州地区的平常日子里，我为什么不考虑下雨的可能性。

由此，这里适用完全相同种类的限制条件：在我出于其他某种目的，不相信并且不接受我不会出事故的各种情形中，我将需要把出事故这件事标在我的决策表中。类似地，即便当我相信不会出事故，我接受不会出事故的倾向有时也会遭到废止——比如当我考虑是否购买保险或者购买多少保险时，被某种谨慎心理所废止。[1]

## 8.2 认知理由

根据默认依赖解释，信念具有某种容易理解的角色，这种角色可以补充而非替代信任的角色。看起来确实必定有某种东西要扮演这样的角色。因为关于一种选择会造成哪些事态的大部分可能信息，最终都跟你做出的决定不相干。无论在哪一天，你出车祸的可能性都很小，所以，以你在雨天出车祸为条件而带伞的效用也很

[1] 当然，要注意的是，即便我每一天都相信，那天我不会出事故，是否购买保险和购买多少保险的决定通常涉及的也是较长时期内出事故的可能性。所以，某些（尽管并非全部）类似这样的情形也许可以归因为相关的理性信念未能遵循某种随机合取闭合原则，或者归因为今天和未来的任意日子之间的差异，使得这么做是理性的：相信关于今天的事情，但不相信得到类似证据支持的、关于未来的任意日子的类似事情。

低，低到用概率加权时不会产生任何影响。而车祸只是几百种发生概率差不多的可能性中的一种，它们确实会影响相关的预期效用，但那种影响微乎其微。

倘若做出任何像是否带伞这样的简单决定，都要动用完整的决策表，那么做决定无疑是一种复杂的认知过程。而如果我们真的以这种方式做过任何决定，其过程对我们必定极为不透明——我非常确信，在撰写本章的内容之前，我从未将出车祸的可能性与带伞的决定联系起来考虑（虽然现在它在我脑海中有点挥之不去了）。所以，如果有任何东西可以让我们采取一种更简单的决策过程，即忽略这些最终几乎没有任何影响（如果有也微乎其微）的复杂考虑，就可以让我们获取很大的收益。

但你不能认为，将哪些事项排除在你的决策表之外的决定，本身也是需要根据具体情形进行慎思的事情。如果这么做，你就必 173
须考虑任何情形中的一切相关可能性——这会损害前述收益，或者必须基于先在决定才能决定将某些事项排除在外——这会造成无限后退。

可供替代的做法显然是，你拥有某种不加考虑原则（*policy* of non-consideration）。对某些可能性的不加考虑原则可以一次性确立，因而无需对每一种可能情形中的所有可能代价和收益进行分立、多余的考量。不过，*绝不*考虑某种可能性的原则是危险的——对于获取拥有原则的收益来说也是不必要的。要得到这些收益，你需要的只是拥有一种*默认*不加考虑原则。而默认依赖解释所说的信念本质上正是这样的东西。所以，当相比包含繁复计算过程的推理所付出的代价，做出正确决定所取得的收益很微小时，如果没有默认依赖解释所说的那种东西结束这样的状况，我们就很难看到，如何能通过简化我们的决策过程获取收益。我认为，每个人都需要有某种东西扮演这样的角色。

默认依赖解释还可以预测，信念具有迈克尔·布罗特曼所说的理性惰性。布罗特曼谈论这种属性时，最早是跟意图联系在一起，根据布罗特曼的观点（Bratman，1987），如果理性地形成某种状态要满足某些条件，而理性地保持那种状态要满足不同的条件，那么这样的状态就具有理性惰性。如果一种状态具有理性惰性，那么一旦你进入那种状态，继续处于那种状态通常来说就是理性的，即便你获知这样一些情况，倘若你在进入那种状态之前获知这些情况，就会使得对你来说，进入那种状态一开始就是不理性的。根据布罗特曼的观点，在我们的心理机制中，意图扮演着一种与信念和欲望互补的重要角色，拥有这种心理机制的某些重要优势来自这样的事实：意图不会受到反复考虑的影响，所以它们提供了一种途径，可以随着时间推移统筹我们的决策。

信念看起来同样具有理性惰性。心理学家阿里·克鲁格兰斯基（Arie Kruglanski，2004）将这一现象描述为扣押与冻结（*seizing and freezing*），这种现象得到了众多实验的支持，在这些实验中，相比对某个问题尚未做出决定的参与者，已经做出决定的参与者更不容易受到进一步证据的影响。克鲁格兰斯基的实验既可证明，人类心理机制中确实包括一种做出“决定”的状态——正如“民间”心理学认为存在二元信念这样的东西，也可证明，这种状态具有惰性。[1]

而且这种惰性看起来是理性的。第 6 章提到的关于证据顺序的难题便是基于信念的理性惰性。一名资深教授在她的职业生涯早期
174 就认真思考过一个问题，在接下来的几十年里坚持她的观点对她来说是理性的，尽管偶尔会碰到一些微小但不无启发的反面证据；而对一名了解目前可以得到的全部证据的研究生来说，唯一理性的做法是保持不可知论的立场。[2]

---

[1] 将这项重要研究引入哲学界的是内格尔，Nagel（2008）和 Weisberg（2020）对克鲁格兰斯基得到的结果做了非常细致和深入的讨论。

[2] 参见 Podgorski（2016a）。

默认依赖解释可以预测，信念应该具有理性惰性。毕竟，根据默认依赖解释，当你相信某件事情，你就有一种非常一般的倾向，即倾向于在推理中依赖这种信念，而将其他事情排除在你的决策表之外。所以，面对是否重新考虑你的信念 P 的问题，依据默认，你的决策表是这样的：

| | 重新考虑 | 不重新考虑 |
|---|---|---|
| P | 收益 = 0 + 代价 = −1 = −1 | 收益 = 0 + 代价 = 0 = 0 |

依据假设 P，对是否 P 进行重新考虑纯属浪费时间和精力，最理想的情况是让你回到原本的位置，而最糟糕的情况是放弃一个真信念。因此，只要你接受 P，不用想就知道，无需重新考虑你的信念 P。而且，只要你相信 P，这就是你对重新考虑的默认态度。所以毫不奇怪，对你来说不去重新考虑是理性的——也就是说，信念具有理性惰性。但这不会让你永远不再重新考虑你的信念——因为信念 P 本身并不承诺始终接受 P，而只承诺默认接受 P。所以，一旦某种因素取消了这种默认，你仍然可以理性地重新考虑。

值得一提的是，对信念的理性惰性的这种解释，不同于依据多尔曼的观点所给出的解释。对多尔曼来说，所有信念都承诺不再进一步慎思。但对默认依赖解释来说，完全不存在不做进一步推理的承诺——它只是表明，如果你确实持有某个信念，那么只有在你的默认倾向已经消除的情况下，你才能决定从事进一步的推理。在我看来，对于信念的理性惰性，这不仅给出了某种解释，给出的还是一种更可信的解释。

正因为信念具有理性惰性，所以跟意图一样，最好等获得更多相关证据时再形成信念。无论在意图的情形还是信念的情形中，如果你过早地形成相关状态，你就无法利用后续出现的证据。如果我

现在产生意图，明天不开车去洛杉矶，就会排除这样的可能性：[1]
175 就开车去洛杉矶的目的所依据的关键因素而言——即我的兄弟是否有空见面，我可以利用他的通话内容所提供的更好信息。类似地，如果你现在基于当前的间接证据，形成关于隔壁房间有多少人的信念，就会排除这样的可能性：基于直接前往查看所提供的更好证据形成信念。

在两种情形中，关于更好证据的可得性的事实都是反对相关状态的理由——即反对意图和反对信念。并且它们符合我在第7章对正确种类理由的解释，因为如果信念状态对更好证据的可得性敏感，便可更好地扮演它的角色，即可以让你简化决策过程。当更好的证据容易获取时，应该做的事情是，首先搜集那些证据，然后确立某种关于默认接受什么的认知原则；一般而言，相比没有这种敏感性的人，以这种方式进行推理的人能够更好地简化他们的推理，获得这种简化带来的好处，同时无需付出差错的代价。[2]

同样清楚的是，为什么形成信念P时，证明P的证据是人们应该对之敏感的正确种类的事物，而避免形成这一信念时，证明～P的证据是人们应该对之敏感的正确种类的事物。这是因为，P为真的可能性越大，决策时依赖它为真的假设所要付出的预期代价就越小。最后，由于信念P类似于一种默认假定P的长期原则，一个人在形成信念时如果对差错的预期代价敏感，就可以更好地达到这样的目标：通过简化推理获得相关信念带来的收益，同时无需

[1] 跟前面一样，“排除”的力度要受到限制。

[2] 注意，这种解释还可以预测——我认为是正确的预测，是否接受一个命题的决定本身，不对关于那个命题的进一步证据的可得性敏感。对于一个命题是否为真，即便你知道可以获取更多的决定性证据，接受那个命题也可以是完全有道理的——比如在归谬推理中。这是因为接受本身并不具有理性惰性，而之所以如此的原因在于，只有一种非常一般的接受习惯才能应用于决定是否重新考虑那种习惯的情形。

付出犯错导致的代价。

由此，我认为，对信念的默认依赖解释可以给我们提供正确的要素，既可得到支持和反对信念的典型理由，也可得到我在第 6 章所辩护的反对信念的两类重要的非证据性理由：进一步证据的可得性理由和差错代价理由。这些要素组合在一起就是我所称的实用理智主义。

## 8.3　实用理智主义的优点

实用理智主义是认识论中的实用入侵的一种形式。根据这种观点，相信什么是认知上理性的，除了取决于其他因素，还可以取决 176
于某人的处境中看起来具有实践性的一些因素，特别是差错代价。而由于认知理性是知识所蕴涵的最强种类的理性，依据实用理智主义便可得出，知识也受到实用入侵的影响——你知道的东西除了取决于其他因素，还取决于你的处境中的实践因素。[1]

但实用理智主义并不仅仅认为这一点确实为真，还提供了一种深层的解释，说明这一点为什么为真。这一点为真是因为，就证据对理性信念来说为什么重要而言，最佳解释认为，证据的重要性在于可以充当信念的理由。但除了支持信念的理由，还有反对信念的理由。而根据对支持和反对态度的理由的本质的最佳一般解释，和对信念本质的最佳特殊解释，我们得到的结果是，反对信念的理由包括某些直觉上带有实践色彩的理由。这些理由涉及错误地依赖一

[1] 这里我提出的仅仅是这样的论点：由于知识蕴涵理性信念，对知识的实用入侵可以得出对理性信念的实用入侵。这一点切合相信风险很高的情形。但赞成知识受到实用入侵影响的人通常还认为或者转而认为，当风险确实很高时——跟能动者是否意识到无关，知识可以被废止。这就是斯坦利所称的不知高风险（*ignorant high stakes*）的情形。我将在第 11 章讨论不知高风险的情形。

个信念所导致的潜在代价。

让我们暂时抛开实用理智主义和知识之间的关系不谈，因为知识是本书第四部分的主题，而集中考察，作为一种关于信念的认知理性的理论，实用理智主义有哪些优点。这样的优点有不少。一个很简单的优点是，实用理智主义不仅符合甚至蕴涵经典的证据主义论题，即相信某件事是认知上理性的，仅当那件事得到充足证据的支持——这固然不是实用理智主义专有的优点，但颇为重要。[1] 这从其中一个方面表明，实用理智主义是哲学上保守的。对于什么因素可以影响信念理性，它不是一种激进和放任的论题；相反，它受到严格的限制，而且它受到的那些限制的本质给我们提供了一种解释，可以说明，为什么许多理论家接受更强的限制是错误的。正如第 12 章将要论证的，对哲学理论来说，最重要的优点之一便是能够解释，为什么看起来正确的常见观点是错误的。

实用理智主义的另一个重要优点是，它可以帮助我们理解，是什么导致了认识论中的实用入侵，而无需接受某些强健的知识—行动原则，诸如 Fantl and McGrath（2010）和 Hawthorne and Stanley（2009）接受的那些原则。[2] 根据这些人的观点，知道 P 让你能够
177 依据假设 P 而理性地行动。他们论证，差错代价可以影响依据假设 P 而行动对你来说是否理性，由此可以得出，你是否知道 P 可以取决于差错代价。大多数哲学家都认为，这是证明认识论中存在实用入侵的最有力论证之一，并且有望提供实用入侵论题为什么为真的最佳解释——按照这样的观点，该论题必须为真，知识才能恰当地扮演其作为行动的理性基础的角色。

这种推理思路的问题在于，这类论证中使用的所有知识—行

[1] 对比 Foley（1993）、Owens（2000）和 Conee and Feldman（2004）。

[2] 为便于构思和阐述，在 Ross and Schroeder（2014）中，为了得出实用入侵论题，我的合作者和我也运用了一种知识—行动原则。正如我们将在后面看到的，我不认为那种原则为真。

动原则看起来都是虚假的。我们知道各种各样的东西，每次做决定时，我们不能把它们视为理所当然。前面已经举过这样的例子。如果我知道不久的将来要发生的任何事情，我就知道我今天不会出车祸，但在考虑是否购买保险时，我不能依赖这一点。但还有更好的例子。我当然知道我的名字是“马克”，但我不会在这件事上拿我的生命去赌一分钱。外科医生通常知道他们的病人需要做哪种手术，但在实际动刀之前，他们总是要反复核实。[1]

基于实用理智主义，可以在不承诺任何这样强的知识—行动原则的条件下，解释知识与行动之间的紧密联系。根据实用理智主义，你知道某件事，仅当相信那件事对你来说是理性的，而信念是一种默认依赖原则，你可以相信某件事，但并不实际依赖于它，甚至可以理性地相信你知道不能依赖的事情，只要你同时能够合理地确信，你实际上不会依赖于它。[2]

只要默认依赖的原则保持其合理性，即便就你的当前处境和你当前要做的决定而言，依赖于某件事是不理性的，你仍然可以算作知道那件事。不难发现，前面提到的每一个例子都是这样。对于我今天不会出车祸这一命题，可以合理地持有默认依赖原则，因为可以合理地确信，如果我今天确实出了车祸，就会改变关于我是否会出车祸的想法，而且与此同时，我出车祸的概率很低，低到不会对我的绝大多数决定产生重要影响。对于我的名字是“马克”这一命题，即便面对在这件事上拿我的生命赌一分钱时，对其持有默认依赖原则仍然是合理的，因为尽管有这样的原则，仍然可以合理地确信，我现在不会这样打赌，未来也不大可能这样打赌。最后，尽管需要反复核实，对于她已被安排做左侧乳腺切除手术这一信念，持有默认依赖原则仍然是合理的，因为我知道，我持有一种反复核实

[1] 参见 Brown（2008a，2008b）、Lackey（2010）。

[2] 或者至少不要因为过分依赖它而超过你现在做出决定所带来的收益。

的原则，相比默认依赖这种信念的一般原则，更适用于当前的特殊情形，从而可以占据上风。[1]

178 由此，实用理智主义无需承诺某种强健的知识—行动原则，这一事实意味着，它不会遭受实用入侵论题通常面临的一种攻击。但更好的一点是，由于实用理智主义确实能够解释，哪些种类的情形构成知识—行动原则的反例，它可以更好地适用于这些情形。

通过拒斥强健的知识—行动原则，实用理智主义使认知上理性的信念的风险敏感性，与任何特定时刻你面临的决定相分离。[2]由于信念是一种长期策略，而不只是某个时刻对于需要考虑什么和可以忽略什么的即时回答，仅仅因为依据一个命题为真的假设做决定不再理性，不再相信那个命题不会自动变得不理性。由此可以得到的更一般结论是，信念是理性上稳定的。

相比之下，根据认识论中的实用入侵的大多数支持者所接受的观点，可以理性相信的东西是非常不稳定的，从此时刻到彼时刻会随着可行选项的改变而改变。这是知识—行动原则导致的结果，因为从此时刻到彼时刻，可以理性采取的行动很容易随着可行选项的改变而改变，所以，知识—行动原则使得知识和信念的认知理性也会产生相应的改变。事实上，根据其中一类观点，即韦瑟逊（Weatherson，2005）、甘森（Ganson，2008）以及范特尔和麦格拉思（Fantl and McGrath，2010）等人接受的实用信任还原论，正因为存在对信念的实用入侵，所以存在对知识的实用入侵。根据这类观点，哪些信任状态可以算作信念，这本身会随着可行选项的改变而自动改变。所以，根据这类观点，随着可行选项的改变，你身上无需发生任何其他的心理变化，你实际相信的东西就会自动且频繁地改变。[3]

---

[1] 对比 Jackson（2019）。

[2] 参照 Brown（2013，2018）对实用入侵提出的反驳。

[3] McGrath（2018b）论证，如果推理中可以依据信念，那么所有人都会面临类似

传统形式的实用入侵的不稳定性是它们的最大软肋之一。巴伦·里德（Baron Reed，2012）通过说明这如何会导致一种对荷兰语书籍的敏感性，使这个问题变得更尖锐。既然你的信念随着情况的改变而改变，如果就你可以理性地做出哪些选择而言，信念可以在心理层面造成任何影响的话，那么我们就能构造某些案例，在这些案例中，为了避免在高风险的情况下做出的那些选择，你在低风险的情况下愿意付钱是理性的。由此，我们可以随意让两种情况来 179
回变化，随意向你收钱——当然，荷兰作家们据说不会这么做。[1]

信念的理性不稳定性也违背了理性信念所受到的可信的反思限制。最初的反思原则由范·弗拉森（van Fraassen，1984）提出，涉及的是你当前具有的信任，和你期待你未来具有的信任之间的理性关系。[2] 但很多人都相信，反思原则在信任的领域之外同样适用。比如，这样的说法是可信的：现在意图去做某件你期待行动时机来临时不会去做的事情，是不理性的；而在前面卡夫卡的毒素难题中，我们看到，为什么这一原则可以解释，意图喝下毒素是不理性的。类似地，我认为这是不理性的：现在相信某件你期待未来你掌握更多信息时不会相信的事情。容许信念具有理性不稳定性的实用入侵观点对这种限制的违背不是选择性的个例，而是很容易出现的常态，所以令人难以理解的是，它在有些人眼中为什么还有可信性。

实用理智主义的另一个重要优点是，它是一种单层（*single-*

---

的不稳定性问题，但我不认为这是同一种问题，因为它是关于如何行动的问题，而如何行动显然可以这样随着处境的改变而合理地改变。因此，我不认为这种将问题一般化的尝试是令人信服的。Fantl and McGrath（2019）基于情感的重要性，也给出理由认为，根据他们的观点，信念实际上非常稳定。如果这是对的，那么我们之间的这种争论将变得更微妙，但这里我无法对此进行评判。

[1] 在 Schroeder（2018c）中，我给出了里德的荷兰语书籍案例的一个我自认为的改进版本。

[2] 对反思原则的一种有益讨论可参见 Weisberg（2007）。

*tier*）的实用入侵。具体而言，它容许对二元信念的理性产生实用入侵，而不容许对信任的理性产生实用入侵。实用信任还原论同样具有这一优点——因为根据这类观点，在高风险情形中，唯一发生改变的事物是我们算作“信念”的那些信任，所以，理性持有的信任不会受到风险的理性影响。

相比之下，贾森·斯坦利（Jason Stanley，2005）等人赞同这样的观点：你的证据是你知道的东西，由此可以得出，如果信任应该对证据产生理性反应，但你的证据来自你所知道的东西，并且你知道的东西取决于风险，那么，持有何种信任是理性的，也许同样取决于实践风险。我认为，这是非常糟糕的结果。正如我在第 7 章所论证的，当信任容易受到风险的提升或降低的支配，它们就无法发挥好它们的作用，而如果风险的提升或降低只需直接影响可行的选项以及它们的结果，那就更是如此。

除了以上这些优点，实用理智主义运用了一种得到恰当界定的风险概念，不会导向这样的观念：对信念的理性来说任何实践因素都是重要的，并且能够解释实用入侵论题面临的诸多公认的反例。实用入侵之所以产生，不是因为信念*本身*带来的好处或损害，而只是因为*差错代价*，即错误地相信某件事所造成的代价。但不是错误相信某件事造成的所有代价都重要——毕竟，只有当你相信上
180 帝不存在并且这一点为假时，帕斯卡的赌注本身才会作为一种代价填到你的决策表的空格中。[1] 只有在你的心理机制中扮演正常角色的信念所带来的代价——这类信念可以引导你将某些选项排除在你的决策表之外，才是可以充当反对信念的认知理由的正确种类的代价，因为只有它们才是信念为了发挥好作用，需要对之敏感的代价。

事实证明，对于实用入侵提出的很大一部分反例或反驳，都是

[1] Benton（2018）试图利用这种特征将帕斯卡的论证一般化。

基于不符合上述框架的例子，这未免令人惊讶。而且，即便那些反驳的支持者相信，他们可以通过使用符合这种框架的例子重述他们的观点，这些另外的例子直觉上就没那么有力了。这可以给实用理智主义的支持者提供一种很有效的策略，去应对当前和未来出现的众多反驳。

这里我只想通过一个例子来说明，尽管这种争论可以无休止地进行下去。巴伦·里德（Reed，2018）对实用入侵论题提出了这样的反驳：实用入侵会导致一种容易滥用的力量，即无需通过提供反面证据，只需通过提升风险，就可以理性地说服某人放弃某个信念。里德举的例子是，有个人一直偷吃同事的午餐，然后提醒那个他担心已经开始怀疑他的人说，他期待着推荐她升职——里德认为，在确定他是不是小偷的问题上，她面临的风险因此增加了。[1]如果提升风险是人们现实中容易做到的事，那么这听起来确实是一种容易滥用的力量。但不要忘记，根据实用理智主义，仅仅因为当前依赖于某种东西是不理性的，并不会让风险增加，其原因是，反对信念的认知理由涉及作为长期策略的信念所带来的代价。相比之下，指出对青霉素的过敏反应实际上非常危险，看起来确实是为了说服某人放弃她的相关信念所能做的那种事。

正如第 9 章将要论证的，就提升对另一方产生负面信念所带来的风险来说，亲密的友谊确实是正确种类的因素，所以，你如果要提升某些人面临的长期风险，从而理性地说服他们对关于你的负面信念加以质疑，可以采用的一个办法便是跟他们形成长期的友谊。而这看起来不像是滥用某种力量——实际上，当你对某些人第一印象不佳，跟这些人成为朋友，看起来就是可以让你对这种印象产生理性怀疑的那种因素。[2]

[1] 参见 Reed（2018：207）。

[2] 可以对比 MacFarlane（2005）提出的类似反驳：容许实用入侵的理论也就容许知识侵吞（*knowledge laundering*）。本质上，这些反驳面临一种两难：或者否认你

当然，我无法保证不存在这样的案例：在这些案例中，某些181 人对他人拥有如此大的支配力，以至于可以滥用这种力量，单方面地改变长期风险。如果你牢牢掌控着某些人的生活，以至于可以让他们对避免这样的情形感到绝望：在这些情形中，他们会因为在某个问题上出错而遭受惩罚，那么在我看来，这确实是能够理性地说服他们放弃某种观点的那种因素，并且我同意里德的说法，即这是滥用某种力量。但我认为，鉴于这种力量一开始就只能存在于不平等和凌虐的关系当中，而不能看成是这种理论的一个需要反驳的后果，我们应该将这种理论视为可以帮助我们在更深刻的层面看到，不平等的、凌虐式的权力关系为什么始终如此令人嫌恶。

我对里德的回应印证了一种模式，我认为这种模式是普遍的。实用入侵的批评者所使用的一些例子在直觉上是有力的，但并不是实用理智主义的真正反例，因为它们结构上有漏洞，或者对于导致风险提升的因素是什么，它们依赖于某种错误的观念。而在另外一些案例中，通过运用关于差错代价的正确观念，可以构造出相同案例的不同版本，但这样一来，这些案例在直觉上就没那么有力了，从而可以被拒斥，并且这种拒斥有时候是富有教益的。这给我们提供了一种很有效的方法，可以用于处理对实用入侵的批判性讨论。

最后，实用理智主义的最大优点是，一些可信的、非常一般的独立限制条件可以构成它的合理动机。我们从信念理性的最一般进路出发，假定适用于一般理性的东西加上信念的特殊之处，便可得到适用于信念理性的东西。接着我们提供一种解释，说明信念的特殊之处是什么。我们的争论理应在这样的范围内展开——因为信念理性必定是信念加上理性所得到的东西。

由此，这印证了本书的核心假设：即便就传统认识论的一些非

---

能够通过知情者的证言了解情况，或者承认你可以通过证据来源不比你更好的人的证言了解情况，仅仅因为她面临的风险更低。但实用理智主义不会陷入这样的两难。某个人面临的行动风险同样可以提升其他人面临的风险。

常核心的话题而言，通过与规范性研究的其他分支进行比较，有时候确实可以产生某种影响——实际上是很重要的影响。实用理智主义在解释上的各个优点，源自它在信念理性和其他态度的理性之间发现的那种连续性，而它所采取的核心进路跟罗斯的进路相同——将理性的信念理解为各种竞争因素之间的权衡。凭借这种理解，我们妥善解释了认识论中最重要的问题之一，即信念何时具有知识所要求的那种理性。

## 8.4　小结

本书第三部分处理的是充足性问题，如第 1 章所说，这是认识
论中的理由至上论题遇到的两个主要障碍之一。依循我们的核心假
设，我论证，对涉及证据在信念的理性化过程中能够实际扮演何种
角色的许多重要的认识论问题来说，充足性问题事实上处于核心位 182
置，而对它的某种直接回应与理由至上论题相冲突。通过超越这种
直接的回应，转而更多地关注信念的特殊之处，我们可以看到，通
过给不是反对信念内容的证据的、反对信念的认知理由拓展空间，
就有办法回应这些重要问题。[1]

我在这几章中提出和维护的观点可以分三个层次。第一个层次，也是最重要的一个层次是这样的观察：信念和行动之间最重要的差异之一是，我们对于行动可以做出二元选择，但就信念而言，总是存在相信 P 和相信～ P 之外的另一种选择，即两个信念都没有。信念和行动之间的许多最重要的差异，都源自这种三元结构，本书的英文版封面插图就展现了这样的观念。在本书提出的所有主

[1] 这里需要提醒的是，对于我们最初通过抽奖案例提出的单纯统计证据问题，我实际上没有证成某种回应。这个问题也许可以像进一步证据的可得性问题和差错代价问题那样得到类似的回答，但我怀疑这不是回答它的最佳方式。

张中，这是我最为确信的一个主张。

这几章提出的观点的第二个层次是我的这种建议：要评判哪些东西有资格充当支持或反对信念的认知理由，我们应该诉诸两种解释的结合，首先是一般地解释，什么使得理由可以算作支持或反对不同种类态度的特定理由，其次是解释信念的本质是什么。我对这一原则的维护一方面是基于某些一般性的理据，另一方面是通过表明，它可以独立于实用理智主义的某些更强的承诺而得到发展和辩护。

最后，这几章提出的观点的第三个层次是对信念本质的*默认依赖*解释，我论证，由这种解释可以得出，反对信念的认知理由包括源自差错的潜在代价的那些理由。这三个层次结合起来构成的观点，便是我所称的*实用理智主义*。在信念的认知理性中，如第 11 章将要论证的，在知识中，这种观点都给实用因素保留了某种角色，并且从其他许多方面看，这种观点都展现出令人惊讶的保守性。

在我看来，实用理智主义是一种极其自然的观点。有些人觉得这种观点陌生、意外甚或新鲜，我想这一事实证明，这样的假设是多么顽固：帕斯卡式考量和支持信念的典型理由之间的区别，就是“实践”考量和证据之间的区别。唯有基于这种假设，才会得出认识论中的理由至上论题面临充足性问题，所以我的结论是，没有什么恰当的充足性问题可以困扰理由至上论题。抛弃这样的假设才是对我们都有益的做法。

第9章

# 信念诬指



## 9.1 信念伦理

第 6、7 和 8 章的主要论证涉及认识论中熟悉的、非常宽泛意义上的信念伦理，即你应该相信什么和为什么的问题。我致力于论证，我们理解是什么使得信念理性或者不理性时，应该依据理由的权衡，而不是把理由理解为具有充足性，或者简单地基于它们是否或能否使信念变得理性。这是回答充足性问题所要求的，而我的回答只需以某种方式揭示这样的可能性：存在不是证据的、反对信念的认知理由。

不过，我花了很大篇幅论证，我们不仅能够理解这样的理由，而且一旦我们容许自己依据它们进行思考，实际上就能找到一种很有效的方式，对信念的认知理性的结构进行解释。某种程度上，我对这一点的证明是通过表明，对于存在哪些反对信念的非证据性认知理由，我们实际上如何会被导向相反的观点：只要对二元信念的本质是什么，以及它在我们的心理机制中扮演何种角色，接受不同的假设即可。尽管我自己明确赞成信念的默认依赖解释和实用理智主义——依据它们可以得到两种反对信念的理由，即进一步证据的可得性理由和差错代价理由，对于处理认识论中的实用入侵，我在整个第三部分主张采用的那种进路是通用的。比如，你可以认同我在这方面的其他说法，同时接受贾斯廷·多尔曼对二元信念本质的那种有吸引力的稳定高度信任解释，从而拒斥实用入侵，你也可以提出另外一些自然的观点。

这在某种意义上完成了本书第三部分的论证的最后一步。因此，如果你已经满足于得到这些结论，抑或独断地怀疑认识论中的实用入侵，那就不妨略过本章的余下部分，直接跳到第四部分，在那里我将表明，如何利用第二和第三部分得到的那些洞见，对盖梯尔问题进行回应，并对知识给出一种有吸引力的分析；在那里我也将表明，知识和道德价值如何构成理由至上假设的最佳例证。

但如果你有耐心继续看下去，那么在这稍显离题的一章中，我
184 想转而讨论狭义上的信念伦理，即这样的问题：就相信什么而言，是否存在任何重要的道德议题。尽管在第6、7和8章中，我逐步集中地提供了支持实用理智主义的一系列证据，我在本章要指出的是，实用理智主义的最大成果在于，可以向我们揭示信念受到的真正的道德限制——尤其是，我们可能因为相信关于对方的情况而误解对方。我把这样的错误称为信念诬指（*doxastic wrongs*）。

在本章的余下部分，我将论证，我们能够因为我们的信念而相互犯错；面对这种主张遇到的最显著障碍，实用理智主义是维护这种主张的关键所在；而出现这种错误的信念的最可信例子，也可以充当这种情形的最有直觉说服力的例子：对于证据需要满足什么条件才能成为理性信念的充足证据，差错代价提供了标准。如果考虑内容的平衡性和连贯性，本书中并不适合出现这一章，因为对本书的整个讨论来说，第三部分最重要的教益并不依赖于我们是否接受实用理智主义。尽管如此，我自己确信，这一章提出的议题具有某种核心地位，可以表明，正确处理前面提到的那些问题为什么如此重要，它们为什么比这样的基本问题更重大：是否存在某种分析上优先于理性的充足性概念，抑或相反。

## 9.2 出错的信念

在当代的分析哲学家中，这是一个遭到抵触的观念：关于允许相信什么，存在真正的、狭义上的伦理问题。我对这一话题的很多思考都受到我的前学生和合作者里马·巴苏（Rima Basu）的影响，我们两人都发现，当我们向其他哲学家解释，我们的观点存在某些信念诬指，即在某些情形中，某个人直接因为她关于另一个人所相信的东西而弄错了那个人，他们常常会善意地纠正我们说，我们的意思肯定是，存在某种或者处于信念的上游环节，或者处于信念的下游环节的错误——即相信者未能以一种客观或彻底反思的方式考虑相关的问题，或者在出于行动的目的应该将这样的信念搁置起来时，她依据这种信念采取了行动。

相比之下，巴苏和我相信，日常的道德思考则充满了这样的想法：存在信念诬指。无论对还是错，根据普通人的常识，种族歧视既是道德上错误的，至少在一定程度上又是由这样的信念构成：关于种族的信念，或者关于某些特定个体的、基于他们的种族的信念。某些人发表的言论或者看起来持有的想法，当然可以作为证据，证明他们是种族主义者。这种说法同样适用于性别歧视、反犹主义以及其他众所周知的歧视行为。在信仰式宗教中，一个尽管不具有基础性却常见的观念是，不仅行为上可能犯错，信念上也可能 185
犯错[1]——而且，信念在某种意义上其实最重要。不过，为了简单起见，我对信念诬指的讨论将集中关注亲密关系的情形，因为在我看来，信念诬指最有可能出现在最密切的人际关系中。

设想我尝试解决我的酗酒问题，经历几次失败之后，我现在已经坚持戒酒数个月。[2] 今晚，即便来访的研讨会发言者不慎将

[1] 例如，在《公祷书》中，会众向上帝忏悔“在思想、言辞和行为上”犯了罪。

[2] 这个例子来自 Basu and Schroeder（2019）。

酒洒到了我的手臂上，导致我整个晚上都被酒味所笼罩，我还是成功地经受住了喝酒的诱惑，所以，这是几个月来我在戒酒上最有成就感的一次。然而，当我回到家，我妻子闻到我身上有酒味，于是断定，我又重蹈覆辙了。如果当时我看到她的眼神，当然会感到沮丧——她的信念误解了我。

诚然，我们更容易确定的是，我妻子的判断涉及某种错误，至于这种错误究竟由什么构成，则并非一目了然。由此，有一般理由怀疑信念本身能够出错的哲学家，便可得到一种现成的策略，对这样的显著反例进行解释——他们可以指出，相关错误或者发生在信念形成过程的上*游环节*，比如她在形成信念时留意的东西；或者发生在信念形成过程的下*游环节*，比如她依据信念采取了某种行动，或者不经意间向我流露出那就是她的想法。这之所以可以成为可信的策略，部分的原因在于，她在形成关于我的负面信念之前没有考虑周全，这*确实*对我有所亏欠，并且我在发现她的想法之后*确实*受到了伤害。由此不难看到，信念的上游原因和下游结果本身如何可以构成错误。

但是，有一种可靠的测试方式可以表明，误解我的是我妻子的信念，而不是她的眼神或者她形成信念时留意的东西，这种测试方式是，如果她为形成那种信念*之后*的举动道歉，比如通过眼神流露出那种想法，或者为形成那种信念*之前*的举动道歉，比如她形成信念时留意的东西，我都不会感到满意。我恼怒的是，她对情况的判断方式贬低了我——那种方式轻视了我的成就。我认为，只要她拒绝为*这一点*道歉，我当然可以感到被她的判断所误解。我相信你也会有那样的感受。

需要道歉的感受可以有效地测试出指向性的错误，因为指向性的错误恰恰就是需要道歉的东西。即便通盘考虑时你的行事方式没有错误，这种情况下你仍然可能误解某人，而如果你确实误解了某人，那么即便通盘考虑时你无需为正确行事感到懊悔或愧疚，你仍然应该向她道歉。诚然，有的时候，在你实际上没有误解某人的情况下，道歉也是明智的——它可以成为人际关系的润滑剂，因为与其让她认为你误解了她，却没有道歉，不如进行实际上没有必要的道歉。但哪怕是这种关于为什么道歉更好的解释，也是依据这样的 186
假设：只要你误解了某人，确实就得道歉——你朋友跟你的分歧只在于，你是否误解了她。由此，我认为，我们确实可能因为相信某些人的相关情况而误解他们。

上述洒酒案例首先构成了一种论证，证明我们能够因为相信某些人的相关情况而误解他们。这种论证意在确立信念的指向性错误。但一般而言，只要存在指向性的错误，也就存在绝对错误的事情。即便误解某人并不总是绝对错误的（有些误解可以因为阻止其他错误而得到证成，但它们归根到底还是误解），这么做仍然是推定错误的。由此，在我看来，如果存在信念诬指，多半也存在这样的实质性的道德问题：相信什么是道德上错误的。换句话说，存在狭义上的信念伦理。

我认为，一旦我们看到这种可能性，就会发现，信念诬指极为常见。依照刚刚讨论过的例子，我们也可以在友谊的情形中找到一类重要的例子。比如，西蒙·凯勒（Simon Keller，2004a）和萨拉·斯特劳德（Sarah Stroud，2006）分别提出了非常一般性的论证，指出这跟友谊的要求不相容：将相同的证据标准应用于关于朋友的结论和关于陌生人的类似结论，或者关于得到类似证据支持的天气状况的结论。凯勒和斯特劳德没有明确接受这样的论题：如果我们像对待天气一样对待朋友，就会因为相信他们的相关情况而误解他们，但两人的论证暗示了这一点。

举个例子，比利和斯坦开车经过阿拉巴马州时，因谋杀便利店店员而被捕。当比利被捕时，他承认是两人作的案，并且有目击者称，两名同他们外貌相仿的年轻人跳进了一辆薄荷色的敞篷车，跟他们开的那辆一模一样。甚至还有法庭证据表明，在轮胎的磨损痕迹上，从案发现场逃逸那辆车跟他们被捕时开的车相吻合。比利和斯坦提出的唯一抗辩是，比利认罪时以为，他是因为偷金枪鱼罐头而被捕——他确实偷了，所以，当时必定有另一辆薄荷色的敞篷车，载着两名外貌相仿的年轻人驶过。当比利的正在备考律师资格考试的表兄维尼赶到阿拉巴马，担任他们的辩护人，他因为不像当地的旁观者那样看待犯罪证据而亏欠了比利。[1]

即便在亲密人际关系的语境之外，就我们如何形成关于他人的
187 信念而言，也存在正面 / 负面的不对称现象。比如，塔马·亨德勒（Tamar Gendler，2011）讨论了杰出的非裔美国历史学家约翰·霍普·富兰克林（John Hope Franklin）的例子，后者于 1995 年被授予总统自由勋章。在接受勋章的前一晚，富兰克林与友人们在华盛顿特区举办了一个小型派对，地点选在宇宙俱乐部（Cosmos Club），这在历史上是一个白人俱乐部，而富兰克林是该俱乐部的第一位黑人成员，并且该俱乐部的大部分服务人员都是黑人。当富兰克林在俱乐部中走过时，一名女性将他叫住，把她的衣物寄存牌递给他，让他把她的外套取来。

由于所有的俱乐部服务人员都穿制服而富兰克林没穿，所以显而易见，那位女性形成他是服务人员的信念时，单纯是基于他的种族。依据这个俱乐部的服务人员的基本统计数据，这种做法从统计学的角度看是有道理的。但这并不意味着，她这么想是合适的；相反，富兰克林当然会感到被那位女性所误解，即便两人之间没有任何特别的关系。跟前面一样，我们可以试着认为，这种错误或者处于信念的上游环节，或者处于信念的下游环节，但是，尽管那位女性让富兰克林取衣服导致他不悦，我认为，至少就这种不悦主要涉

[1] 这些是 1992 年的电影《我的表兄维尼》(*My Cousin Vinny*) 中的剧情。不过，维尼确实推定比利和斯坦是无罪的，而电影将这一点视为当然而无需特别解释。

及她所说的话而言，富兰克林与其说是因为这一点不悦，不如说是因为那位女性推测他是服务人员而不悦。

除了误解他人的信念，我认为我们也可能因为相信自己的相关情况而误解自己。考虑一下自我价值判断的情形。比如，在下棋或者弹琴上，错误地相信你自己的水平比实际水平更高，这是一种恶习。然而，错误地相信你自己比你实际的样子更糟，并不是一种美德——谦虚是一种美德，但谦虚涉及的是你如何让自己举止得体，并且也许是你有意注意自己的形象，而不是你对于自己实际相信什么。[1] 事实上，错误地相信你自己的某项技艺比实际情况更糟，是相当可悲的。对比一下维吉尔的例子，他花了七年时间撰写博士论文，阐述剑桥柏拉图主义者拉尔夫·库德沃思（Ralph Cudworth）在思想上对伊曼努尔·康德的影响。几年之后，“每日努斯”（Daily Nous）网站上的新闻披露了新发现的康德信件，在 1794 年的一封信中，康德问道：“Wer ist diese Cudworth Person, die du in deinem letzten Brief erwähnt hast？”[2] 倘若跟那些从“每日努斯”网站寻求消遣的读者一样，维吉尔现在断定他的博士论文毫无价值，那么这不是谦虚，而是悲剧。考虑到他个人耗费的时间和精力，他当然是出于对自己的误解，才没有坚持更谨慎地核实那封信。

或者考虑马鲁西奇（Marušic，2012）给出的例子。你有长期的吸烟史，正尝试下定决心戒烟。实证研究令人信服地证明，绝大多数吸烟者需要多次尝试才能成功戒烟。但如果你相信自己不会成功，就不可能决心戒烟。马鲁西奇有力地论证，在这样的情形中，戒烟行为之所以可能，是因为戒烟者不相信他们会失败。他实际上还进一步论证，对试图戒烟的人来说，相信自己会成功是理性的， 188

[1] 不过对比 Driver（1999）。

[2] “你上封信中提到的那个叫库德沃思的人是谁？”

但我们无需接受这样的结论，就能领会这一点的效力：误解自己会让你对自己估计不足。[1]

## 9.3 应对两个挑战

我并不认为，上面给出的关于信念诬指的例子都是无可争议的；尽管我确实认为，洒洒案例特别有说服力。不过，既然可能的例子很容易找到并且普遍存在，我们如果不愿像表面所是那样看待它们，就需要提供某种合适的理由。事实上，对于信念能够出错这一观念，至少有两个显著的哲学挑战——但它们都可以依据实用理智主义来处理。[2]

第一个挑战是控制问题（*problem of control*）。这个问题之所以产生，是因为许多认识论者质疑，我们是否有足够的力量控制我们的信念——只有能够控制信念，才谈得上应当具有某些信念，哪怕把“应当”限定在某种认知意义上。倘若即便抛开道德错误不谈，是否存在我们应当相信或者不相信的东西也值得怀疑，那么难怪哲学家们特别顾忌将道德错误归于信念。

初看起来，信念能够出错这一观念面临的控制问题，就类似于这样的观念面临的控制问题：在某种限定的认知意义上，存在一些我们应当具有的信念。但实际上，对于为什么能够存在某些我们应当或者不应当相信的东西，即便用伯纳德·威廉斯（1973a）的话说，我们完全缺乏“按照意愿”（at will）去相信的能力，[3]一旦我

[1] 参见 Marušic（2015）。

[2] 本节诸论点基于 Basu and Schroeder（2019）和 Schroeder（2018d），并且在这两篇文章中有更详尽的阐述。但我要指出的是，Basu（2018）没有接受实用理智主义，也没有把影响信念的道德理由限制在差错代价，从而与我的主张不同。

[3] 对比 Bennett（1990）。

们考虑某些最有希望的回应，控制问题就会变得更加严峻。比如，尼什・沙阿（Nishi Shah，2002）指出，按照意愿去相信就是相信你意图去相信的东西。因此，能够按照意愿去相信意味着，我们的意图能够控制我们的信念。然而，即便我们的意图不由我们的意图所控制，也能存在我们应当去意图的东西，所以，这样的条件显然太强。

更可信的说法是，若有某种“应当”可以应用于信念，这种“应当”必定源自我们的信念实际对之敏感的理由。[1] 而我们的信念确实对证据敏感。并且证据是最典型的信念理由。所以，如果我们认知上应当相信的东西源自证据，我们对我们的信念完全就有某种恰当的控制，从而可以适用这样的“应当”。但对于我们为什么能以某种方式恰当控制我们相信的东西，使得存在我们应当或者不 189
应当相信的东西，如果这就是最佳种类的回应，那么只会导致我们更怀疑，是否存在任何道德上错误的信念。因为虽然我们的信念对证据敏感的说法是非常可信的，这样的说法却不怎么可信：我们的信念会对平常的道德考量敏感——例如，得知相信某件事可以让效用最大化，并不是让我们确信那件事为真的正确种类的因素。

所以，我们必须承认，控制问题是信念能够出错这一观念面临的一个严重挑战。不过，让这个问题充分暴露出来，也让我们看到，为什么实用理智主义已经回答了这个问题。因为根据实用理智主义，我们的信念实际上确实对正确种类的道德考量敏感。它们对之敏感的不是信念的道德收益，而是道德上的差错代价。如果你错误地相信你的丈夫戒酒失败了，而实际上他在充满诱惑的环境中成功做到了滴酒不沾，那么你就会误解你的丈夫。了解这一点不仅要求我们在发现更好的证据之前，不要急于得出结论，还使得对我们来说这么做是可能的。类似地，在单纯基于种族方面的统计数据，

[1] 参见 Shah（2006）。

对某个人做出轻率判断之前，我们完全能够做到更加慎重，即让自己坚持更高的证据标准。由此，如果只要某种“应当”取决于对理由的敏感性，那种“应当”就适用于我们，那么在我看来没有理由认为，不可能有适用于我们的、支配信念的道德“应当”——只要它们只限于依据特定种类的理由。

实用理智主义主张，我们的信念*确实*对某些道德考量敏感——即涉及差错代价的那些考量，在此意义上，实用理智主义可以给信念诬指的可能性提供一种有限度的辩护。跟它在认识中总体上持有的保守立场相一致，它不容许任意的道德标准都可以支配信念，也不容许信念本身的效用或后果在这方面有任何的相干性。实用理智主义容许影响信念的唯一一种道德理由，是出现道德上的差错代价的情形。而我认为，我们那些重要的例子*确实*全都如此。

信念诬指的可能性还面临另一个重要的一般哲学挑战，那就是里马·巴苏和我所称的*协调问题*（*coordination problem*）。这个问题是说，如果信念受到某些道德规范的支配，而这些道德规范与支配信念的认知规范不相协调，那么这两组规范就会陷入一种糟糕的矛盾状态。这种矛盾可以通过不同的方式表现出来，这取决于我们对支配信念的道德规范和认知规范分别提出什么样的具体假设。例如，如果有某些事情，你在道德上不应当相信，而认知上应当去相信，那么这就是一种*道义冲突*，你因此必须在理性和良善之间做选择。实际上，我们面对的这种选择恰恰符合 Keller（2004a）和 Stroud（2006）提出的关于友谊的主张，也跟 Gendler（2011）就她所称的“隐性偏见的认知代价”得出的结论相一致。

190 不过，即便我们假定没有任何绝对的道义冲突，认知规范与道德规范也可能陷入一种糟糕的矛盾状态。例如，如果面对控制问题为了给信念诬指提供辩护，我们接受我那种诉诸实用理智主义的做法，那么就会得出，虽然存在*反对*信念的道德理由，却不存在*支*

持信念的道德理由。于是按照这样的观点，正面相信某人的某种情况也许有时候是道德上错误的，但*缺乏*关于某人的某种信念绝不会是道德上错误的。[1] 而马克·纳尔逊（Mark Nelson，2010）论证，尽管有某些东西是我们有认知义务*不去*相信的，却没有任何东西是我们有积极的认知义务*去*相信的。如果纳尔逊关于认知义务的说法是对的，并且目前为止我们关于支配信念的道德义务的说法也是对的，那么道德规范与认知规范之间不会产生任何真正的道义冲突——没有任何事情是道德上要求你去做而认知上要求你不去做的，反之亦然。

但即便如此，也不能消除我们的这种担心：支配信念的认知规范和道德规范之间缺乏协调。因为当一个信念符合知识所要求的每一条认知标准，这一事实看起来给持有那个信念提供了非常好的辩护。当我就我的妻子相信我戒酒失败对她提出质疑，如果她道歉的同时坚称，导致这一点没有成为知识的唯一因素是它为假，那么她就是不真诚的。这之所以不真诚的原因在于，除了不为真，满足知识所要求的一切条件，这看起来像是面对那个信念受到的道德指控进行*抗辩*。

由此我的结论是，协调问题同样是对信念诬指的可能性提出的一个严重挑战。我认为，只有支配信念的道德规范和认知规范相互协调，才有信念诬指可言。而这两组规范可以通过两种方式得到协调。信念诬指可能范围很有限，仅仅是认知上没有得到证成的信念的一种特殊情形。但这种说法跟我们关于信念诬指的主要例子不符；在那些例子中，相关证据的质量始终完全比得上我们关于天气的理性信念所基于的证据的质量。所以，协调问题再次表明，只有接受信念的认知理性中存在所谓的*道德入侵*（*moral encroachment*），

[1] 值得一提的是，Keller（2004a）和 Stroud（2005）看起来都认为，友谊同样要求正面信念。但我认为，两人证明这一点的论证都没有充分注意到实用理智主义的选项。

我们才能找到信念诬指的最有直觉说服力的例证。

跟前面一样，实用理智主义可以告诉我们这一点如何可能。根据实用理智主义，差错代价可以成为反对信念的认知理由，而只要
191 影响信念的道德理由是差错代价的一种特殊情形，这一点便可得到实现。而我跟前面一样认为，我们关于信念诬指的最佳例子全都可以通过这种方式来解释——即作为差错代价的特殊情形。

## 9.4 整体图景

根据我认为正确的图景，信念可以在道德上出错，而实用理智主义如果为真，便可保证直接支配信念的道德规范和认知规范之间相协调。我认为，它能做到这一点的原因在于，只有虚假信念会出错，而实用理智主义给实用入侵拓展空间的方式，恰恰是诉诸虚假信念的后果。我们有必要更细致地论述，这些观点如何构成一个整体。

我们在第二部分看到，区分信念的客观评价方式和主观评价方式很重要。按照客观的方式，相干的理由是客观理由，而客观理由必须是真理。[1] 但按照主观的方式，相干的理由是主观理由，而主观理由无需是真理。所以，要讨论支配信念的道德规范和认知规范能否以及如何得到协调，我们必须考虑关于客观的道德和认知评价方式的问题，以及与之相对的关于主观的道德和认知评价方式的问题。

当我说一个信念误解了你，我的意思是，那构成一种客观错误——帕菲特（2011）所说的“事实相对意义”（fact-relative sense）上的错误。因此，跟一个信念是否正确一样，一个信念是否误解了

[1] 这里你同样可以按照符合你所偏好的理由本体论的方式来理解。

你，将取决于世界是什么状况，而不仅仅取决于你的证据。由此，通过假定只有虚假的信念会出错，加诸信念的客观的道德规范和认知规范之间的协调关系，便可直接得到保证。既然只有虚假的信念会出错，误解某人只能是信念的一种附加的缺陷，即除了出错之外的缺陷。所以，支配信念的客观的道德规范和认知规范之间，绝不会产生冲突。

诚然，是否只有虚假信念能出错，这是有争议的。包括巴苏在内的一些哲学家倾向于接受这样的观点：真信念跟假信念一样能出错。而凯勒和斯特劳德对友谊的认知要求的重要讨论表明，友谊可以要求你相信关于朋友的好事情，而不仅仅是不去相信关于他们的坏事情。但我认为，错误信念的所有最显著且最佳的例子，实际上确实都是虚假信念。洒酒案例是这样，约翰·霍普·富兰克林案例是这样，自我价值案例是这样，而且我相信，哪怕在马鲁西奇、凯勒和斯特劳德提供的清晰案例中，情况也是这样。相比我们能够通过真信念误解对方，有更好的证据可以证明，我们能够通过持有关于对方的假信念而误解对方。所以我的结论是，通过接受只有虚假信念能出错的假设，我们可以保证客观的道德规范和认知规范之间 192
的协调关系。

但信念跟行动一样，即便在不构成客观错误的情况下，也可能出现主观错误。当我把自己的行李从传送带上拿下来，这没有对你犯错；但如果我企图偷拿你的行李却误拿了自己的行李，那么我就应该受到责备。类似地，当宇宙俱乐部那位女性推测那些黑人服务人员是服务人员，她没有犯错；但当她基于类似的证据推测约翰·霍普·富兰克林是服务人员，她就同样应该受到责备。以某种应该受到责备的方式采取行动或形成信念，就不是道德上良善的；相反，我们可以对它们施以一种重要的道德批评，即它们犯了主观上的道德错误。不过，我们不应把这种批评混同于批评它们构成某种客观错误，正如我们不应把批评一种行为或信念不理性混同于批评它不正确。

通过假定真信念不可能出错，可以保证加诸信念的客观的道德规范和认知规范相协调；而加诸信念的主观的道德规范和认知规范之间的协调关系要得到保证，可以诉诸实用理智主义，再加上一种导致相关冲突令人担心的假设——即除了不为真，满足知识的一切要求，这看起来像是面对信念受到的道德指控提出的抗辩。

让我们先来考虑第一个要素。由于信念为假时能够客观上出错，误解某人的风险便可充当一种差错代价，从而可以提供反对信念的、基于风险的认知理由。现在，由第8章可知，并非所有的出错代价都能算作反对信念的真正的认知理由——即便那些代价是出错所特有的代价。毕竟，我们可以设想，某个版本的帕斯卡式论证基于的是，上帝以永恒诅咒惩罚无神论者，而非不可知论者。不过，根据实用理智主义，构成反对信念的认知理由的差错代价和不构成这种理由的差错代价之间的差别是，前者必须基于这一点：信念在我们的心理机制中扮演正常的角色。所以，在能否容纳道德入侵的问题上，实用理智主义可以兼顾两种结果——这取决于我们如何回答这一问题：出错的信念之所以出错，是不是依据它们在我们的心理机制中扮演正常的角色。

然而，信念出错的最佳例证并不是它们依据它们的影响而出错；毕竟，信念产生影响的任何情形都无法摆脱这样的假设：错误出在信念的下游环节。因此，错误信念的代价并非由信念所导致——无论信念扮演正常的角色与否。但这些代价可能由信念直接构成。只要我们能够相互建立的各种可能关系直接由我们对彼此的信念所塑造，那么这一点就有可能为真：错误信念直接构成差错代价。而这正是我所相信的。

193 所以，当一个信念带有如果为假就会误解某人的风险时，就会额外产生不去相信的主观理由，由此，对于需要多少证据才能认知上理性地相信，标准就会提高。根据实用理智主义，这就是道德入侵的运作方式。与此同时，由于证据能够压过反对一个信念的差错代价理由，使得那个信念可以是理性的，所以道德规范和认知规范若要完全相协调，我们还得假定，一个信念具有认知理性，这对那个信念构成一种主观上的道德证成。

上述几个假设合起来可以用图 9.1 来表示，图 9.1 可以显示，评价信念的客观维度（从左到右）与主观维度（从上到下）如何交叉组合出各种情形，而道德维度（下和右）与认知维度（上和左）在客观和主观的评价方式之内是协调的，在它们之间却是不协调的：

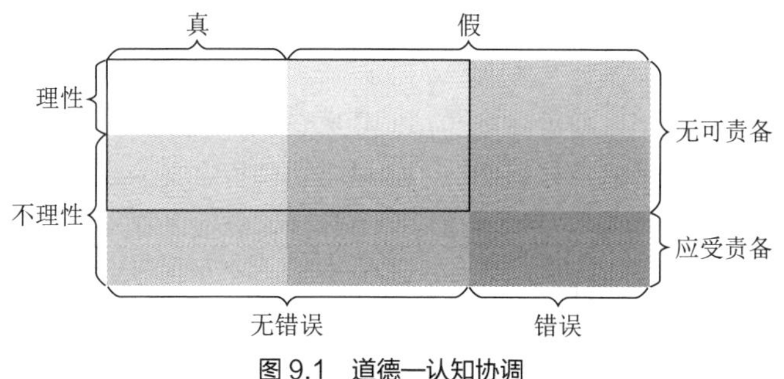


图 9.1 道德—认知协调

正如我们在图 9.1 中所看到的，信念能够出错的假设只是在左上方代表常见意见的方格上扩大了可能性空间。错误信念的典型例子同时也是应受责备的例子，它们可以在右下角找到。但是，理性和无可责备的信念仍然可以是错误的（右上角）——在酒酒案例中，如果我戒酒失败的证据是压倒性的，那么我妻子的信念就是如此。应受责备的信念可以为真（左下角）——宇宙俱乐部那位女性如果碰巧把她的衣物寄存牌给了一名真实的服务人员而非约翰·霍普·富兰克林，那么她的信念就是如此。应受责备且虚假的信念可以没有错误（中下方）——例如，当我的妻子相信我今晚喝了酒，而我没喝，但她不知道我在其他时候偷偷喝了。无可责备且错误的

信念可以是不理性的（中右方）——例如，当不知道我在戒酒的某
194 人相信我喝了酒，即便没有合适的证据证明这一点。以及最后，知识当然不会在这些方面受到任何道德上的批评，因为根据我的假定，知识是理性的真信念的一种特殊情形。

由此，加上只有虚假信念才能出错的假设，实用理智主义可以提供一种有效且保守的解释，说明在不跟认知规范产生冲突的情况下，信念如何可能出错。如果信念能够出错，那么这便是预期它们会出错的一种非常合理的方式。

## 9.5 最佳例证

现在我要论证的是，首先，信念诬指的最佳案例实际上也是认识论中实用入侵的最佳案例——如果实用理智主义为真，那么这正符合我们的预期，因为实用理智主义强调长期的差错代价，而不仅仅是即时的差错代价。

传统上，认识论中的实用入侵的动机来自各种“银行”和“火车”名目的案例，在这些案例中，某人需要当下行动，但如果基于相关信念当下行动，差错代价就会增加，而那个信念是虚假的。第 6 章引入关于证据优势的问题时，我们讨论过一个版本的银行案例，那也是本书初次提及实用入侵的观念。

银行和火车案例完全符合知识—行动原则。在这些案例中，重要的是当下如何行事，而在它们的高风险版本中，由于高昂的差错代价的存在，假设银行会营业的条件下的合理做法，不同于无条件的合理做法。但我在第 8 章论证，我们应该拒斥强健的知识—行动原则。你知道什么和可以理性地相信什么，并非对这一点非常敏感：当下的处境中如何行事是理性的。因为信念类似于一种长期的计划，相信什么是理性的，这更多地依赖于预期的长期差错代价，

而非即时的差错代价。我由此论证，在决定如何行事时，相信某件事但不要把它视为当然，常常是理性的。尤其是，当差错代价很大程度上出现在当下时，这么做是理性的。

实际上，在最简单版本的银行案例中，差错代价确实主要出现在当下。如果周五下午你留在银行排队，而不是带着周六再来的计划回家，那么对你来说，银行周六是否营业就不再重要——高昂的差错代价也就不复存在。由此可以得出，我们不应把银行和火车案例当作实用入侵的最佳案例。我并不是说，它们不能成为实用入侵的案例——我们可以论证，由于这个周六银行是否真的营业对你不再重要，相信银行营业也就不会带来多大收益。况且，还有某些潜 195
在的差错代价会持续存在。例如，如果你虽然相信周六银行确实会营业，但为了保险起见还是在排队，那么在没有验证周六银行是否真的营业的情况下，你周日基于银行周六营业而后悔排队就是没有道理的。

因此，我愿意承认，至少某些银行和火车案例确实可以充当认识论中的实用入侵的真正例子。但如果实用入侵为真，我们就不应期待它们能成为最佳案例。实际上，我认为它们不是。在我看来，认识论中实用入侵的最有直觉说服力的例子，是稳定高度风险的例子——在这些例子中，可预见的差错代价不仅涉及当前的决定，也涉及某种可能的决策模式或信念角色，而后者可以一直延伸到不确定的未来。相反，直觉说服力最小的实用入侵例子，就是风险明显不稳定的情形。

例如，考虑这样的情形：对于我的名字是“马克”这一命题，有人拿一分钱赌我的生命，这对我来说是一次稳赢的赌局。我完全确信我的名字是“马克”，但我不会仅仅为了得到一分钱，在这件事上拿我的生命做赌注，而且我这么做是不理性的。无论我对自己的名字多么有把握，双方的赌注相差还是过于悬殊。回想一下，这种情形是我针对强健的知识—行动原则提出的主要反例。我认为，在这种情形中，我知道我的名字是“马克”，从而可以认知上理性地相信我的名字是“马克”，但在推想如何行事时把这一命题视为理所当然，是不理性的。而且在这样的情形中，很明显，差错代价是即时的——即便你可以清楚地想象，我现实中真的收到这样稳赢的赌局，也不意味着，我马上就处于一种场景，在那种场景中，就我叫什么名字很重要的情形而言，这类赌局是常见的；更不意味着，我真的会冒险接受这种赌局。可以充当一条原则的主要反例的情形，实际上就是那条原则的直觉说服力最小的例证。

另一方面，支持认识论中实用入侵的最佳例子，就是风险稳定处于较高程度并且显然如此的情形。我就这种情形给出的主要例子是这样的信念：你不对青霉素过敏。由于对青霉素过敏通常是一种持续存在的状态，所以无论在当前还是在未来的任何时候，对做出相同种类的决定来说，你是否对青霉素过敏都一样重要。而你确定自己是否对青霉素过敏很重要的各种情形，很大程度上也就是这样的情形：你必须决定治疗时使用青霉素还是其他的青霉素类抗生素。由此很难采取这样的后备方案：相信你没有过敏反应，但在寻求治疗时习惯于认为你有过敏反应。所以，跟这个信念相关的差错
196 代价不仅高昂，还很稳定，并且在未来涉及这一信念的可预期情形中，它们是非常重要的考虑因素。

根据实用理智主义，所有这些特征使得上述案例成为实用入侵的显著案例之一，并且在我看来，它在直觉上确实有说服力。比如，斯图尔特·科恩（Stewart Cohen，2012，unpublished）强调这是可信的：在典型的银行案例中，理性的做法是，相信银行周六会营业，但为了保险起见仍然排队等候。而这就没那么可信了：在青霉素案例中，应该采取的做法是，相信你不对青霉素过敏，但仍然避免服用。所以我认为，就知识和信念理性的实用入侵而言，最有说服力的例子就是包含稳定高度风险的例子。

事实上，信念诬指的最佳例子也都是基于相关情形的某些稳定特征。当你跟某人交好，就会期待这种友谊能够永远持续下去。诚然，并非所有友谊都能保持不变。但相比我们所说的单纯的“友好”，友谊没有固定期限可言。一旦你产生友谊什么时候结束的念头，它就已经开始消失了。对某人友好不妨碍有一个可预见的期限，成为某人的朋友则不是如此；我认为，两者之间的区别类似于这两种情形之间的区别：你不会因为相信某些人的相关情况而误解他们的情形，和你确实会如此的情形。而由于成为朋友并非与认知理性不一致，我认为，诸如《我的表兄维尼》之类的例子，既是体现友谊有什么要求的例子，也可以给认识论中的实用入侵提供有力支持。我也认为，它们作为体现友谊有什么要求的例子确实很有说服力。

现在，有些特征可以提升种族歧视信念或性别歧视信念带来的风险——这类信念的一个例子是，仅仅因为约翰·霍普·富兰克林是黑人，就假定他是宇宙娱乐部的服务人员；但这些特征不是基于友谊这样的持久关系，因为约翰·霍普·富兰克林和递给他衣物寄存牌的女性当然不是朋友。根据有些哲学家的观点，尽管如此，他们亏欠于对方的东西也许仍然是基于他们之间某种关系所具有的特征，但如果是这样，这种关系就是所有关系中最稳定的一种关系，因为任何两个人之间都存在这种关系。[1] 不过，无论陌生人之间的信念诬指是不是朋友之间的信念诬指的弱化版本，对于这个特定的信念为什么误解了约翰·霍普·富兰克林，给出的解释深深植根于美国历史上的种族分裂，尤其在华盛顿特区，宇宙俱乐部坐落于一个富人社区的中心位置，直到最近，除了担任服务工作之外，黑人始终遭排斥，并且其成员如今仍以白人为主。这个案例的所有这 197
些特征都具有典型的稳定性，因为它们源自历史事实，而历史是确

[1] 对比 Bero（2017）。

定不移的。

由此可见，亨德勒提出的约翰·霍普·富兰克林案例具有合适的特征，依据实用理智主义，可以成为实用入侵的一个重要例证。但我认为，就其本身而言，这个案例同样是认识论中实用入侵的一个特别有说服力的例证。递给富兰克林衣物寄存牌的那位女性确实在认知上不负责任地相信，他是服务人员。尽管在这个案例中，富兰克林的种族和宇宙俱乐部中关于种族分布的背景事实所提供的统计证据，跟其他情形中可以适用的统计证据一样好，那位女性仍然是认知上不负责任的。

类似地，对于可以导致你误解自己的那些信念，我考虑了负面信念影响你的自我价值的情形。我指出，这些信念误解你的部分原因在于你跟你自己的关系。而由于那种关系是恒久的，对于这些信念如何产生影响，它当然可以发挥一种稳定的作用。同样，尽管随着你对自己的理解发生改变，对你的自我价值来说重要的东西也会随着时间而改变，但它们不会直接按照我们的预期而改变。维吉尔对他自己的误解不仅在于直接断定，他的整篇博士论文都是基于谬误，而且在我看来，这样的做法对他来说显然是不理性的：没有更认真地核实材料，就如此轻率地得出这种结论。

最后，同样的说法也适用于诸如马鲁西奇给出的尝试戒烟的例子之类的情形。尝试之后能否取得成功，这一点不仅在你将要尝试的时候是重要的；在你将来回过头反思自己如何努力或者不够努力时，它也是重要的；并且对你再次尝试的可能性来说，它依然是重要的。[1] 马鲁西奇（Marušic，2015）本人有力且充分地论证，在这类情形中，关于你自己的未来状况，可以理性地相信什么，这必定对某些非证据性的事实敏感。

我认为，上面给出的这些案例不仅很好地符合实用理智主义的

[1] 对比 Schroeder（2019）。

结构，可以印证其对认识论中实用入侵的独特解释，而且就它们本身而言，也可以很有力地支持这样的观念：在某些情形中，你知道什么，或者对你来说相信什么是认知上理性的，这取决于直觉上具有“实践性”的因素。此外，这些案例还表明，认识论中的实用入侵论题为什么如此重要——这是简单的包含即时风险的银行案例无法告诉我们的。对于原本遭到忽视的狭义的信念伦理，由此可以催生出一系列值得探究的、富有价值的问题。我想，我们有必要纠正这种局面，而不是漠然置之。

# 第四部分　知识与道德价值

当持有的东西在主观上和客观上都足以为真，那便是知识。

——康德，《纯粹理性批判》，A822/B850

第10章

# 行动与信念的恰当性



## 10.1 回顾与前瞻

本书开篇部分提出的核心假设是，由于忽视认识论和道德哲学之间的连续性，认识论研究受到了损害；我计划通过探究理由至上论题来支持这样的假设。我们看到，理由至上论题在道德哲学中非常重要，甚至被有些人奉为基本信条，但在认识论中却没有类似的地位。我们也看到，这种状况不是无缘无故出现的，因为在认识论领域，理由至上论题至少面临两个极为显著的重要反驳；它们是如此显著，以至于认识论者们在考虑采取何种可能进路回答某些最重要的问题时，受到它们的深刻影响——但它们在道德哲学中并不那么显而易见。

由此，在本书第二和第三部分，我致力于论证，这些显著观念对认识论的影响方式本身是有问题的。我还论证，通过拒斥那些回答，我们可以更好地回答认识论中的核心问题，即知觉如何能将信念理性化，以及证据在信念的理性化过程中能够扮演什么角色。我们看到，这么做不仅与理由至上论题相容，而且由此得到的观点——涉及基本知觉证成的显表事实性态度观点，和涉及证据跟信念理性化之间关系的实用理智主义，本质上依赖于这样的主张：关于理由权衡的事实如何给理性提供基础。这般接受的理由至上论题固然还不具有完全的一般性，但很大程度上符合该论题的支持者们将这种观念推向一般化的精神。

第二部分的一个关键论点是，对客观理由和主观理由进行区分很重要。我提出，认识论受到这种假设的深刻影响：理由必须为真，才能将信念*理性化*。但我论证，真理作为一种限制条件，施加于那些使信念*正确*的理由更合适，而不是施加于那些使信念*理性*的理由。如果理由就是可被据以行动的、行为导向的竞争项，那么没有任何东西可以保证，“存在”的理由和“你拥有”的理由说的是同一种理由，只不过前者在那里等着被获取，而后者已经在你的掌握之中。

202 相反，我们看到，由于“拥有”的说法是含混的，我们可以通过谈论不同的“理由”关系，让这种说法得到很好的澄清；这非常类似于一些道德哲学家的做法，他们一直区分你在*主观层面*或理性层面应当如何行事，以及你在*客观层面*应当如何行事，意即如何行事对你来说是正确的。一旦我们做出这样的区分，就知识的可废止性而言*正确*的说法，便不会导致我们就理性信念的可废止性给出错误的说法——我认为认识论析取主义就犯了这样的错误，尽管对于知觉证成的本质，它给我们提供了一种其他各方面都很有吸引力的图景。

所以，我们可以这样把握第二部分得到的核心观点：它可以保留常见的关于知觉证成的析取主义观点具有的优点——至少是我所说的那些优点，同时避免这种观点带来的最显著的代价——至少是我所说的那些代价。不过，这种核心观点还可以通过另外的方式来把握，即它向我们表明，如何将这两个目标分开：一个目标是，对基本知觉证成提供一种*理性化*解释；另一个目标是，对基本知觉证成给出一种需要由相信者本人把握的解释。显表事实性态度观点是一种独断论，但它既不排斥对这一点进行解释：为什么形成信念的某些基本方式是理性的，也没有援用依据可靠性的纯粹外在主义解释。它提供的解释以这样的解释为中介：为什么形成信念的某些方式得到能动者的理由的支持。

因此，显表事实性态度观点通过提供一种传统的内在主义者所寻求的理性化解释，同时就提供这样一种理性化解释需要满足什么条件而言，避免给出误导性的传统内在主义观念的全部承诺，不仅表明，如何能够避免关于基本知觉证成的其他观点的一些缺陷，还表明，理由如何能够发挥重要的解释性作用。换言之，诉诸理由话语让我们确定，内在主义者可以正当地排除哪些常见形式的认识论外在主义，比如过程可靠主义和析取主义理论，而对于哪种立场值得追求，我们无需接受内在主义者自身的观点。

相比之下，第三部分的核心结论是，回答充足性问题并不要求，援用理性、证成或者知识之类的先在概念，来解释是什么使得理由*充足*。毋宁说，我们对*理性*的理解，是基于对什么使得理由*充足*的先在解释。因为关于充足性的事实，就是关于理由权衡的事实。

由此可见，第 1 章提出的*证据作为理由*假设有着强大的解释效力，对能够理性地相信什么和什么时候能够理性地相信，它可以帮助我们理解许多不同寻常的因素——当然前提是，我们给它加上这样一种充分的解释：某种东西为什么可以成为支持或反对信念的认知理由。罗斯对*应当*如何行事所涉及的极为复杂的现象进行了分 203
析，而这种结论实际上只是罗斯式分析的一种特殊情形。罗斯注意到，尽管表面上很复杂，这些现象全都可以解释为，是简单的竞争性因素相互权衡的产物。一旦你明白是哪些因素在起作用，就能明白复杂情况是怎么回事。

所以，第三部分的关键结论实际上构成第 2 章所称的、支持理由至上论题的*经典论证*的一种特殊情形。回想一下，这个经典论证首先是这样的论证：理由具有*局部*的基础性，可以解释某种特定的规范属性或关系。这一论证是说，假设关于那种属性或关系的事实完全是基于关于理由权衡的事实，就可以给我们观察到的、关于那种属性或关系的特征的事实提供最佳解释。因此在第三部分，我实际上给出了一种经典论证，证明认知理性是基于支持和反对信念的认知理由的权衡。

我在第四部分的目标是，把所有这些结果综合起来，论证理由至上论题在认识论中最大的效用是，它能够帮助我们理解认识论中可以说最核心的一个问题，那就是知识的本质。我们将看到，在对知识进行分析时，我们已经得到的这些结果可以帮助我们避免另外一些观点的错误，这些观点就其他方面而言原本有希望揭示知识的本质。但更重要的是，通过考察认识论和道德哲学之间的连续性如何导向一种富有效力与启发的知识观，以及理由至上论题如何在知识的情形中如何发挥出最大的效用，我们的核心假设将再次得到印证。

为了实施这一大胆的计划，我们首先要考察的是，关于理由及其在规范性理论中的解释性角色，我们迄至目前的全部讨论为什么没有提及理由的一个最重要、最核心的特征，这未免令人惊讶。接着在本章的余下部分，我们将看到，理由的这个特征在对知识的分析中尤其重要。在第 11 章，我将引入和维护我赞成的一种对知识的分析——我称为康德式解释，并说明它如果可能避免第二和第三部分提到的那些缺陷。最后，在第 12 章，我们将探讨，康德式解释与显表事实性态度观点结合起来如何解释基本的知觉知识，与实用理智主义结合起来如何解释实用入侵，以及如何看待同它竞争的那些理论。

## 10.2 理由的慎思角色

若要理解为什么理由如此切合对知识的分析，从考察这一点入
204 手是有益的：我们迄至目前关于理由的全部讨论，为什么没有提及

理由最重要、最核心的一个特征。回想一下，在第 2 章，我对理由的刻画不是依据保持正确种类的语境不变的情况下，“理由”这个词指向的东西，无论是语义层面还是语用层面。我也没有通过实指的方式刻画它们，虽然我在本书中不断使用各种例子来阐述。毋宁说，我对理由的刻画诉诸的是它们的竞争方式，以及这两种事实：它们是行为导向而非结果导向的，并且它们可被据以行动。

但尽管基于这三个重要特征来刻画理由，在我们的讨论中扮演重要角色的只是理由的前两个特征。以第 2 章归根于罗斯的经典论证为例，这个论证认为，我们应当如何行事必定是依据关于理由的事实。这个论证显然并且本质上依赖于理由的竞争性，而且如我在第 2 章所论证的，为了成功地拒斥各种后果主义，它还必须依赖于理由的行为导向性。但对于理由可否被据以行动，这个论证并不要求给出任何假设。

类似地，第二部分讨论了这一点如何可能：知觉证据通过给信念提供理由来源，而使信念变得理性。无论是这个问题还是我所赞成的回答，本质上没有任何地方需要诉诸这样的主张：理由可被据以行动。[1] 而第三部分讨论了证据如何让信念变得理性。同样，论证存在某些反对信念的非证据性认知理由时，尽管我可以进一步补充一个间接论证来提供支持，即指出这些考量被据以行动的方式如何非常类似于我们依据理由而行动的方式，但我在第 7 章实际采用的并不是这样的策略。[2] 实际上，第三部分没有任何地方需要重视这样的主张：我们能够出于理由而行动，也没有任何地方需要借助这种主张从事实质性的哲学工作，阐述相关问题时是如此，回

[1] 唯一的例外出现在第 3.4 节我的一个补充性论证中，那个论证是用来拒斥良好情形自主提供者，即埃罗尔·洛德所称的“新新恶魔问题”。

[2] 对比我在 Schroeder（2013）中的论证策略。不过注意，在第 9.3 节回应对信念能够出错这一观念的一个反驳时，我确实讨论了我们对反对信念的非证据性认知理由做出反应的能力。不过，由于是反对者要依赖于理由可被做出反应的主张，实用理智主义只需容纳这一点，而无须拿它从事任何有意思的哲学工作。

答那些问题时也是如此。

由此，如果我们认为，本书到目前为止提出的方案，是对理由在认识论和道德哲学中的重要解释角色的一种辩护，那么在一种非常显著的意义上，由于没有诉诸理由的第三个、也是最后一个特征，亦即它们的慎思角色（*deliberative role*），某种重要的论证资源被搁置了。这确实让人颇为惊讶。因为我们在第 2 章就已经看到，这样的观念很普遍：规范性理由在慎思或推理中扮演某种角 205 色，或者当我们恰当地进行推理，那么我们行动所出于的理由确实就是支持我们行动的规范性理由，抑或与这些规范性理由紧密相联。比如，伯纳德·威廉斯（1981）有一个著名的观点，即理由概念的一个核心要素是，从意识到某个理由到依据那个理由而行动，必定存在某种可靠的慎思路径（*sound deliberative path*）。类似地，基于对威廉斯的观点的修正，克里斯蒂娜·科斯嘉（Christine Korsgaard，1986）同样提出了一个著名的观点，即如果你有一个理由去做某件事，那么由于理性可以影响你的行动，你将受激发出于那个理由而行动。

如今，新近流行的一系列观点都认为，这种慎思角色对理由来说是最重要的，甚至理由的本质也应该依据这种角色来分析。比如，根据基兰·塞蒂亚（Kieran Setiya，2014）和马蒂·西尔弗斯坦（Matty Silverstein，2016）通过不同方式各自发展出的观点，这就是理由*所是*的东西——它们是可靠的慎思推理的前提。[1] 根据乔纳森·韦（Jonathan Way，2017）的观点，理由是良好推理的前提。而根据亚历克斯·格雷戈里（Alex Gregory，2016）的观点，规范性理由就是良好的激发性理由。

---

[1] 这是 Setiya（2014）对他那种解释的非正式说明，后来他用其他术语做了更准确的阐述，但可靠推理的观念构成 Silverstein（2016）那种解释的主干。由于这种差异的存在，西尔弗斯坦的解释也许更有希望避开后面所说的基于躲闪性理由的反驳。亦可参见 Asarnow（2016，2017）和 Silverstein（2017）。

理由的慎思角色的确切形态是什么，这是充满争议的。比如，我在《激情的奴隶》中论证，有些规范性理由不能成为良好的激发性理由，不能充当良好推理的前提，不能在你理性的情况下激发你，也不能成为引发良好的实践思考倾向的那些信念的主题。[1] 这是因为，有些理由是所谓躲闪性（*elusive*）的理由，就是说，找寻它们会让它们消失。例如，设想某个人喜欢给他举办成功的惊喜派对，但讨厌穿帮的惊喜派对，对这个人来说，隔壁房间有个意外程度前所未有的惊喜派对在等着他这一事实，是他进入隔壁房间的一个理由，因为这个行为导向的竞争项有助于证明，他进入隔壁房间是明智的。然而，这不可能是他能够据以理性行动的一个理由，因为他不可能获知这个理由，除非导致它为假。因此，对我来说，理由的慎思角色能否用于提供一种对理由本质的分析，显然是值得怀疑的。

尽管如此，我仍然认为这种角色是重要的——例如，我在《激情的奴隶》中论证，基于理由的慎思角色，可以对许多解释性的道德理论提出有力反驳。[2] 我论证，如果一种规范性理论承诺这样的主张：X、Y 和 Z 是某人行动的理由，但在她慎思如何行动时，考虑 X、Y 或者 Z 在某种意义上是不可取的，那么这就对那种理论构成重大反驳，因为至少在正常情形中，完整的、非省略式（non- 206
enthymematic）的推理应该包含对某人的理由的注意。[3] 所以，即

[1] 参见 Schroeder（2007）第 2 章。

[2] 参见 Schroeder（2007）第 2 章，并可对比 Railton（1984）。

[3] 这种思想不仅本身是可信的，也能让人领会对许多不同的规范性理论提出的"不可取推理"（objectionable reasoning）反驳的直觉说服力。例如，Williams（1973b）论证，制订计划时如果真的受功利主义者认为对如何行动来说重要的那类考量所驱使，就会跟正直（integrity）和人际关系的结构相冲突。类似地，基于欲望的"休谟式"理由理论常常遭到这样的非难：它们使得实践推理过于关注自我（self-regarding），而这是不可取的。还有理想的康德式能动者，有时会面临过于关注可普遍化的指责。

便我激烈反对过度夸大理由的慎思角色的作用，我仍然承诺这样的主张：理由有某种真正的慎思角色，并且这种角色很重要。

如果理由具有一种慎思角色，并且那种角色是重要的或者关键的，那么谈论理由在规范性理论中的核心地位时，没有给慎思角色留出位置，确实很奇怪。所以，既然到目前为止，在规范性理论（认识论或者伦理学）中诉诸理由的做法所具有的主要优点，没有一个援用了理由的慎思角色，那么我们应该认为，在理由的那些最为突出的特征中，仍有某种特征有待我们加以利用。正如本章余下部分以及第 11 章所要表明的，我认为这是正确的。

理由的慎思角色之所以重要，是因为它不仅涉及你做什么或者相信什么，还涉及你*如何*做或者如何相信。做什么和如何做之间的区分体现在亚里士多德做出的这一重要区分：*依据*（*from*）美德而行动，和*按照*（*in accordance with*）美德而行动。依据美德而行动的人和按照美德而行动的人在相同情境中也许会做相同的事，但依据美德而行动是一种更高的要求：不仅要按照有德之人的方式行事，行事时还要依据有德之人的动机。这种区分对亚里士多德来说至关重要。按照美德而行动当然是好事，并且是培养美德的必然要求，是道德教育的一个必不可少的环节。但依据美德而行动还要更好。

跟亚里士多德一样，康德在《道德形而上学基础》（2002）开篇部分提出了一个类似的区分：依据义务而行动，和仅仅按照义务而行动。跟亚里士多德的区分一样，对康德来说，相比仅仅按照义务而行动，依据义务而行动是更高的要求。依据义务而行动的人和按照义务而行动的人都在做正确的事——都在履行义务。但只有其中一方的行动是恰当的。康德给出的一个著名例子印证了这种差异：一个精明的店主给没有经验的顾客出的价，跟其他人是一个价——这个店主做了正确的事，但这么做是为了避免失去顾客。这种区分对康德来说如此重要，以至于成了道德哲学的起点——理解什么是依据义务行动，而非仅仅按照义务，是揭示善良意志的本质的关键所在，从而可以理解为什么定言命令构成道德的基础。

在我看来，亚里士多德和康德区分的是做正确之事和恰当 207
（*well*）地行动。当你恰当地行动时，你做了正确之事，但不仅仅做了正确之事。恰当行动给你的动机施加了某种限制。对康德和亚里士多德来说，恰当行动意味着根据某种特定的动机而行动。这使得恰当行动免受某些种类的运气的影响。由于恰当行动的人的动机以正确种类的方式与正确行事相联系，恰当行动的人做正确之事不会是出于巧合。相比之下，那个精明的店主做正确之事只是因为，在他所处的情形中，道德要求和审慎要求恰好是一致的。

正如我们在第 2 章所看到的，亚里士多德和康德做出的区分很容易一般化。我们可以区分做理性之事和理性地行动。例如，如果购买人寿保险对某人来说是理性的，但她之所以购买，仅仅是因为推销员向她献殷勤，那么她购买保险是做了理性之事，却没有理性地行动。所以，理性行动的人做了理性之事，但不仅仅如此；她还以正确的方式做事，她做理性之事不是出于巧合。由此可见，这个例子显示的区分跟亚里士多德和康德做出的区分是类似的。

我们可以说，当你做理性之事，你符合某种正确性标准，而当你理性地行动，你便进一步达到了恰当行动的要求——当然，这在某种程度上扩展了“正确”和“恰当”的自然含义。简言之，按照这样的说法，我们可以认为，做理性之事和理性行动之间的区分是一种正确 / 恰当对组（*right/well pair*）。由于这里“正确”和“恰当”的用法是约定性的，注意不要过多地依据这两个词的直觉意义来理解。尤其是严格地说，我们应该区分理性的东西和正确的东西，但我把做理性之事归在前述对组的“正确”一方。

类似的一种重要情形是，当某人的行为值得称赞，但却是基于某种错误，那么直觉上，她可以算作“恰当”行动，尽管她没有做

“正确”的事；然而，这样的说法不应导致我们认为，这可以算作我们所意指的正确/恰当对组——恰恰相反。以某种值得称赞的方式行动，属于这个对组的“恰当”一方，与之相对的是做值得称赞的事；做道德上正确的事，则属于这个对组的“正确”一方，与之相对的是依据道德价值而行动——这不仅仅是以某种值得称赞的方式而行动。

澄清术语的含义之后，我们可以看到，适用于理性行动的东西也适用于理性信念。如果基于伯特掌握的证据，相信共和党将赢得选举对他来说是理性的，但他之所以相信这一点，只是因为这是直觉告诉他的，那么，伯特相信对他来说可以理性相信的事情，却没有理性地相信那件事。跟理性行动一样，理性相信不仅对伯特做什么施加了限制，还对他怎么做施加了限制，使得伯特相信对他来说可以理性相信的事情不是出于巧合。因此，相信可以理性相信的东
208 西和理性地相信那种东西是另一种正确/恰当对组。类似的说法也适用于其他情感或态度，只要它们可以受到理性评价。害怕拿刀追你的人是理性的，但如果你害怕他是因为他的小丑装扮，而不是因为他的刀，那么你虽然害怕对你来说可以理性害怕的事情，却没有理性地害怕那件事。

认识论中命题式证成和信念式证成之间的标准区分，同样是一种正确地相信和恰当地相信之间的区分。信念得到信念式证成的人也得到了命题式证成，但同时还满足一个更强的条件，这个条件限制着他们的信念的根据，或者他们相信某件事的方式，从而使得他们相信经过命题式证成可以相信的东西不是出于巧合。实际上，只要存在规范的地方，我们就能找到与正确/恰当对组相应的区分。我们可以区分遵守法律和依照法律，区分遵守游戏规则和依照游戏规则，以及区分在游戏中采取（对取胜来说）正确的做法和恰当地从事游戏。在所有这些例子中，相比单纯地做、相信或者感受正确的事情，恰当地做、相信或者感受更为重要，同时也是一种更高的

成就。

知识很大程度上和恰当行动、相信或感受一样具有这些属性。知道蕴涵着相信正确的事，但知识不仅仅是正确的信念；它是一种更强的条件，对于你如何或者为什么相信施加了某种限制。而且众所周知，这种限制可以排除各种仅仅因为运气或巧合而产生的对正确之事的信念。不过，这样还不足以证明，知识在其他所有方面都应该类比于恰当行动、相信或感受的概念来理解——它们之间的相似点也许是表面的，或者恰当行动、相信或感受的其他属性的某些特征可能来自知识的相关特征。但这种类比关系非常显著，所以，如果我们想要认真地思考知识的本质和角色，就应该把它们放在一起考虑。

## 10.3　人为规范与恰当性优先

上一节我们看到，理由的慎思角色即理由可被据以行动这一事实很重要，但除了作为理由的一个特征，在本书第二和第三部分谈到理由至上论题的主要优点时，这种角色没有发挥任何积极的作用。我们回顾了第 2 章的论点，并通过扩展提出了一系列对比性的概念，即做正确之事和恰当地行动、相信正确之事和恰当地相信或者感受正确之事和恰当地感受。由此，理由的慎思角色终于可以发挥它应有的作用，帮助我们理解恰当行动、相信或感受等概念的本质和重要性。每一种恰当属性都施加了某种限制，这种限制不仅涉及你做什么、相信什么或者感受什么，还涉及你的行动、信念或者 209
感受所出于的理由。

现在我们就能明白我们的讨论方向了；一旦我们认真对待这一点，就能看到，理由的权衡所决定的每一种规范性标准为什么会对应两种标准，一种只是衡量是否符合规范性标准，而另一种衡量的是，是否依据规范性标准恰当地行动。由于规范性标准看起来确实常常伴有相应的、依据它们恰当行动的标准，这转而可以给我们提供一个论证，让我们对这一点得出一种最佳解释：一般而言，规范性标准必定由理由的权衡所决定。我把这个论证称为支持理由优先性的基础论证（*fundamental argument*），因为相比第 2 至 9 章采用的经典论证，基础论证援用了理由的每一个核心特征。

理解支持理由至上论题的基础论证的最简单方式，是诉诸我们期待对这一点给出的那种解释：为什么我们会看到这么多的正确 / 恰当对组。这可能是因为，正确属性优先于并且可以解释相应的恰当属性——例如，恰当地行动就是做正确之事并且满足某种另外的条件。也可能是因为，恰当属性优先于并且可以解释相应的正确属性——例如，做正确之事就是去做恰当行动的人会做的事。但在本节以及第 10.4 节中，我将拒斥这两种可能性，并支持这样的主张：我们提到的所有种类的正确属性和恰当属性之间的关系，都可以通过理由来解释。本节先来考察恰当属性优先的观点。

我们首先要排除一种证明恰当属性不可能优先的论证，这是一种常见但却糟糕的论证。由于在正确 / 恰当属性构成对组的每一种情形中，恰当地行动都蕴涵做正确之事，就容易让人接受一种有吸引力的论证，证明恰当地行动必定由做正确之事加上某种另外的条件所构成，然而这种论证是轻率的。这种轻率的论证和哲学中经常出现的共同要素（*common factor*）论证有着相同的形式。最常见的共同要素论证是说，由于真实的知觉经验与幻觉或错觉有某种共同
210 之处，真实的知觉经验必定是由幻觉或错觉中发生的状况，加上某种另外的条件所构成。认识论中另一个常见的例子是这样的共同要素论证：由于知道蕴涵相信，知道必定是由相信加上某种另外的条件所构成。[1] 在法哲学中，许多法律实证主义者论证，由于不公

[1] 对比 Williamson（2000）。

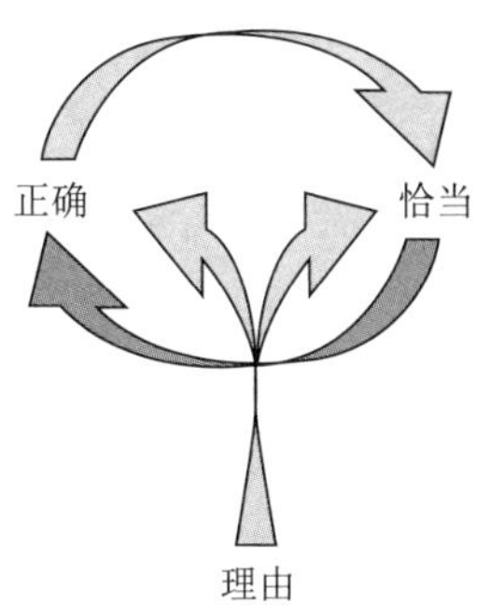


图 10.1　恰当性优先

正的法律仍然是法律，法律的概念必定优先于并且独立于正义法的概念，而正义法必定是由法律加上某种另外的条件所构成。在政治哲学中，一种类似的论证认为，由于具有合法权威蕴涵具有权威，但并非所有权威都是合法的，所以合法权威必定由权威加上某种另外的条件亦即合法性所构成，因此，对一般意义上的权威的正确分析不必特别强调合法权威。[1]

但知觉哲学家们已经率先注意到，这类论证实质上缺乏演绎有效性。对于真实和非真实的知觉经验具有某种共同之处的事实（如果是事实的话），尽管一种可能的解释是，拥有真实的知觉经验是由这种共同要素加上某种另外的条件所构成，但与之竞争的解释是，两者的共同要素本身可以依据真实知觉来分析。例如，我在第 5 章提到，真实和非真实的知觉经验都将自身作为真实的知觉经验进行表征，[2] 由此给显表事实性态度观点提供辩护，并使之更精致。类似地，对于为什么知识蕴涵信念，尽管一种可能的解释是，知识是信念加上某种另外的条件，但与之竞争的解释是，相信就是处于一种在主观层面与知道无法区分的状态。[3] 凡是可以提出共

[1] 对比 Crabill（2015）中的讨论。

[2] 在两种情形中，析取主义观点也可能成立；严格地说，根据析取主义观点，良好情形和瑕疵情形的唯一共同点是它们都满足一个析取式。

[3] 参见 Williamson（2000）。

同要素论证的地方，都可以采取类似的进路，法哲学、政治哲学、行动哲学以及其他领域都是如此。

所以，我们不应被共同要素论证左右；只有在已经接受其结论的人看来，这种论证才有说服力。有些哲学家在清楚共同要素论证背后的谬误后，便相应地对能够通过共同要素论证建立的各种观点大加鞭挞。[1] 但我们应该注意避免这样的做法。共同要素论证包含谬误这一事实完全没有告诉我们，对于前述每一种情形中的蕴涵关系，采取哪种解释策略更有希望——把作为蕴涵项的属性摆在优
211 先位置，还是把作为被蕴涵项的属性摆在优先位置。我们必须就每一种策略本身进行探讨，并寻找支持它们的更好论证。

就正确 / 恰当属性构成对组的情形而言，两种优先性观点都有可能成立，因此都值得认真对待。实际上，在道德哲学和认识论中，每一种优先性观点都能找到可信的例证。正如我们已经看到的，康德关于精明的店主的著名例子表明，按照义务而行动有别于依据义务而行动，而康德认为，这个例子说明，唯一无条件良善的东西是善良意志。这导致他接受这样的观点：道德根本上关涉的是你的行动所出于的准则（*maxims*），其次才是你基于那些准则实际采取行动。根据这样的观点，恰当地行动看起来是基本的，而正确地行动附属于恰当地行动——当我们追问能够恰当地采取哪些行动时，才谈得上正确地行动。类似地，我们也看到了亚里士多德的著名区分，即按照美德而行动不同于依据美德而行动。由此，在一些重要的美德伦理学家比如罗莎琳德·赫斯特豪斯（Rosalind Hursthouse，1999）看来，做正确之事附属于恰当地行动——做正确之事就是做恰当行动的人在那种处境中会做的事。[2]

[1] 对比 Lord（2018）第 7 章的讨论。

[2] 对于康德或者亚里士多德的观点，这里我并不想承诺某种解释性的主张，而只是单纯认为这种思想放在他们的著作中具有可信性。

类似地，在认识论中，对于命题式证成和信念式证成之间的关系，虽然更常见的那种理解认为，信念式证成由命题式证成加上某种另外的条件所构成，但约翰·特里（2010b）论证，信念式证成具有优先性，并且蕴涵命题式证成，因为命题式证成附属于信念式证成——粗略地说，命题式证成是某人能够得到信念式证成去相信时所处的一种状态。同样，尽管传统的观点认为，知道是相信正确之事加上某种另外的条件，最近有不少哲学家赞成这样的观点：相信正确之事的价值附属于或者来源于知道的价值。按照这样的观点，虽然知识无疑是规范性层面的一种重要属性，但它本身完全不必是一种规范属性。这是因为，我们无需将任何规范纳入知识，而只需有基本规范影响（*concerns*）知识和证实（*valorizes*）知识。只要这一点成立，跟康德和亚里士多德的观点的情形一样，我们就能得到相信正确之事的规范——什么是可以相信的正确之事，附属于什么是可以恰当地相信的事。[1]

然而，上述两种观点都是错误的。正确属性不可能一般地附属于恰当属性，因为它们更基本。要看到这一点，最好的方式不是关 212
注充满争议的支配信念的认知规范，或者支配行动的道德规范，而是关注像游戏规则这样的人为规范，因为这些规范作为例子最为清楚。比如，国际象棋游戏由一系列移动棋子的规则构成，并且获胜的条件是抓住对手的王。不过，基于获胜条件和行棋规则，可以得出有些走法优于其他走法。实际上，在许多棋局尤其是残局中，只有一种最佳走法。如果你违反国际象棋规则，那么你就不算真正下国际象棋；而如果你没有下出最佳走法，你仍然在下国际象棋——

[1] 对于支配信念的非真理蕴涵（non-truth-entailing）规范，有些哲学家例如尼尔·梅塔（Neil Mehta，2016）也持类似的观点。对梅塔来说，这些规范反映的不是知识规范，而是可知性（*knowability*）规范。但他并未主张，可知性是支配信念的核心规范，其他规范都是由它派生的。

只不过因为你没有下出正确的走法，取决于对手的实力，你有更大概率输棋罢了。但是，正确地走棋还不够上恰当地走棋。如果你是因为计算错误或者几步漏招而下出了正确走法，那么你虽然是正确地走棋，却不是恰当地走棋。恰当走棋是超越正确走棋的一种成就。

由此，这样的结论是荒谬的：有某种支配国际象棋的基本规范要求恰当地走棋。而这样的说法就更荒谬了：告诉我们哪种走法正确的规范附属于哪种走法是恰当走棋的人会下的走法。[1] 相反，我们知道，告诉我们哪种走法正确的规范来自哪里——它们是在建立基础性的游戏规则的前提下，基于棋子的可能移动路线的树形结构直接计算（尽管许多时候相当费力）得到的。所以，正确走棋的规范不可能来自某种恰当走棋的先在规范。

我们知道这一点，是因为我们知道国际象棋残局理论如何运作。[2] 它不是从一组恰当走棋的标准入手，而是依据这样一些原理，这些原理涉及每颗棋子允许移动的方式，以及游戏的获胜条件。但我们也可以通过独立的方式证明这一点。虽然国际象棋规则是固定的，但我们不妨考虑一下，对于每一种局面中可以下的正确走法，修改版的游戏会造成什么影响。我们可以通过改变获胜条件或者行棋规则，来对游戏进行修改。[3] 这改变了游戏策略，从而改变了每一种局面中可以下的正确走法。然而，有一件事我们绝对没有做，那就是直接改变关于什么算作恰当走棋的标准。诚然，我们很少设计另外版本的象棋游戏。但许多扑克游戏确实容易改变玩法，包括改变关于主牌花色的规则、叫牌的规则、参与者的数量、

[1] 类似地，追随 Mehta（2016）得出这样的结论是荒谬的：支配国际象棋的基本规范是，下出可以成为恰当走棋的例子的走法。相反，只有存在某种关于占据更有利的位置去获胜的独立观念，某些走法才谈得上恰当地走棋。

[2] Silman（2007）对此做了非常有益的介绍。

[3] 或者如本书的英文版封面插图所展示的那样改变棋盘的布局，也可以改变参与者的数量。

花色的大小顺序或者纸牌的大小顺序，以及改变游戏的其他许多容 213
易变换的特征，或者改变获胜条件。实际上，接受这些不同的玩法是许多类型的扑克游戏的乐趣所在。

诚然，我们有时候修改游戏规则的目的，确实是为了改变恰当地游戏所需满足的条件——这跟我在这里的描述并不冲突。比如，在国际象棋游戏中，我们可能缩短每一步棋的用时，以便鼓励棋手在更具风险的情况下竞技。我们也可能增加兵抓其他棋子的新式走法，以便创造出更具开放性的游戏方式。但是，即便我们有时候可以设想，规则的修改如何影响恰当游戏所需满足的条件，这并不会改变这样的事实：恰当游戏的标准的变化，是通过规则的变化产生的。我们的目标可以是改变恰当游戏的标准，但那种改变本身仍然是基于游戏规则的改变。类似地，为了让手机不那么易碎，一个工程师可能选用金属而非玻璃制造手机，然而，使得手机不易碎的仍然是它的材料构成，而不是相反。

我认为，国际象棋的例子可以证明，这种想法犯了一般性不足（insufficient generality）的错误：我们可以通过恰当行动的规范得到正确行动的规范。相反，正因为我们知道国际象棋中棋子走法的规范从何而来，我们知道它们不是仅仅附属于如何恰当下棋的规范。另外，一旦我们建立走法好坏的标准，也就得到了评判某人是否恰当下棋的标准。恰当下棋的标准来自哪种走法是正确走法的标准。倘若我们发明一种新的游戏，有新的规则和新的获胜条件，我们就自动得到了恰当地玩游戏的成就；而恰当玩游戏的标准来自促成胜利的那些因素，即一种独立的正确玩游戏的标准，而不是相反。[1]

由此，如康德的观点和赫斯特豪斯关于美德伦理的观点所显

[1] 由此可以得到 Hills（2009）、Markovits（2010）、Arpaly and Schroeder（2014）所赞成的那种关于恰当行动的观点，根据这种观点，恰当行动要求以这样的方式行动：与支持那般行动的理由处于正确的关系。

示的，或者如特里对命题式证成的解释所显示的，我们之所以会认为，正确行动的标准来自恰当行动的标准是可信的，只是因为我们没有更全面地对各种例子进行考察。这转而可以给本书的核心假设提供进一步的证据：跟其他规范性论题联系起来考虑认识论问题，对我们来说很重要。

## 10.4 恰当性原则与正确性优先

上一节通过讨论一个特殊的例子，即人为的游戏规则的例子，
214 我反驳了试图依据相应的恰当属性来分析正确属性的观点。在我看来，如果对游戏规则这样的人为规范的例子来说，这种解释顺序不适用于正确 / 恰当属性构成对组的情形，那么基于例子之间的对等性，我们可以预期，这种解释顺序也不适用于其他例子。不过，除了对等性方面的考量，我们还有其他理由认为，适用于国际象棋的说法，必定同样适用于恰当行动和恰当相信。

恰当下棋的标准来自哪些走法是最佳走法的标准——所有其他人为规范的情形与此类似，这一事实告诉我们，必定存在某种生成原则（*generative principle*），基于哪些走法是正确走法的规范，产生哪些走法有利于恰当下棋的规范。让我们称这种原则为恰当性原则。

**恰当性原则** 每当存在一种初级规范，就会存在一种关于恰当执行的次级标准，这种次级标准蕴涵着遵守基础性的初级规范，但也会给能动者的动机施加限制，并排除仅仅因为巧合或运气而遵守初级规范。

虽然相比人为规范的情形，道德和认知规范的情形对于正确行

动和恰当行动有着不同的解释顺序，但我们仍然可以将恰当性原则应用于它们。对于经由信念式证成而相信，或者对于知道，如果存在依据美德或义务而行动的初级规范，那么我们应该期待，存在某种相应的成就，不仅仅是遵守这些规范，并且是恰当地遵守它们。

然而，这与我们的观察不符。比如，考虑康德的依据义务而行动的观念。[1] 相比仅仅按照义务而行动的人，依据义务而行动的人达到了某种更高的规范性标准。但如果依据义务行动是一种初级规范，那么恰当性原则就会相应地产生这样的规范：不仅依据义务而行动，还要恰当地依据义务而行动。如果存在恰当地依据义务而行动这样一回事，它就蕴涵依据义务而行动，正如恰当下棋蕴涵正确下棋；但是，在没有恰当地依据义务而行动的情况下，也可能依据义务而行动，那么，依据义务而行动但没有恰当地依据义务而行动的人，其依据义务行动就可以出于错误的动机，或者只是因为巧合或运气。这完全讲不通。并且这不是单纯的语法问题。谈论恰当地依据义务行动这样的东西不符合我们的语法——我们的语法中只有依据义务而行动的说法。依据义务而行动*就是*恰当地做正确之事。

类似地，如果信念式证成的标准是一种初级规范，那么恰当性原则就会产生一种*恰当地*得到信念式证成的标准。如果真有这样一 215
回事，那么它就蕴涵着得到信念式证成，但是，在没有恰当地得到信念式证成的情况下，也可能得到信念式证成，而处于这种状态的人，其得到信念式证成就可以基于错误的方式或错误的理由，或者是因为巧合或运气。这同样讲不通。不存在恰当地得到信念式证成这回事——只有得到信念式证成的说法。得到信念式证成*就是*恰当地得到命题式证成。

让我们总结一下迄至目前的论证。人为规范的例子不仅基于对

[1] 参见 Stratton-Lake（2000）。

等性证明，所有恰当属性都是基于相应的正确属性，还证明，存在某种生成原则，亦即恰当性原则，对于任何做（相信、感受）正确之事的基础性标准，可以产生相应的恰当行动（相信、感受）的标准。这样的生成原则必定存在，因为没有任何额外的工作，需要通过产生新的、与人为规范相对应的恰当行动标准来完成。我们只需建立基础性的规范。但只要恰当性原则具备足够的一般性，就会告诉我们，非人为规范必定也是这样的情况。拒斥这一论证的唯一办法是，主张恰当性原则由于某种原因只适用于人为规范，而非人为规范适用一种结构截然不同的解释，只不过这种解释碰巧得出了表面上非常相似的现象。但是，我们没有合适的理由认为情况确实如此。由此，通过以足够普遍的眼光看问题，我们便可利用这样的视角看到，一种原本可能非常有说服力的观点究竟包含何种错误——这是印证本书的核心假设的又一个例证。

上述论证依赖于恰当性原则的存在。而根据恰当性原则，*正确*属性和*恰当*属性之间的解释顺序要调转过来——依据*正确*属性来解释*恰当*属性。通过转向最近道德哲学中一种呈增长之势的讨论，即涉及人们所说的*道德价值*（*moral worth*）的本质的讨论，我们至少在某种程度上可以理解，为什么哲学家们试图依据*正确*属性来解释*恰当*属性。所谓*道德价值*，是指一种特殊的恰当行动，这种恰当行动对应于做道德上正确的事，常常可以援用康德关于依据义务而行
216 动的说法来刻画；对道德价值的本质提供某种解释的计划，在最近的道德哲学研究中引发了广泛关注。这方面的大部分讨论有一个共同点，那就是预设道德价值可以*依据*正确性来解释，而不是相反。所以，用我们的话来说，这场争论中的各方试图刻画的其实是恰当性原则的一种特殊情形。

有些哲学家试图用一般性的术语解释道德价值，这些术语不会对道德正确性的本质施加限制。其中最重要的例子就是保利娜·斯

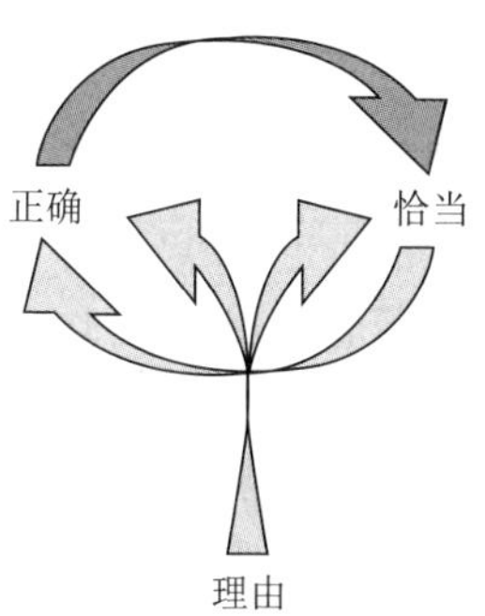


图 10.2　正确性优先

利瓦（Paulina Sliwa，2016）的处理方式。根据斯利瓦的观点，依据道德价值行动，就是出于做正确之事的欲望，去做你知道正确的事。斯利瓦的观点有许多突出的优点。由于知识是事实性的，这种观点可以解释，为什么依据道德价值行动蕴涵做正确之事。由于它要求出于做正确之事的欲望而行动，它对依据道德价值行动的人的动机做出了限制，这符合我们对所有恰当属性的预期。而且，由于知识免受各种重要的巧合或运气情形的影响，斯利瓦的观点还可以解释，为什么道德价值相应地免受各种巧合或运气的影响。由此，斯利瓦以及那些被她的观点吸引的人可以揭示知识和道德价值的诸多相似之处，比如，道德价值免受运气影响的特征直接来自知识的相同特征；同时又可以认为，知识和道德价值并非严格相似。

对我们来说重要的是，斯利瓦的观点非常具有一般性，它完全可以纳入任何关于道德正确性的本质或范围的承诺。并且它能够解释，为什么可以自然而然得出恰当性原则——就任何规范性标准而言，我们都可以琐碎地构造出这样的属性：知道哪些行为符合那种标准，并出于符合那种标准的欲望而行动。例如，不难看到，这种观点如何应用于象棋或者其他人为游戏的新玩法——恰当下棋的人就是这样的人：知道正确（致胜）的走法，并且怀着目标下出正确的走法。按照斯利瓦的图景，恰当性原则没有任何神秘之处，也没有什么奇怪的来源，它无非是基于这样的事实：我们可以依据目标而行动。

斯利瓦对道德价值的解释遇到了一些反驳。其中最重要的反驳是，这种解释导致道德动机成了迈克尔·史密斯（Smith，1994）所说的“不可取的迷信”（objectionably fetishistic），即集中关注做正确之事的目标，而不是关注使得行为正确的那些根本性因素。这种解释受到的其他反驳是，它在认知上要求过高，[1] 并且将错误种类的反运气原则应用于道德价值。[2] 事实证明，所有这些反驳都充满争议，这里我不打算对它们进行评判。我对斯利瓦的解释的反驳是，这种解释的一般性不足，无法适用于其他领域的类似的恰当属性——哪怕抛开与知识的相似性不谈。

217 比如，考虑一下对理性行动的属性采取类似的处理方式，即蕴涵做理性之事的恰当属性。按照斯利瓦的解释，我们可以说，理性地行动就是出于做理性之事的欲望，去做你知道理性的事。我认为，这样的解释不可能是对的。一方面，我们应该担心，将这种解释和斯利瓦对道德价值的原版解释结合起来，是否会排除同时既理性、又依据道德价值的行为。另一方面，斯利瓦之所以认为，依据道德价值行动要求出于做正确之事的欲望而行动，全然是因为她认为，这要求依据关于哪些事正确的知识而行动，而有了关于哪些事正确的知识，还需要加上做正确之事的欲望，你才能理性地行动。

类似地，按照斯利瓦的方式来解释恰当地恐惧，我们可以说，你恰当地恐惧，仅当你的恐惧受到这两者的激发：关于哪些事物可以恰当地恐惧的知识，以及对可以恰当恐惧的事物产生恐惧的欲望。我认为，这是非常奇怪的说法。这种说法完全将恐惧过度一般化了，并要求恐惧对关于恰当性的信念敏感，而不只对关于危险之类的因素的知觉和信念敏感。而按照斯利瓦的方式来解释信念式证

[1] 参见 Arpaly（2002b）。

[2] 参见 Howard（2019）。

成，我们可以说，你得到了信念式证成，仅当你出于拥有得到命题式证成的信念的欲望，相信你知道得到命题式证成的东西。这种说法的错误不言而喻。

就应用于道德价值的规范的基本结构而言，斯利瓦对道德价值的解释并不是唯一具有一般性的解释。比如，佐薇·约翰逊·金（Zoë Johnson King，2020）论证，构成道德价值的是，为了做正确之事而做某件事；粗略地说，这种解释保留了斯利瓦那种解释涉及欲望的部分，而没有承诺涉及信念的部分。跟斯利瓦的解释一样，约翰逊·金的解释有许多类似的优点，但它同样无法达到前面所说的一般化程度。这并不意味着，约翰逊·金的解释不可能成为对道德价值的正确解释，正如前面的讨论也不意味着，斯利瓦的观点不可能是关于道德价值的正确观点。但就像本书的核心假设所指出的，如果不注意认识论和伦理学的并列关系，我们在认识论中就会遇到障碍；我认为，我们同样可以预见，思考如何给道德价值提供正确的解释时，如果不类比关于其他恰当属性的类似问题——包括来自认识论的一些典型例子，我们难免就会陷入困境。

基于道德正确性给道德价值提供一般性解释的做法，有很大的空间可以挖掘各种潜在的可能性，而且我并未证明，任何这样的解释必定都像斯利瓦的解释一样，达不到足够的一般化程度。不过，我们可以给出一个更直接的论证，表明我们可以预期，就正确性的本质而言，对恰当性原则的正确解释不具有一般性。[1] 这个论证
是，恰当性原则不会展现出递归性。尽管存在下出正确的走法和恰 218
当地下棋之类的事情，却不存在这样的事情：恰当地恰当地下棋，或者恰当地恰当地恰当地下棋。这并不是因为，英语中副词不能叠加，否则就不合语法；而是因为不存在进一步的、有更高要求的相关标准，能够用语法化的语言进行有益的讨论。

---

[1] 在 Schroeder（forthcoming）中，我对这一结论提供了另一个更复杂的论证。

类似地，虽然存在做正确之事和依据道德价值而行动之类的事情，却不存在这样的事情：恰当地依据道德价值而行动，或者恰当地恰当地依据道德价值而行动。虽然存在恐惧可以理性恐惧的事和理性地恐惧之类的事情，却不存在这样的事情：恰当地理性地恐惧，或者恰当地恰当地理性地恐惧。以及虽然存在命题式证成和信念式证成之类的事情，却不存在这样的事情：恰当地得到信念式证成，或者恰当地恰当地得到信念式证成。但由于对恰当性原则的一般性解释没有给基础性规范的本质施加任何限制，这种解释不可能分辨出，它是应用于下出正确走法的标准，还是应用于恰当下棋的标准。[1]

## 10.5 基础论证与理由优先

相比之下，关于道德价值的本质，另外一类重要的当代观点则不具有一般性。这类观点就是人们所说的正确理由（*right reasons*）解释。[2] 非常粗略地说，根据正确理由解释，你依据道德价值而

[1] 这里可以给出一种可能的回应。斯利瓦那种解释的支持者也许可以论证，这条原则缺乏递归性的原因在于，不可能同时既满足斯利瓦的认知条件，即知道某种行为是（比如说）依据义务而行动的例子，又满足她的意动条件，即出于某种依据义务而行动的从言（de dicto）欲望而采取那种行为。这种论证背后的想法很简单：由于知识是事实性的，为了满足前述两个条件，某人必须基于两个动机而行动：按照义务行动的欲望和依据义务行动的欲望。因此，如果不可能以斯利瓦的理论所要求的方式依据两个动机而行动，那么我们就能解释，为什么斯利瓦的条件无法递归地应用。但很遗憾，这种想法只给我们设置了一种两难。因为这种解释若要行得通，我们必须以递归的方式解释斯利瓦的意动条件，于是，同时具有两种欲望的某人不能算作满足这一条件。而这样一来，如果我们把她的解释视为一种对恰当性原则的一般性处理，某人就不可能算作同时理性地行动和依据道德价值而行动。所以，我的结论是，这种回应是无效的。

[2] Arpaly（2002a）、Hills（2009）和 Markovits（2010，2012）是最近阐述这种观点的几篇最重要的文章。

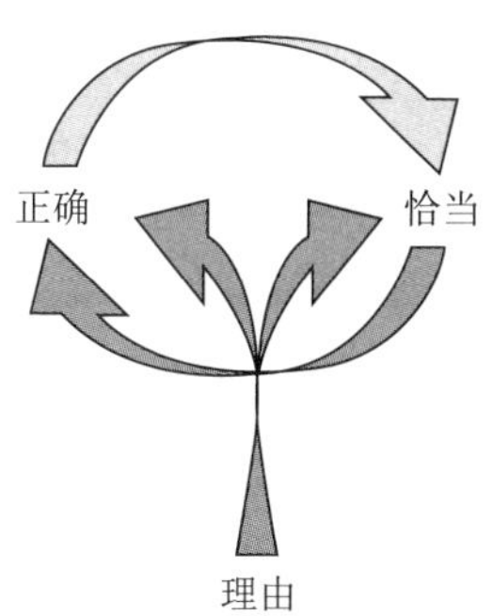


图 10.3　理由优先

行动，仅当你做正确之事是出于使之正确的理由。正确理由解释可以说明，为什么依据道德价值行动蕴涵做正确之事。它们可以说明，为什么依据道德价值行动能够限制你的动机，因为它们对你的
行动所出于的理由施加了一个限制条件。它们也可以说明，基于你 219
的动机，你做正确之事不是因为巧合或运气。[1]

但这类解释不具有一般性，因为它们产生的恰当行动的标准，只对应于本身由理由的权衡所决定的规范。正确理由解释只适用于本身由理由的权衡所决定的标准。每当我们有这样的标准，恰当性原则就是这一事实的必然结果：理由可被据以行动，因此，出于使某件事正确的理由而做那件事的条件，也就得到了明确的界定。但由于出于使某件事正确的理由而做那件事的条件，本身不是一种由理由的权衡所决定的条件，所以恰当性原则不具有递归性。

而这最终给我们提供了另一种更有说服力的论证，证明理由具有规范优先性——这正是我们在本章始终期待的结果。理由的慎思角色，亦即它们可被据以行动，可以支撑和解释恰当性原则——每当存在由理由的权衡所决定的规范，也就相应地存在这样的标准：不仅遵守那种规范，而且恰当地遵守它。由此，在整个规范性理论

[1] 值得一提的是，相比例如斯利瓦的解释，正确理由解释可以支持和阐释不同种类的反运气原则。Howard（2019）论证，斯利瓦的解释支持错误种类的反运气原则。

中，我们处处可以看到恰当行动、相信或者感受的相应标准，这一事实可以提供某种论证，让我们推出这样的最佳解释：各种基础性规范都可以通过理由的权衡来解释。我把这种论证称为支持理由优先性的基础论证。[1]

正如我们已经看到的，本书的大部分讨论，都是源自对支持理由优先性的经典论证的关注。但基础论证更有说服力。它更有助于将理由和可以发挥类似作用的其他东西区分开。它也可以帮助我们明确，某些规范实际上是由理由的权衡所决定的——哪怕在那些规范非常简单、无须诉诸理由也能对它们进行解释的情形中。比如，
220 国际象棋之类的简单游戏是由固定的游戏规则支配的，所以，我们似乎用不着诉诸理由，也能解释什么使得某种走法是象棋中允许的走法。但通过诉诸理由，我们就可以理解，某人如何在最低限度的意义上恰当地下棋，即不是在他们是出色的棋手或者下出了致胜走法的意义上，而只是在这种意义上：他们依据规则下棋，而不仅仅按照规则下棋。

类似地，一种常见的想法是，就信念而言，可以相信的正确之事就是真理。由于真理不是通过理由的权衡决定的，看起来解释支配信念的正确性规范时无需诉诸理由。然而，如果知识是恰当地相信，并且蕴涵相信正确的东西，我在本节提出的解释就会告诉我们，甚至信念的正确性本身也是由理由的权衡所决定的——尽管是以这样的方式决定：可以预见最终只有真理是正确的。

在阐述理由在认识论中的最大优点的过程中，我转向讨论道德价值和其他许多非常类似的恰当属性，包括恰当地行动、相信、感受，等等，这并不是出于巧合。正如我已经提到的，知识至少表面上与另外的各种恰当属性有许多共同之处。知识蕴涵相信正确之

[1] 亦可参见 Schroeder（forthcoming）。

事，但它对于你如何或者为什么相信施加了某种限制。当你知道某件事，你就不仅仅是因为巧合或运气而相信正确之事。

我在上一节指出，斯利瓦的解释可被看作这样一种尝试：不认为知识和道德价值（还可以扩展到其他恰当属性）严格相似，但认真对待知识和道德价值的相似特征，并把道德价值的属性（特别是免受运气影响）还原为知识的属性。但我们看到，斯利瓦的解释无法充分地一般化，以便涵盖其他恰当属性，比如理性地行动、理性地恐惧或者信念式证成。这一点怎么强调都不为过。在我看来，知识跟所有领域的恰当属性都严格相似。如果某种解释认为不是如此，那必定难以处理知识和其他恰当属性之间的诸多相似点。斯利瓦的解释至少有正确的结构，可以处理知识和道德价值的特殊情形（尽管我们可以质疑，这种解释是否真的可以让道德价值以正确种类的方式免受运气的影响）。但由于斯利瓦的解释无法一般化，所以我们需要另外某种可以一般化的解释，才能否定知识和其他恰当属性之间的严格相似。因此，我对斯利瓦的反驳实际上构成一种论证，证明知识确实类似于道德价值。

不过，除了知识和道德价值的情形，我们可以进一步认为，知识直接类似于其他恰当属性——并且这些恰当属性的特征并不来源于知识。我在上一节反驳了这样的观点：就正确行动和恰当行动之间的关系而言，非人为规范和人为规范存在某种差别；我指出，这种观点将导致恰当性原则的过度生成（over-generate）问题。同样的说法也适用于知识。知道确实符合某种更高的标准。但如果存在某种关于 221
知道的规范，恰当性原则就会生成某种关于恰当地知道的标准。

如果有恰当地知道这回事，那么它蕴涵知道，但在没有恰当地知道的情况下，仍然可能知道，那么处于这种状态的人就会基于错误的方式或错误的理由而知道，或者因为巧合或运气而知道。跟其他情形中一样，我认为这是讲不通的。知识已经是这样一种状态，这种状态对信念所出于的理由施加了限制，并且排除了巧合或运气。所以，尽管恰当下棋对应着正确下棋，却没有任何状态像这样对应着知识。只有知道，而没有恰当地知道这回事。基于对等性可以推出，这意味着知道*就是*恰当地相信。[1]

知道是恰当地相信这一观念可以从不同角度来理解。欧内斯特·索萨（Ernest Sosa）一直倡导这样的观点：知道就是我所说意义上的恰当相信——他称为“合适信念”（apt belief）。根据索萨的观点，这是指动物知识，即动物和我们这样的反思性生物都能拥有的一种知识，尽管我们还能拥有更复杂种类的知识。我只不过是追随索萨的脚步，认真对待所有领域的*恰当*属性之间的严格相似关系。

但是，索萨对合适性（aptness）的思考方式跟我有很大差异，并且根据我当前的论证可以得出，索萨的观点过于一般化了。按照索萨的解释，凡是你可以做的事，你都能合适地做——只要你有能力（“擅长”）做那件事，而那件事可以显示你的能力。实际上，索萨和他的支持者们很可能提出这样的反驳：在前面的论证中，我错误地认为，不存在恰当地知道这回事；因为正如索萨在《完好之知》（*Knowing Full Well*）一书中所论证的，除了合适的信念（拥有动物知识），你还可以拥有元合适（meta-apt）的信念——这类信念可以显示这样的能力：冒着合适的风险正确地相信。如果你的信念在这两个方面都是合适的，那么它就是*反思知识*。

诚然，反思知识*并不是*合适的合适信念。它只是可以显示两种能力的信念——达到真理的能力，和冒着合适风险达到真理的能力。由此可见，它不是一种可以递归应用的恰当属性，它只是展

[1] 可以参照 Greco（2003，2010）的主张，即知识是一种*成就*——可以让能动者获得信誉（*credit*）的真信念。我不认为“成就”这个词可以自然地用于指知识、依据道德价值（在康德的意义上）或美德（在亚里士多德的意义上）而行动、得到证成地相信以及恰当地下棋的共同点（对比 Lord [2018]）。而相比 Keller（2004b，2009）、Bradford（2013，2015）和 von Kriegstein（2014）所讨论的成就概念，这样理解的成就是一种更狭义的概念。不过，Lackey（2007）给出理由认为，“信誉”不是用来思考这个问题的正确方式。

现出两种不同的*恰当*属性。但 Sosa（2011）还提出了人类知识需要满足的一种要求更高的标准，他不无启发性地称为*完好地知道*（*knowing full well*）。当你完好地知道，你不仅合适地相信，而且冒着合适的风险合适地相信——你的信念的合适性还可以*显示*你冒着合适的风险相信的合适性。 222

完好地知道近乎可以算作恰当地恰当相信，因为二者有着相同的结构，索萨认为这种结构适用于合适性的所有情形——你做的某件事可以显示另一件事。在这里的情形中，你做的某件事就是合适地相信，亦即获得动物知识。由此，若要让完好地相信等同于合适地知道，我们只需假定，合适地冒着合适的风险达到真理*就是*合适地相信的能力。然而，哪怕放在索萨那里，我也看不到这一点如何为真。对索萨来说，能力（competences）一般是指品质（traits）或才能（abilities），但根据他对完好之知的定义，必须得到显示的东西是所谓的*元合适性*，即这种特殊情形中的合适性：冒着合适的风险达到真理。

另外，我认为，即便抛开关于知识的问题，索萨对合适性的解释也会面临过度一般性的非难。如果它是对我所说的那类*恰当*属性的一种一般解释，那么就会出现这样的情况：依据道德价值行动就是合适地做正确之事，理性地行动就是合适地做理性之事。于是，至少在原则上，就会存在一种合适地合适地做正确之事的状态——只要你拥有合适地做正确之事的能力，并且通过合适地做正确之事显示这种能力，你就会处于那样的状态。合适地理性行动也是如此。但我怀疑，关于二者的说法都站不住脚。援用某种足够厚实（thick）的能力概念进行解释，使得很少有人（如果有的话）拥有这样的能力，也许可以打消我的怀疑；但我又担心，索萨的能力概念对这种解释来说太过单薄（thin），而且为了涵盖其他情形，他的能力概念必须这么单薄。

因此，我的结论是，知识*确实*类似于恰当地下棋，而非类似于正确地下棋。如果你下国际象棋时，接受别人出钱让你把马走到 d6 位置，那么你就没有恰当地下棋，即便那是当前局面的正确走法。类似地，如果你相信你的朋友是无辜的，因为你不这么想就会心里难受，那么你并不知道你的朋友是无辜的，即便这一点为真。如果你下国际象棋时把马走到 d6 位置，因为你误算了这一步导致的后续形势，那么你没有恰当地下棋，即便那是当前局面的正确走法。类似地，如果你基于诺戈特有一辆福特的假设，相信办公室里的某人有一辆福特，[1] 那么你并不知道这一点，即便你相信的东西为真。此外，如果你下国际象棋时，依据你在类似局面中的经验，把马走到 d6 位置，因为这么走感觉是对的，那么只要在非常相似的局面中，你感觉对的同一走法会成为漏招，你就没有恰当地下棋，因为你下出正确的走法只是运气使然。类似地，如果你相信你看到的是一个谷仓，但那其实是假谷仓乡村中唯一的真谷仓，那么
223 你并不知道那是个谷仓。所以，知识和恰当下棋严格相似。

我在本章中论证，当我们能够诉诸理由的所有三个特征包括它们的慎思角色时，理由的解释效力就能得到最大限度的发挥。我论证，就我所说的作为规范属性的恰当属性而言，理由的慎思角色最为重要；每种恰当属性都在某个方面涉及恰当地行动、相信或者感受，对应某种关于正确性的基础规范，在那个方面恰当行动、相信或感受的某人，依据而非仅仅按照这种规范采取行动、形成信念或者产生感受。我还论证，知识也是这些恰当属性中的一种。任何观点若要充分解释知识和道德价值，就必须重视这一点。我在第 11 章的目标是，通过更准确地阐述关于恰当性原则的正确理由解释，来践行这样的主张，表明由此可以得到何种知识理论，并展现它的一些核心优点。

[1] 参见 Lehrer (1965)。

第11章

# 知识的康德式解释 224

## 11.1 正确理由

第 10 章论证，在许多不同的规范性研究领域中，都可以找到规范属性构成*正确 / 恰当*对组的例子，并且这些对组有很多共同之处。我给出了两个不同的论证，用来拒斥这样的观念：*正确*属性可以依据相应的*恰当*属性进行分析；并且我是通过考虑包括游戏规则在内的人为规范有什么影响，来提出这两个论证的。我还基于*正确 / 恰当*关系不具有递归性的一般论点，具体反驳了某些试图依据相应的正确属性分析恰当属性的缺乏分辨的观点。

由此可以得出，*正确*属性必定有某种特殊之处，使得它们能够有相应的*恰当*属性。我认为，这种特殊之处是由理由的权衡决定的。就建立道德价值理论和知识理论而言，有一种常见的进路可以解释，为什么由理由的权衡所决定的属性总是可以有相应的恰当属性。这种进路便是*正确理由*解释。

正确理由解释的做法很简单。它们应用于这样一些属性，这些属性由两种理由的权衡所构成——比如，支持和反对做某件事的道德理由。非常粗略地说，这类解释认为，当你做某件事*所出于*的理由适配*支持*你以正确方式去做那件事的理由，那么你就可以算作具有相应的恰当属性。让我们对此展开进一步论述。

尽管按照我的论证，道德价值的正确理由解释必定对我们关于道德正确性的解释构成限制，但相关文献讨论这类解释时，并不总是承认这一点。实际上，它们确实并非显然构成这种限制。这是因为，对于理由和正确性之间的关系，我们需要区分两种非常不同的图景。根据理由优先观点，道德正确性由理由的权衡所构成。所以，根据这种观点，不仅关于道德正确性的事实可以通过理由来解释，或者可以通过关于理由的事实来解释，而且理由关系本身分析地优先于道德正确性。但根据一种竞争性的观点，关于道德正确性的事实本身固然可以通过理由来解释，但它们是基于作为理由的事实，而不是基于这些事实是理由这一事实。根据这种观点，道德正确性最终分析地优先于理由——理由无非是解释为什么某种行为道德上正确的事实，无论这些事实是什么。我把后一种观点称为清除（*cleanup*）论，因为有
225 些人认为，这种观点可以清除理由带来的混乱状况，还因为这种观点最重要的支持者是约翰·布鲁姆（John Broom）。[1]

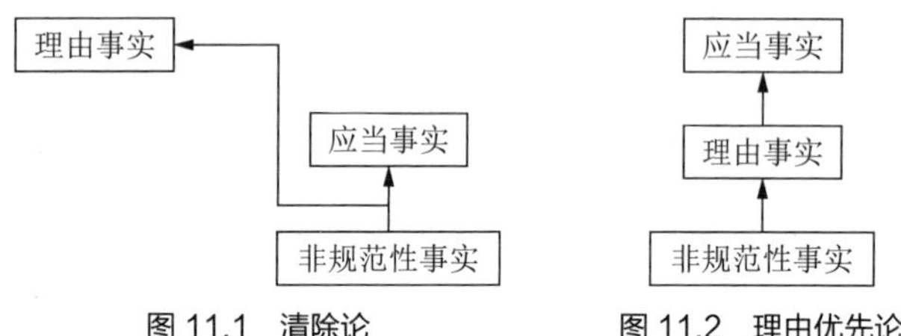

图 11.1　清除论　　图 11.2　理由优先论

我在第 10 章给出的一个论证可以用来反驳清除论。正确理由解释的优点体现在这样的事实：不同于斯利瓦基于知识的解释，它们非常有限，从而无法递归地应用，所以，它们不会预测存在恰当地恰当行动、恰当地恰当地恰当行动之类的东西。[2] 由于我们确实找不到这样的相关属性，这可以成为一个优点。然而，根据清除论，每当某种东西满足一种规范性标准，就有某些因素可以解释为

[1] 参见 Broom（2004，2013）。

[2] 在 Schroeder（forthcoming）中，我提出了另一种更复杂的论证对清除论进行反驳，可以跟这里的论证互为补充。第 2 章已经对那个论证有所提示。

什么如此。由此，如果我们把正确理由观点和清除论结合起来，正确理由解释就能递归地应用。相比之下，根据对正确理由观点的理由优先解释，它们只能应用于这样一些规范性标准，这些规范性标准本身是由理由的权衡所决定的。这就是为什么根据基础论证，不仅理由具有解释性，而且理由关系相对于其他规范属性和关系具有分析优先性。

我在第 2 章假定，在本书所关注的意义上，规范性理由具有慎思属性，也就是说，它们是可被据以行动的那种东西。根据我在第 2 章提出的另一种辨析理由概念的主要标准，慎思属性无法将客观理由和主观理由区分开。伯尼的酒中含有汽油，这一事实是支持伯 226
尼不喝酒的一个客观理由——虽然很遗憾，他不知道这个理由，但只要他获知这一理由，便可依据它而行动。但同样，伯尼认为他酒中含有杜松子酒和奎宁水的合理信念，可以给他提供喝酒的一个主观理由——而且很遗憾，这正是他据以行动的理由。伯尼遇到糟糕状况的原因在于，他依据使得他的行为理性的理由而行动，导致他未能采取正确的行动。

由于客观理由和主观理由都有竞争性，所以既存在客观的规范性标准，也存在主观的规范性标准。行动的理性是一种主观标准。如果行动是依赖于理由的，那么使得某种行动成为理性行动的东西，就由支持和反对采取那种行动的*主观*理由的权衡所决定。类似地，使得一个信念成为认知上的理性信念的东西，是由支持和反对那个信念的主观认知理由的权衡所决定；而使得某种事物可以理性地恐惧的东西，是由支持和反对恐惧那种事物的正确种类的主观理由的权衡所决定。

相比之下，使得一种行动成为*正确*行动的东西，则是由支持和反对采取那种行动的*客观*理由的权衡所决定。使得某种事物可以正确地恐惧的东西，是由支持和反对恐惧那种事物的正确种类的客观理由的权衡所决定。而如果信念的正确性和理由有任何关联的话，那么通过一般化便可相应地得出，使得一个信念成为正确信念的东西，是由支持和反对那个信念的客观认知理由的权衡所决定的。

在信念的情形中，大多数理论家都假定，使得一个信念正确的东西是，那个信念的内容为真；由此，这种基于客观理由的权衡的解释并非显然成立。不过，本书的核心假设带给我们的教益是，通过以更开阔的眼光看问题，往往能得到更好的洞见。而且，信念的正确性取决于理由权衡的观点，和信念的正确性仅仅取决于信念内容是否为真的观点，并非不可调和。只要我们假定，相比任何支持相信 P 的理由，P 为假的事实始终是反对相信 P 的更好理由，那么前一种观点就可以包含后一种观点。由此可以保证，相信虚假的事情绝不可能正确。而如果我们想要进一步认为，相信真实的事情总是正确的，[1] 那么只需加上这样的假设：相比任何反对相信 P 的理由，事实 P 始终是支持相信 P 的更好理由。

所以，按照理由权衡的图景，规范性标准既可以由客观理由的权衡所构成，也可以由主观理由的权衡所构成。正确理由解释可以应用于其中任何一种情况。这类解释认为，无论何种理由有助于确定某种标准是否建立，只要你做某件事所出于的理由适配支持你以正确方式去做那件事的理由，你就可以算作符合相应的恰当行动的标准。

227 最后，我们有必要说明，这种适配关系指什么。根据一种观点，恰当行动要求你做某件事所出于的理由，必须包括所有支持你做那件事的理由，而不包括任何不支持你做那件事的理由——这种观点是对朱莉娅·马尔科维茨的一个说法的自然理解（Markovits, 2010），马尔科维茨认为，道德价值是“出于使之正确的理由做正确之事”。而这意味着，无论人们做什么事，只要存在做那件事的

[1] 我不会假定这一点，但这不会跟我在本书中的任何说法相冲突。

冗余理由，不为他们所知或者不构成他们的动机，那就没有人能得到做那件事的道德价值；同样，只要他们怀有任何不可告人的动机，也就无法得到做那件事的道德价值。

我们可以从两个方面放宽上述立场，从而得到一种更具包容性的条件。首先，我们可以允许不考虑所有的理由，而只要你考虑足够的理由。你的行动符合正确性标准，仅当做某件事的所有合适理由胜过反对做那件事的所有合适理由。但是，只要你的行动所出于的理由是有足够分量的合适理由，可以胜过反对那种行动的所有合适理由，你就能够符合相应的恰当行动的标准，而无需知道或者依据支持那种行动的所有理由。而且如果我们愿意，也可以允许你有某些额外的动机，这些动机不会对你是否恰当行动造成负面影响，只要你的行动所出于的理由包括某些有足够分量的合适理由，可以胜过反对那种行动的所有合适理由。我们可以把这两点表述成如下论题：

**正确理由**　令 N 表示一种规范性标准，仅当去 $\varphi$ 的 N—理由胜过反对 $\varphi$ 的 N—理由，$\varphi$ 符合 N。那么，能动者 X 符合恰当地依据 N 而行动的相应标准，仅当存在去 $\varphi$ 的 N—理由的某个子集 S，使得 X 去 $\varphi$ 所出于的理由包括 S 中的理由，并且 S 中的 N—理由胜过反对 $\varphi$ 的 N—理由。

正确理由论题读起来有点拗口，但这样表述是为了在不同的正确属性之间保持中立。简言之，这个论题是说，你理性地相信某件事，仅当你相信那件事所出于的理由当中，有某些理由足以使你的信念成为理性的信念。你合适地恐惧某件事，仅当你恐惧那件事所出于的理由中，有某些理由足以使你的恐惧成为合适的恐惧。余可类推。

现在我们稍微能够理解，恰当性原则如何由正确理由论题所产生。为了将这种解释应用于知识，我们必须确定，知识是依据某种主观的规范性标准表现恰当，还是依据某种客观的规范性标准表现恰当。就知识的情形而言，对此的回答是*两者都是*。知道蕴涵着
228 相信可以理性相信的东西，[1]并且还蕴涵着，相信可以正确相信的东西。因此，跟知识相关的S—理由是这样一些认知理由，这些认知理由既是客观理由，又是主观理由。你知道某件事，仅当在你相信那件事所出于的理由当中，有某些理由既是客观上的充足理由，又是主观上的充足理由。[2]由于这恰恰就是康德在《纯粹理性批判》(1999)中关于知识的说法，所以我称为知识的*康德式解释*(*Kantian Account*)。[3]

## 11.2 知识作为适配关系

现在我们可以看到，知识的康德式解释很容易妥善地预测知识的许多最重要的特征，这些特征使得知识看起来难以分析。比如，在《知识及其限度》(2000)的开篇部分，威廉姆森给出了一个论证，表明知识具有他所称的*基始性*(*prime*)，也就是说，知识不等价于任何内在条件和外在条件的结合。在那本书的讨论语境中，威

[1] 若想了解知识所蕴涵的那种理性如何具有主观性，可参见 Cohen and Comesaña (2013a)。

[2] 注意，我在本书的正文中始终假定，对“证成”的谈论与信念的理性有着自然的联系，而信念的理性对应信念所出于的主观理由的充足性，并且与正确性相对，后者对应的是客观理由的充足性。我认为，对于 Gettier (1963) 提出“证成”的说法时秉持的是何种观念——艾耶尔和齐硕姆提出的知识的第三条件便是致力于把握“证成”的含义，这是最自然的一种解释方式。但鉴于知识的S—理由既是客观理由，也是主观理由，另一种合理的可能性是，“得到证成”指的是这种交叉条件。依据这样的可能性，“得到证成”的意思更接近于 Littlejohn (2012) 提出的观点，而非我倾向于接受的那种观点。

[3] 参见 Chignell (2007a，2007b)。

廉姆森对知识具有基始性的论证似乎包含这样的用意：拒斥先前认为知识必定可以通过某种方式进行分析的一切观念。毕竟，信念通常被认为是一种内在条件，而真理通常被认为是一种外在条件。因此，符合真理地相信 P 就是威廉姆森所说意义上的复合条件，而他的论证表明知识不是如此。他对这个论证的表述似乎暗示着，他要断言不可能对知识进行分析。

但是，基始性其实是可分析的状态很容易满足的一个条件。实际上，它是如此容易满足，以至于相信关于是否 P 的真理这一条件，也可以成为威廉姆森所说意义上的基始条件。不存在由一个全然内在的条件和一个全然外在的条件构成的对组，使得人们相信关于是否 P 的真理，仅当他们同时满足那样的内在条件和外在条件。可以看到，威廉姆森论证知识具有基始性时，采用的是完全相同的方式。设想一个能动者相信关于是否 P 的真理，因为她相信 P 并且 P 为真；而另一个能动者相信关于是否 P 的真理，因为她相信～ P 并且～ P 为真。对两者的内在条件和外在条件直接进行混合与搭配，便可得到这样一个能动者：她相信 P，然而～ P 为真。 229
考虑这第三个能动者的例子，她满足第一个能动者所满足的任何内在条件，并且满足第二个能动者所满足的任何外在条件，但是她没有相信关于是否 P 的真理。所以，对相信关于是否 P 的真理来说，没有任何内在条件和外在条件的结合是充分的。

然而，相信关于是否 P 的真理显然是一种可分析的状态。它是这样一种状态：无论是否 P 的真实答案是什么，你都相信那种答案。所以，这种状态在某种程度上可以依据信念和真理来分析——前者是内在条件，后者是外在条件。但它之所以具有基始性，是因为相信关于是否 P 的真理，要求内在条件和外在条件之间有一种适配关系。因此毫不奇怪，自盖梯尔以来，所有分析知识的严肃尝试都可以看作这样的尝试：在内在要素和外在要素之间施加某种适配性条件。

对恰当属性的正确理由解释包括康德式解释，是适配性条件的一种特殊情形。根据正确理由解释，你恰当地行动，仅当这两种理由之间有正确种类的适配关系：你做某件事所出于的理由，和使得那件事成为你可以做的正确之事的理由。正如我在第 4 章所论证的，你做某件事所出于的理由是一种内在条件，而使得那件事成为客观的正确之事的理由是一种外在条件，所以，对与任何一种客观的正确性标准相应的恰当属性的正确理由解释，都包含内在要素和外在要素之间的一种适配关系——这完全符合我们对知识分析的期待。

康德式解释还能妥善地把握知识可被废止的两种方式。早在第 5 章，我们就已经看到，知识可以被客观因素和主观因素系统地废止，并且在能够废止知识的各种客观因素和主观因素之间，存在一种引人注目的对应关系。例如，某人开车经过假谷仓乡村的唯一一个真谷仓时，基于视觉观察无法知道那是一个谷仓，即便她没有意识到自己处于假谷仓乡村——单凭处于假谷仓乡村这一条件就能废止她的知识。而类似地，某人没有处于假谷仓乡村，却理性且合理地相信是如此时，基于视觉观察，她同样无法知道那是一个谷仓。两种情形中废止知识的是同一种条件，只不过它在第一种情形中确实为真，而在第二种情形中只是被合理地相信为真。

不难发现，在假谷仓案例中，客观废止因素和主观废止因素可以构成对组。无论是客观废止的情形还是主观废止的情形，起废止作用的是同一个命题：在前一种情形中，这个命题的真废止了你的知识；而在后一种情形中，你对这个命题的信念废止了你的证
230 成。[1] 这并不是巧合，而是一种重要且一般的事实：知识的客观

[1] 至于是否还需要其他的确定条件，这种对应关系才能成立，这里我略去了一些重要的微妙之处。

废止因素和主观废止因素总是可以构成对组。要看到这一点，不妨与另一种情形进行对比。假谷仓乡村的情形包含人们所说的削弱型（*undercutting*）废止因素。你开车经过假谷仓乡村这一事实，削弱了你对相信你看到了一个谷仓的证成，因为这种事实导致你的视觉证据的效力降低。削弱型废止因素通常与抵消型（*countervailing*）废止因素相对，后者包含反面的理由。

例如，如果你在一篇学术论文中读到，某项研究表明，腋下淋巴切除术可以治疗乳腺癌，那么如果该项研究使用了缺乏代表性的样本，这一事实就会削弱这样的结论：腋下淋巴切除术有这种治疗效果；而如果另外几项研究表明，除非前哨淋巴结转移性疾病检测呈阳性，否则腋下淋巴切除术不会产生积极的治疗效果，那么这样的事实就是一种抵消型废止因素。跟削弱型废止因素一样，知识的抵消型废止因素会出现两类因素配对的情况，即客观种类的因素和主观种类的因素构成对组。如果仅仅读了一篇论文，你就形成了腋下淋巴切除术可以治疗乳腺癌的信念，那么即便这一点为真，你也并非真正知道这一点，因为可能存在结论相反的可靠研究。这是客观废止因素的情形。而如果你确实读了结论相反的文献，但尽管有反面证据，你仍然相信第一篇文章的结论，那么，你同样不知道腋下淋巴切除术可以治疗乳腺癌。这就是主观废止因素的情形。

关于知识的实用入侵的讨论，可以显示知识的客观和主观废止因素构成对组的重要性。正如我们在第 7 和 8 章所看到的，有些哲学家论证，知识不仅依赖于证据和其他关涉真理的因素，还依赖于某个问题对相信者来说有什么风险。[1] 但重要的是，这种实用入侵的支持者们认为，高风险可以通过两种不同的方式导致获取知

[1] 尤其参见 Fantl and McGrath（2002）、Hawthorne（2004）、Stanley（2005）、Fantl and McGrath（2010）、Schroeder（2012），以及 Ross and Schroeder（2014）。

识的难度增大。获取知识的难度增大可以是因为，风险确实很高，无论能动者是否意识到这一点；也可以是因为，能动者相信风险很高，无论风险是否真的很高。前一种情形即斯坦利（Stanley，2005）所称的不知高风险的情形，这种情形公认是知识的客观废止因素，而后一种情形公认是知识的主观废止因素。

像斯坦利这样承认实用入侵的哲学家认为，风险能以两种不同的方式导致知识获取难度增大，这并不意外，因为由我们的一般原则可以得出，知识的废止因素总是以对组的形式出现。由此，无论你是否赞成斯坦利或者其他人的观点，认为确实存在知识的实用入侵，
231 倾向于这般认为的那些人会自然地假定两种对应类型的废止现象，这样的事实进一步证明，废止因素构成对组的现象具有某种核心地位。[1]

因此，废止因素以对组形式出现的事实很有力地表明，知识包含并列的客观成分和主观成分——知识要求两种成分以正确的方式相适配。这一点并不是这种观念的直接结果：知识是一种恰当属性。有些恰当属性没有客观废止因素，比如理性地行动或相信。有些则没有主观废止因素，恰当下棋的属性可以说就是一例。所以，并非所有的恰当属性都像知识那样，展示出这种废止因素相适配的特殊结构。不过，这一点确实可以由康德式解释得出。根据康德式解释，知识要求在两个维度都恰当地相信——既包括主观维度，也包括客观维度。

作为对照，我们可以使用知识的客观和主观废止因素对组，测试前面在第 5 章碰到的这一观点：在知识面临表面上的主观废止因素的情形中，你并非完全不知道某件事，而是虽然知道那件事，对你来说可以合理地相信你不知道那件事。如果知识的所有废止条件都是没有争议的，那么这种观点就能解释，为什么会产生客观和主

[1] 关于抽奖案例的类似观察，参见 Nelkin（2000）。

观废止因素对组——说到底，每当你有一个主观废止因素，你就相信，你处于一种你有一个客观废止因素的情形。所以，对你来说相信你不知道那件事是合理的。

但遗憾的是，知识的废止条件并非没有争议。而且上述观点的问题在于，当主体可以合理地相信自己不知道某件事，这种合理性源自主体的观念，即哪种因素是知识的客观废止条件。所以，比如，根据这种观点可以预测，即便我们作为理论家认为，就知识而言，存在关于风险的、实践性的客观废止因素（不知高风险的情形），我们仍然应该认为，对不相信实用入侵的主体来说，当他们相信自己处于高风险的情形，他们可以合理地相信和知道他们知道这一点。类似地，根据这种观点可以预测，即便我们作为理论家认为，不存在关涉风险的知识废止因素，当我们知道表面上存在高风险的情形中的主体相信实用入侵，我们仍然应该认为，这种情形跟知识面临表面上的主观废止因素的其他情形没有区别。但在我看来，这两种预测都不符合我们的观察。因此，我的结论是，对于出现知识的主观废止条件的情形，这不是一种可靠的分析。

## 11.3　经受事实检验

当讨论知识所具有的特殊的解释性属性，康德式解释可以给
我们更多启发。在《知识及其限度》中，威廉姆森论证知识比信念 232
更重要时，采取的其中一种方式是，论证知识具有某种特殊的解释效力。威廉姆森论证这种特殊的解释效力自有他的独特用意，而就我们的目标而言，我们无须接受威廉姆森对于这一论证期待得出的所有结果。[1] 但我确实认为，威廉姆森的这一论点显然是正确的：

[1] 例如参见 Molyneux（2007）。

至少在某些情形中，相比人们相信的事实、理性或正当地相信的事实或者高度信任的事实，人们知道的事实可以给他们的行动提供更好的解释。弄清楚这种事实如何提供更好的解释，可以帮助我们理解，我们应该期待知识的内在和外在要素之间构成何种适配关系。

当解释知识可以扮演一种特殊的解释性角色时，威廉姆森（2000：62）给出的最重要的例子是这样的情形：一个窃贼“冒着长久逗留会被发现的风险，花了整晚时间洗劫一所房子”。威廉姆森对窃贼为什么逗留这么久的解释是，他知道房子里藏着一颗钻石。威廉姆森的例子依赖于这种说法的直觉效力，但我认为，我们可以更具体地加以分析。窃贼相信房子里藏着钻石，这样的事实无法解释他的行为，因为在绝大多数情况下，翻找几小时一无所获，就足以让相信而非知道房子里藏着钻石的人，放弃这样的信念。类似地，窃贼正当地相信房子里藏着钻石，这样的事实也解释不了他的行为，因为即便房子里藏着钻石的信念得到了非常好的证成，在八九个小时搜寻无果的过程中，随着反面证据不断积累，这种证成也会遭到废止。而高度信任同样解释不了，因为持有高度信任不能解释，为什么整个搜寻过程可以保持这种高度信任不变。相比之下，威廉姆森主张——我想我们应该同意他的主张，窃贼通宵搜寻的行为能够依据这样的事实来解释：他*知道*房子里藏着钻石。

威廉姆森似乎认为，知识之所以能提供这种特殊的解释效力，是因为它是一种与单纯的信念不同的心理状态。但我不清楚这种说法如何有助于理解知识的解释效力。在特定种类的情形中，知识可以提供特殊的解释效力，比如在窃贼案例中，对于房子里是否藏着钻石，随着时间推移，行动者相比开始时获得了更多证据，这时如何解释相关的行为。这里需要解释的不是窃贼采取某种行为，而是为什么他一直采取那种行为。所以，我们需要知识提供的解释效力，体现在对这一点的解释：即便在前面这样的情形中，为什么知道某件事的人，会持续相信那件事。

威廉姆森只对窃贼案例做了简短和提示性的讨论，然后就抛下 233
它转向了其他议题。因此，对于知识在这个案例中究竟发挥了何种额外的解释效力，我不清楚他的确切想法是什么。不过，这里可以很自然地诉诸威廉姆森的另外一些密切相关的主张，即知识遵循容错边界（*margin-of-error*）原则，以及知识具有安全性（*safety*）。安全性原则和容错边界原则都涉及这一点：知道某件事的人是否会轻易出错——是否存在某些邻近情形，在那些情形中，给他们带来知识的过程转而导致了错误的结论。如果那个窃贼知道房子里藏着钻石，那么他就不会轻易出错。

然而，这无法有效地帮助我们理解，为什么经过长达数小时的翻找，那个窃贼仍然知道房子里藏着钻石，因为很显然，窃贼徒劳搜寻的时间越长，继续相信藏着钻石就越容易出错。更糟糕的是，根据威廉姆森的观点，有些情形中可以存在不大可能为真（improbable）的知识。[1] 所以，即便那个窃贼整晚的时间一直都知道藏着钻石，他积累的证据越多，就越容易出错——他不知道藏着钻石的可能性也就越大。而且很难解释的是，可以期待窃贼对此做出的理性反应，为什么是继续持有一个看起来越来越不可能是知识的信念，以及继续依据这样的信念而行动。

相反，我认为，比起窃贼相信的事实，甚或他正当相信的事实，他知道的事实之所以能更好地解释他的行为，是因为知识涉及窃贼的信念状态和事实之间的适配关系。正因为涉及这样的适配关系，窃贼知道的事实才能解释，为什么哪怕八九个小时搜寻无果，窃贼仍然相信房子里藏着钻石，而且实际上是仍然理性地相信房子里藏着钻石。这里可以给出一种直觉性的解释，说明窃贼知道的事

[1] 参见 Williamson（2011）。

实如何做到这一点：它能做到这一点，因为知识是这样一种信念，这种信念的证成可以经受事实检验（*stands up to the facts*）。窃贼知道房子里藏着钻石的事实能够解释，为什么他可以正当地继续相信藏着钻石，即便他已经得到了不少新证据，表明房子里根本没有钻石，因为这种信念所得到的那种证成可以经受住这些证据的检验，从而面对这些证据没有动摇。[1]

我们认为，知识是能动者的一个信念和其他信念之间的适配关系，也是那个信念和世界之间的适配关系，那么，上述观点跟这样的观念又有什么联系呢？它可以告诉我们，那种适配关系是什么。一个信念的证成依赖于它跟能动者的其他信念的关系。知识作为适配关系的观念告诉我们，一个信念跟世界之间，必须像它跟其他信
234 念之间那样，构成一种类似的关系，它才能得到证成。正因为相关事实和那个窃贼知道的事实所提供的证成之间，存在这样的适配关系，他的证成面对提供反面证据的事实没有失效。

康德式解释同样可以说明为什么如此。这种解释认为，能动者相信某件事所出于的理由，不仅必须足以使那件事成为可以理性相信的事，还必须胜过所有反对那个信念的客观理由——包括窃贼搜寻房子时得到的任何客观证据。因此毫不奇怪，那个窃贼整晚都在不停翻找。他这么做的原因在于，即便数个小时一无所获，他仍然相信钻石藏在那里；他仍然相信这一点，因为对他来说继续相信这一点是理性的，而继续相信对他来说之所以理性，是因为在他作案之前，他相信那所房子藏着钻石所基于的证据足够优良，可以胜过他在搜寻过程中得到的反面证据。他的证成可以经受住事实的检验。

[1] 当然，这种信念并非面对任何这样的证据都不会动摇——了解更多信息就有可能失去知识。第 11.3 节会对这一点和它的重要性做更多讨论。

我已经指出，对于知识在威廉姆森的窃贼案例那样的情形中所具有的解释效力，一种自然的论断是，知识是这样一种信念，这种信念得到的证成足够良好，在某种重要的意义上面对事实可以经受住检验。康德式解释践行了这样的论断，并且采取了一种原则性的、有充分根据的方式。但这种观念并不是什么新鲜事物。恰恰相反，在盖梯尔问题提出后的头一个十年里，哲学家们给出的大多数回应都是以这种观念为中心，而且在接下去的十年，它依然是激发大量讨论的核心洞见。回顾盖梯尔问题的探究历程，相关讨论遭遇涉及怪圈（epicycles）的特定问题，大部分都可以归咎于某些我们今天看来颇为短视的策略，它们未能更准确地理解，证成必须在什么意义上能够经受事实检验，才可能得到知识。

这种符合直觉的观念不仅可以给威廉姆森关于知识的解释效力的观察提供一种直觉性解释，还可以解释最简单类型的盖梯尔案例——诸如盖梯尔（1963）原文中提到的“布朗在巴塞罗那”案例式的“虚假引理”案例，假谷仓乡村案例式的削弱型废止因素案例，甚至乳腺癌研究案例式的抵消型废止因素案例。在所有这些案例中，能动者相信某件事所出于的理由都不具有客观的充足性。在虚假引理案例中，能动者的信念所出于的理由不具有客观的充足性，因为它们是虚假的，根本不是客观理由。在削弱型废止因素案例中，比如无意间进入假谷仓乡村，无意间戴上玫瑰色眼镜或者罗素的钟表的案例，这些理由不具有客观的充足性，因为它们作为信念的客观理由不像看起来那样有分量。而在乳腺癌研究案例之类的抵消型废止因素案例中，这些理由之所以不具有客观的充足性，则是因为有更好的客观理由反对相关信念——在这种情形中，有反对信念的其他证据不为能动者所知。

类似地，如果我们接受实用理智主义的这一观念：关于差错代价的考量是反对信念的非证据性理由，那么康德式解释还可以预测，不知高风险的情形是抵消型客观废止的一种特殊情形。在这样

235 的情形中，能动者的信念所出于的理由具有客观的充足性，因为有更好的客观理由反对信念。

康德式解释甚至还可以在把握知识的真理条件时，不把它作为一种施加于知识的额外条件。[1] 在所有这些情形中，主体理性地相信某件事，但存在一个不为他们所知的相关真理，使得他们相信那件事所出于的理由，不像看起来那样具有客观的充足性。而且很大程度上，这可以支撑有缺陷的虚拟条件性的表述，即如果他们得知这个进一步的真理，相信原先那件事对他们来说就不再理性。由此，这种观念的吸引力是显而易见的，无怪乎在盖梯尔问题的早期研究阶段，许多哲学家通过不同形式提出了这样的观点：知识是以某种方式经受住事实检验的、得到证成的信念。[2]

## 11.4 克服三个难题

在分析哲学中，最著名的失败计划还不是对知识的分析，尽管对先前的一些哲学家来说，这是难以理解的：如何能够通过某种方式认为，知识是证成能够经受事实检验的信念。最难的是切实把握细节。事实证明，无论理论家们怎样尝试对他们提出的解释进行细节上的调整，总是会碰到某些重复出现的挑战，而这些挑战源自两个问题。援用彼得·克莱因（Peter Klein，1971）给出的一种特别

[1] 不过，对比 Hazlett（2012，unpublished）的讨论。把握真理条件要求康德式解释假定，相比任何支持相信 P 的可能理由，事实～P 是反对相信 P 的更好理由——我们在前面看到，这同一种条件可以保证，相信虚假的事情绝不可能正确，所以，真理构成信念的正确性规范。

[2] 尤其参见 Clark（1963）、Sosa（1964，1970）、Lehrer（1965，1970，1974）、Lehrer and Paxson（1969）、Klein（1971）、Annis（1973）、Ackerman（1974）、Johnsen（1974）、Swain（1974）、Unger（1975）、Barker（1976）以及 Olin（1976），这些都是这种传统的重要文献。

简单而自然的解释，可以清晰地说明这两个问题，克莱因的解释完全抓住了我们的主导观念的精神，即知识是证成面对事实“经受住检验”的信念。

根据克莱因（Klein，1971）的观点，S 知道 *p*（在时间 $t_1$），仅当 $t_1$ 时 S 符合真理地相信 *p*，*p* 对 S 来说是显著的，并且“不存在任何真命题，使得如果它在 $t_1$ 时对 S 来说变得显著，那么 *p* 对 S 来说不再显著”（1971：475）。[1] 这非常好地抓住了这样的观念：知识是证成能够经受事实检验的信念。克莱因在把握信念必定以某种方式经受事实检验时假定，必定不存在任何这样的事实，如果给 S 的信念增加这种事实，S 的信念 *p* 的证成（它的“显著性”）就会失效。这种解释可以说明，为什么知识包含那种使它具有基始性的 236
适配关系。它可以说明，为什么会出现废止因素对组，因为废止知识的客观条件就是这样一些因素，如果可以正当地相信它们，它们就会通过废止证成而主观地废止知识。它还可以解释威廉姆森关于知识的解释效力的论题，因为它可以解释，为什么即便在发现新证据的情况下，知道某件事的某人通常仍然可以正当地继续相信那件事，就像那个窃贼在花了整晚时间翻找钻石之后，仍然相信那所房子里藏着钻石。[2]

克莱因的解释能够对所有这些观察进行说明，因为它践行了这样的观念：知识是证成能够经受事实检验的信念。正如我们将要看到的，它会碰到一些预料中的反例。但关键在于把这两点分清楚：这些反例是证明知识是证成能够经受事实检验的信念这一核心观念有缺陷，还是证明克莱因试图让这种观念更精确的方式有缺陷。我的看法是，困扰克莱因的解释以及其他类似解释的主要问题，源自

---

[1] 值得一提的是，我在本书中没有用 *p* 表示命题变元，我在讨论其他人的观点时会以他们的用法为准。

[2] 不过注意，这种解释无法说明，面对新证据，知识的强健性的正确程度是什么。它会预测过度的强健性。

践行这种核心观念的错误方式，而不是源自这种核心观念本身的任何缺陷，我们可以把这种核心洞见表述为：知识是证成能够以正确的方式经受事实检验的信念。通过认真对待知识是一种特殊的恰当属性的观念，以及吸取来自本书第三部分的一些教益，我们就能纠正这些解释在践行方式上的错误。

克莱因的解释和类似的解释碰到的第一类重要反例，曾在 20 世纪 60 年代晚期和整个 70 年代受到广泛关注。这些反例跟所谓的*废止因素*的辩证性密切相关，据此进行修正得到的精致化的克莱因式观点，便是人们所说的知识的*可废止性*分析。这类反例中最著名的例子和对克莱因式观点的第一种重要修正，实际上出现在克莱因的文章发表之前，是 1969 年基思・莱勒与托马斯・帕克森（Thomas Paxson）在两人合写的一篇文章中提出的。设想你看见汤姆・格拉比特（Tom Grabit）走出图书馆，从衬衫底下掏出一本书，得意地笑着，然后匆匆离去。在这种情形中，如果缺乏进一步的信息，那么你看起来知道汤姆偷了一本书。但如果汤姆有个一模一样的孪生兄弟蒂姆，你分不清两人谁是谁，那么你看起来并不真正知道汤姆偷了一本书。因此，对你知道汤姆偷了一本书而言，蒂姆的存在是一种废止因素。克莱因的解释可以处理这种知识废止因素，因为如果你发现汤姆有个一模一样的孪生兄弟，那么基于视觉证据，你不能正当地相信汤姆偷了一本书。至此没有什么问题。

但遗憾的是，正如知识可以被废止，知识的废止因素也可以被废止。比如，设想蒂姆的婚礼定于今天在另一个州举行。如果这种情况属实，那么只凭视觉证据，你看起来能够知道汤姆偷了一本书，尽管他有个一模一样的孪生兄弟。由此，你的知识的潜在废止
237 因素本身遭到了废止。而克莱因的解释过强，在这一点上搞错了。根据克莱因的观点，由于发现汤姆有个孪生兄弟（没有同时发现蒂姆的婚礼定在另一个州举行）可以导致你的证成失效，所以你不知

道汤姆偷了一本书。[1]

20 世纪 70 年代早期，大量关于知识分析的论著致力于刻画某些条件，按照这些条件，一个真命题可以成为本身不被废止的废止因素。事实证明，这一点非常难以做到，其部分原因在于，正如知识可以被废止，废止因素可以被废止，废止因素的废止因素同样可以被废止。比如，如果蒂姆取消了婚礼，那么蒂姆的婚礼定于今天在另一个州举行的事实不再造成妨碍，于是，蒂姆的存在仍然可以对你证明汤姆偷了一本书的视觉证据产生干扰。如果蒂姆取消婚礼的原因是要换到巴厘岛举办，那么你看起来还是知道汤姆偷了一本书。但如果所有飞往巴厘岛的航班都取消了，那么你又成了不知道汤姆偷了一本书。诸如此类的情形表明，从废止因素到废止因素的废止因素，再到废止因素的废止因素的废止因素，这样的过程可以无休止地进行下去。[2]

这意味着，对知识的一种分析如果只能预测知识可以被废止的方式，是不够的。它必须还能预测，知识的废止因素本身可以通过哪些方式被废止，所以能动者最终还是拥有知识。一种分析如果拒斥废止因素，那么它就过于宽泛，在不存在知识的情况下容许拥有知识。但一种分析如果拒斥废止因素的废止因素，那么它就过于褊狭，在存在知识的情况下解释不了知识。而如果拒斥废止因素的废

[1] 一般而言，每当你的知识的潜在客观废止因素本身被废止，获知这种潜在废止因素而没有获知废止因素的废止因素，就会同时损及证成和知识。由此，如果你获知本身遭到废止的废止因素，却没有获知它们的废止因素，那么本身遭到废止的废止因素就会提供误导性的证据。这表明，知识在威廉姆森的窃贼案例中那样提供的额外的解释效力是有限度的。当窃贼进入房子，他知道那里有一颗钻石，这一事实有助于解释，为什么他整晚搜寻，但无法保证他会整晚搜寻，因为在搜寻过程中，他有可能获知他的知识的一种遭到废止的废止因素，而没有获知废止因素的废止因素，从而失去这种知识。

[2] 尤其参见 Levy（1977）对这一点的讨论。这里的案例是 Lehrer and Paxson（1969）提出的案例的一个变种，这个案例的变种在中文版第 308 页脚注［2］中提到的那些文献里很常见。

止因素的废止因素，那么又会变得过于宽泛。谈论这种现象让人有点晕头转向；由此不难明白，为什么这么多分析知识的尝试最终都会陷入怪圈——这种现象看起来就在召唤怪圈。

238 通过回顾相关研究，我认为，关于知识的可废止性分析的文献之所以看起来如此晦涩难懂，是因为理论家们在努力使他们的分析变得更精确时，采用了错误的分析工具。而他们之所以采用错误的分析工具，是因为他们没有充分领会认识论和伦理学的连续性。在我看来，理解理由的可废止性是一个一般性的问题，是任何领域理解某种东西如何能够通过理由的权衡决定时都会遇到的问题。

分析知识的许多早期尝试面临的另一个重大困难是条件谬误。一种解释如果用条件词项分析某种定言属性，就会犯条件谬误。例如，我们看到，按照克莱因的解释，你知道某件事，仅当你可以正当地相信相关真理，并且没有任何真命题，使得如果你（正当地）相信它，你的信念就不再正当。这种条件性的解释试图把握的观念是，知识是一种真信念，并且这种真信念得到了良好的证成，足以面对事实“经受住检验”，而使用条件式是为了说明，良好到足以经受事实检验是指什么。这里的想法是，如果能动者对那些事实（正当地）产生信念时，那种证成仍然构成充分的证成，那么它就确实足够良好。

这种解释会陷入条件谬误的困境。简单来说，要明白为什么如此，只需注意到，根据条件分析，我们评判某种证成对知识来说是否确实足够良好时，是通过考察这一点：在能动者产生其他信念的最邻近世界中，那种证成是否会是足够良好的。然而，就某些情形而言，能动者产生相关信念的最邻近世界，也是发生其他事情的世界。即便能动者在现实世界中不知道某件事，在这样的世界中，她也许就会知道那件事。或者虽然她在现实世界中知道，在这样的世界中却不知道。这两种情况都会导致这样的解释陷入条件谬误的困境。

一旦我们理解条件谬误如何运作，也就不难设想相应的反例会是什么样，不过，肖普（Shope，1983）提供的反例很简单：假定 S 知道她不能正当地相信 R。但假定 R 为真。最后，加上这一点：如果 S 可以正当地相信 R，这种证成对她来说将是显而易见的，因此她不再能正当地相信，她不能正当地相信 R。根据克莱因的解释，S 不知道 R。然而这是错误的。重要的是，我们在第三部分的工作可以让我们避开这个问题。康德式解释没有依赖于对充足性的一种虚拟条件性的表述，而是依赖于一种定言性的表述，当这些虚拟条件式为真时可以支撑它们。这种解释之所以可以做到这一点，239
是因为它能够利用我们对充足性问题的解决方案，而这种解决方案遵循理由至上论题。

对于知识为什么难以分析，更近期的一种得到广泛认同的观点来自琳达·扎格泽布斯基（Linda Zagzebski），扎格泽布斯基的处理方式产生了很大影响。[1] 扎格泽布斯基指出，除了证成、信念和任何“第四条件”之外，只要真理是知识的一个额外、独立的条件，那么盖梯尔问题始终不可避免。她的论证很简单：每当其他这些条件不足以达到真理，就会留下只能通过运气填补的裂隙；她还令人信服地阐述了，对于许多这种类型的观点，如何可以利用这样的裂隙构造出盖梯尔式反例。由此很大程度上促成了这样的观念：任何对知识的成功解释都要包含一个反运气条件；而这种观念看起来本身就会排除让证据扮演任何关键角色的需要。

不过，康德式解释并不包含一个可被这种分析利用的、独立的真理条件。相反，在康德式解释中，真理条件由这种条件所蕴涵：能动者的信念所出于的理由是客观上充足的。这是因为，我们假定，事实～P 始终是不去相信 P 的决定性理由——于是，只存在相信真理的充足客观理由。由此，对于正确属性和恰当属性之间的关

[1] 参见 Zagzebski（1994，1996）。

系，我这个版本的正确理由分析可以提供一种常见的因果解释——因为对与正确属性相应的恰当属性进行分析时，正确性条件始终只是由那种分析所蕴涵，而不是本身构成那种分析的一个合取支。

所以，从扎格泽布斯基的角度来看，康德式解释不会产生那种裂隙，使得盖梯尔问题可以如期而至。诚然，我自己倾向于认为，出于主观上充足的理由去相信的条件，就是算作“证成”的条件，并且本书正是按照这样的理解方式谈论相关问题。而这种条件确实独立于真理，并且在扎格泽布斯基所说的意义上，体现了很少有哲学家愿意接受的一种观点，即证成实际地蕴涵真理。但是，客观充足性条件并不独立于真理，从而不存在这样的可能性：仅仅因为运气而独立地产生与特定信念相应的真理。

废止因素的辩证性和条件谬误是肖普（Shope，1983）倡导的那种知识分析面临的两个主要问题，而在威廉姆森（Williamson，2000）和克万维格（Kvanvig，2003）之类的认识论悲观主义者眼中，肖普的进路是处理长期困扰知识分析的一些问题的标志性进路。就揭示盖梯尔问题涉及的困难而言，扎格泽布斯基的论文（Zagzebski，1994）是最有影响力的文章之一。谁也不能保证，能够避免这三个问题并且细节上没有令人费解的曲折弯绕之处的知识分析，也能避免其他的难题或反驳；但如果存在一种可以避免这三个问题并且具有独立动机的自然解释，那么至少可以促使我们追问，对盖梯尔文献进行归纳总结之后，诸多研究的失败带给我们什么启示，使得我们对“盖梯尔学”（Gettierological）的计划持悲观态度。

## 11.5 康德式解释

实际上，废止因素的辩证性对道德哲学家来说非常熟悉，而且是道德特殊主义（moral particularism）的支持者们极力强调的一种现象。就知识而言，废止因素的辩证性源自这样的问题：知识能以许多方式遭到废止，废止因素又能被废止，废止因素的废止因素同样能被废止；而道德哲学中的特殊主义式辩证性源自这样的事实：一种行为的错误性能以许多方式遭到废止，而那些废止因素本身也 240 能被废止。正如在认识论中，废止因素的辩证性给知识分析制造了困难，特殊主义者指出，在道德哲学中，废止因素的辩证性导致了这样的难题：就道德错误性而言，我们无法给出任何有信息含量的一般原则——更谈不上对道德错误性进行任何种类的分析。[1]

在道德哲学中，废止因素的辩证性是支持理由至上论题的经典论证的中心所在。正因为难以给出关于对错的一般原则，才使得这样的观念成了一种极为有效的解释性假设：错误性仅仅取决于理由的权衡所反对的东西。所以，如果信念的正当属性或理性属性，本身是由理由的权衡所决定的规范属性，那么废止因素的辩证性恰恰应该符合我们的预期。

由此我认为，我们又发现了一个主题，在这个主题上，认识论因为缺乏与道德哲学的类比而陷入困境，从而再次印证了本书的核心假设。倘若知识的废止因素的辩证性，实际上与错误性的废止因素的辩证性相吻合，那么我们应该认真对待这样的假设：两者是由相同的根源导致的——即便我们还不完全理解，那种根源究竟如何运作。如果知识是证成能够经受事实检验的信念，而证成至少在一定程度上关涉理由的权衡，那么理由的权衡所决定的其他事物具有什么样的一般特征，知识也应该具有那些一般特征。特别是不仅因为证成具有可废止性，所以知识也具有可废止性，而且因为理由本身可被废止，所以存在知识的废止因素的废止因素。

因此，废止因素的辩证性并不是一个难题，表明知识太过复杂，无法进行有效分析或者拒斥一般化的解释。毋宁说，它只是一

[1] 尤其参见 Dancy（2004）、Schroeder（2011b）的讨论。另可参见 Gert（2008）。

种模式，这种模式在正确的描述层次必定可以得到把握，正如对刻画椭圆来说，圆锥曲线是一种优良的表示方法，三角形逼近法的效果则相去甚远。如果知识是证成能够经受事实检验的信念，而证成至少在一定程度上关涉理由的权衡，那么这种模式恰恰符合我们的预期，因此，这非但不会说服我们放弃这两个主张，反而可以巩固这两个主张。这种模式可以导向知识的康德式解释。

我们在本书第三部分完成的工作，也可以让我们直截了当地避开条件谬误。对于某种证成如何能“足够良好”，从而可以面对事实“经受住检验”，克莱因（Klein，1971）的解释不得不采取条件性的分析，因为他无法诉诸一种定言性的解释，说明理由或证成具
241 有充足性是指什么。在本书中，如何给认识论中理由的充足性提供一种定言性分析的难题有另一个称呼，即我们所称的*充足性问题*，而这正是本书第三部分集中讨论的问题。充足性问题是这样的问题：在认识论中，依据关于理由或证据的假设，得出关于证成或理性的结论。如果没有任何途径可以得到这样的结论，那么对于理由“充足”意指什么，我们看起来只能认为，这是意指理由*对证成来说是充足的*。但当然，依据理由对证成的分析不可能包含这样的说法，否则就会导致循环。

而现在我们可以看到的是，对于证成能够经受事实检验是指什么，克莱因给出的虚拟条件性解释，只是对理由充足性的这种循环解释的一种特殊情形。因此，我们现在能够看到，本书第三部分的讨论可以给我们提供避免条件谬误的资源。我们在第 6 章指出，理由是充足的，仅当它们*胜过所有的竞争因素*。也就是说，仅当它们胜过所有反面理由的总和。所以，解释某种证成必须以何种方式经受事实检验时，我们可以诉诸对理由分量的直接比较——既包括那种证成所涉及的理由，也包括反对信念的客观理由。

这正是知识的康德式解释的做法。在确定你的信念所出于的理由实际是否充足时，这种解释没有采用这样的检验方法：看这些

理由在你获知更多事实的情况下，是否足以让你的信念成为理性信念。毋宁说，它通过这样的方法来检验你的信念所出于的理由实际是否充足：直接将这些理由与反对你的信念的实际理由进行比较。这使得它对充足性的解释本质上具有定言性，从而不会导致条件谬误。

至此，我已经提出，知识是一种特殊的恰当信念——就主观认知理由而言是恰当信念，就客观认知理由而言也是恰当信念。我给出了关于对组现象的证据，证明知识就是这样的事物；我也给出了认识论内部的证据，证明知识的实际面目就是如此。不过，这还只是一种解释的概貌，从而可以进一步精致化。例如，这样的说法是可信的：为了得到知识，你的信念所出于的理由同时具有客观充足性和主观充足性还不够（如康德所说和我在先前的一篇文章中所论证的）；相反，你的信念所出于的理由的某个子集必须兼具客观充足性和主观充足性。这里我对康德式解释的表述可以容纳这种修正，不过，我考虑过的任何证据都不足以确定地回答这个问题。[1] 两种观点都可以使正确理由框架变得更精致。

另一种可信的限制是，仅仅恰当地相信是不够的，你得到那种信念所基于的推理也必须具有恰当性——比如，在这种意义上具有恰当性：当你低估了某种可能的证据，你所接受的那种证据的废止因素，必须在客观上和主观上都足以成为它的废止因素。我很乐 242
意承认，这也是一种可信的修正。或者你可能认为，恰当地行动和相信受到某种关于突显性（*salience*）的限制，所以，如果你可以得到另外一些理由，那些理由明显优于你所依据的理由，那么仅仅因为你的理由具有客观充足性，你还不能算作恰当地行动或相信。所有这些修正都不会与我的几个基本主张相抵触：知识是恰当地做某

[1] 值得一提的是，由此可以得到 Schroeder（2015b）中赞成的一种观点。

件事的一种特殊情形，或者恰当地做某件事的属性关涉一种适配关系，即你做那件事所出于的理由和做那件事的理由之间的适配关系——我只是认为，如果关于知识的解释有如何进行修正的问题，那么关于道德价值的解释也有这样的问题，而且关于其他恰当属性的解释同样如此。

所以，尽管通过概述对恰当性原则的一种特定版本的正确理由解释，我概述了对知识的一种特定解释，现在我们应该清楚的是，这些解释的成败并不取决于，我能否在它们的细节上说服你，而是取决于，我对知识的处理如果有错误，这种错误能否归结为，以类似方式处理其他恰当属性包括道德价值，也会出现错误。我的一个重要主张是，知识和道德价值必定要并列在一起进行处理，必定有某种兼容性的理论可以涵盖它们。我已经给出一些理由证明，我们可以期待这样一种理论，而这种理论既要援用理由的解释性角色，也要援用理由的慎思性角色。至于具体该怎么建构这样的理论，则有待更深入的探究和更有力的推进。

## 11.6 小结

埃德蒙·盖梯尔的名作《知识是得到证成的真信念吗?》于 1963 年发表之后，知识能否得到分析和如何得到分析的问题，便在认识论中占据了中心位置。但是，有人对盖梯尔问题给出回应，就有人提出反驳或反例，为了避开这些反驳或反例，另外一些人再对已有的回应进行调整——这样经过长达数十年的密集研究，大部分认识论者都陷入了某种集体性的疲惫，这种疲惫来自对文献进行归纳总结之后产生的悲观——或者至少是厌倦。纵观这整个研究历程，乔纳森·克万维格（Jonathan Kvanvig，2003）最终得出了一个极为惊人的结论和教训——他论证，如果有任何一种本质足够复杂的东西，能够绕过知识分析所面临的一切标准类型的反例，那种东西就不可能足够自然，从而不可能是有趣或重要的。所以，克万维格认为，知识不是有趣或重要的。

在克万维格发展这些论证的大约同一时期，蒂莫西·威廉姆森（2000）从相反的维度推进了同一种思想。威廉姆森论证，知识确
实是有趣和重要的。然而，那种重要性并不体现在对知识的分析或 243
者知识的本质。相反，根据威廉姆森的观点，知识不可能被分析。知识之所以有趣和重要，不是因为它有某种复杂的本质，可以对应那些精心构造的案例中的各种复杂直觉，而是因为它的本质是简单的，遵循并且可以建立某些简单的一般原则。

我相信，从盖梯尔文献得到的这两种教训都是误入歧途的。不同于威廉姆森的观点，我在本章和第 10 章论证，知识确实可以得到分析——它是我在第 10 章所说的恰当属性的一种特殊情形，因此可以对它提供一种非常有意思的分析，就像对其他恰当属性的分析一样。不同于克万维格的观点，我论证，这种分析可以通过一种简单而自然的方式，把握住关于知识的那些复杂的直觉性判断。没有比这更简单或者更自然的观念了：不仅要符合某种规范性标准，还要恰当地依据这种标准。知识当然是自然和重要的，因为恰当地依据规范性标准总是自然和重要的。

我认为，这两种教训来自对他人所犯错误的观察。如果你试图通过三角形逼近法得到椭圆的形状，你不可能取得成功，而且增加再多的三角形也无济于事——除非达到无限。所以，目睹人们费尽心思地想用三角形逼近法得到椭圆的形状，归纳总结下来，最终的理性反应当然就是悲观。而且这样的观察也是正确的：仅仅通过大量三角形得到的椭圆，多半不是非常自然或有趣的椭圆。但我们不能由此得出，椭圆不是一种自然的形状，或者它们无法得到一种简单或有趣的分析。这只不过告诉我们，我们之所以发现不了这样一种解释，是因为我们找错了地方。

这种比喻的用意很简单：对于一项分析事业，即便归纳总结之后的悲观有明显的根据，我们仍然可以非常正当地追问，那种悲观的可允许范围是什么。如果某种分析计划所使用的工具是粗糙的、拙劣的，甚或错误的，或者这种计划在实施过程中产生了一些有希望的观念，但对这些尚未成熟的观念进行分析时使用了粗糙的工具，那么失败就是意料之中的。不过，这种分析计划一开始其实走在正确的道路上——比如认为知识是证成能够经受事实检验的信念，而且最终可能会出现一种正确的分析。

在我看来，类似这样的状况正是发生在认识论领域的现实状况：早期的盖梯尔学研究所使用的工具是粗糙的，一些有希望的观念常常遭到抛弃，因为在它们成熟之前，对它们尝试进行的分析使用了不合理的方法，未能完整地揭示它们所指向的图景；而且，确实出现了一种对知识的正确分析，这种分析既可以说明，就分析知识而言，为什么以前的各种尝试是非常粗糙和需要改进的，也可以说明，为什么知识可以扮演而且确实扮演着某些重要的角色。

我在本章中就是致力于引入这样一种分析。我论证，对知识的正确分析是，它是一种恰当的信念。这意味着知识是相信正确之事，并且所出于的理由可以使相信之事成为正确之事。本章的讨论再次证明，认识论者们和道德哲学家们在很多问题上都可以相互借鉴。

第12章

# 理由至上? 244

## 12.1 回到核心假设

讨论至此，但愿我信守了第 1 章给出的承诺，即践行本书的核心假设——由于考虑问题时，没有联系相邻的规范性学科包括伦理学中的类似问题，认识论研究陷入了困境。我并不认为这样的假设有什么独到之处——许多人都在致力于架构认识论和伦理学之间的桥梁，但我确实认为，这种做法的效果仍然停留于表面。而在这本书中，我试图提供具体的论证，表明虽然两个领域可以相互借鉴的地方很多，但认识论获得的教益尤其重要。

在我看来，由于考虑问题时，没有注意到与其他规范性研究领域的问题的连续性，认识论在三个方面遭遇了重大障碍——基本的知觉证成、理解证据如何发挥证成作用以及对知识的分析。我对相关主张的主要论证所采取的结构，便是依次探讨这三个问题。在认识论中，基本知觉证成的问题施加了一系列限制，很多理论化的讨论都是源自对这些限制的不同回应；而知识如何得到分析，以及知识可以扮演何种分析性或解释性角色的问题，多年来更是被视为整个认识论领域的核心问题，无论人们采取什么样的进路，都绕不开这一问题。而我论证，就所有这三个方面的问题而言，认真对待认识论和其他规范性学科之间的相似性，对我们大有裨益。

在基本知觉证成的情形中，我指出，在最基本的层面上，主要的理论选择受到一个没有根据的假设的限制，这个假设就是，证据必须是真理，才能发挥证成作用。基于证据作为理由假设，这种说法与这样的观念紧密相联：主观理由必须是真理。我认为，对这一主张的最佳论证，是它对于未经证成的信念问题给出的回应。然而，我认为，一旦我们对未经证成的信念问题给出一种更好的、符合理由至上论题的回应，便可导向另一种观点，即显表事实性态度观点——就知觉经验在证成信念的过程中的作用而言，这种观点可以避免大多数常见理论的大多数常见问题。

实际上，认识论与其他规范性领域之间还有更广泛的相似性。对于行动和其他选择的理性，传统理论往往做出这样的区分：依据所有相关事实完全明智的行动，和某个人可以实际采取的理性
245 行动。如何行动对某个人来说是理性的，这不是取决于什么情况为真，而是取决于她相信什么情况。因此，没有任何理由认为，这根本上需要通过某种她可以通达的真理来解释。基于对等性可以推出，我们可以期待认识论中也是如此。

在证据如何有助于证成信念的情形中，我论证，相关难题源自这样的不合理假设：支持或反对信念的唯一认知理由，是支持或反对信念内容的证据。尽管这种假设是可以理解的，但只有当我们能够期待，认识论和其他规范性学科之间存在重大差异，它才站得住脚。一旦我们认真对待认识论和其他规范性学科具有连续性的观念，立即就能明白，必定存在某些反对信念的认知理由，它们不是反对信念内容的证据。而我在第 7 和 8 章表明，通过更好地理解信念的本质，很容易给这样的观点提供根据和解释；而对信念本质的这种更好的解释，源自认真对待这样的观念：信念的认知理由和非认知理由之间的区别，类似于其他态度的正确种类 / 错误种类的区别。这本身再次直接印证了核心假设。

而知识理论的情形又一次表明，关注认识论和其他规范性学科之间的连续性，对我们处理认识论问题很有助益。知识和来自其他

规范性研究领域的恰当属性有很多共同点。我们应该探究，在不考虑知识的任何相似属性的情况下，我们是否有正确的途径得到关于知识的正确解释，类似的理论能否稳妥地应用于那些相似属性，而在进行这种探究之前，不可能先天地建立一种知识理论。相反，我表明，通过考虑包括游戏规则在内的人为规范的情形，我们可以发现某些更明确的限制条件。

由此，我的结论是，本书的核心假设得到了证实。即便我提出的许多具体主张是错误的，考虑认识论问题和相关规范性学科的问题之间的连续性，显然可以让认识论研究获益良多。我们不应该不加论证地假定，凡是认识论中可以得到辩护的东西，也能稳妥地适用于其他任何地方。

## 12.2　对竞争性理论的分析

如果康德式的知识理论是一种可行的进路，那么就像第 5 章的显表事实性态度观点和第 8 章的实用理智主义一样，它可以提供一种分析，说明它的那些竞争性理论的吸引力何在，并合理地回答，它们是如何偏离正轨的。每一种哲学理论都致力于解释某类现象，但最有前途的理论不仅可以证明正确的理论，也能说明，是什么原 246
因导致那些虚假理论看起来如此有吸引力，以至于被广泛接受，甚至还能说明，人们认可或接受的虚假理论具有什么结构或模式。

对于探讨基本知觉证成的理论家们如何能接受他们持有的那些观点，显表事实性态度观点有一种简单的分析。第 3 和 4 章已经展示了那种分析。根据这种观点，只有通过提供支持信念内容的证据，知觉经验才能将信念理性化。但认识论者们错误地接受了这样的假设：证据必须具有事实性——即只有真理才能充当证据。正如我们所看到的，这种假设会导致一种两难。当你产生一种知觉经验，你获得的证据要么蕴涵关于你头脑之外的世界的某种状况，要么不是如此。

如果你的基本知觉证据不具有世界蕴涵性，那么在你通过知觉经验可以得到的任何证据，和关于外部世界的任何结论之间，就有一道鸿沟。我们知道，正是这道鸿沟催生了怀疑论的幽灵。由此，在没有相对于钵中之脑结论或者恶魔结论改善你的证据地位的情况下，为了相对于外部世界结论改善你的证据地位，我们需要依赖某些背景假设。但如果那些背景假设本身就是基于知觉经验，那么我们就会陷入循环或者后退。而如果它们不是基于知觉经验，那么我们就得到了一种强硬的理性主义，根据这种理性主义，即便经验知识也必定基于某种先天因素。另一方面，如果你的基本知觉证据确实具有世界蕴涵性，那么它就是你只能在良好情形中获得的证据。因为在瑕疵情形中，任何蕴涵某种外部世界状况的东西都为假。这种分叉式的结果导向了一种认识论析取主义。

由此，所有这些观点——融贯论、理性主义和析取主义，都是因为正确把握住了某个要点而产生的。它们正确把握的要点是，知觉经验通过成为一种证据来源而将信念理性化。而它们之所以偏离正轨，只是因为犯了一个非常简单的错误，即认为，证据必须为真，才能发挥理性化的作用——这是如下假设的一种特殊情形：理由必须为真，才能发挥理性化的作用。

诚然，不是所有人都认为，知觉经验必须通过提供证据，才能发挥理性化的作用。而我指出，为什么不这么认为的最佳理由是，由阿姆斯特朗的同罪论证来看，如果拒斥融贯论和理性主义，那么就要求所有人都诉诸非证据性的解释。根据这种分析，认识论中的纯粹外在主义之所以广为接受，不是因为它接近于真理，而是因为，阿姆斯特朗的同罪论证看起来是一个很有说服力的论证，融贯论和理性主义看起来则是令人难以接受的选项。而根据显表事实性
247 态度观点，纯粹外在主义者确实正确地认为，对基本知觉证成的最

终解释，要基于跟人们所处环境的某种外在关系。这是因为，外在条件将在关于如何确定信念内容的理论中发挥作用，并且能够决定哪些心理状态可以算作具有理由的方式。

显表事实性态度观点同样认为，各种重要形式的认识论析取主义有很多正确的主张。析取主义者能够比其他人更好地理解，我们关于基本知觉证据做出的假设，如何塑造各种可能的进路。他们也更加自觉地意识到，他们的观点如何受到证据必须为真的假设的影响。最后，析取主义者正确强调了与环境的事实性知觉关系的重要性，以及良好情形以某种方式优先于瑕疵情形。根据显表事实性态度观点，所有这些主张都是正确的。

因此，显表事实性态度观点能够解释，为什么哲学家们会接受他们关于基本知觉证成所持有的那些观点。这种解释可以说明，哲学家们接受某种立场之前面对哪些特定的选项，以及他们面对反驳为什么仍然接受那种立场。所有这些立场都试图尽可能地接近真理，而阻止它们达到真理的正是这样的错误假设：证据必须具有事实性，才能将信念理性化。

对于证据在信念的理性化过程中扮演的角色，其他哲学家为什么会接受他们所持有的观点，实用理智主义同样给出了分析。根据实用理智主义，证据通过成为信念的理由，而将信念理性化。实际上，证据是支持信念的唯一一种理由，所以，没有证据，也就没有任何信念可被理性化。但是，实用理智主义发现，这种主张微妙地区别于另一种更强的主张，即证据是支持或反对信念的唯一一种理由，两种主张之间存在某种理论空间，而实用理智主义的全部洞见正是通过占据这样的理论空间而得到的。

因此，实用理智主义的优点不仅源自它对证据和信念的解释，还源自这样的分析：其他理论家错失了何种微妙的因素，是什么原因导致他们偏离正轨，尽管他们在其他方面最初有着合理甚至正确的洞见。

最后，康德式知识理论也提供了一种富有启发的分析，说明在知识这个主题上，其他理论是如何偏离正轨的。如第 11 章所表明的，康德式理论属于一种知识的可废止性理论，这类理论在 20 世纪 60 年代和 70 年代得到了发展。可废止性理论正确地认为，知识是证成能以正确方式经受事实检验的信念。它们面临的困难在于，确定证成必须以何种方式经受事实检验。而我论证，它们之所以面临这种困难，是因为它们对证成的本质缺乏充分的理解。这导致它们在把握它们的目标时，采用了过于粗糙的工具。它们陷入了条件谬误，并且遭遇了因废止因素的辩证性而引发的一系列令人费解的反例。

248 可见，每种观点都有正确之处。亚里士多德非常严肃地对待哲学理论的这种优点，称为保留共同意见法（*endoxastic method*）。当我们使用保留共同意见法做哲学研究，不仅要考虑我们致力于理解的一阶现象，还要考虑其他人对那些现象说了什么。由此，我们需要查明，每一种现存的理论对在哪里，又错在哪里。发现其他理论的正确见解，或者它们的错误推理所依据的正确观察，可以帮助我们建立最终可以接受的理论。毕竟，对于我们的主题，我们知道的一点是，我们要建立某种相关的理论。所以，我们必须解释，那些充满才智的人如何会接受他们所持有的那些观点。相比不能提供这种解释的观点，能够提供这种解释的观点更有希望接近和达到真理。

## 12.3 三种观点之间的结合

本书第二、三和四部分提出了三种观点，每一种观点都各有其吸引力。但我认为，如果把它们结合在一起，会更有吸引力。例如，当康德式理论和显表事实性态度观点相结合，我们可以得到一种充满吸引力的解释，不仅适用于基本知觉信念的**理性**，也适用于基本知觉**知识**。

显表事实性态度观点可以解释，在良好情形以及瑕疵情形中，知觉经验如何证成基本的知觉信念。这种解释依据的是这样的主张：知觉经验通过提供信念的**主观理由**而证成信念，并且主观理由不必是真理。当你对 P 拥有一种视觉上的知觉经验，你的相关信念具有的主观理由是，你看见 P。由于看见具有事实性，所以这种理由蕴涵 P，于是，不存在跟你的知觉证据相一致的怀疑论场景。就是否 P 而言，这是你能得到的最佳种类的证据，而这符合我们对直接知觉证据的预期。但这种理由仍然可以被废止，因为如果你相信，就关于是否 P 的视觉而言，你处于误导性的情形中，那么涉及相关信念的理由并非全都为真，我们应该拒斥其中一些理由——也许包括当前这个理由在内。不过，由于主观理由无需成为真理，即便你处于瑕疵情形中，也可以持有这种主观理由——我们由此对基本知觉信念的证成给出了一种统一的解释。

在瑕疵情形中，你对 P 拥有视觉经验，但却没有看见 P。显表事实性态度观点认为，在某种意义上，你的知觉经验仍然非常优良——它是相信 P 的极佳**主观**理由。但我们应该承认，在另一种意义上，你的知觉证据根本谈不上优良。因为没有**客观**理由相信 P。跟主观理由不同，客观理由必须是真理。所以，在良好情形和瑕疵情形中，虽然你的主观理由是相同的，你的客观理由却始终不同。经过这样的分析，我们可以看到，认识论析取主义为什么是有吸引力的。

以上这些说法只需依据显表事实性态度观点便可得出。不过， 249
如果与康德式知识理论相结合，我们可以更深入地解释，为什么你有什么客观理由如此重要。这一点之所以重要，是因为知识要求客观理由具有充足性。当你处于瑕疵情形中，你用来支持相关信念的基本知觉理由是虚假的。这就是为什么它们根本不是客观理由。而由于它们不是客观理由，至少基于知觉证据，你无法知道你是否处于瑕疵情形中。

康德式理论也可以让我们更深入地解释，与之竞争的析取主义理论对可废止性的解释错在哪里。我们在第 5 章看到，我们所讨论的两种析取主义观点——事实性内容观点和事实性态度观点，相比非事实性内容观点都能更好地处理可废止性。这两种观点都能解释，为什么你的视觉证据可以被客观地废止，比如，当你身处假谷仓乡村时。根据事实性内容观点，这是因为当你身处假谷仓乡村，你未能满足这种证据的具有条件。而根据事实性态度观点，这是因为，当你身处假谷仓乡村，你的推定证据是虚假的，从而根本不是证据。

但我们在第 5 章也看到，这两种观点难以处理主观可废止性。两种观点都认为，只要你的视觉证据为真，并且你满足这种证据的具有条件，这种证据就能够支撑知识。所以，如果你看见前方有个谷仓，两种观点都承诺了这样的结论：你能够知道前方有个谷仓，即便你理性却虚假地相信，你身处假谷仓乡村。而这种结论看起来是错误的。如果你相信自己身处假谷仓乡村，仅凭肉眼观察不可能知道某样东西是谷仓。

康德式知识理论可以解释，这些结论错在哪里。它们错在没有区分知识的主观维度和客观维度。客观理由和主观理由以不同但却互补的方式支持信念，两者都是知识所需要的。事实性内容观点和事实性态度观点能够正确把握知识的客观可废止性，因为它们关注的是，知觉经验如何给信念提供客观理由。得出这些观点其实只关注信念的客观理由这一判断之后，便可揭示，当这些观点预测“瑕疵”情形中没有理性信念，并预测主观废止的情形中有理性信念和知识，前者属于预测不足，后者属于预测过度，而它们只不过是一枚硬币的两面罢了。

正如康德式知识理论可以加强显表事实性态度观点，显表事实性态度观点也可以加强康德式理论。康德式理论的一个承诺是，所

有的知识和理性信念，都是基于我们的信念所出于的理由。但本书
第二部分关于基本知觉证成的本质的那些难题，正是由这种承诺导
致的。如果我们不遵循显表事实性态度观点的做法，容许主观理由 250
即便为假时也能将信念理性化，那么康德式理论就会迫使我们在各
种事实性证据主义理论之间做选择。

可见，康德式知识理论可以跟显表事实性态度观点很好地结合在一起。而它跟实用理智主义同样可以很好地结合起来。如果我们给实用理智主义加上康德式观点，不仅能妥善解释信念理性的实用入侵，也能妥善解释知识的实用入侵。按照这样的复合观点，知识之所以存在实用入侵，是因为信念的认知理性存在实用入侵，而知识就是这样一种信念，这种信念的认知理性能以正确种类的方式经受事实检验。

根据实用理智主义，直觉上可以描述为构成“风险”的实践因素，会影响到你需要多少证据才能在认知上理性地相信某件事，而为什么如此的原因，跟证据容易获取时，为什么需要更多证据才能认识上理性地相信某件事，是相同的原因。在这两种情形中，都是因为相关因素——差错代价和进一步的决定性证据的可得性，是反对信念的认知理由。当你知道容易获取更多证据，你的证据就面临一种抵消型的主观废止因素。类似地，当你知道差错代价高昂，同样出现了一种抵消型的主观废止因素。决定你认知上可以理性地相信什么时，抵消型的主观废止因素就是反面的竞争性理由。由于你认知上可以理性地相信什么，取决于这些竞争性理由的权衡，那么在这些情形中，你若要认知上理性地相信某件事，支持那件事的证据必须更有力才行。

可预见的差错代价和可预见的进一步证据的可得性，都是反对信念的主观认知理由；实际的差错代价和实际的进一步证据的可得性，则是反对信念的客观认知理由。而这意味着，它们是潜在的抵

消型客观废止因素。根据康德式理论，知识要求信念所出于的理由既具有客观充足性，也具有主观充足性——既能在客观理由的权衡中胜出，也能在主观理由的权衡中胜出。于是，根据康德式的实用理智主义，知识既可以因为出现可预见的差错代价而被废止，也可以因为出现实际的差错代价而被废止。跟其他形式的废止因素对组一样，这不过是同一种废止因素的两种形态而已。类似地，无论是进一步证据的可预见的可得性，还是实际的可得性，都可以将知识废止。

这种解释可以预测客观高风险和主观高风险的对组性，并且是以一种原则性的方式预测，而不是特设性（ad hoc）的方式——因为这种对组是废止因素构成对组的一般现象的一种特殊情形。值得注意的是，根据这种观点，之所以存在知识的实用入侵，是
251 因为存在理性信念的实用入侵。相比之下，霍索恩（Hawthorne，2004）、斯坦利（Stanley，2005）以及范特尔和麦格拉思（Fantl and McGrath，2010）看起来都认为，如果存在信念的认知理性的实用入侵的话，那么这是因为存在知识的实用入侵。

这几种观点都解释了，为什么我们可以期待存在知识的实用入侵，但没有解释，是什么导致知识受到实用入侵。因此，康德式实用理智主义与之形成了鲜明的对比。康德式实用理智主义对知识的实用入侵的解释，基于一种非常简单的事实：知识是一种恰当属性，而所有的恰当属性都由一种适配关系所构成，即某人做某件事所出于的理由和做那件事的充足理由之间的适配性。依据这样的背景观念，它对实用入侵的解释只需诉诸这一事实：某些反对信念的认知理由具有实践性，牵涉到差错代价。这完全符合我们的预期——当然，前提是正确理解信念在我们的心理机制中扮演的角色。相比以基于知识的方式理解实用入侵，这种观点不仅提供了一种更深刻、更一般的解释，还无须援用各种过于强健的知识—行动原则。

而且，正如康德式理论可以深化实用理智主义对知识的实用入侵的解释，我们已经看到，实用理智主义的一些核心特征可以给康德式知识理论拓展空间。正因为实用理智主义认识到，反对信念的非证据性认知理由的重要性，我们才能将理由的充足性理解为一种定言属性，才能基于充足性的权衡本质，将废止因素的辩证性理解为完全符合我们预期的现象。如我在第 7 章所说，不接受实用理智主义，不接受某些反对信念的认知理由具有*实践性*——比如，转而对二元信念的本质采取一种多尔曼式的解释，你仍然可以接受前述洞见。所以，康德式理论独立于实用理智主义。尽管如此，它们可以非常自然地结合在一起。

## 12.4　理由至上论题的基础论证

我们在本书中看到，建立解释性的规范理论时，理由的许多重要特征都可供利用。基于理由的相互竞争，我们可以解释，许多看起来难以处理的现象是如何产生的。罗斯注意到，*初始义务*之间的竞争，恰恰体现了一种正确的结构，既可以用于解释，规范伦理理论中许多一般原则为什么具有显著的效力，同时也能解释，这些一般原则为什么会面临各种可预见的反例，以及为什么不可能建立严格的一般原则，即便是很大程度上具有特设性的一般原则。正如我们在第 11 章所看到的，盖梯尔文献中出现的许多重要议题，都跟 252
罗斯关注的议题惊人地相似。因此，毫不奇怪，理由的权衡结构解释可以有效地应用于对知识的分析，并且出于许多相同的原因，它也可以有效地应用于更一般的规范性解释，这在经典论证中具有核心地位。

我们看到，理由的权衡结构还可用于表明，可以理性地相信什么，除了依赖于你的证据的单纯权衡，如何以各种复杂的方式依赖于你的处境中的其他诸多特征——包括有多少进一步的证据可以获取。一旦我们认识到，二元信念的形成不是一种二元选择，而是一种三元选择，那么支持形成信念的唯一重要因素是支持信念内容的证据这一事实，就要求我们寻找某种证据之外的、能够反对信念的东西。正是借助理由在规范性解释中的权衡角色，我们得以基于这种三元结构以及各种反对信念的非证据性理由给出更有力的解释。

在第四部分，我还强调了理由的慎思角色。在许多领域，至少在某种引申的意义上，相比通过理由提供的权衡解释，各种形式的后果主义有许多极为相似的特征。后果主义没有权衡理由，而是直接诉诸各种正面或反面的价值。但慎思角色是理由所特有的。理由可被据以行动。理由可被据以行动的事实，使得它们特别适用于解释恰当属性，比如道德价值、信念式证成——以及知识。

根据我在第 10 章的论证，在解释恰当属性时诉诸理由，就要求我们通过理由的权衡来理解基础性的正确属性。你必须依据某些理由行动，才能算作恰当地行动，而不仅仅是正确地行动；这种情况下，你据以行动的理由，不可能只是有助于解释那种行动为什么正确的理由。如果是这样，那么恰当性原则就会出现递归性地过度生成的问题，产生恰当地恰当行动之类的恰当属性。所以，恰当性原则所诉诸的理由，不仅仅是原先解释某件事为什么正确的理由，而是对那件事为什么正确的权衡解释中出现的理由。第 11 章的康德式知识理论践行了这种洞见。

这给了我们第二个更重要的论证，证明理由在规范性解释中具有核心地位。我把罗斯的论证称为经典论证，因为它构成传统的、最显著的动机，让我们相信，理由在规范性理论中很大程度上扮演着一种核心的解释性角色；与之相对，这第二个论证可以恰当地命名为基础论证。基础论证是理解理由的核心地位的基础，因为它既援用了理由的解释性角色，也援用了理由的慎思性角色。

最后，全书自始至终都表明，理由具有工具性，即可以帮助

我们理解，某种解释为什么可以起到理性化的作用。认识论中的纯 253
粹外在主义理论，诸如过程可靠主义和知识的纯粹反事实理论，试图解释为什么信念可以得到证成。但在这些理论的大多数批评者看来，它们忽略了某种因素——直觉上，某种关于能动者的视角的因素。强内在主义理论试图阐述纯粹外在主义理论所遗漏的东西。比如，它们认为，你必须能以某种方式获知，你的信念是否得到了证成，或者你对某个信念是否拥有一种命题式证成。但这样的条件可以说太强了。如果对于纯粹形式的外在主义错在哪里，只能给出这样的分析，那么也许它们根本没有出错。

我建议用另外一种方式，分析纯粹形式的外在主义错在哪里。它们之所以出错，不是因为它们诉诸这样一些解释材料，这些解释材料超出了能动者所知之事的范围，甚至不可能为能动者所知。纯粹形式的外在主义出错的地方在于，它们尝试提供的解释固然可以起到解释作用，却起不到理性化的作用。理性化的解释诉诸的是理由，而不仅仅是原因。所以，我们需要的是解释性的说明，先说明为什么某些东西是理由，然后对正确理由进行说明，以便某种权衡理由解释可以正确地预测，什么是理性的、正确的或者得到证成的。平常的思考者无需知道理由，更不需要知道如何解释什么东西是理由以及为什么。因此，强健形式的内在主义都是错误的。不过，平常的思考者确实需要拥有理由——这便是纯粹形式的外在主义经常忽略的地方。

有很多问题没有在本书中得到讨论。比如，我没有提出任何关于理由本体论的主张。我指出，我们将客观理由和主观理由归于某人时可以诉诸命题，但尽管这符合我在 Schroeder（2007）中接受的观点，即客观理由和主观理由都是命题，它同样符合其他许多关于理由本质的观点——包括认为客观理由和主观理由适用不同的本体论，或者像霍华德（Howard，2019）主张的那样，认为我们固然可以通过命题援用理由，但理由的本质不能由命题所穷尽。我并不是说，这些进一步的问题和本书讨论的那些问题无关，但把它们暂时搁置起来，可以让我抛开枝节、突出主干，从而尽可能清晰地将整个图景呈现出来。

我在本书中也没有提出任何关于客观理由关系和主观理由关系的相对优先性的主张。无论客观理由还是主观理由，都是行为导向的要素，在决定规范属性时相互竞争，并且可被据以行动（以及相信，等等）。所以，两者都满足我用来判断某种东西能否成为理由的核心标准。对我的目标来说，这就足够了。不过，这种情况肯定不是巧合：一般而言，在同一种情形中，当我们通过提及某人相信的东西，可以援引一个主观理由，那么我们也可以援引相同的命题作为一个客观理由，只要那个命题为真——反之亦然。所以，客观理由和主观理由无疑是紧密相联的。因此，在解释性的规范性理论中，通过更深入地考察哪种理由居于优先地位，可以告诉我们，在
254 客观理由和主观理由中，哪种理由可以支撑和解释另一种理由；或者是否存在第三种要素，构成客观理由和主观理由的共同内核，而客观理由和主观理由只是这种共同内核的两种表现形态。[1]

我甚至几乎没有讨论理由和良善性或价值之间的优先关系，这不免令人惊讶——尤其考虑到本书的书名。证明理由在解释性的规范性理论中居于核心地位的两个重要论证——经典论证和基础论证，都没有直接证明，在所有的规范属性和关系中，理由关系具有解释优先性或者分析优先性。它们只是提供某种讨论框架，可以让我们提出某些更具体的论证，说明相对于其他特定的规范属性和关系，理由关系具有解释优先性和分析优先性。在经典论证提供的框架中，每当出现一种形态复杂的规范属性，难以概括它的一般特

[1] 评判客观理由和主观理由的相对优先性所涉及的问题很复杂。例如参见 Schroeder（2018a）。

征，却可以转而预测，它是竞争性要素相互权衡的产物，那么我们就可以提出这样的论证。而在基础论证提供的框架中，对于每一种相应的正确 / 恰当属性对组，我们都可以提出这样的论证。由于我不曾考虑，是否有一种恰当属性对应某种东西的良善性，所以，对于基础论证能否帮助我们确定理由和良善之间的优先关系，我没有妄下论断。

如果我们是在给理由的优先性提供一种终极的辩护，那么以上这些话题无疑是不容忽视的；但就本书而言，对它们进行讨论会让我们远离主题。即便是本书探讨的那些话题，我也没有逐一进行细致考察——尽管它们值得我们详加讨论，或者充分阐述其他人关于那些话题的说法，哪怕是最显著的说法。相反，我集中讨论的话题，是我认为其他人的观点需要得到补充或修正的话题。在很多地方，我只是给出我在其他地方所做的详细论证的简化版本，否则这本书现在的篇幅将远远不够。而在有些地方，我给出了新的论证，这些论证可以补充而非取代我在其他地方给出的论证。

尽管如此，我希望，通过把这些话题放在一起讨论——哪怕它们没有得到足够充分的阐发，可以赋予我们一种更开阔的视角，更全面地看待它们的结果。如果即便在认识论这样对理由不无敌意的领域中，理由也能发挥这么多的作用，而且是这么重要的作用，那么也许——仅仅是也许——理由确实是第一位的。

255

To φ or not to φ

# 参考文献

Ackerman, Terrence (1974). "Defeasibility Modified." *Philosophical Studies* 26(5–6): 431–435.

Adler, Jonathan (2002). *Belief's Own Ethics*. Cambridge, MA: MIT Press.

Alston, William (1985). "Concepts of Epistemic Justification." *Monist* 68(1): 57–89.

Alvarez, Maria (2018). "Reasons for Action, Acting for Reasons, and Rationality." *Synthese* 195(8): 3293–310.

Annis, David (1973). "Knowledge and Defeasibility." *Philosophical Studies* 24(3): 199–203.

Aristotle (2012). *Nicomachean Ethics*. Trans. Robert Bartlett and Susan Collins. Chicago, IL: University of Chicago Press.

Armstrong, David (1973). *Belief, Truth, and Knowledge*. Cambridge: Cambridge University Press.

Arpaly, Nomy (2002a). "Moral Worth." *Journal of Philosophy* 99(5): 223–245.

Arpaly, Nomy (2002b). *Unprincipled Virtue: An Inquiry into Moral Agency*. Oxford: Oxford University Press.

Arpaly, Nomy, and Timothy Schroeder (2014). *In Praise of Desire*. New York: Oxford University Press.

Asarnow, Samuel (2016). "Rational Internalism." *Ethics* 127(1): 147–178.

Asarnow, Samuel (2017). "The Reasoning View and Defeasible Practical Reasoning." *Philosophy and Phenomenological Research* 95(3): 614–636.

Ayer, A.J. (1956). *The Problem of Knowledge*. London: MacMillan.

Barker, John A. (1976). "What You Don't Know Won't Hurt You?" *American Philosophical Quarterly* 13(4): 303–308.

Basu, Rima (2018). *Beliefs That Wrong*. Los Angeles, CA: University of Southern California Press.

Basu, Rima (2019). "The Wrongs of Racist Beliefs." *Philosophical Studies* 176: 2497–2515.

Basu, Rima, and Mark Schroeder (2019). "Doxastic Wrongs." In Bryan Kim and Matthew McGrath, eds., *Pragmatic Encroachment in Epistemology*. New York: Routledge, 181–205.

Bennett, Jonathan (1990). "Why is Belief Involuntary?" *Analysis* 50: 93.

Benton, Matthew A. (2018). "Pragmatic Encroachment and Theistic Knowledge." In Matthew A. Benton, John Hawthorne, and Dani Rabinowitz, eds., *Knowledge: Belief, and God: New Insights in Religious Epistemology*. Oxford: Oxford University Press, 267–287.

Berker, Selim (2013). "Epistemic Teleology and the Separateness of Propositions." *Philosophical*

*Review* 122(3): 337–393.

Bero, Stephen (2017). *Responsibility and the Emotional Structure of Relationships*. PhD Dissertation, University of Southern California, Los Angeles.

Block, Ned (2008). "Phenomenal and Access Consciousness." *Proceedings of the Aristotelian Society* 108: 289–317.

Block, Ned (2011). "Perceptual Consciousness Overflows Access Consciousness." *Trends in Cognitive Sciences* 15(12): 567–575.

Bonjour, Laurence (1985). *The Structure of Empirical Knowledge*. Cambridge, MA: Harvard University Press.

258 Bonjour, Laurence (1996). *In Defense of Pure Reason*. Cambridge: Cambridge University Press.

Bradford, Gwen (2013). "The Value of Achievements." *Pacific Philosophical Quarterly* 94 (2): 204–224.

Bradford, Gwen (2015). *Achievement*. Oxford: Oxford University Press.

Bratman, Michael (1987). *Intention, Plans, and Practical Reason*. Stanford, CA: Center for the Study of Language and Information (CSLI).

Brentano, Franz (1889). *The Origin of Our Knowledge of Right and Wrong*. Oxford: Routledge.

Brewer, Bill (2002). *Perception and Reason*. Oxford: Oxford University Press.

Brewer, Talbot (2006). "Three Dogmas of Desire." In Timothy Chappell, ed., *Values and Virtues: Aristotelianism in Contemporary Ethics*. Oxford: Oxford University Press, 253–285.

Brewer, Talbot (2009). *The Retrieval of Ethics*. New York: Oxford University Press.

Brogaard, Berit (2011). "Are There Unconscious Perceptual Processes?" *Consciousness and Cognition* 20: 449–463.

Broome, John (2004). "Reasons." In R. Jay Wallace, Philip Pettit, Samuel Scheffler, and Michael Smith, eds., *Reason and Value: Themes from the Moral Philosophy of Joseph Raz*. Oxford: Oxford University Press, 204–228.

Broome, John (2013). *Rationality through Reasoning*. Oxford: Wiley Blackwell.

Brown, Jessica (2008a). "Subject-Sensitive Invariantism and the Knowledge Norm for Practical Reasoning." *Noûs* 42(2): 167–189.

Brown, Jessica (2008b). "Knowledge and Practical Reason." *Philosophy Compass* 3(6): 1135–1152.

Brown, Jessica (2013). "Impurism, Practical Reasoning, and the Threshold Problem." *Noûs* 47(1): 179–192.

Brown, Jessica (2018). "Pragmatic Approaches to Belief." In Conor McHugh, Jonathan Way, and Daniel Whiting, eds., *Normativity: Epistemic and Practical*. Oxford: Oxford University Press, 26–46.

Brunero, John (2009). "Reasons and Evidence One Ought." *Ethics* 119(3): 538–545.

Burge, Tyler (1993). "Content Preservation." *Philosophical Review* 102(4): 457–488.

Burge, Tyler (1997). "Interlocution, Perception, and Memory." *Philosophical Studies* 86(1): 21–47.

Burge, Tyler (2010). *Origins of Objectivity*. Oxford: Oxford University Press.

Byrne, Alex (2014). "Perception and Evidence." *Philosophical Studies* 170(1): 101–113.

Carlson, Erik (1995). *Consequentialism Reconsidered*. New York: Springer.

Carnap, Rudolf (1928). *Der Logische Aufbau der Welt*. Leipzig: Felix Meiner Verlag.

Chalmers, David (1996). *The Conscious Mind*. Oxford: Oxford University Press.

Chignell, Andrew (2007a). "Belief in Kant." *Philosophical Review* 116(3): 323–360.

Chignell, Andrew (2007b). "Kant's Concepts of Justification." *Noûs* 41(1): 33–63.

Chisholm, Roderick (1966). *Theory of Knowledge*. Englewood Cliffs, NJ: Prentice Hall.

Christensen, David (2010). "Higher-Order Evidence." *Philosophy and Phenomenological Research* 81(1): 185–215.

Clark, Michael (1963). "Knowledge and Grounds: A Comment on Mr. Gettier's Paper." *Analysis* 24(2): 46–48.

Clarke, Samuel (1738). *Sermons on Several Subjects*. Ed. John Clarke. London: John and Paul Knapton. Available at https://play.google.com/store/books/details?id=xGlZAAAAYAAJ&rdid=book-xGlZAAAAYAAJ&rdot=1.

Cohen, Stewart (1984). "Justification and Truth." *Philosophical Studies* 46(3): 279–295.

Cohen, Stewart (2002). "Basic Knowledge and the Problem of Easy Knowledge." *Philosophy* 259
*and Phenomenological Research* 65: 309–329.

Cohen, Stewart (2010). "Bootstrapping, Defeasible Reasoning, and A Priori Justification." *Philosophical Perspectives* 24: 141–158.

Cohen, Stewart (2012). "Does Practical Rationality Constrain Epistemic Rationality?" *Philosophy and Phenomenological Research* 85(2): 447–455.

Cohen, Stewart (2016). "Theorizing about the Epistemic." *Inquiry: An Interdisciplinary Journal of Philosophy* 59(7–8): 839–857.

Cohen, Stewart (unpublished). Paper presented at Central Division meeting of the APA, February 2014.

Cohen, Stewart, and Juan Comesaña (2013a). "Williamson on Gettier Cases and Epistemic Logic." *Inquiry* 56(1): 15–29.

Cohen, Stewart, and Juan Comesaña (2013b). "Williamson on Gettier Cases in Epistemic Logic and the Knowledge Norm for Rational Belief: A Reply to a Reply to a Reply." *Inquiry* 56(4): 400–415.

Comesaña, Juan, and Matthew McGrath (2014). "Having False Reasons." In Clayton Littlejohn and John Turri, eds., *Epistemic Norms*. Oxford: Oxford University Press, 59–79.

Comesaña, Juan, and Matthew McGrath (2015). "Perceptual Reasons." *Philosophical Studies* 173(4): 991–1006.

Conee, Earl (1980). "Propositional Justification." *Philosophical Studies* 38(1): 65–68.

Conee, Earl, and Richard Feldman (2004). *Evidentialism*. Oxford: Oxford University Press.

Constant, Benjamin (1797). *Des Reactions Politiques*.

Cozzo, Cesare (2011). "Is Knowledge the Most General Factive Stative Attitude?" In Carlo Celluci, Emiliano Ippoliti, and Emily Grosholtz, eds., *Logic and Language*. Cambridge: Cambridge University Press, 84–88.

Crabill, Joshua (2015). *Describing Authority*. PhD Dissertation, University of Southern California, Los Angeles.

Dallmann, Justin (2014). "A Normatively Adequate Credal Reductivism." *Synthese* 191(10): 2301–2313.

Dallmann, Justin (2016). *Belief as Credal Plan*. PhD Dissertation, University of Southern California, Los Angeles.

Dallmann, Justin (2017). "When Obstinacy is a (Better) Cognitive Policy." *Philosophers' Imprint* 17(24): 1–17.

Dancy, Jonathan (2000). *Practical Reality*. Oxford: Oxford University Press.

Dancy, Jonathan (2004). *Ethics Without Principles*. Oxford: Oxford University Press.

Danielson, Sven, and Jonas Olson (2007). "Brentano and the Buck-Passers." *Mind* 116(3): 511–522.

D'Arms, Justin, and Daniel Jacobson (2000a). "Sentiment and Value." *Ethics* 110(4): 722–748.

D'Arms, Justin, and Daniel Jacobson (2000b). "The Moralistic Fallacy." *Philosophy and Phenomenological Research* 61(1): 65–90.

Darwall, Stephen (2006). *The Second-Person Standpoint: Morality, Respect, and Accountability*. Cambridge, MA: Harvard University Press.

Davidson, Donald (1963). "Actions, Reasons, and Causes." *The Journal of Philosophy* 60(23): 685–700.

DeRose, Keith (1992). "Contextualism and Knowledge Attributions." *Philosophy and Phenomenological Research* 52(4): 913–929.

Dreier, James (1993). "The Structure of Normative Theories." *Monist* 76(1): 22–40.

260 Dreier, James (2011). "In Defense of Consequentializing." *Oxford Studies in Normative Ethics* 1. Oxford: Oxford University Press.

Dretske, Fred (1971). "Conclusive Reasons." *Australasian Journal of Philosophy* 49(1): 1–22.

Dretske, Fred (1981). *Knowledge and the Flow of Information*. Cambridge, MA: MIT Press.

Driver, Julia (1999). "Modesty and Ignorance." *Ethics* 109(4): 827–834.

Easwaran, Kenny (2016). "Dr. Truthlove, Or How I Learned to Stop Worrying and Love Bayesian Probabilities." *Noûs* 50(4): 816–853.

Engelhardt, Tristram (1975). "Defining Death: A Philosophical Problem for Medicine and Law." *American Review of Respiratory Disease* 112(5): 587–590.

Ewing, A.C. (1948). *The Definition of Good*. London: Routledge and Kegan Paul.

Fantl, Jeremy, and Matthew McGrath (2002). "Evidence, Pragmatics, and Justification." *Philosophical Review* 111(1): 67–94.

Fantl, Jeremy, and Matthew McGrath (2010). *Knowledge in an Uncertain World*. Oxford: Oxford University Press.

Fantl, Jeremy, and Matthew McGrath (2019). "Clarifying Pragmatic Encroachment: A Reply to Charity Anderson and John Hawthorne on Knowledge, Practical Adequacy, and Stakes." *Oxford Studies in Epistemology* 6: 258–266.

Faraci, David (2020). "We Have No Reason To Think There Are No Reasons for Affective Attitudes." *Mind* 129(1): 225–234.

Farkas, Katalin (2015). "Belief May Not Be a Necessary Condition for Knowledge." *Erkenntnis* 80(1): 185–200.

Feldman, Richard (1988). "Having Evidence." Reprinted in Conee and Feldman (2004), 219–241.

Feldman, Richard (2002). *Epistemology*. Upper Saddle River, NJ: Prentice Hall.

Finlay, Stephen (2014). *A Confusion of Tongues*. New York: Oxford University Press.

Firth, Roderick (1978). "Are Epistemic Concepts Reducible to Ethical Concepts?" In Alvin Goldman and Jaegwon Kim, eds., *Values and Morals*. Dordrecht: Kluwer, 215–229.

Fletcher, Guy (2013). "A Millian Objection to Reasons as Evidence." *Utilitas* 25(3): 417–420.

Fogal, Daniel (2016). "Reasons, Reason, and Context." In Errol Lord and Barry Maguire, eds., *Weighing Reasons*. Oxford: Oxford University Press, 74–103.

Foley, Richard (1993). *The Theory of Epistemic Rationality*. Cambridge, MA: Harvard University Press.

French, Craig (2012). "Does Propositional Seeing Entail Propositional Knowledge?" *Theoria* 78: 115–127.

French, Craig (2013). "Perceptual Experience and Seeing that *p*." *Synthese* 190: 1735–1751.

Fricker, Elizabeth (2009). "Is Knowing a State of Mind? The Case Against." In Patrick Greenough and Duncan Prichard, eds., *Williamson on Knowledge*. Oxford: Oxford

University Press, 31–59.

Ganson, Dorit (2008). "Evidentialism and Pragmatic Constraints on Outright Belief." *Philosophical Studies* 139(3): 441–458.

Gendler, Tamar (2011). "On the Epistemic Costs of Implicit Bias." *Philosophical Studies* 156 (1): 33–63.

Gert, Joshua (2008). "Putting Particularism in Its Place." *Pacific Philosophical Quarterly* 89 (3): 312–324.

Gettier, Edmund (1963). "Is Justified True Belief Knowledge?" *Analysis* 23(6): 121–123.

Gibbard, Allan (2003). *Thinking How to Live.* Cambridge, MA: Harvard University Press.

Goldman, Alvin (1967). "A Causal Theory of Knowing." *The Journal of Philosophy* 64(12): 357–372.

261 Goldman, Alvin (1976). "Discrimination and Perceptual Knowledge." *Journal of Philosophy* 73: 771–791.

Goldman, Alvin (1979). "What is Justified Belief?" In George Pappas, ed., *Justification and Knowledge.* Boston: D. Reidel, 1–25.

Goldman, Alvin (1988). *Epistemology and Cognition.* Cambridge, MA: Harvard University Press.

Greco, John (2003). "Knowledge as Credit for True Belief." In Michael DePaul and Linda Zagzebski, eds., *Intellectual Virtue: Perspectives from Ethics and Epistemology.* Oxford: Oxford University Press, 111–134.

Greco, John (2010). *Achieving Knowledge: A Virtue-Theoretic Account of Epistemic Normativity.* Cambridge: Cambridge University Press.

Greenspan, Patricia (2005). "Asymmetrical Practical Reason." In Maria Reicher and Johan Marek, eds., *Experience and Analysis: Papers of the 27th International Wittgenstein Symposium.* Kirchberg am Wechsel: Austrian Ludwig Wittgenstein Society, 387–394.

Gregory, Alex (2016). "Normative Reasons as Good Bases." *Philosophical Studies* 173(9): 2291–2310.

Grice, H.P. (2001). *Aspects of Reason.* Oxford: Oxford University Press.

Gross, Steven, and Jonathan Flombaum (2017). "Does Perceptual Consciousness Overflow Cognitive Access? The Challenge from Probabilistic, Hierarchical Processes." *Mind and Language* 35(3): 377–389.

Grzankowski, Alex (2015). "Not All Attitudes Are Propositional." *European Journal of Philosophy* 23(3): 374–391.

Grzankowski, Alex (2016). "Attitudes Towards Objects." *Noûs* 50(2): 314–328.

Harman, Gilbert (1986). *Change in View.* Cambridge, MA: MIT Press.

Harman, Gilbert (2002). "Practical Aspects of Theoretical Reasoning." In Al Mele and Piers Rawling, eds., *The Oxford Handbook to Rationality*. Oxford: Oxford University Press, 45–56.

Harman, Gilbert, and Brett Sherman (2004). "Knowledge, Assumptions, Lotteries." *Philosophical Issues* 14 (Epistemology): 492–500.

Harman, Gilbert, and Brett Sherman (2011). "Knowledge and Assumptions." *Philosophical Studies* 156(1): 131–140.

Hatcher, Michael (2017). *A Deontological Explanation of Accessibilism*. PhD Dissertation, University of Southern California, Los Angeles.

Hawthorne, John (2004). *Knowledge and Lotteries*. Oxford: Oxford University Press.

Hawthorne, John, and Ofra Magidor (2018). *Reflections on the Ideology of Reasons*. In Daniel Star, ed., *The Oxford Handbook to Reasons and Normativity*. Oxford: Oxford University Press.

Hawthorne, John, and Jason Stanley (2009). "Knowledge and Action." *The Journal of Philosophy* 105(10): 571–590.

Hazlett, Allan (2010). "The Myth of Factive Verbs." *Philosophy and Phenomenological Research* 80(3): 497–522.

Hazlett, Allan (2012). "Factive Presupposition and the Truth Condition on Knowledge." *Acta Analytica* 27(4): 461–478.

Hazlett, Allan (unpublished). "False Knowledge." Unpublished paper.

Henning, Tim (2014). "Normative Reasons Contextualism." *Philosophy and Phenomenological Research* 88(3): 593–624.

Hershowitz, Scott (2011). "The Role of Authority." *Philosophers' Imprint* 11(7). Availabe at: www.philosophersimprint.org/011007/, accessed Nov 24, 2020.

Hieronymi, Pamela (2005). "The Wrong Kind of Reason." *Journal of Philosophy* 102(9): 437–457.

Hieronymi, Pamela (2006). "Controlling Attitudes." *Pacific Philosophical Quarterly* 87(1): 262
45–74.

Hieronymi, Pamela (2013). "The Use of Reasons in Thought (and the Use of Earmarks in Arguments)." *Ethics* 124(1): 114–127.

Hills, Alison (2009). "Moral Testimony and Moral Epistemology." *Ethics* 120(1): 94–127.

Holton, Richard (2014). "Intention as a Model for Belief." In Manuel Vargas and Gideon Yaffe, eds., *Rational and Social Agency: Essays on the Philosophy of Michael Bratman*. Oxford: Oxford University Press, 12–37.

Hornsby, Jennifer (2008). "A Disjunctive Account of Acting for Reasons." In Adrian Haddock and Fiona McPherson, eds., *Disjunctivism: Action, Perception, and Knowledge*. Oxford: Oxford University Press, 244–261.

Horty, John (2007a). "Reasons as Defaults." *Philosophers' Imprint* 7(3). Available at: www.philosophersimprint.org/007003/, accessed Nov 24, 2020.

Horty, John (2007b). "Defaults with Priorities." *Journal of Philosophical Logic* 36: 367–413.

Horty, John (2012). *Reasons as Defaults*. Oxford: Oxford University Press.

Horty, John (2014). "Deontic Modals: Why Abandon the Classical Semantics?" *Pacific Philosophical Quarterly* (special issue on deontic modality, ed. Stephen Finlay and Mark Schroeder) 95: 424–460.

Howard, Nathan (2019). *The Dual Aspects of Normative Reasons*. PhD Dissertation, University of Southern California, Los Angeles.

Howard, Nathan (forthcoming). "Primary Reasons as Normative Reasons." Forthcoming in *The Journal of Philosophy*.

Howard, Nathan (ms). "Getting it." Manuscript, University of Southern California, Los Angeles.

Hubbs, Graham (2013). "How Reasons Bear on Intentions." *Ethics* 124(1): 84–100.

Huemer, Michael (2001). *Skepticism and the Veil of Perception*. Lanham, MD: Rowman and Littlefield.

Huemer, Michael (2006). "Phenomenal Conservativism and the Internalist Intuition." *American Philosophical Quarterly* 43(1): 147–158.

Huemer, Michael (2007). "Compassionate Phenomenal Conservatism." *Philosophy and Phenomenological Research* 74(1): 30–55.

Hughes, Nick (2014). "Is Knowledge the Ability to $\phi$ for the Reason that P?" *Episteme* 11(4): 457–462.

Hurka, Thomas (2001). *Virtue, Vice, and Value*. Oxford: Oxford University Press.

Hurka, Thomas (2003). "Moore in the Middle." *Ethics* 113(4): 599–628.

Hurka, Thomas (2015). *British Ethical Theorists from Sidgwick to Ewing*. Oxford: Oxford University Press.

Hurka, Thomas, and Daniel Elstein (2009). "From Thick to Thin: Two Moral Reduction Plans." *Canadian Journal of Philosophy* 39(4): 515–535.

Hursthouse, Rosalind (1999). *On Virtue Ethics*. Oxford: Oxford University Press.

Hyman, John (1999). "How Knowledge Works." *Philosophical Quarterly* 49(197): 433–451.

Hyman, John (2014). "The Most General Factive Stative Attitude." *Analysis* 74(4): 561–565.

S.M. Ishtiaque, K.R. Salhotra, and R.V.M. Gowdra (2003). "Friction Spinning." *Textile Progress* 33(2): 1–68.

Jackson, Elizabeth (2019). "How Belief-Credence Dualism Explains Away Pragmatic Encroachment." *The Philosophical Quarterly* 69(4): 511–533.

Jeffrey, Richard (2002). *Subjective Probability: The Real Thing*. Princeton, NJ: Princeton University Press.

Johnsen, Bredo (1974). "Knowledge." *Philosophical Studies* 25(4): 273–282.

Johnson King, Zoë (2020). "Accidentally Doing the Right Thing." *Philosophy and* 263
*Phenomenological Research* 100(1): 186–206.

Kant, Immanuel (1798). "On a Supposed Right to Lie from Philanthropic Concern."

Kant, Immanuel (1999). *Critique of Pure Reason*. Trans. Paul Guyer and Allan Wood. Cambridge: Cambridge University Press.

Kant, Immanuel (2002). *Groundwork for the Metaphysics of Morals*. Trans. Arnulf Zweig, Ed. Arnulf Zweig and Thomas E. Hill, Jr. Oxford: Oxford University Press.

Karttunen, Lauri (1973). "Presuppositions of Compound Sentences." *Linguistic Inquiry* 4 (2): 169–193.

Kavka, Gregory (1983). "The Toxin Puzzle." *Analysis* 43(1): 33–36.

Kearns, Stephen, and Daniel Star (2008). "Reasons: Explanations or Evidence?" *Ethics* 119 (1): 31–56.

Kearns, Stephen, and Daniel Star (2009). "Reasons as Evidence." *Oxford Studies in Metaethics* 4: 215–242.

Keller, Simon (2004a). "Friendship and Belief." *Philosophical Papers* 33(3): 329–351.

Keller, Simon (2004b). "Welfare and the Achievement of Goals." *Philosophical Studies* 121 (1): 27–41.

Keller, Simon (2009). "Welfare as Success." *Noûs* 43(4): 656–683.

Kelly, Thomas (2002). "The Rationality of Belief and Some Other Propositional Attitudes." *Philosophical Studies* 90(1): 163–196.

Kiesewetter, Benjamin (2016). "You Ought to $\varphi$ only if You May Believe that You Ought to $\varphi$." *Philosophical Quarterly* 66(265): 760–782.

Klein, Peter (1971). "A Proposed Definition of Propositional Knowledge." *Journal of Philosophy* 68(16): 471–482.

Kornblith, Hilary (2015). "The Role of Reasons in Epistemology." *Episteme* 12(2): 225–239.

Korsgaard, Christine (1986). "Skepticism about Practical Reason." *The Journal of Philosophy* 83(1): 5–25.

Kruglanski, Arie (2004). *The Psychology of Closed Mindedness*. New York: Psychology Press.

Kvanvig, Jonathan (2003). *The Value of Knowledge and the Pursuit of Understanding*. Cambridge: Cambridge University Press.

Kyburg, Henry (1961). *Probability and the Logic of Rational Belief*. Middletown, CT: Wesleyan University Press.

Lackey, Jennifer (2007). "Why We Don't Deserve Credit for Everything We Know." *Synthese* 158(3): 345–361.

Lackey, Jennifer (2010). "Acting on Knowledge." *Philosophical Perspectives* 24(1): 361–382.

Lasonen-Aarnio (2010). "Unreasonable Knowledge." *Philosophical Perspectives* 24: 1–21.

Lasonen-Aarnio (2014). "Higher-Order Evidence and the Limits of Defeat." *Philosophy and Phenomenological Research* 88(2): 314–345.

Lehrer, Keith (1965). "Knowledge, Truth, and Evidence." *Analysis* 25(5): 168–175.

Lehrer, Keith (1970). "The Fourth Condition of Knowledge: A Defense." *Review of Metaphysics* 24(1): 122–128.

Lehrer, Keith (1974). *Knowledge.* Oxford: Clarendon Press.

Lehrer, Keith, and Thomas Paxson (1969). "Knowledge: Undefeated Justified True Belief." *Journal of Philosophy* 66: 225–237.

Levy, Stephen (1977). "Defeasibility Theories of Knowledge." *Canadian Journal of Philosophy* 7(1): 115–123.

Lewis, C.I. (1946). *An Analysis of Knowledge and Valuation.* La Salle, IL: Open Court.

Lewis, David (1980). "Veridical Hallucination and Prosthetic Vision." *Australasian Journal of Philosophy* 58(3): 239–249.

264 Lin, Hanti (2013). "Foundations of Everyday Practical Reasoning." *Journal of Philosophical Logic* 42(6): 831–862.

Littlejohn, Clayton (2012). *Justification and the Truth-Connection.* Oxford: Oxford University Press.

Locke, Dustin (2015). "Knowledge, Explanation, and Motivating Reasons." *American Philosophical Quarterly* 52(3): 215–232.

Logue, Heather (2013). "Visual Experience of Natural Kind Properties: Is There Any Fact of the Matter?" *Philosophical Studies* 162(1): 1–12.

Lord, Errol (2010). "Having Reasons and the Factoring Account." *Philosophical Studies* 149 (3): 283–296.

Lord, Errol (2018). *The Importance of Being Rational.* Oxford: Oxford University Press.

Louise, Jennie (2004). "Relativity of Value and the Consequentialist Umbrella." *Philosophical Quarterly* 54(4): 518–536.

McDowell, John (1994). *Mind and World.* Cambridge, MA: Harvard University Press.

McDowell, John (1995). "Knowledge and the Internal." *Philosophy and Phenomenological Research* 55(5): 877–893.

McDowell, John (2006). "The Disjunctive Conception of Experience as Material for a Transcendental Argument." *Teorema: Revista International de Filosofia* 25(1): 19–33.

McDowell, John (2008). "Avoiding the Myth of the Given." In Jakob Lindgaard, ed., *Experience, Norm, and Nature*. Oxford: Wiley-Blackwell, 1–14.

MacFarlane, John (2005). "Knowledge Laundering: Testimony and Sensitive Invariantism." *Analysis* 65(2): 132–138.

McGrath, Matthew (2007). "Memory and Epistemic Conservatism." *Synthese* 157(1): 1–24.

McGrath, Matthew (2017). "Knowing What Things Look Like." *The Philosophical Review* 126(1): 1–41.

McGrath, Matthew (2018a). "Looks and Perceptual Justification." *Philosophy and Phenomenological Research* 96(1): 110–133.

McGrath, Matthew (2018b). "Pragmatic Encroachment: Its Problems are Your Problems!" In Conor McHugh, Jonathan Way, and Daniel Whiting, eds., *Normativity: Epistemic and Practical*. Oxford: Oxford University Press, 162–178.

McGrath, Sarah (2011). "Skepticism about Moral Expertise as a Puzzle for Moral Realism." *Journal of Philosophy* 108(3): 111–137.

McHugh, Conor, and Jonathan Way (2016). "Fittingness First." *Ethics* 126(3): 575–606.

McNaughton, David, and Piers Rawling (2010). "The Making/Evidential Reason Distinction." *Analysis* 71(1): 100–102.

Maguire, Barry (2018). "There Are No Reasons for Affective Attitudes." *Mind* 127(3): 779–805.

Markovits, Julia (2010). "Acting for the Right Reasons." *Philosophical Review* 119(2): 201–242.

Markovits, Julia (2012). "Saints, Heroes, Sages, and Villains." *Philosophical Studies* 158(2): 289–311.

Marmor, Andrei (2011). "An Institutional Conception of Authority." *Philosophy and Public Affairs* 39(3): 238–261.

Marušic, Berislav (2012). "Belief and Difficult Action." *Philosophers' Imprint* 12(18): 1–30.

Marušic, Berislav (2015). *Evidence and Agency: Norms of Belief for Promising and Resolving*. Oxford: Oxford University Press.

Mehta, Neil (2016). "Knowledge and Knowledge and Other Norms for Assertion, Action, and Belief: A Teleological Account." *Philosophy and Phenomenological Research* 93(3): 681–705.

Mill, John Stuart. (1861). *Utilitarianism*. Indianapolis, IN: Hackett. 265

Milona, Michael, and Mark Schroeder (2019). "Desiring under the Proper Guise." *Oxford Studies in Metaethics* 14: 121–143.

Mitova, Veli (2015). "Truthy Psychologism about Evidence." *Philosophical Studies* 172(4): 1105–1126.

Molyneux, Bernard (2007). "Primeness, Internalism, and Explanatory Generality." *Philosophical Studies* 135(2): 255–277.

Moore, G.E. (1903). *Principia Ethica*. Cambridge: Cambridge University Press.

Nagel, Jennifer (2008). "Knowledge Ascriptions and the Psychological Consequences of Changing Stakes." *Australasian Journal of Philosophy* 86(2): 279–294.

Nagel, Thomas (1970). *The Possibility of Altruism*. Princeton, NJ: Princeton University Press.

Nair, Shyam (2014). "A Fault Line in Ethical Theory." *Philosophical Perspectives* 28(1): 173–200.

Nair, Shyam (2016). "How do Reasons Accrue?" In Errol Lord and Barry Maguire, eds., *Weighing Reasons*. Oxford: Oxford University Press: 56–73.

Nair, Shyam, and John Horty (2018). "The Logic of Reasons." In Daniel Star, ed., *The Oxford Handbook to Reasons and Normativity*. Oxford: Oxford University Press, 67–84.

Nelkin, Dana (2000). "The Lottery Paradox, Knowledge, and Rationality." *The Philosophical Review* 109(3): 373–409.

Nelson, Mark (2010). "We Have No Positive Epistemic Duties." *Mind* 119(1): 83–102.

Nolfi, Kate (2015). "Which Mental States are Rationally Evaluable, and Why?" *Philosophical Issues* 25(1): 41–63.

Nozick, Robert (1974). *Anarchy, State, and Utopia*. Cambridge, MA: Harvard University Press.

Nozick, Robert (1981). *Philosophical Explanations*. Cambridge, MA: Harvard University Press.

Oddie, Graham, and Peter Milne (1991). "Act and Value." *Theoria* 57(1–2): 42–76.

Olin, Doris (1976). "Knowledge and Defeasible Justification." *Philosophical Studies* 30(2): 129–136.

Olson, Jonas (2004). "Buck-Passing and the Wrong Kind of Reasons." *The Philosophical Quarterly* 54(3): 295–300.

Owens, David (2000). *Reason without Freedom*. New York: Routledge.

Parfit, Derek (1997). "Equality and Priority." *Ratio* 10(3): 202–221.

Parfit, Derek (2001). "Reasons and Rationality." In Dan Egonson, Jonas Josefson, Björn Petterson, and Toni Rønnow-Rasmussen, eds., *Exploring Practical Philosophy: From Action to Values*. Aldershot: Ashgate, 17–39.

Parfit, Derek (2011). *On What Matters*, vol. 1. Oxford: Oxford University Press.

Perl, Caleb (2020). "Presuppositions, Attitudes, and Why They Matter." *Australasian Journal of Philosophy* 98(2): 363–381.

Piller, Christian (2001). "Normative Practical Reasoning." *Proceedings of the Aristotelian Society*, Suppl. Vol. 25: 195–216.

Piller, Christian (2006). "Content-Related and Attitude-Related Reasons for Preferences."

*Philosophy* Suppl. Vol. 59: 155–181.

Pink, Thomas (1996). *The Psychology of Freedom*. Cambridge: Cambridge University Press.

Podgorksi, Abelard (2016a). "Dynamic Conservatism." *Ergo* 3: 349–376.

Podgorksi, Abelard (2016b). "Dynamic Permissivism." *Philosophical Studies* 173(7): 1923–1939.

Pollock, John, and Joseph Cruz (1999). *Contemporary Theories of Knowledge*, 2nd ed. New York: Rowman and Littlefield.

Portmore, Douglas (2005). "Combining Teleological Ethics with Evaluator Relativism: A 266
Promising Result." *Pacific Philosophical Quarterly* 86(1): 95–113.

Portmore, Douglas (2011). *Commonsense Consequentialism: Wherein Morality Meets Rationality*. Oxford: Oxford University Press.

Prinz, Jesse (2013). "Siegel's Get Rich Quick Scheme." *Philosophical Studies* 163(3): 827–835.

Pritchard, Duncan (2012). *Epistemological Disjunctivism*. Oxford: Oxford University Press.

Pritchard, Duncan, Alan Millar, and Adrian Haddock (2010). *The Nature and Value of Knowledge*. Oxford: Oxford University Press.

Pryor, James (2000). "The Skeptic and the Dogmatist." *Noûs* 34(4): 517–549.

Pryor, James (2005a). "What's so Bad About Living in the Matrix?" In Christopher Grau, ed., *Philosophers Explore the Matrix*. Oxford: Oxford University Press, 40–61.

Pryor, James (2005b). "Is there Non-Inferential Justification?" In Matthias Steup and Ernest Sosa, eds., *Contemporary Debates in Epistemology*. Oxford: Blackwell.

Pryor, James (2007). "Reasons and That-Clauses." *Philosophical Issues* 17: 217–244.

Rabinowicz, Wlodek, and Toni Rønnow-Rasmussen (2004). "The Strike of the Demon: On Fitting Pro-Attitudes and Value." *Ethics* 114: 391–423.

Radford, Colin (1966). "Knowledge: By Examples." *Analysis* 27(1): 1–11.

Railton, Peter (1984). "Alienation, Consequentialism, and the Demands of Morality." *Philosophy and Public Affairs* 13(2): 134–171.

Reed, Baron (2012). "Resisting Encroachment." *Philosophy and Phenomenological Research* 85(2): 465–472.

Reed, Baron (2018). "Practical Interests and Reasons for Belief." In Conor McHugh, Jonathan Way, and Daniel Whiting, eds., *Normativity: Epistemic and Practical*. Oxford: Oxford University Press, 200–220.

Regan, B.C., Julliot, C., Simmen, B., Viénot, F., Charles-Dominique, P., and Mollon, J.D. (2001). "Fruits, Foliage, and the Evolution of Primate Colour Vision." *Philosophical Transaction of the Royal Society of London B* 356: 229–283.

Reiter, Raymond (1980). "A Logic for Default Reasoning." *Artificial Intelligence* 13(1): 81–122.

Ross, Jacob, and Mark Schroeder (2014). "Belief, Credence, and Pragmatic Encroachment." *Philosophy and Phenomenological Research* 88(2): 259–288.

Ross, W.D. (1930). *The Right and the Good.* Cambridge: Cambridge University Press.

Russell, Bertrand (1914). *Our Knowledge of the External World.* London: George Allen and Unwin.

Ryan, Sharon (1996). "The Epistemic Virtues of Consistency." *Synthese* 109(1): 121–141.

Scanlon, T.M. (1998). *What We Owe to Each Other.* Cambridge, MA: Harvard University Press.

Scanlon, T.M. (2003). "Metaphysics and Morals." *Proceedings and Addresses of the American Philosophical Association* 77(2): 7–22.

Scheffler, Samuel (1982). *The Rejection of Consequentialism.* Oxford: Oxford University Press.

Schellenberg, Susanna (2013). "Experience and Evidence." *Mind* 122(3): 699–747.

Schellenberg, Susanna (2014). "The Epistemic Force of Perceptual Experience." *Philosophical Studies* 170(1): 87–100.

Schoenfield, Miriam (2015). "Bridging Rationality and Accuracy." *Journal of Philosophy* 112(12): 633–657.

Schroeder, Mark (2007). *Slaves of the Passions.* Oxford: Oxford University Press.

Schroeder, Mark (2008). "Having Reasons." *Philosophical Studies* 139(1): 57–71.

Schroeder, Mark (2010). "Value and the Right Kind of Reasons." *Oxford Studies in Metaethics* 5: 25–55.

267 Schroeder, Mark (2011a). "What Does it Take to 'Have' a Reason?" In Andrew Reisner and Asbjørn Steglich-Peterson, eds., *Reasons for Belief.* Cambridge: Cambridge University Press, 201–222.

Schroeder, Mark (2011b). "Holism, Weight, and Undercutting." *Noûs* 45(2): 328–344.

Schroeder, Mark (2012a). "Stakes, Withholding, and Pragmatic Encroachment on Knowledge." *Philosophical Studies* 160(2): 265–286.

Schroeder, Mark (2012b). "The Ubiquity of State-Given Reasons." *Ethics* 122(3): 457–488.

Schroeder, Mark (2013). "State-Given Reasons: Prevalent, if Not Ubiquitous." *Ethics* 124 (1): 128–140.

Schroeder, Mark (2014). *Explaining the Reasons We Share: Explanation and Expression in Ethics,* vol. 1. Oxford: Oxford University Press.

Schroeder, Mark (2015a). *Expressing Our Attitudes: Explanation and Expression in Ethics,* vol. 2. Oxford: Oxford University Press.

Schroeder, Mark (2015b). "Knowledge is Belief for Sufficient (Objective and Subjective) Reasons." *Oxford Studies in Epistemology* 5: 226–252.

Schroeder, Mark (2015c). "In Defense of the Kantian Account of Knowledge: Reply to Whiting." *Logos and Episteme* 6(3): 371–382.

Schroeder, Mark (2015d). "What Makes Reasons Sufficient?" *American Philosophical Quarterly* 52(2): 159–170.

Schroeder, Mark (2016). "Knowledge Based on Seeing." *Logos and Episteme* 7(1): 101–107.

Schroeder, Mark (2018a). "Getting Perspective on Objective Reasons." *Ethics* 128(2): 289–319.

Schroeder, Mark (2018b). "The Unity of Reasons." In Daniel Star, ed., *The Oxford Handbook to Reasons and Rationality*. Oxford: Oxford University Press, 877–895.

Schroeder, Mark (2018c). "Rational Stability under Pragmatic Encroachment." *Episteme* 15 (3): 297–312.

Schroeder, Mark (2018d). "When Beliefs Wrong." *Philosophical Topics* 46(1): 115–127.

Schroeder, Mark (2019). "Why You'll Regret Not Reading This Paper." *Royal Institute of Philosophy Supplements* 85: 135–186.

Schroeder, Mark (forthcoming). "The Fundamental Reason for Reasons Fundamentalism." *Philosophical Studies*.

Schroeder, Mark (ms). "Rationality in Retrospect." Paper manuscript. Provisionally forthcoming in *Oxford Studies in Metaethics*.

Searle, John (1983). *Intentionality*. Oxford: Oxford University Press.

Sen, Amartya (1983). "Evaluator Relativity and Consequential Evaluation." *Philosophy and Public Affairs* 12(1): 113–132.

Setiya, Kieran (2014). "What is a Reason to Act?" *Philosophical Studies* 167(2): 221–235.

Shah, Nishi (2002). "Clearing Space for Doxastic Voluntarism." *The Monist* 85(3): 436–445.

Shah, Nishi (2006). "A New Argument for Evidentialism." *Philosophical Quarterly* 56: 481–498.

Shah, Nishi, and Matthew Silverstein (2013). "Reasoning in Stages." *Ethics* 124(1): 101–113.

Shanklin, Robert (2011). *On Good and "Good"*. PhD Dissertation, University of Southern California, Los Angeles. Available at: http://digitallibrary.usc.edu/cdm/ref/collection/p15799coll127/id/632791, accessed Nov 24, 2020.

Shope, Robert (1978). "The Conditional Fallacy in Contemporary Philosophy." *Journal of Philosophy* 75(8): 397–413.

Shope, Robert (1983). *The Analysis of Knowing*. Princeton, NJ: Princeton University Press.

Sidgwick, Henry (1907). *The Methods of Ethics*, 7th ed. Indianapolis, IN: Hackett.

Siegel, Susanna (2006). "Which Properties are Represented in Perception?" In Tamar Gendler 268
and John Hawthorne, eds., *Perceptual Experience*. Oxford: Oxford University Press: 481–

503.

Siegel, Susanna (2010). *The Contents of Visual Experience.* Oxford: Oxford University Press.

Siegel, Susanna (2012). "Cognitive Penetrability and Perceptual Justification." *Noûs* 46(2): 201–222.

Siegel, Susanna (2013). "The Epistemic Impact of the Etiology of Experience." *Philosophical Studies* 162(3): 697–722.

Silins, Nico (2007). "Basic Justification and the Moorean Response to the Skeptic." *Oxford Studies in Epistemology* 2: 108–140.

Silman, Jeremy (2007). *Silman's Complete Endgame Course: From Beginner to Master.* Los Angeles, CA: Siles Press.

Silverstein, Matthew (2016). "Reducing Reasons." *Journal of Ethics and Social Philosophy* 10 (1): 1–22.

Silverstein, Matthew (2017). "Ethics and Practical Reasoning." *Ethics* 127(2): 353–382.

Sinclair, Neil (2016). "On the Connection between Normative Reasons and the Possibility of Acting for those Reasons." *Ethical Theory and Moral Practice* 19(5): 1211–1223.

Skorupski, John (2007). "Buck-Passing About Goodness." In Rønnow-Rasmussen, Petersson, Jesefsson, and Egonsson, eds., *Hommage à Wlodek: Philosophical Papers Dedicated to Wlodek Rabinowicz.* www.fil.lu.se/hommageawlodek.

Skorupski, John (2010). *The Domain of Reasons.* Oxford: Oxford University Press.

Sliwa, Paulina (2012). "In Defense of Moral Testimony." *Philosophical Studies* 158(2): 175–195.

Sliwa, Paulina (2016). "Moral Worth and Moral Knowledge." *Philosophy and Phenomenological Research* 93(2): 393–418.

Smith, Martin (forthcoming). "Four Arguments for Denying that Lottery Beliefs are Justified." In I. Douven, ed., *Knowledge and Rational Belief: Essays on the Lottery Paradox.* Cambridge: Cambridge University Press.

Smith, Michael (1994). *The Moral Problem.* Oxford: Basil Blackwell.

Smith, Michael (2003). "Neutral and Relative Value After Moore." *Ethics* 113(4): 576–598.

Smithies, Declan (2011). "Attention is Rational Access-Consciousness." In Christopher Mole, Declan Smithies, and Wayne Wu, eds., *Attention: Philosophical and Psychological Essays.* Oxford: Oxford University Press, 247–273.

Smithies, Declan (2018). "Reasons and Perception." In Daniel Star, ed., *The Oxford Handbook to Reasons and Normativity.* Oxford: Oxford University Press, 631–661.

Snedegar, Justin (2013). "Reason Claims and Contrastivism about Reasons." *Philosophical Studies* 166: 231–242.

Snedegar, Justin (2014). "Contrastive Reasons and Promotion." *Ethics* 125(1): 39–63.

Snedegar, Justin (2016). "Reasons, Ought, and Requirements." *Oxford Studies in Metaethics* 11: 155–181.

Snedegar, Justin (2017). *Contrastive Reasons*. Oxford: Oxford University Press.

Sosa, Ernest (1964). "The Analysis of 'Knowledge that *P*'." *Analysis* 25(1): 1–8.

Sosa, Ernest (1970). "Two Conceptions of Knowledge." *Journal of Philosophy* 67(3): 59–66.

Sosa, Ernest (2009). *Reflective Knowledge: Apt Belief and Reflective Knowledge,* vol. 2. Oxford: Oxford University Press.

Sosa, Ernest (2011). *Knowing Full Well.* Princeton, NJ: Princeton University Press.

Sosa, Ernest, and Kurt Sylvan (2018). "The Place of Reasons in Epistemology." In Daniel Star, ed., *The Oxford Handbook to Reasons and Rationality*. Oxford: Oxford University Press, 555–574.

Staffel, Julia (2019). "How Do Beliefs Simplify Reasoning?" *Noûs* 53(4): 937–962. 269

Stalnaker, Robert (1984). *Inquiry*. Cambridge, MA: MIT Press.

Stalnaker, Robert (2008). *Our Knowledge of the Internal World.* Oxford: Oxford University Press.

Stanley, Jason (2005). *Knowledge and Practical Interests*. Oxford: Oxford University Press.

Star, Daniel (2011). "Two Levels of Moral Thinking." *Oxford Studies in Normative Ethics* 1: 75–96.

Steup, Matthias (1992). "Memory." In Jonathan Dancy and Ernest Sosa, eds., *A Companion to Epistemology*. Oxford: Basil Blackwell, 276–278.

Stratton-Lake, Philip (2000). *Kant, Duty, and Moral Worth.* New York: Routledge.

Stratton-Lake, Philip (2005). "How to Deal with Evil Demons: Comment on Rabinowicz and Rønnow-Rasmussen." *Ethics* 115 (4): 778–798.

Stroud, Sarah (2006). "Epistemic Partiality in Friendship." *Ethics* 116(3): 498–524.

Suikkanen, Jussi (2011). "Consequentialism, Constraints, and Good-Relative-To: A Reply to Mark Schroeder." *Journal of Ethics and Social Philosophy* 3(1): 1–8.

Swain, Marshall (1974). "Epistemic Defeasibility." *American Philosophical Quarterly* 11(1): 15–25.

Swain, Marshall (1979). "Justification and the Basis of Belief." In George Pappas, ed., *Justification and Knowledge*. Dordrecht: D. Reidel Publishing, 25–50.

Sylvan, Kurt (2015). "What Apparent Reasons Appear to Be." *Philosophical Studies* 172(3): 587–606.

Sylvan, Kurt, and Errol Lord (unpublished). "Believing for Normative Reasons: Prime, Not Composite." Unpublished paper.

Tappolet, Christine (2013). "Evaluative vs. Deontic Concepts." *The International Encyclopedia of Ethics* 1791–1799.

Thagard, Paul (2006). "Desires are Not Propositional Attitudes." *Dialogue* 45(1): 151–156.

Turri, John (2009). "The Ontology of Epistemic Reasons." *Noûs* 43(3): 490–512.

Turri, John (2010a). "Does Perceiving Entail Knowing?" *Theoria* 76(3): 197–206.

Turri, John (2010b). "On the Relationship between Propositional and Doxastic Justification." *Philosophy and Phenomenological Research* 80(2): 312–326.

Unger, Peter (1975). *Ignorance: The Case for Skepticism.* Oxford: Oxford University Press.

van Fraassen, Bas (1984). "Belief and the Will" . *Journal of Philosophy* 81(5): 235–256.

Väyrynen, Pekka (2013). *The Lewd, the Rude, and the Nasty: A Study of Thick Concepts in Ethics.* Oxford: Oxford University Press.

Villanueva, Eduardo (2012). *Constraining Assertion: An Account of Context-Sensitivity.* PhD Dissertation, University of Southern California, Los Angeles. Available at http:// digitallibrary.usc.edu/cdm/ref/collection/p15799coll3/id/26882, accessed Nov 24 2020.

Vogel, Jonathan (2000). "Reliabilism Leveled." *Journal of Philosophy* 97: 602–623.

Vogelstein, Eric (2012). "Subjective Reasons." *Ethical Theory and Moral Practice* 15(2): 239–257.

von Kriegstein, Hasko (2014). *Shaping the World in One's Image: An Essay on the Nature and Value of Achievements.* PhD Dissertation, University of Toronto, Ontario.

Walton, Douglas (1979). *On Defining Death: An Analytic Study of the Concept of Death in Philosophy and Medical Ethics.* Montreal: McGill-Queen's University Press.

Way, Jonathan (2012). "Transmission and the Wrong Kind of Reason." *Ethics* 122(3): 489–515.

Way, Jonathan (2017). "Reasons as Premises of Good Reasoning." *Pacific Philosophical Quarterly* 98(2): 251–270.

Weatherson, Brian (2005). "Can We Do Without Pragmatic Encroachment?" *Philosophical Perspectives* 19(1): 417–443.

270 Weaver, Brian, and Kevin Scharp (2019). *Semantics for Reasons.* Oxford: Oxford University Press.

Wedgwood, Ralph (2007). "Conditionalization, Reflection, and Self-Knowledge." *Philosophical Studies* 135(2): 179–197.

Wedgwood, Ralph (2009). "Intrinsic Values and Reasons for Action." *Philosophical Issues* 19: 342–363.

Wedgwood, Ralph (2012). "Outright Belief." *Dialectica* 66(3): 309–329.

Wedgwood, Ralph (2013). "A Priori Bootstrapping." In Albert Casullo and Joshua Thurow, eds., *The A Priori in Philosophy.* Oxford: Oxford University Press, 226–246.

Weisberg, Jonathan (2007). "Conditionalization, Reflection, and Self-Knowledge." *Philosophical Studies* 135(2): 179–197.

Weisberg, Jonathan (2020). "Belief in Psyontology." *Philosophers' Imprint* 20(11): 1–27.

White, Roger (2006). "Problems for Dogmatism." *Philosophical Studies* 131(3): 525–557.

Whiting, Daniel (2014). "Keep Things in Perspective." *Journal of Ethics and Social Philosophy* 8(1): 1–22.

Whiting, Daniel (2015). "Knowledge is *Not* Belief for Sufficient (Objective and Subjective) Reason." *Logos and Episteme* 6(2): 237–243.

Wiland, Eric (2003). "Psychologism, Practical Reason, and the Possibility of Error." *Philosophical Quarterly* 53(2): 68–78.

Williams, Bernard (1973a). "Deciding to Believe." In his *Problems of the Self.* Cambridge: Cambridge University Press, 148.

Williams, Bernard (1973b). "A Critique of Utilitarianism." In J.J.C. Smart and Bernard Williams, eds., *Utilitarianism: For and Against.* Cambridge: Cambridge University Press, 75–155.

Williams, Bernard (1981). "Internal and External Reasons." In his *Moral Luck.* Cambridge: Cambridge University Press.

Williamson, Timothy (2000). *Knowledge and Its Limits.* Oxford: Oxford University Press.

Williamson, Timothy (2007). "On Being Justified in One's Head." In Mark Timmons, John Greco, and Al Mele, eds., *Rationality and the Good.* Oxford: Oxford University Press, 106–122.

Williamson, Timothy (2011). "Improbable Knowing." In Trent Dougherty, ed., *Evidentialism and Its Discontents.* Oxford: Oxford University Press, 39–52.

Williamson, Timothy (2013). "Response to Cohen, Comesaña, Goodman, Nagel, and Weatherson on Gettier Cases in Epistemic Logic." *Inquiry* 56(1): 77–96.

Wodak, Daniel (2019). "An Objectivist's Guide to Subjective Reasons." *Res Philosophica* 96 (2): 229–244.

Worsnip, Alex (2018). "The Conflict of Evidence and Coherence." *Philosophy and Phenomenological Research* 96(1): 3–44.

Wright, Crispin (2004). "On Epistemic Entitlement." *Proceedings of the Aristotelian Society*, suppl. vol. 78: 167–245.

Wright, Crispin (2009). "The Perils of Dogmatism." In Susana Nuccetelli and Gary Seay, eds., *Themes from G.E. Moore: New Essays in Epistemology.* Oxford: Oxford University Press, 25–48.

Young, P.T. (1928). "Localization with Acoustical Transposition of the Ears." *Journal of Experimental Psychology* 11(6): 399–429.

Zagzebski, Linda (1994). "The Inescapability of Gettier Problems." *Philosophical Quarterly* 44(2): 65–73.

Zagzebski, Linda (1996). *Virtues of the Mind: An Inquiry into the Nature of Virtue and the Ethical Foundations of Knowledge*. Cambridge: Cambridge University Press.

# 索　引



为数字版读者的利益计，页数为两页的条目（例如：52—53）有时可能只出现在其中一页。

注：索引页码系英文版页码，即本书边码。

**图书在版编目(CIP)数据**

理由至上 / (美) 马克·施罗德 (Mark Schroeder) 著 ; 张鑫毅译. -- 上海 : 上海人民出版社, 2025.
ISBN 978-7-208-19312-3

Ⅰ. B82

中国国家版本馆 CIP 数据核字第 20253DH407 号

**责任编辑** 任俊萍　王笑潇
**封面设计** 人马艺术设计·储平

**理由至上**
[美]马克·施罗德 著
张鑫毅 译

**出　　版** 上海人民出版社
(201101　上海市闵行区号景路 159 弄 C 座)
**发　　行** 上海人民出版社发行中心
**印　　刷** 上海商务联西印刷有限公司
**开　　本** 635×965　1/16
**印　　张** 24.25
**插　　页** 2
**字　　数** 308,000
**版　　次** 2025 年 2 月第 1 版
**印　　次** 2025 年 2 月第 1 次印刷
ISBN 978-7-208-19312-3/B·1800
**定　　价** 118.00 元